Sören Kierkegaard

Der Begriff Angst
Die Krankheit zum Tode

SÖREN KIERKEGAARD

DER BEGRIFF ANGST

DIE KRANKHEIT ZUM TODE

Herausgegeben sowie mit einem
Nachwort und Sacherläuterungen versehen
von Thomas Sören Hoffmann

marixverlag

FSC
www.fsc.org
MIX
Papier aus verantwortungsvollen Quellen
FSC® C083411

Bibliografische Information der Deutschen Nationalbibliothek
Die Deutsche Nationalbibliothek verzeichnet diese Publikation in der Deutschen Nationalbibliografie; detaillierte bibliografische Daten sind im Internet über http://dnb.d-nb.de abrufbar.

3. Auflage 2016

Die Ausgabe basiert auf den Übersetzungen von Christoph Schrempf und Hermann Gottsched Jena, 1911 und 1912
Lektorat: Stefanie Evita Schaefer, marixverlag
Covergestaltung: Nicole Ehlers, marixverlag
Titelbild: Ulf Eggert, Lichtenfels
Satz und Bearbeitung: Medienservice Feiß, Burgwitz
Gesetzt in der Stempel Garamond
Gesamtherstellung: CPI books GmbH, Leck – Germany

ISBN: 978-3-86539-011-0

www.verlagshaus-roemerweg.de

Inhalt

Die Krankheit zum Tode 183

Anhang 319

Der Begriff Angst

Eine simple psychologisch-wegweisende Untersuchung
in der Richtung auf das dogmatische Problem der Erbsünde
von Vigilius Haufniensis
Kopenhagen 1844

Die Zeit der Distinktion ist vorbei; das System hat sie überwunden. Wer in unserer Zeit sie liebt, ist ein Sonderling, dessen Seele an längst Entschwundenem hängt. Mag dem so sein! Doch wird *Sokrates*, was er war, der einfältige Weise, durch seine besondere Distinktion, die er selbst aussprach und vollkommen darstellte, welche erst der sonderbare *Hamann* zwei Jahrtausende später bewundernd wiederholte – »denn Sokrates war dadurch groß, ›dass er unterschied zwischen dem, was er verstand, und dem, was er nicht verstand‹«.

Dem verstorbenen

Professor Poul Martin Möller,

dem glücklichen Liebhaber der Gräzität, dem Bewunderer Homers, dem Mitwisser des Sokrates, dem Interpreten des Aristoteles – Dänemarks Freude in seiner Freude an Dänemark, der, wiewohl »weitgereist«, im »dänischen Sommer« stets »sein Andenken hat« –, dem von mir Bewunderten, von mir Entbehrten sei diese Schrift dediziert.

Vorwort

Wer ein Buch schreiben will, tut meines Erachtens wohl daran, sich mancherlei Gedanken über die Sache zu machen, über die er schreiben will. Es ist auch nicht übel, wenn er, soweit möglich, mit dem bekannt zu werden sucht, was früher über dieselbe Sache geschrieben wurde. Sollte er hierbei auf einen stoßen, der die eine oder andre Partie erschöpfend und befriedigend behandelt hat, so tut er wohl daran, sich zu freuen, wie des Bräutigams Freund sich freut, wenn er steht und auf des Bräutigams Stimme hört. Hat er dies in aller Stille und mit verliebter Schwärmerei getan, die ja stets die Einsamkeit sucht, so bedarf es weiter nichts: er schreibe sein Buch frischweg, wie der Vogel sein Lied singt – hat jemand Gewinn und Freude davon, so ist es um so besser –; er gebe es sorglos und unbekümmert heraus, ohne alle Wichtigtuerei, als brächte er alles zum Abschluss, oder als sollten alle Geschlechter der Erde in seinem Buche gesegnet werden. Jedes Geschlecht hat seine Aufgabe und braucht sich nicht so außerordentlich zu mühen, dass es ja dem vorangehenden und nachfolgenden alles sei. Jeder einzelne in dem Geschlecht hat, wie jeder Tag, seine besondere Plage und genug damit zu tun, dass er sich um sich selbst bekümmere; er braucht nicht die ganze Gegenwart mit seiner landesväterlichen Bekümmernis zu umfassen, oder Ära und Epoche mit seinem Buche beginnen zu lassen – wenn nicht gar, nach der allerneusten Mode, mit bloßen feierlichen Versprechungen, mit weitaustehenden, verheißungsvollen Andeutungen, mit dem versichernden Hinweis auf eine zweifelhafte Valuta. Nicht jeder, der einen breiten Rücken hat, ist darum ein Atlas oder bekam ihn davon, dass er eine Welt trug; nicht jeder, der »Herr, Herr« sagt, kommt deshalb ins Himmelreich; nicht jeder, der sich anbietet, für die ganze Gegenwart Kaution zu leisten, hat damit bewiesen, dass er ein sicherer Mann ist, der für sich selbst einstehen kann; nicht jeder, der »Bravo«, »Bravissimo« ruft, hat darum sich selbst und seine Bewunderung verstanden.

Was meine Wenigkeit anbelangt, so gestehe ich in aller Aufrichtigkeit, dass ich als Schriftsteller ein König ohne Land bin, aber auch in Furcht und Zittern ein Schriftsteller ohne alle Prätensionen. Scheint es einer edlen Missgunst, einer eifersüchtigen Kritik zu viel Anmaßung, dass ich einen lateinischen Namen trage, so will ich gerne den Namen »Müller« oder »Maier« annehmen, denn ich möchte ja für nichts andres gelten als für einen Laien, der wohl spekuliert, aber doch der Spekulation ferne steht, wenn ich auch in meinem Autoritätsglauben devot bin wie der Römer tolerant war in seiner Gottesfurcht. Was menschliche Autorität betrifft, so bin ich ein Fetischdiener und bete gleich fromm vor jedem an, wenn nur hinlänglich mit Trommelschlag bekannt gemacht wird, dass er es ist, den ich anbeten soll, dass er für dieses Jahr die Autorität und das Imprimatur ist. Die Entscheidung geht über meinen Verstand, ob sie nun durch Los und Ballotation getroffen werde, oder ob die Kandidaten selber Umgang halten und der Einzelne als Autorität richte, wie der Geschworene im Schwurgericht.

Weiter habe ich nichts hinzuzufügen, außer dass ich jedem, der meine Anschauung teilt, wie auch jedem, der sie nicht teilt, jedem, der das Buch liest, wie auch jedem, der an dem Vorwort genug hat, ein herzliches Lebewohl zurufe.

Kopenhagen Ehrerbietigst Vigilius Haufniensis

Einleitung

In welchem Sinne der Gegenstand der Untersuchung eine Aufgabe ist, welche die Psychologie interessiert, und in welchem Sinne er, nachdem er die Psychologie beschäftigt, eben auf die Dogmatik hinweist

Dass jedes wissenschaftliche Problem innerhalb des weiten Gebiets der Wissenschaft seinen bestimmten Platz, sein Ziel und seine Grenze hat; dass es in dem Gemälde des Ganzen in seiner Weise zu verschwimmen hat, in die Sinfonie des Ganzen an seinem Ort einfallen darf: diese Betrachtung ist nicht nur ein frommes Wunsch, welcher den Mann der Wissenschaft mit seiner begeisternden oder wehmütigen Schwärmerei adelt, ist nicht bloß eine heilige Pflicht, welche ihn in dem Dienst des Ganzen bindet und ihm gebietet, der Willkür und der Lust zu entsagen, abenteuerlich den Kontinent aus dem Auge zu verlieren; sie ist vielmehr zugleich im Interesse jeder einzelnen Untersuchung. Denn wenn diese vergisst, wo sie zu Hause ist, so vergisst sie zugleich sich selbst, wie dies auch die Sprache mit bezeichnender Zweideutigkeit ausdrückt; sie wird zu etwas anderem und erreicht eine bedenkliche Fertigkeit, etwas ganz Beliebiges vorzustellen. Wird so nicht wissenschaftlich zur Ordnung gerufen, wird nicht darüber gewacht, dass die einzelnen Probleme nicht aneinander vorbeijagen dürfen, als gälte es, zuerst auf eine Maskerade zu kommen: so mag man wohl bisweilen recht »geistreich« sein; man verblüfft bisweilen durch den Schein, als habe man schon ergriffen, wovon man doch noch weit entfernt ist; man findet sich bisweilen mit den Widersprüchen durch einen nichtssagenden Ausgleich ab. Dieser Gewinn rächt sich indessen nachträglich wie aller ungesetzliche Erwerb, der weder bürgerlich noch wissenschaftlich rechtmäßiges Eigentum werden kann.

Überschreibt man so den letzten Abschnitt der Logik *»die Wirklichkeit«*, so gewinnt man damit den Vorteil, dass man den Schein erregt, als sei man in der Logik schon zu dem Höchsten, oder wenn man so will, zu dem Niedrigsten gekommen. Indessen fällt der Nachteil in die Augen: es ist weder der Logik noch der Wirklichkeit damit gedient. Nicht der Wirklichkeit: denn die Zufälligkeit, welche zur Wirklichkeit wesentlich mitgehört, kann die Logik nicht passieren lassen. Der Logik nicht: denn wenn sie die Wirklichkeit gedacht hat, so hat sie etwas in sich aufgenommen, das sie sich nicht assimilieren kann; sie hat vorweggenommen, was sie bloß prädisponieren soll. Als Strafe stellt sich deutlich ein, dass jede Untersuchung, was Wirklichkeit sei, erschwert, ja vielleicht zunächst unmöglich gemacht ist, weil dem Wort zuerst Zeit gelassen werden muss, sich gleichsam auf sich selbst zu besinnen, Zeit, den Fehler zu vergessen. – Nennt man so in der Dogmatik *Glauben* das *Untermittelbare* (ohne jegliche nähere Bestimmung): so gewinnt man den Vorteil, dass man jedermann von der Notwendigkeit überführt, er dürfe nicht bei dem Glauben stehen bleiben; ja man entwindet wohl gar dem Rechtgläubigen dieses Zugeständnis, weil er vielleicht das Missverständnis nicht sofort durchschaut, dass es nämlich nicht in späteren Bestimmungen seinen Grund hat, sondern in jenem τρῶτον ψεῦδος. Der Nachteil ist unverkennbar; denn der Glaube wird dadurch geschädigt, dass ihm genommen wird, was ihm rechtmäßig gehört: seine historische Voraussetzung; die Dogmatik aber wird dadurch geschädigt, dass sie nun nicht einsetzt, wo sie einsetzen sollte, nämlich innerhalb eines früheren Ansatzes. Anstatt einen früheren Ansatz zu präsupponieren, ignoriert sie diesen und beginnt frischweg, als wäre sie Logik; denn diese setzt ja eben bei dem Flüchtigsten ein, das durch die allerfeinste Abstraktion hergestellt wurde, bei dem Unmittelbaren. Was nun logisch gedacht richtig ist, dass das Unmittelbare eo ipso aufgehoben ist, das wird in der Dogmatik leeres Geschwätz; denn wem könnte es wohl einfallen, bei dem Unmittelbaren (ohne jegliche nähere Bestimmung) stehen zu bleiben, da es ja doch im selben

Augenblick aufgehoben ist, in dem es genannt wird, wie ein Schlafwandler im selben Augenblick aufwacht, da sein Name genannt wird! Findet man so bisweilen in fast nur propädeutischen Untersuchungen das Wort »*Versöhnung*« gebraucht, um das spekulative Wissen zu bezeichnen, oder die Identität des erkennenden Subjektes und des Erkannten, das Subjektiv-Objektive usf., so sieht man ja leicht, dass der Betreffende geistreich ist und mit Hilfe dessen alle Rätsel erklärt hat – besonders für alle die, welche in der Wissenschaft nicht einmal die Vorsicht gebrauchen, welche man im täglichen Leben braucht: dass man das Rätsel erst genau hört, ehe man rät. Andernfalls erwirbt man sich das unvergleichliche Verdienst, durch seine Erklärung ein neues Rätsel aufgegeben zu haben: wie nämlich ein Mensch darauf verfallen kann, dass dies die Erklärung sein soll. Dass überhaupt das Denken Realität habe, war die Voraussetzung aller antiken Philosophie und des Mittelalters. Durch Kant wurde diese Voraussetzung zweifelhaft gemacht. Gesetzt nun, die Hegelsche Philosophie habe wirklich Kants Skepsis *durchdacht* – (indessen dürfte dies doch immer eine große Frage bleiben, trotz allem, was Hegel und seine Schule mit Hilfe des Schlagworts »Methode« und »Manifestation« getan hat, um zu verdecken, was Schelling mit dem Schlagwort der »intellektuellen Anschauung« und der »Konstruktion« offener bekannte: dass ihre Philosophie von einem neuen Ausgangspunkt ausging) – und habe so in höherer Form das Frühere rekonstruiert, so dass nun das Denken nicht mehr in Kraft einer Voraussetzung Realität hätte: ist denn diese bewusst zustande gebrachte Realität des Denkens eine »Versöhnung«? Hiermit ist ja die Philosophie nur dahin gebracht, wo man in alten Tagen begann, in alten Tagen, da eben die Versöhnung ihre ungeheure Bedeutung hatte. Man hat eine alte respektable philosophische Terminologie: Thesis, Antithesis, Synthesis. Man wähle eine neuere, wo die Mediation den dritten Platz einnimmt – sollte dies ein so außerordentlicher Fortschritt sein? Zudem ist die Mediation zweideutig; denn sie deutet zugleich das Verhältnis zwischen den beiden an und das Resultat des Verhältnisses, das, worin sie sich ineinander verhalten als die, welche sich zueinander verhalten haben; sie bezeichnet die Bewegung, zugleich aber auch die Ruhe. Ob dies eine Vollkommenheit ist, wird erst eine weit tiefere dialektische Prüfung der Mediation entscheiden; darauf aber wartet man unglücklicherweise immer noch. Man schaffe also die Synthesis ab und sage Mediation – fertig! Doch man ist geistreich und kann sich damit nicht begnügen; man sagt »Versöhnung«. Und wozu führt dies? Seine propädeutischen Untersuchungen fördert man nicht; durch einen neuen Titel gewinnen diese so wenig, wie die Wahrheit an Klarheit oder eine Menschenseele an Seligkeit. Dagegen verwirrt man von Grund aus zwei Wissenschaften, die Ethik und die Dogmatik, besonders da man nicht nur das Wort Versöhnung einschmuggelt, sondern nun auch noch andeutet, dass die Logik und der λόγος (der dogmatische) einander entsprechen, und dass die Logik eigentlich die Lehre vom λόγος ist. Die Ethik und die Dogmatik streiten in einem unheilschwangern Grenzgebiet um die Versöhnung. Reue und Schuld erpressen ethisch den Gedanken der Versöhnung, während die Dogmatik in der Rezeptivität für die angebotene Versöhnung die historisch konkrete Unmittelbarkeit hat, mit welcher sie ihre Rede in dem großen Dialog der Wissenschaften beginnt. Und wozu führt das endlich? Dazu, dass die Sprache vermutlich ein großes Sabbatsjahr feiern muss, in welchem man die Rede und den Gedanken ausruhen lässt, damit man mit dem Anfang anfangen kann. – Man braucht in der Logik *das Negative* als die treibende Kraft, welche in alles Bewegung bringt. Und Bewegung muss man ja in der Logik haben, es gehe, wie es gehe, mit Gutem oder mit Bösem. Das Negative hilft nun, und geht es mit dem Negativen nicht, so treten Wortspiele und Redensarten ein, wie ja das Negative selbst zum Wortspiel wurde.[1] In der Logik darf keine Bewegung *werden*; die Logik ist, und alles Logische ist nur[2]; und eben diese Ohnmacht des Logischen ist der Übergang der Logik zum Werden, wo Dasein und Wirklichkeit hervortreten. Wenn sich also die Logik in die Konkretion der Kategorien vertieft, so stellt sie nur ins Licht, was von Anfang an war. Jede Bewegung (wenn man einen Augenblick diesen Ausdruck brauchen will) ist hierbei nur eine immanente Bewegung, d. h. in tieferem Sinne keine Bewegung; wovon man sich leicht überzeugt, wenn man bedenkt, dass der Begriff der Bewegung selbst eine Transzendenz ist, welche in der Logik keinen Platz finden kann. Das Negative ist nun die Immanenz der Bewegung; ist das Verschwindende, das Aufgehobene. Geschieht alles so, durch Negation, so geschieht überhaupt nichts, und das Negative wird zum Phantom. Um aber doch in der Logik etwas geschehen zu lassen, wird das Negative etwas mehr; man lässt es den Gegensatz hervorbringen, womit es nicht mehr Negation ist, sondern Kontraposition. Nun ist das Negative nicht mehr die lautlose Stille der immanenten Bewegung, es ist das *»notwendige andre«*. Ein solches mag nun für die Logik höchst notwendig sein, um die Bewegung in Gang zu bringen, nur ist es kein Negatives. Verlässt man die Logik, um sich zur Ethik zu wenden, so trifft man hier wieder das in der ganzen Hegelschen Philosophie unermüdlich wirksame Negative. Hier erfährt man aber zu seinem Erstaunen, dass das Negative das Böse ist. Nun ist die Konfusion in vollem Gange: es ist dem »Geist« keine Schranke mehr gesetzt, und wenn Frau von Staël-Holstein von Schellings Philosophie sagte, dass sie einen Menschen für ein ganzes Leben geistreich mache, so gilt das in jeder Beziehung auch von der Hegels. Man sieht, wie unlogisch die Bewegungen in der Logik werden müssen, sintemal das Negative das Böse ist – und wie unethisch in der Ethik, sintemal das Böse das Negative ist. In der Logik ist es zu viel, in der Ethik zu wenig; nirgends passt es, da es an beiden Orten passen soll. Hat die Ethik keine andere Transzendenz, so ist sie wesentlich Logik; soll die Logik so viel Transzendenzen haben, als der Ethik schanden- und ehrenhalber Not tut, so ist sie nicht mehr Logik.

Was hier entwickelt wurde, ist im Verhältnis zur Stelle, an der es steht, vielleicht weitläufig – im Verhältnis zur besprochenen Sache kann von Weitläufigkeit nicht die Rede sein –, aber es ist doch keineswegs überflüssig, da das Einzelne mit Rücksicht auf den Gegenstand der Schrift gewählt ist. Die Beispiele sind von dem Größeren genommen; was aber im Großen geschieht, kann sich im Geringeren wiederholen, und das Missverständnis bleibt sich gleich, wenn auch die schädlichen Folgen geringer sind. Wer sich anschickt am System zu schreiben, hat seine Verantwortung im Großen; wer eine Monografie schreibt, kann und muss auch im Kleinen treu sein. –

Vorliegende Schrift hat sich zur Aufgabe gesetzt, den Begriff der »Angst« psychologisch in der Weise abzuhandeln, dass sie das Dogma von der Erbsünde in mente und vor Augen hat. Insofern hat sie auch, wenngleich nur stillschweigend, mit dem Begriff der Sünde zu tun. Die Sünde ist indessen kein Gegenstand, der die Psychologie interessieren darf, und nur wer missverständlicherweise geistreich sein will, kann sie psychologisch behandeln. Die Sünde hat ihren bestimmten Ort; oder besser: sie hat gar keinen Ort, das ist eben ihre Bestimmung. Behandelt man sie an einem andern Orte, so wird sie alteriert, indem man sie in einer unwesentlichen Reflexionsbrechung auffasst. Es wird ihr Begriff alteriert; damit wird zugleich die Stimmung, welche richtig dem richtigen Begriff entspricht[3], gestört, und man erhält statt der Stetigkeit der richtigen Stimmung das flüchtige Gaukelspiel unrichtiger Stimmungen. Wenn so die Sünde in die Ästhetik hineingetragen wird, so wird die Stimmung entweder leichtsinnig oder schwermütig; denn die Kategorie, unter welche die Sünde fällt, ist der Widerspruch, und dieser ist entweder komisch oder tragisch. So ist also die Stimmung alteriert; denn die der Sünde entsprechende Stimmung ist der Ernst. Auch ihr Begriff wird alteriert; denn ob sie nun komisch oder tragisch werde, sie wird ein Bestehendes, oder ein als unwesentlich Aufgehobenes, während ihr Begriff ist, überwunden zu werden. Für das Komische und Tragische gibt es in tieferem Sinn keinen Feind; nur einen Popanz zum Weinen oder einen Popanz zum Lachen. – Wird die Sünde in der Metaphysik behandelt, so wird die Stimmung die dialektische Gleichmütigkeit und Uninteressiertheit, welche die Sünde als etwas durchdenkt, das dem Gedanken nicht widerstehen kann. Der Begriff wird alteriert; denn die Sünde soll wohl überwunden werden, aber nicht als etwas, dem das Denken kein Leben zu verleihen vermag, sondern als etwas, das da ist, und zwar als ernste Angelegenheit jedes einzelnen. – Wird die Sünde in der Psychologie behandelt, so wird die Stimmung beobachtende Ausdauer, spionierende Unerschrockenheit, aber nicht des Ernstes siegreiche Flucht aus ihr heraus. Der Begriff wird ein andrer, denn die Sünde wird zu einem Zustand. Die Sünde ist aber kein Zustand. Ihre Idee ist, dass ihr Begriff beständig aufgehoben werde. Als Zustand, d. h. als Möglichkeit (de potentia), ist sie nicht, während sie tatsächlich (de actu oder in actu) ist und wieder ist. Die Stimmung der Psychologie würde antipathetische Neugier sein, die rechte Stimmung aber ist des Ernstes beherztes Widerstreben. Die Stimmung der Psychologie ist die nach- und aufspürende Angst, und in ihrer Angst zeichnet sie die Sünde ab, während sie sich vor der Zeichnung, die sie selbst hervorbringt, ängstet und abängstet. Wenn die Sünde so behandelt wird, so wird sie das Stärkere; denn die Psychologie verhält sich eigentlich weiblich zu ihr. Dass dieser Zustand seine Wahrheit hat, ist gewiss; dass er in jedes Menschen Leben in größerem oder geringerem Umfang eintritt, ehe die ethische Auffassung des Lebens durchdringt, ist ebenfalls gewiss; bei einer solchen Behandlung wird aber die Sünde nicht, was sie ist, sondern mehr oder weniger.

Wird also das Problem der Sünde behandelt, so kann man sofort an der Stimmung sehen, ob der Begriff der richtige ist. Redet man z. B. von der Sünde, wie man von einer Krankheit, einer Abnormität, einem Gift, einer Disharmonie redet, so ist auch ihr Begriff verfälscht.

Eigentlich ist die Sünde in gar keiner Wissenschaft heimatberechtigt. Sie ist Gegenstand der Predigt, wo der Einzelne als Einzelner zum Einzelnen spricht. In unsrer Zeit hat die wissenschaftliche Wichtigtuerei die Pfarrer genarrt, so dass sie sich zu einer Art Küster der Professoren hergeben, ihrerseits auch der Wissenschaft dienen und es unter ihrer Würde finden zu predigen. Da ist es auch kein Wunder, dass das Predigen für eine sehr ärmliche Kunst gehalten wird. Indessen ist es die schwierigste aller Künste und eigentlich genau die Kunst, welche Sokrates anpreist: die Kunst, ein Gespräch zu führen. Selbstverständlich braucht man deshalb nicht etwa jemand in der Gemeinde, der antwortet; auch würde es natürlich nichts nützen, beständig jemand redend einzuführen. Was Sokrates eigentlich an den Sophisten tadelte, wenn er sagte, dass sie wohl sprechen, nicht aber ein Gespräch führen könnten, war dies: dass sie über jegliches viel sagen konnten, aber des Moments der Zueignung ermangelten. Die Zueignung ist aber gerade das Geheimnis des Gesprächs. Dem Begriff der Sünde entspricht der Ernst. Die Wissenschaft, in welcher die Sünde zunächst ihre Stelle finden sollte, wäre wohl die Ethik. Indes hat dies doch seine große Schwierigkeit. Die Ethik ist noch eine ideale Wissenschaft, und nicht nur in dem Sinne, in welchem jede Wissenschaft es ist. Sie will die Idealität in die Wirklichkeit einführen; dagegen nimmt ihre Bewegung nicht die Richtung, die Wirklichkeit zur Idealität emporzuheben.[4] Die Ethik zeigt die Idealität als Aufgabe und setzt voraus, dass der Mensch im Besitze der Bedingungen sei. Hierdurch entwickelt die Ethik einen Widerspruch, indem sie eben die Schwierigkeit und die Unmöglichkeit offenbar macht. Von der Ethik gilt, was von dem Gesetz gesagt wird, dass sie ein Zuchtmeister ist, welcher, indem er fordert, durch seine Forderung nur verurteilt, nicht aber Leben gibt. Einzig die griechische Ethik macht eine Ausnahme, aber nur, weil sie nicht Ethik in strengem Sinne war, sondern ein ästhetisches Moment beibehielt. Dies zeigt deutlich ihre Definition der Tugend, wie auch, dass Aristoteles öfters, z. B. auch in der Nikomachischen Ethik, mit liebenswürdiger griechischer Naivität bemerkt: die Tugend mache doch für sich allein einen Menschen nicht glücklich und zufrieden; dazu gehöre noch Gesundheit, Freunde, irdische Güter, Glück in der Familie. Je idealer die Ethik ist, desto besser ist sie. Sie lasse sich nicht durch das Geschwätz stören, dass es doch nichts helfe, das Unmögliche zu fordern; auch nur auf solches Gerede zu hören ist unethisch, und die Ethik hat hierzu weder Zeit noch Gelegenheit. Die Ethik hat nicht zu feilschen; und auf solche Weise erreicht man auch nicht die Wirklichkeit. Soll diese erreicht werden, so muss vielmehr die ganze Bewegung die entgegengesetzte Richtung erhalten. Diese Eigenschaft der Ethik, dass sie in der beschriebenen Weise ideal ist, verlockt dazu, bei ihrer Behandlung bald metaphysische, bald ästhetische, bald psychologische Kategorien zu gebrauchen. Natürlich muss vor allem gerade die Ethik Versuchungen widerstehen; deshalb ist es auch unmöglich, dass jemand eine Ethik schreibe, ohne ganz andre Kategorien zur Hand zu haben.

Die Sünde gehört also nur insofern der Ethik an, als diese eben an diesem Begriff mit Hilfe der Reue strandet.[5] Soll die Ethik die Sünde in sich aufnehmen, so ist es mit ihrer Idealität aus. Je mehr sie in ihrer Idealität verbleibt – dabei darf sie aber nicht unmenschlich die Wirklichkeit aus dem Gesicht verlieren, sie muss vielmehr stets in der Beziehung zu dieser bleiben, dass sie sich als Aufgabe für jeden Menschen hinstellt, dass sie jeden zu dem wahren, dem ganzen Menschen, dem Menschen κατ᾽ ἐξοχήν machen will –, desto höher spannt sie die Schwierigkeit. In dem Kampfe, die Aufgabe der Ethik zu verwirklichen, zeigt sich die Sünde; und zwar tritt sie nicht nur als Zufälligkeit bei einem zufälligen Individuum auf, vielmehr lässt sie sich weiter und weiter zurückverfolgen als eine tiefere und immer tiefere Voraussetzung, als eine Voraussetzung, welche über das Individuum hinausgeht. Nun ist für die Ethik alles verloren, und die Ethik hat selbst dazu geholfen. Es ist eine Kategorie hervorgetreten, die gänzlich außerhalb ihres Umfangs liegt. Die *Erbsünde* macht alles noch verzweifelter und – hebt die Schwierigkeit, jedoch nicht mit Hilfe der Ethik, sondern mit der der *Dogmatik*. Wie alles antike Erkennen und Spekulieren von der Voraussetzung ausging, dass das Denken Realität habe, so geht alle antike Ethik von der Voraussetzung aus, dass die Tugend möglich sei. Die Skepsis der Sünde ist dem Heidentum durchaus fremd; die Sünde ist für sein ethisches Bewusstsein, was der Irrtum für sein Erkennen ist: die einzelne Ausnahme, die nichts beweist.

Mit der Dogmatik beginnt die Wissenschaft, welche im Gegensatz zu jener stricte so genannten idealen Wissenschaft von der Wirklichkeit ausgeht. Sie setzt bei dem Wirklichen ein, um es in die Idealität hinaufzuheben. Sie leugnet nicht, dass die Sünde da ist; im Gegenteil, sie setzt die Sünde voraus, und erklärt sie, indem sie die Erbsünde voraussetzt. Da indessen die Dogmatik sehr selten rein behandelt wird, so wird die Erbsünde gern so in ihr Gebiet hineingezogen, dass der Eindruck von dem heterogenen Ausgangspunkt der Dogmatik nicht in die Augen springt, vielmehr verwischt wird. Dies geschieht auch, wenn sie Dogmen über die Engel, die heilige Schrift usf. vorträgt. Die Erbsünde soll also von der Dogmatik nicht erklärt werden; ihre Erklärung darf nur sein, dass sie vorausgesetzt wird wie jener Wirbel, von welchem die griechische Naturspekulation mancherlei sagte, als ein bewegendes Etwas, das keine Wissenschaft erfassen kann.

Dass es sich mit der Dogmatik wirklich so verhält, wird man eingestehen, wenn man einmal Zeit bekommt, Schleiermachers unsterbliches Verdienst um diese Wissenschaft zu verstehen. Ihn hat man längst verlassen, um Hegel zu wählen; und doch war Schleiermacher ein Denker im schönen griechischen Sinn, der nur von dem redete, was er wusste, Hegel aber erinnert trotz seiner ausgezeichneten Eigenschaften und seiner kolossalen Gelehrsamkeit durch seine Leistungen doch immer wieder daran, dass er in deutschem Sinn ein Philosophieprofessor großen Stils war – denn er erklärt à tout prix alles.

Die neue Wissenschaft beginnt also mit der Dogmatik, im selben Sinne, wie die immanente Wissenschaft mit der Metaphysik. Auch eine Ethik findet wieder ihre Stelle, als die Wissenschaft, welche das Bewusstsein der Dogmatik um die Wirklichkeit als Aufgabe für die Wirklichkeit aufstellt. Diese Ethik ignoriert die Sünde nicht und hat ihre Idealität nicht darin, dass sie ideale Forderungen erhebt, vielmehr in dem durchdringenden Bewusstsein um die Wirklichkeit – um die Wirklichkeit der Sünde –, wobei sie sich aber von metaphysischem Leichtsinn und psychologischer Konkupiszenz fernzuhalten hat.

Man sieht leicht, dass die Bewegung eine ganze andre Richtung hat, und dass die Ethik, von der wir jetzt reden, in einer ganz andern Ordnung der Dinge zu Hause ist. Die erste Ethik strandete an der Sündhaftigkeit des Einzelnen. Diese erweiterte sich zur Sündhaftigkeit des ganzen Geschlechts. Dadurch wurde dieselbe einer Erklärung um nichts näher geführt, vielmehr wurde die Schwierigkeit noch größer und ethisch rätselhafter. Nun kam die Dogmatik und half durch die Erbsünde. Die neue Ethik setzt die Dogmatik voraus und mit ihr die Erbsünde und erklärt nun von dieser aus die Sünde des Einzelnen, indem sie zur selben Zeit die Idealität als Aufgabe hinstellt. Hierbei bewegt sie sich aber nicht von oben nach unten, sondern von unten nach oben.

Aristoteles redet bekanntlich von einer »ersten Philosophie« (πρώτη φιλοσοφία) und bezeichnet damit zunächst das Metaphysische, nimmt aber unter dieses auch einen Teil dessen auf, was nach unsern Begriffen in die Theologie gehört. Es ist ganz in der Ordnung, dass im Heidentum die Theologie an dieser Stelle behandelt wurde; es zeigt sich hier derselbe Mangel an unendlicher Durchreflektiertheit, der auch veranlasste, dass das Theater im Heidentum als eine Art Gottesdienst den Ernst realen Lebens hatte. Will man nun von dieser Zweideutigkeit abstrahieren, so könnte man diesen Namen wohl beibehalten und unter der »ersten Philosophie«[6] die ethische wissenschaftliche Totalität verstehen, deren Wesen die Immanenz oder (griechisch geredet) die Erinnerung ist; das Wesen der »zweiten Philosophie« läge dann in der Transzendenz, der Wiederholung.[7]

Der Begriff der Sünde ist also eigentlich in gar keiner Wissenschaft zu Hause; nur die zweite Ethik kann ihre Offenbarung behandeln, nicht aber ihr Werden. Will irgendeine andre Wissenschaft die Sünde besprechen, so wird der Begriff verwirrt. So, um unserem Vorhaben näher zu rücken, wenn die Psychologie dies tun wollte.

Womit die Psychologie zu tun haben soll, dass muss ein Verweilendes sein, das in bewegter Ruhe verbleibt, nicht ein Ruheloses, das beständig entweder sich selbst produziert oder unterdrückt wird. Das Bleibende aber, das, woraus die Sünde beständig wird – doch nicht mit Notwendigkeit, sondern mit Freiheit; denn ein Werden mit Notwendigkeit ist ein Zustand, wie z. B. die ganze Geschichte der Pflanze ein Zustand ist –, dieses Bleibende, die disponierende Voraussetzung, die reale Möglichkeit der Sünde: dies ist ein Gegenstand, der die Psychologie interessiert. Was die Psychologie beschäftigen kann und womit sie sich beschäftigen kann, ist also, wie die Sünde werden kann, nicht, dass sie wird. Sie kann es in ihrem psychologischen Interesse so weit bringen, dass es ist, als wäre die Sünde da; das nächste aber, dass sie da ist, ist hiervon qualitativ verschieden. Wie sich nun diese Voraussetzung für die aufmerksame Kontemplation und Beobachtung als mehr und mehr um sich greifend erweist, dies interessiert die Psychologie; ja diese will sich gleichsam der Täuschung hingeben, die Sünde sei hiermit da. Diese letzte Täuschung aber offenbart die Ohnmacht der Psychologie; sie zeigt, dass diese ausgedient hat.

Psychologisch ist es ganz richtig, dass die Natur des Menschen die Sünde möglich machen muss; diese Möglichkeit der Sünde aber in ihre Wirklichkeit übergehen zu lassen, empört die Ethik und ist für die Dogmatik eine Blasphemie. Denn die Freiheit ist nie bloße Möglichkeit; sobald sie ist, ist sie wirklich. Im gleichen Sinne sagte man ja in der älteren Philosophie, wenn Gottes Dasein möglich sei, so sei es notwendig.

Sobald die Sünde wirklich gesetzt ist, so ist die Ethik zur Stelle und folgt nun jedem Schritt derselben. Wie sie ins Dasein kam, kümmert die Ethik nicht, außer sofern für sie feststeht, dass die Sünde als Sünde in die Welt kam. Noch weniger als um das Werden der Sünde bekümmert sich aber die Ethik um das Stillleben, das sie in ihrer Möglichkeit führt.

Will man hier genauer nachfragen, in welchem Sinne und wie weit die Psychologie ihren Gegenstand beobachtend verfolgt, so ergibt sich aus dem Gesagten von selbst, dass jede Beobachtung der Wirklichkeit der Sünde als einer gedachten in ihr ungehörig ist. Die Wirklichkeit der Sünde gehört der Ethik an, doch nicht als Gegenstand der Beobachtung; denn die Ethik verhält sich nie beobachtend, sie klagt an, richtet, handelt. Außerdem ergibt sich aus dem Gesagten von selbst, dass die Psychologie nicht mit dem Detail der empirischen Wirklichkeit zu tun hat, außer sofern diese außerhalb der Sünde liegt. Als Wissenschaft kann ja die Psychologie nie empirisch mit dem Detail zu tun haben, das ihrem Gebiet angehört, aber dieses kann seine wissenschaftliche Repräsentation erhalten, wenn die Psychologie möglichst konkret wird. In unseren Zeiten ist diese Wissenschaft, die doch vor anderen das Recht hat, sich in der schäumenden Mannigfaltigkeit des Lebens zu berauschen, so mager und nüchtern wie ein Asket geworden. Dies ist nicht die Schuld der Wissenschaft, sondern die ihrer Diener. Im Verhältnis zur Sünde ist ihr hingegen der gesamte Inhalt der Wirklichkeit versagt; nur ihre Möglichkeit gehört ihr noch zu. Für die ethische Betrachtungsweise existiert natürlich die bloße Möglichkeit der Sünde gar nicht; und die Ethik lässt sich nicht gern narren und vergeudet ihre Zeit nicht an solche Untersuchungen. Dagegen liebt die Psychologie dieselben; sie setzt sich hin, zeichnet die Umrisse, berechnet die Winkel der Möglichkeit und lässt sich dabei so wenig stören wie Archimedes.

Indem sich aber die Psychologie in die Möglichkeit der Sünde vertieft, ist sie, ohne es zu wissen, im Dienste einer andern Wissenschaft, die nur darauf wartet, bis sie fertig ist, um dann selbst einzusetzen und der Psychologie zur Erklärung zu verhelfen. Dies ist nicht die Ethik; denn diese hat mit der Möglichkeit der Sünde überhaupt nichts zu tun. Dies ist vielmehr die Dogmatik, und hier zeigt sich wieder das Problem der Erbsünde. Während die Psychologie die reale Möglichkeit der Sünde ergründet, erklärt die Dogmatik die Erbsünde, die ideelle Möglichkeit der Sünde. Hingegen hat die zweite Ethik nichts mit der Möglichkeit der Sünde oder der Erbsünde zu tun. Die erste Ethik ignoriert die Sünde; die zweite Ethik anerkennt und berücksichtigt die Wirklichkeit der Sünde; aber die Psychologie kann sich hier nur durch ein Missverständnis wieder eindrängen.

Hat es mit dem hier Entwickelten seine Richtigkeit, so wird man leicht sehen, mit welchem Recht ich die vorliegende Schrift eine psychologische Untersuchung nenne, und inwiefern dieselbe sich in der Psychologie heimisch glaubt und doch wieder auf die Dogmatik hinzielen muss, wenn sie sich ihr Verhältnis zur Wissenschaft zum Bewusstsein bringt.

Man hat die Psychologie die Lehre von dem subjektiven Geist genannt. Will man dem etwas weiter nachgehen, so wird man sehen, dass sie sofort in die Lehre vom absoluten Geist umschlagen muss, sowie sie an das Problem der Sünde kommt. Hier liegt nun die Dogmatik. Die erste Ethik setzt die Metaphysik voraus, die zweite geht von der Dogmatik aus, vollendet aber diese zugleich so, dass hier wie allewege die Voraussetzung hervorspringt.

Dies war die Aufgabe der Einleitung. Das Gesagte kann richtig sein, während die Untersuchung des Begriffs der Angst selbst durchaus verfehlt sein kann. Ob dem so ist, muss sich erst zeigen.

Erstes Kapitel

Die Angst als Voraussetzung der Erbsünde, welche dieselbe zugleich rückläufig, in der Richtung auf ihren Ursprung, erklärt

§ 1 Historische Andeutungen zum Begriff der »Erbsünde«

Ist dieser Begriff identisch mit dem Begriff der ersten Sünde? der Sünde Adams? des Sündenfalls? So hat man ihn wohl bisweilen genommen; dann fiel die Aufgabe, die Erbsünde zu erklären, zusammen mit der Aufgabe, Adams Sünde zu erklären. Da das Denken hierbei auf Schwierigkeiten stieß, so wählte man einen Ausweg. Um doch etwas zu erklären, brachte man eine fantastische Voraussetzung an und ließ die Folgen des Sündenfalls in dem Verlust derselben bestehen. Damit gewann man den Vorteil, dass jeder willig zugestand, ein Zustand wie der beschriebene finde sich nicht in der Welt; man vergaß aber, dass die Frage nun die war, ob er je existiert habe, damit man ihn habe verlieren können. Die Geschichte des menschlichen Geschlechts erhielt einen fantastischen Anfang; Adam trat fantastisch aus ihm heraus; das fromme Gefühl und die Fantasie bekamen, was sie wünschten, ein göttliches Vorspiel; das Denken ging leer aus. Auf doppelte Weise erhielt Adam eine fantastische Sonderstellung. Die Voraussetzung war dialektisch-fantastisch, hauptsächlich im Katholizismus, der Adam das *donum divinitus datum supernaturale et admirabile* verlieren ließ. Oder sie war historisch-fantastisch, hauptsächlich in der föderalen Dogmatik, welche sich in ein Fantasiebild von Adams Auftreten als Bevollmächtigten des ganzen Geschlechts verlor. Beide Erklärungen erklären natürlich nichts; die eine erklärt nur weg, was sie selbst hineingedichtet hat, die andre dichtet nur etwas ein, das nichts erklärt.

Soll nun der Unterschied des Begriffs der Erbsünde von dem der ersten Sünde darin bestehen, dass der Einzelne nur durch sein Verhältnis zu Adam an jener teilnimmt und nicht durch sein ursprüngliches Verhältnis zur Sünde? In diesem Fall steht Adam wieder fantastisch außerhalb der Geschichte. Adams Sünde ist dann ein mehr als Vorbeigegangenes, ein plus quam perfectum. Die Erbsünde ist das Gegenwärtige, die Sündhaftigkeit, und Adam der einzige, in dem sie nicht war, da sie durch ihn wurde. Man suchte nun nicht sowohl Adams Sünde zu erklären, als vielmehr das Wesen der Erbsünde in ihren Konsequenzen sich aufschließen zu lassen. Aber diese Erklärung derselben war nicht für das Denken. Daraus lässt es sich wohl verstehen, dass eine symbolische Schrift die Unerklärbarkeit derselben behauptet, ohne doch mit der gegebenen Erklärung in Widerspruch zu kommen. Die Schmalkaldischen Artikel lehren ausdrücklich: *peccatum hereditarium tam profunda et tetra est corruptio naturae, ut nullius hominis ratione intelligi possit, sed ex scripturae patefactione agnoscenda et credenda sit.* Diese Aussage lässt sich mit den Erklärungen wohl vereinigen. Denn in diesen haben wir nicht sowohl theoretische Bestimmungen mit wissenschaftlicher Abzweckung zu sehen, vielmehr macht in ihnen ein ethisch gerichtetes frommes Gefühl seiner Indignation über die Erbsünde Luft. Indem es hierbei die Rolle des Anklägers übernimmt, ist es mit fast weiblicher Leidenschaftlichkeit, mit der Schwärmerei eines liebenden Mädchens einzig bemüht, die Sündhaftigkeit und sich in derselben abscheulicher und immer abscheulicher zu machen, und kein Wort ist ihm hart genug, um zu bezeichnen, wie stark der Einzelne in Mitleidenschaft gezogen ist. Will man mit Rücksicht hierauf die verschiedenen Konfessionen überblicken, so zeigt sich eine Gradation, bei welcher der tiefen protestantischen Frömmigkeit der Sieg verbleibt. Die griechische

Kirche nennt die Erbsünde ἁμάρτημα προπατορικόν. Sie hat nicht einmal einen Begriff; denn dieses Wort ist nur eine historische Angabe und bezeichnet nicht, wie der Begriff, das Gegenwärtige, sondern nur das historisch Abgeschlossene. Das *vitium originis* Tertullians ist wohl ein Begriff, doch erlaubt die Sprachform auch, das Historische als das Vorschlagende zu fassen. Augustins *peccatum originale (»quia originaliter tradatur«)* gibt den Begriff an, welcher durch die Distinktion des *peccatum originans* und *originatum* noch deutlicher bestimmt wird. Der Protestantismus verwirft scholastische Bestimmungen *(carentia imaginis dei, defectus justitiae originalis)*, wie auch, dass die Erbsünde eine Strafe sein soll (*concupiscentiam poenam esse*, *non peccatum*, *disputant adversarii*, Apol. A. C.); und nun beginnt die begeisterte Klimax; *vitium*, *peccatum*, *reatus*, *culpa*. Man will nur die zerknirschte Seele sich aussprechen lassen, und so kann in die Aussagen über die Erbsünde wohl auch bisweilen ein ganz widersprechender Gedanke mit einfließen (*nunc quoque afferens iram dei iis*, qui secundum exemplum *Adami peccarunt*). Oder aber es nimmt die Beredsamkeit der bekümmerten Seele auf das Denken gar keine Rücksicht, um von der Erbsünde nur das Entsetzliche zu sagen: *quo fit, ut omnes propter inobedientiam Adae et Hevae in odio apud Deum simus*. Doch ist die Konkordienformel, welche diese Aussage hat, vorsichtig genug, dagegen zu protestieren, dass man dies denken wolle; denn wenn man es denken wollte, so würde ja die Sünde die Substanz des Menschen.[8] Sobald aber die Begeisterung des Glaubens und der Zerknirschung schwindet, ist mit solchen Bestimmungen nicht mehr gedient, die es der schlauen Verständigkeit nur zu leicht machen, sich der Erkenntnis der Sünde zu entziehen. Dass man andere Bestimmungen braucht, ist aber doch ein zweifelhafter Beweis für die Vollkommenheit der Zeit, ganz im selben Sinne, wie wenn drakonische Gesetze unmöglich sind.

Das Fantastische, das sich hier gezeigt hat, wiederholt sich ganz konsequent an einem andern Punkte der Dogmatik, nämlich in der Versöhnungslehre. Hier wird gesagt, dass Christus für die

Erbsünde Genugtuung geleistet habe. Wie steht es nun aber mit Adam? Er brachte ja die Erbsünde in die Welt; war also die Erbsünde bei ihm nicht eine aktuelle Sünde? Oder bedeutet die Erbsünde bei Adam dasselbe wie bei jedem in dem Geschlecht? In diesem Falle ist der Begriff aufgehoben. Oder war Adams ganzes Leben Erbsünde? Erzeugte in ihm die erste Sünde nicht andere, aktuelle Sünden? Der Fehler in dem Vorausgehenden zeigt sich hier deutlicher; denn Adam steht so fantastisch außerhalb der Geschichte, dass er der einzige ist, der von der Versöhnung ausgeschlossen ist.

Wie man nun auch das Problem stellen mag: sowie Adam eine fantastische Sonderstellung erhält, ist alles in Verwirrung. Die Erklärung von Adams Sünde ist deshalb zugleich die Erklärung der Erbsünde; jene ohne diese oder diese ohne jene erklären zu wollen, hat keinen Sinn und Wert. Der tiefste Grund dieser Erscheinung liegt in der wesentlichen Bestimmung menschlicher Existenz, dass der Mensch Individuum ist und als solches zugleich er selbst *und* das ganze Geschlecht, so dass das ganze Geschlecht an dem Individuum partizipiert und das Individuum an dem ganzen Geschlecht.[9] Hält man dies nicht fest, so kommt man entweder zu der pelagianischen, sozinianischen, philanthropischen Einzahl, oder verliert man sich ins Fantastische. Der prosaische Verstand löst das Geschlecht numerisch in ein Einmaleins auf. Fantastisch aber ist es, wenn man Adam die wohlgemeinte Ehre genießen lässt, mehr als das ganze Geschlecht zu sein, oder die zweideutige Ehre, außerhalb des Geschlechtes zu stehen.

Jeden Augenblick hat es seine Gültigkeit, dass das Individuum es selbst ist *und* das Geschlecht. Dies ist die Vollkommenheit des Menschen als Zustand gesehen. Zugleich ist es ein Gegensatz; ein Gegensatz ist aber jederzeit Ausdruck einer Aufgabe; eine Aufgabe aber ist eine Bewegung; eine Bewegung aber, welche sich auf dasselbe als Aufgabe hinbewegt, welches als dieses Selbe aufgegeben war, ist eine historische Bewegung. Also hat das Individuum Geschichte; hat aber das Individuum Geschichte, so hat sie auch das Geschlecht. Jedes Individuum hat dieselbe Vollkommenheit;

eben deshalb fallen die Individuen nicht numerisch auseinander, so wenig wie der Begriff des Geschlechts zum Phantom wird. Jedes Individuum ist an der Geschichte aller anderen Individuen wesentlich beteiligt, ja ebenso wesentlich, wie an seiner eigenen. Des Individuums Vollendung in sich selbst ist somit die vollkommene Partizipation an dem Ganzen. Kein Individuum ist gleichgültig gegen die Geschichte des Geschlechts, ebenso wenig das Geschlecht gegen die irgendeines Individuums. Indem nun die Geschichte des Geschlechts vorwärtsschreitet, beginnt das Individuum beständig von vorn (denn es ist es selbst *und* das Geschlecht), und in ihm die Geschichte des Geschlechts.

Adam ist der erste Mensch; er ist zugleich er selbst *und* das Geschlecht. Halten wir an ihm fest, so leitet uns hierbei nicht die ästhetische Erwägung, dass dies schon sei; auch nicht das hochsinnige Gefühl, wir dürfen ihn, der alles verschuldete, doch nicht sozusagen im Stiche lassen, treibt uns, dass wir uns mit ihm zusammenfassen; nicht die Begeisterung der Sympathie, nicht die Überredungskunst der Pietät drängt uns den Entschluss ab, dass wir die Schuld mit ihm teilen, wie das Kind mit dem Vater schuldig zu sein wünscht; es lehrt uns auch nicht ein erzwungenes Mitleid, uns in das zu finden, in was wir uns nun einmal finden müssen: der Gedanke vielmehr ist es, der uns nötigt, an ihm festzuhalten. Darum bringt die Dogmatik alles in Verwirrung, wenn sie Adam zum *caput generis humani naturale seminale, foederale* macht, um seine Bedeutung für das Geschlecht zu erklären. Er ist von dem Geschlecht nicht wesentlich verschieden – denn so ist dieses überhaupt nicht vorhanden; er ist nicht das Geschlecht – denn so ist dieses ebenfalls nicht vorhanden; er ist er selbst *und* das Geschlecht. Was Adam erklärt, erklärt darum auch das Geschlecht und umgekehrt.

§ 2 Der Begriff der »ersten Sünde«

Nach den traditionellen Begriffen ist der Unterschied zwischen Adams erster Sünde und der ersten Sünde jedes Menschen dieser: Adams Sünde bedingt die Sündhaftigkeit als Konsequenz, jede andre erste Sünde setzt die Sündhaftigkeit als Bedingung voraus. Wäre dies so, so stünde Adam wirklich außerhalb des Geschlechts, und dieses begänne nicht mit ihm, sondern hätte seinen Anfang außerhalb seiner selbst – was gegen jeden Begriff streitet.

Dass die *erste* Sünde etwas andres bedeutet als eine *Sünde* (d. h. eine Sünde wie andre mehr), und auch etwas andres als *eine* Sünde (so dass sie als Nr. 1 neben Nr. 2 stünde), ist leicht einzusehen. Die erste Sünde ist eine Qualitätsbestimmung; die erste Sünde ist *die* Sünde. Dies ist das Geheimnis des Ersten und für die abstrakte Verständigkeit natürlich ein Ärgernis. Für sie ist einmal keinmal; ihr sind erst mehrere Mal wirklich etwas. Das ist aber durchaus verkehrt; denn die mehrere Mal bedeuten entweder je für sich ebenso viel wie das erste Mal, oder aber alle zusammen weit nicht so viel. Es ist deshalb Aberglaube, wenn man in der Logik meint, dass durch ein fortgesetztes quantitatives Bestimmen eine neue Qualität entstehe; und es ist eine unerlaubte Vertuschung, wenn man zwar nicht verheimlicht, dass es nicht ganz so zugehe, dagegen die Konsequenz dieses Satzes für die gesamte logische Immanenz verbirgt, indem man ihn in die logische Bewegung mit aufnimmt, wie Hegel es tut.[10] Die neue Qualität kommt mit dem Ersten, mit dem Sprung, mit der Plötzlichkeit des Rätselhaften.

Wenn die erste Sünde numerisch eine Sünde bedeutet, so entsteht keine Geschichte, so erhält die Sünde weder in dem Individuum noch in dem Geschlecht Geschichte. In keinem von beiden – denn die Bedingung hierfür ist dieselbe, wenn auch darum die Geschichte des Geschlechts nicht als solche die des Individuums, noch die Geschichte des Individuums die des Geschlechts ist, außer sofern der Gegensatz beständig die Aufgabe ausdrückt.

Durch die erste Sünde kam die Sünde in die Welt. Ganz im selben Sinne gilt es aber von der ersten Sünde jedes späteren Menschen, dass durch sie die Sünde in die Welt kommt. Dass dieselbe vor Adams erster Sünde überhaupt nicht da war, ist eine ganz zufällige Reflexion, welche die Sünde als solche gar nicht berührt und daher auch nicht die Bedeutung oder das Recht beanspruchen kann, Adams Sünde größer oder jedes andern Menschen erste Sünde kleiner zu machen. Dies ist eben eine logische und ethische Ketzerei, dass man sich den Anschein geben will, als ob sich die Sündhaftigkeit in einem Menschen so lange quantitativ bestimme, bis sie zuletzt durch eine *generatio aequivoca* die erste Sünde desselben hervorbringe. Dies geschieht nicht, so wenig als Trop dadurch Kandidat wurde, dass er *beinahe* das Examen bestand. Mathematiker und Astronomen mögen sich mit unendlich kleinen, verschwindenden Größen helfen, wenn sie können; im Leben helfen sie nicht zu einem Examen, und noch weniger dazu, den Geist zu erklären. Wenn die erste Sünde jedes späteren Menschen so aus der Sündhaftigkeit hervorginge, so wäre an ihr nur unwesentlich, dass sie die erste ist, wesentlich dagegen – wenn etwas derartiges sich überhaupt denken ließe – ihre laufende Nummer in dem alles aufsaugenden Fonds des Geschlechts. So aber steht es nicht, und es ist gleich dumm, unlogisch, unethisch, unchristlich, dass man um die Ehre des ersten Erfinders buhlt, wie dass man durch das gedankenlose Gerede, man habe nichts andres getan als alle andern auch, etwas von sich abwälzen will. Das Vorhandensein der Sündhaftigkeit in einem Menschen, die Macht des Beispiels usf., das alles sind nur quantitative Bestimmungen, die nichts erklären[11], außer man wollte annehmen, dass ein Individuum das Geschlecht sei, statt dass jedes Individuum es selbst ist *und* das Geschlecht.

Die Erzählung der Genesis von der ersten Sünde wird insbesondere in unsrer Zeit ziemlich fahrlässig als eine Mythe betrachtet. Das hat seinen guten Grund; was man an ihre Stelle setzte, war eine Mythe, und zudem eine einfältige Mythe; denn wenn der Verstand auf das Mythische verfällt, so gibt es selten etwas andres als Geschwätz. Jene Erzählung ist die einzige dialektisch-konsequente Auffassung. Ihr ganzer Gehalt ist eigentlich in dem Satz konzentriert: *Die Sünde kam durch eine Sünde in die Welt*. Wäre dies nicht der Fall, so wäre die Sünde als etwas Zufälliges hereingekommen, und man sollte sie lieber nicht zu erklären versuchen. Die Schwierigkeit für den Verstand ist aber der Triumph der Erklärung, deren tiefsinnige Konsequenz: dass die Sünde sich selbst voraussetzt; dass sie so in die Welt kommt, dass sie vorausgesetzt ist, indem sie da ist. Die Sünde tritt also als das Plötzliche ein, d. h. durch den Sprung; dieser Sprung aber setzt zugleich die Qualität; indem aber die Qualität gesetzt wird, im selben Augenblick ist der Sprung in die Qualität hineingenommen; er ist von der Qualität vorausgesetzt und die Qualität von dem Sprunge. Dies ist für den Verstand ein Ärgernis, ergo ist es eine Mythe. Als Ersatz dafür dichtet er selber eine Mythe, welche aber den Sprung leugnet, den Kreis in einen gerade Linie auseinanderlegt – und nun geht alles natürlich zu. Er phantasiert etwas darüber, wie der Mensch vor dem Sündenfall war; und so nach und nach während des Geschwätzes wird die projektierte Unschuld zur Sündhaftigkeit – und so, so ist sie nun da. Die Argumentationsweise des Verstandes bei dieser Gelegenheit kann man passend mit jener lustigen Etymologie vergleichen: alopex, lopex, opex, pex, pax, pox, fox, Fuchs – da hat man's ja, das eine Wort ist ganz natürlich von dem andern abgeleitet! Sollte etwas an der Mythe des Verstandes sein, so müsste es dies sein, dass die Sündhaftigkeit durch etwas andres als durch die Sünde hereingekommen ist, so ist der Begriff aufgehoben. Ist sie aber durch die Sünde hereingekommen, so ist ja diese vorausgegangen.

Dieser Widerspruch ist die einzige dialektisch konsequente Auffassung, welche sowohl dem Sprung als der Immanenz (d. h. der späteren Immanenz) gerecht wird.

Durch Adams erste Sünde *kam also die Sünde in die Welt*. Dieser Satz, wie er gemeinhin in Brauch ist, enthält indessen eine ganz äußerliche Reflexion, die gewiss viel zur der Entstehung der schwebenden Missverständnisse beigetragen hat. Dass die

Sünde in die Welt kam, ist ganz richtig; das berührt aber Adam in besonderer Weise nicht. Will man sich ganz scharf und genau ausdrücken, so muss man sagen, dass durch seine erste Sünde die Sündhaftigkeit in die Welt komme; und doch kommt diese durch ihn auf eine ähnliche Weise (d. h. auf eine Weise, die nicht wesentlich verschieden ist) in die Welt. Denn, nimmt man es scharf und genau, so ist die Sündhaftigkeit nur in der Welt, soweit sie durch die Sünde hereinkommt.

Dass man sich in Bezug auf Adam anders ausgesprochen hat, ist nur darin begründet, dass die Konsequenz von Adams fantastischem Verhältnis zu dem Geschlecht sich überall wieder zeigen muss. Seine Sünde ist die Erbsünde; sonst weiß man nichts von ihm. Aber die Erbsünde in Adam gesehen ist nur jene erste Sünde. Ist nun Adam das einzige Individuum, das keine Geschichte hat? So ließe man ja das Geschlecht mit einem Individuum beginnen, das kein Individuum ist, womit sowohl der Begriff des Geschlechts als der des Individuums aufgehoben ist. Kann irgendein andres Individuum des Geschlechts durch seine Geschichte Bedeutung für die Geschichte des Geschlechts haben, so gilt das auch für Adam; hat Adam sie nur durch jene erste Sünde, so ist der Begriff der Geschichte aufgehoben, d. h. die Geschichte ist in demselben Augenblick vorbei, da sie begann.[12]

Indem nun das Geschlecht nicht mit jedem Individuum von vorn beginnt[13], erhält die Sündhaftigkeit des Geschlechts eine Geschichte. Doch schreitet diese nur in quantitativen Bestimmungen fort, während das Individuum mit dem Sprung in die Qualität an ihr teilnimmt. Deshalb beginnt das Geschlecht nicht mit jedem Individuum von vorn – so wäre es gar nicht vorhanden; dagegen beginnt jedes Individuum mit dem Geschlecht von vorn.

Will man nun sagen, Adams Sünde brachte die Sünde des Geschlechts in die Welt, so meint man das entweder fantastisch – womit jeder Begriff aufgehoben ist –, oder man kann es mit dem gleichen Recht von jedem Individuum sagen, das durch seine erste Sünde die Sündhaftigkeit hereinbringt. Das Geschlecht mit einem Individuum beginnen zu lassen, das außerhalb des Geschlechts steht, ist eine Mythe des Verstandes, analog derjenigen, die Sündhaftigkeit auf andre Weise als mit der Sünde beginnen zu lassen. Was man damit erreicht, ist nur, dass man das Problem hinzieht; denn dieses wendet sich dann natürlich an den Menschen Nr. 2 um eine Erklärung, oder eigentlich an Nr. 1, da Nr. 1 zu Nr. 0 geworden ist.

Was oft täuscht und allerlei fantastische Vorstellungen in Gang bringen hilft, ist das Generationsverhältnis. Wie wenn der spätere Mensch durch die Abstammung von dem ersten wesentlich verschieden wäre! Vielmehr ist die Abstammung nur der Ausdruck für die Kontinuität in der Geschichte des Geschlechts, die sich allezeit in quantitativen Bestimmungen bewegt und darum auch keineswegs imstande ist, ein Individuum hervorzubringen; wenn sich eine Tierart auch durch tausend und abertausend Generationen erhält, so bringt sie doch nie ein Individuum hervor. Wenn der zweite Mensch nicht von Adam abstammte, so wäre er nicht der zweite Mensch, sondern eine leere Wiederholung; dann wäre mit ihm weder ein Geschlecht entstanden noch ein Individuum. Jeder einzelne Adam wäre eine Statue für sich selbst geworden; wie Sträflinge nach ihrer Nummer genannt werden, ja in noch unvollkommenerem Sinn, wäre er nur durch die gleichgültige Bestimmung der Zahl zu bestimmen gewesen. Aufs höchste wäre jeder Einzelne er selbst gewesen, nicht er selbst *und* das Geschlecht; und er hätte keine Geschichte bekommen, wie ein Engel keine Geschichte hat, sondern nur er selbst ist und an keiner Geschichte partizipiert.

Ich brauche wohl nicht besonders zu sagen, dass diese Auffassung sich keinen Pelagianismus zuschulden kommen lässt. Bei diesem spielt jedes Individuum unbekümmert um das Geschlecht auf seinem Privattheater seine kleine Geschichte ab. Nach der vorgetragenen Auffassung hingegen geht die Geschichte des Geschlechts ruhig ihren Gang fort, und in dieser setzt kein Individuum an derselben Stelle ein, wie ein andres, während jedes Individuum von vorn beginnt und doch im selben Augenblick da ist, wo es in der Geschichte einsetzen soll.

§ 3 Der Begriff der Unschuld

Es gilt hier wie überall: will man in unsern Tagen eine dogmatische Bestimmung bearbeiten, so muss man damit anfangen, zu vergessen, was Hegel entdeckt hat, um der Dogmatik aufzuhelfen. Es wird einem ganz wunderlich zumute, wenn man bei Dogmatikern, die doch sonst einigermaßen rechtgläubig sein wollen, an diesem Punkte Hegels beliebte Bemerkung angeführt sieht, dass es die Bestimmung des Unmittelbaren sei, aufgehoben zu werden, als wäre Unmittelbarkeit und Unschuld durchaus identisch. Hegel hat ganz konsequent jeden dogmatischen Begriff gerade so weit verflüchtigt, dass er als ein geistreicher Ausdruck für das Logische noch eine reduzierte Existenz fristet. Dass das Unmittelbare aufgehoben werden muss, braucht man sich nicht von Hegel sagen zu lassen, und er hat sich mit diesem Ausspruch auch kein so unsterbliches Verdienst erworben, da derselbe logisch nicht einmal korrekt ist; denn das Unmittelbare muss nicht aufgehoben werden, da es nie da ist. Der Begriff der Unmittelbarkeit ist in der Logik zu Hause, der Begriff der Unschuld in der Ethik; es muss aber jeder Begriff von der Wissenschaft aus besprochen werden, welcher er zugehört, ob er nun derselben in der Weise zugehört, dass er in ihr entwickelt wird, oder in der Weise, dass er entwickelt wird, indem er vorausgesetzt wird.

Unethisch ist es nun, zu sagen, die Unschuld müsse aufgehoben werden; denn wäre sie auch in dem Augenblicke, da sie genannt wird, aufgehoben, so verbietet uns doch die Ethik zu vergessen, dass sie nur aufgehoben werden kann durch Schuld. Wenn man daher von der Unschuld wie von der Unmittelbarkeit redet und logisch resolut dies Flüchtigste eben verschwunden sein lässt, oder ästhetisch gefühlvoll darüber klagt, was es gewesen und dass es verschwunden ist, so ist man zwar geistreich, aber man vergisst die Pointe.

Wie also Adam die Unschuld durch die Schuld verlor, ebenso verliert sie jeder Mensch. Geschah es nicht durch Schuld, dass er sie verlor, so war es auch nicht die Unschuld, die er verlor, und war er nicht unschuldig, bevor er schuldig wurde, so wurde er nie schuldig.

Was Adams Unschuld betrifft, so hat es nie an allerhand fantastischen Vorstellungen gefehlt; ob sie nun in Zeiten, in denen der Samt auf dem Predigtstuhl der Kirche wie auf dem Anfang des Geschlechts noch nicht so abgenutzt war wie jetzt, symbolische Würde erlangten oder nur als verdächtige Erfindungen der Dichtung da und dort umgingen. Je fantastischer man sich Adam aufputzte, desto unerklärlicher wurde es, dass er sündigen konnte, desto schrecklicher wurde seine Sünde. Indessen hatte er einfür allemal die ganze Herrlichkeit verspielt, und darum wurde man je nach Zeit und Gelegenheit sentimental oder witzig, schwermütig oder leichtsinnig, historisch zerknirscht oder fantastisch munter; aber die Pointe der Sache fasste man nicht ethisch auf.

Was die Unschuld der späteren Menschen (d. h. aller, Adam und Eva ausgenommen) betrifft, so hatte man von ihr geringe Vorstellungen. Der ethische Rigorismus übersah die Grenze des Ethischen und war gutmütig genug zu glauben, die Menschen würden die Gelegenheit, sich von dem Ganzen wegzuschmuggeln, nicht benutzen, wo Ausflüchte doch so leicht gemacht wurden; der Leichtsinn sah überhaupt nichts. Aber nur durch Schuld wird die Unschuld verloren; jeder Mensch verliert sie wesentlich auf dieselbe Weise wie Adam, und es liegt weder im Interesse der Ethik, alle außer Adam zu bekümmerten und interessierten Zuschauern der Verschuldung, aber nicht zu Schuldigen zu machen, noch im Interesse der Dogmatik, alle zu interessierten und teilnehmenden Zuschauern der Versöhnung zu machen, aber nicht zu Versöhnten.

Wenn man so oft die Zeit der Dogmatik und Ethik und seine eigene Zeit damit vergeudet hat, zu überlegen, was wohl geschehen wäre, wenn Adam nicht gesündigt hätte, so zeigt sich bloß, dass man eine unrichtige Stimmung und darum auch einen unrichtigen Begriff mitbringt. Der Unschuldige kann nie darauf verfallen, so zu fragen, und wenn der Schuldige so fragt, so sündigt er; denn in seiner ästhetischen Neugier will er ignorieren, dass er selbst die Verschuldung in die Welt gebracht, dass er selbst die Unschuld durch Schuld verloren hat.

Die Unschuld ist darum nicht wie das Unmittelbare etwas, das aufgehoben werden muss, dessen Bestimmung ist, aufgehoben zu werden; sie ist nicht zuerst eigentlich nicht da, um erst dadurch, dass sie aufgehoben wird, und erst dann als dasjenige, welches war, bevor es aufgehoben wurde und nun aufgehoben ist, selbst Dasein zu gewinnen. Die Unmittelbarkeit wird nicht durch die Mittelbarkeit aufgehoben; indem vielmehr die Mittelbarkeit hervortritt, hat sie im selben Augenblicke die Unmittelbarkeit aufgehoben. Die Aufhebung der Unmittelbarkeit ist darum eine immanente Bewegung innerhalb der Unmittelbarkeit, oder sie ist eine immanente, in entgegengesetzter Richtung gehende Bewegung innerhalb der Mittelbarkeit, durch welche diese die Unmittelbarkeit voraussetzt. Die Unschuld ist etwas, das durch ein Transzendentes aufgehoben wird, weil eben die Unschuld *etwas* ist (während der richtigste Ausdruck für die Unmittelbarkeit der ist, den Hegel für das reine Sein gebraucht: sie ist nichts); deshalb entsteht auch aus ihr etwas Heterogenes, wenn sie durch die Transzendenz aufgehoben wird; während die Mittelbarkeit eben die Unmittelbarkeit ist. Die Unschuld ist eine Qualität; sie ist ein *Zustand*, der ganz wohl bestehen kann; und darum hat die Hast der Logik, sie aufzuheben, nichts zu bedeuten, während sie sich in der Logik selber etwas mehr beschleunigen sollte; denn da kommt sie, so eilig sie es hat, doch immer zu spät. Die Unschuld ist nicht eine Vollkommenheit, die man zurückwünschen soll; denn sobald man sie wünscht, ist sie verloren, und dann ist es eine neue Schuld, die Zeit mit Wünschen zu vertrödeln. Die Unschuld ist nicht eine Unvollkommenheit, bei der man nicht stehen bleiben kann; denn sich selbst ist sie stets genug, und der, welcher sie verloren hat (so wie sie allein verloren werden kann, d. h. durch Schuld, nicht so, wie er sie etwa verloren haben möchte), wird nicht darauf verfallen, seine Vollkommenheit auf Kosten der Unschuld anzupreisen.

Die Erzählung in der Genesis gibt nun auch die richtige Erklärung der Unschuld. Unschuld ist Unwissenheit. Sie ist keineswegs das reine Sein des Unmittelbaren, denn sie ist Unwissenheit. Dass man die Unwissenheit, oberflächlich betrachtet, zum Wissenwerden bestimmt sieht, ist etwas, das der Unwissenheit durchaus nicht zukommt.

Es ist wohl einleuchtend, dass diese Auffassung sich keinen Pelagianismus zuschulden kommen lässt. Das Geschlecht hat seine Geschichte; in dieser hat die Sündhaftigkeit ihre kontinuierliche, quantitative Bestimmtheit; die Unschuld aber wird beständig nur durch den qualitativen Sprung des Individuums verloren. Dass diese Sündhaftigkeit, welche den Fortschritt des Geschlechts bildet, in dem Einzelnen, der durch seinen Akt an ihr teilnimmt, sich als größere oder kleinere Disposition zeigen kann, ist wohl wahr, aber dies ist ein Mehr oder Weniger, eine quantitative Bestimmung, die nicht den Begriff der Schuld konstituiert.

§ 4 Der Begriff des Sündenfalls

Wenn also die Unschuld Unwissenheit ist; wenn in der Unwissenheit des Einzelnen die Verschuldung des Geschlechts in ihrer jeweiligen quantitativen Bestimmtheit enthalten ist und sich durch seinen Akt als seine Verschuldung erweist: so scheint sich ja zwischen der Unschuld Adams und der jedes späteren Menschen ein Unterschied zu ergeben. Die Antwort hierauf ist schon gegeben: ein Mehr konstituiert keine Qualität. Zugleich aber möchte es scheinen, es sei leichter zu erklären, wie ein späterer Mensch die Unschuld verloren habe. Dies ist aber nur Schein. Die höchste quantitative Bestimmtheit erklärt den qualitativen Sprung so wenig wie die niederste; kann ich die Schuld in einem späteren Menschen erklären, so kann ich sie ebenso gut in Adam erklären. Nur durch die Macht der Gewohnheit, besonders aber durch die Gedankenlosigkeit und Stupidität erhält die Sache den Anschein, als ob das erstere leichter wäre als das letztere. Man möchte sich gern aus dem hellen Sonnenschein der Konsequenz wegschleichen, der lotrecht dem Einzelnen auf den Scheitel fällt. Man will sich in die Sündhaftigkeit finden, an derselben mittragen usw. Damit braucht man sich keine Ungelegenheit zu machen; die Sündhaftigkeit ist keine Epidemie, die verschleppt wird wie die Kuhpocken, »und jeder Mund soll zugestopft werden«. Dass ein Mensch in tiefem Ernst sagen kann, er sei im Elend geboren und seine Mutter habe ihn in Sünden empfangen, ist ganz richtig; aber darüber kann er eigentlich erst dann recht bekümmert sein, wenn er selbst die Sünde in die Welt gebracht und dies alles auf sich gezogen hat; denn es ist ein Widerspruch, *ästhetisch* über die *Sündhaftigkeit* bekümmert sein zu wollen. Der einzige, der ohne Schuld um die Sünde sich Sorge machte, war *Christus*; für ihn war sie aber doch nicht ein Schicksal, in das er sich eben finden musste, denn er war der, welcher frei erwählte, die Sünde der ganzen Welt zu tragen und ihre Strafe zu erleiden. Dies ist keine ästhetische Bestimmung; denn Christus war mehr als Individuum.

Unschuld ist also Unwissenheit; wie wird sie aber verloren? Alle die sinnreichen und einfältigen Hypotheken zu repetieren, mit denen Denker und Projektenmacher, die an der großen menschlichen Angelegenheit, Sünde genannt, nur neugierig interessiert waren, den Anfang der Geschichte belagert haben, achte ich nicht der Mühe wert. Teils wünsche ich nicht die Zeit andrer mit der Darstellung dessen zu verderben, mit dessen Studium ich meine gute Zeit totgeschlagen habe; teils spielt das Ganze außerhalb der Geschichte in den nebelhaften Regionen, in welchen Hexen und Projektenmacher auf Besenstiel und Wurstspieß herumreiten.

Die Wissenschaft, die es mit der Erklärung zu tun hat, ist die Psychologie; sie aber kann doch nur bis zur Erklärung hinerklären und muss sich vor allem hüten, dass sie nicht den Anschein erregt, als wollte sie erklären, was keine Wissenschaft erklärt, und was die Ethik nur mittelbar erklärt, indem sie es durch die Dogmatik voraussetzt. Erklärt man psychologisch und suggeriert man sich durch bloße Wiederholung dieser »Erklärung«, es sei nicht unwahrscheinlich, dass wirklich die Sünde so in die Welt gekommen sei: so hat man alles verwirrt. Die Psychologie hat innerhalb ihrer Grenzen zu bleiben; da kann ihre Erklärung stets ihren guten Sinn haben.

Eine psychologische Erklärung des Sündenfalls findet sich, gut und klar auseinandergesetzt, in Usteris »Entwickelung des Paulinischen Lehrbegriffs«. Nun ist die Theologie so spekulativ geworden, dass sie derartiges beiseite lässt; es liegt ja viel näher, einfach zu erklären, dass das Unmittelbare aufgehoben werden muss, und noch bequemer ist, was bisweilen die Theologie tut, nämlich im entscheidenden Moment der Erklärung für die spekulativen Anbeter unsichtbar zu werden. Usteris Entwicklung läuft darauf hinaus, dass gerade das Verbot, nicht von dem Baume der Erkenntnis zu essen, die Sünde in Adam erzeugt habe. Sie übersieht das Ethische durchaus nicht, sondern gesteht zu, dass sie gleichsam nur prädisponiert, was in Adams qualitativem Sprung hervorbricht.[14]

Was dieser Erklärung mangelt, ist, dass sie nicht recht für psychologisch gelten will. Dies ist natürlich kein Tadel; denn sie verfolgt keinen psychologischen Endzweck, sondern hat sich die Aufgabe gesetzt, Paulis Lehre zu entwickeln und an das Biblische anzuknüpfen. Aber in dieser Beziehung hat die Bibel schon oft schädlich gewirkt. Wenn man eine Untersuchung beginnt, so hat man sich schon gewisse klassische Stellen fest in den Kopf gesetzt, und Gang und Resultat der Erklärung wird ein Arrangement dieser Stellen, als wäre einem das Ganze so fremd. – Je natürlicher, desto besser! Man setze in aller Ehrerbietung seine Erklärung neben die Meinung der Bibel hin und fange noch einmal von vorn an zu erklären, wenn beide nicht zusammenstimmen wollen. So kommt man doch nicht zu der verkehrten Stellung, die Erklärung verstehen zu sollen, bevor man versteht, *was* sie erklären soll, und auch nicht zu der hinterlistigen Stellung, die Schriftstellen so zu benutzen, wie die persischen Könige im Kampfe gegen die Ägypter den heiligen Stier benutzten: um sich zu sichern.

Wenn das Verbot den Sündenfall bedingen soll, so lässt man dasselbe die *concupiscentia* erwecken. Hier hat die Psychologie schon ihre Kompetenz überschritten. Eine *concupiscentia* ist eine Bestimmung von Sünde und Schuld vor Sünde und Schuld, die doch wieder nicht Schuld und Sünde sein soll, d. h. sie ist durch diese gesetzt. Der qualitative Sprung wird entnervt, der Sündenfall wird etwas Sukzessives. Man gewinnt auch keinen Einblick, wie das Verbot die Konkupiszenz weckt, ob schon von der heidnischen wie von der christlichen Erfahrung festgestellt wird, dass es den Menschen zu dem Verbotenen hinzieht. Aber auf die Erfahrung kann man sich eben nicht so ohne weiteres berufen, da erst näher untersucht werden sollte, in welchem Abschnitt des Lebens dies erfahren wird. Auch ist die Zwischenbestimmung der concupiscentia nicht zweideutig, woraus man sofort ersehen kann, dass sie keine psychologische Erklärung ist. Der stärkste, eigentlich der positivste Ausdruck, den die protestantische Kirche von dem Vorhandensein der Erbsünde in dem Menschen gebraucht, ist eben, dass er mit der concupiscentia geboren wird *(omnes homines secundum naturam propagati nascuntur cum peccato, h. e. sine metu dei, sine fiducia erga deum et cum concupiscentia)*. Und doch macht die protestantische Lehre eines wesentlichen Unterschied zwischen der Unschuld ein späteren Menschen (wenn von einer solchen die Rede sein kann) und der Adams.

Die psychologische Erklärung darf also die Pointe nicht wegschwatzen, sondern muss in ihrer elastischen Zweideutigkeit bleiben, aus der die Schuld in dem qualitativen Sprunge hervorbricht.

§ 5 Der Begriff der Angst

Die Unschuld ist Unwissenheit. In der Unschuld ist der Mensch nicht als Geist bestimmt, sondern seelisch, in unmittelbarer Einheit mit seiner Natürlichkeit. Der Geist ist im Menschen träumend. Diese Auffassung ist ganz in Übereinstimmung mit der Bibel, die dem Menschen im Stande der Unschuld die Kenntnis des Unterschieds zwischen Gut und Böse abspricht und damit über alle katholisch-verdienstlichen Fantastereien den Stab bricht.

In diesem Zustande ist Friede und Ruhe; doch es ist zur selben Zeit noch etwas anderes da, das doch nicht Unfriede und Streit ist – es gibt ja nichts, um damit zu streiten! Was ist nun das? – Nichts! Welche Wirkung hat aber – Nichts? Es erzeugt Angst. Dies ist das tiefe Geheimnis der Unschuld, dass sie zu gleicher Zeit Angst ist. Träumend projiziert der Geist seine eigene Wirklichkeit voraus; aber diese Wirklichkeit ist Nichts; aber dieses Nichts sieht die Unschuld beständig vor sich.

Die Angst ist eine Bestimmung des träumenden Geistes und gehört darum in die Psychologie. Im wachen Zustande ist der Unterschied zwischen mir und meinem Nicht-Ich gesetzt; im Schlafe ist er suspendiert, im Traume ist er ein angedeutetes Nichts. Die Wirklichkeit des Geistes zeigt sich stets als eine Gestalt, welche seine Möglichkeit hervorlockt; aber sie ist weg, sowie er nach ihr greift, sie ist ein Nichts, das nur ängsten kann. Mehr kann sie nicht, solange sie sich nur zeigt. Der Begriff der Angst wird fast nie in der Psychologie behandelt, darum muss ich darauf aufmerksam machen, dass sie von Furcht und ähnlichen Zuständen wohl zu unterscheiden ist; diese beziehen sich stets auf etwas Bestimmtes, während die Angst die Wirklichkeit der Freiheit als Möglichkeit vor der Möglichkeit ist. Darum findet man bei dem Tiere keine Angst, eben weil es in seiner Natürlichkeit nicht als Geist bestimmt ist.

Wollen wir nun die dialektischen Bestimmungen in der Angst betrachten, so zeigt sich, dass diese wirklich die psychologische

Zweideutigkeit haben. Angst ist *eine sympathetische Antipathie und eine antipathetische Sympathie*. Ich glaube, man sieht leicht, dass dies in ganz anderm Sinne eine psychologische Bestimmung ist, als jene concupiscentia. Der Sprachgebrauch bestätigt das durchaus; man sagt: eine süße Angst, eine süße Beängstigung – und eine seltsame, wunderliche Angst, eine scheue Angst usw.

Die Angst, welche in der Unschuld gesetzt ist, ist nun fürs erste keine Schuld, fürs andre keine beschwerende Last, kein Leiden, dass sich mit der Seligkeit der Unschuld nicht vereinigen ließe. Betrachtet man Kinder, so findet man in ihnen die Angst bestimmter angedeutet als ein Suchen nach dem Abenteuerlichen, dem Ungeheuren, Rätselhaften. Dass es Kinder gibt, bei welchen sich dies nicht findet, beweist nichts; das Tier hat es auch nicht, und je weniger Geist, desto weniger Angst. Diese Angst hört dem Kinde so wesentlich zu, dass es sie nicht entbehren will; und wenn sie es auch ängstet, so fesselt sie es doch mit ihrer süßen Beängstigung. Bei allen Nationen, welche das Kindliche als den Traumzustand des Geistes bewahrt haben, ist diese Angst, und je tiefer sie ist, desto tiefer ist die Nation. Es ist nur eine prosaische Dummheit, wenn man meint, dies sei eine Desorganisation. Die Angst hat hier dieselbe Bedeutung wie die Schwermut auf einem viel späteren Punkte, wenn die Freiheit die unvollkommenen Formen ihrer Geschichte durchlaufen hat und nun im wahrsten Sinne des Wortes zu sich selbst kommen soll.[15]

Wie nun das Verhältnis der Angst zu ihrem Gegenstande, dem Etwas, das nichts ist – der Sprachgebrauch sagt ja auch prägnant: sich vor nichts ängsten –, durchaus zweideutig ist, so wird auch der Übergang, der hier von der Unschuld zur Schuld gemacht werden kann, gerade so dialektisch, dass sich ausweist: die Erklärung ist, was sie sein soll, psychologisch. Der qualitative Sprung hebt sich scharf von der Zweideutigkeit des vorausgehenden Zustandes ab. Denn wer durch Angst schuldig wird, ist ja unschuldig: es war ja nicht er selbst, sondern die Angst, eine fremde Macht, die ihn ergriff, eine Macht, die er nicht liebte, vor der er sich vielmehr abängstete; und doch ist er schuldig: er versank in der Angst, die er doch liebte, während er sie fürchtete. Es gibt in der Welt nichts Zweideutigeres als dies; und darum ist dies die einzige psychologische Erklärung, während sie, um das nochmals zu wiederholen, niemals darauf verfallen kann, den qualitativen Sprung erklären zu wollen. Jede Vorstellung, die darauf hinauskommt, dass das Verbot den Menschen verlockte oder der Verführer ihn betrog, hat nur für eine oberflächliche Beobachtung die nötige Zweideutigkeit; sie betrügt die Ethik, reduziert den qualitativen Sprung auf quantitative Verschiebungen und will mit Hilfe der Psychologie dem Menschen auf Kosten der Ethik ein Kompliment machen – ein Kompliment, das sich jeder, der ethisch entwickelt ist, als eine neue gefährlichere Verführung verbitten muss.

Dass die Angst zum Vorscheine komme, ist das, worum sich alles dreht. Der Mensch ist eine Synthese des Seelischen und des Leiblichen; eine Synthese ist aber undenkbar, wenn die beiden nicht in einem Dritten geeint werden. Dieses Dritte ist der Geist. In der Unschuld ist der Mensch nicht bloß Tier; wäre er in einem Augenblick seines Lebens bloß Tier, so würde er überhaupt nie Mensch. Der Geist ist also zur Stelle, aber als unmittelbarer, träumender Geist. Soweit er zur Stelle ist, ist er in gewissem Sinne eine feindliche Macht; denn er stört beständig das Verhältnis zwischen Seele und Leib, das wohl Bestand hat, aber doch wieder nicht Bestand hat, insofern es erst durch den Geist Bestand gewinnen soll. Andrerseits ist er eine freundliche Macht, da er ja eben das Verhältnis konstituieren will. Welches ist nun das Verhältnis des Menschen zu dieser zweideutigen Macht? Wie verhält sich der Geist zu sich selbst und zu seiner Bedingung? – Er hat Angst vor sich selbst. Sich selbst los werden kann der Geist nicht; auch kann er nicht sich selbst ergreifen, solange er sich selbst außerhalb seiner selbst hat; in das Vegetative kann der Mensch auch nicht hinuntersinken, da er ja als Geist bestimmt ist; die Angst kann er nicht fliehen, denn er liebt sie; eigentlich lieben kann er sie wieder nicht, denn er flieht sie. Nun ist die Unschuld auf ihrer Spitze. Sie ist Unwissenheit, aber nicht eine tierische Brutalität, sondern eine Unwissenheit, die von Geist bestimmt, aber eben darum Angst ist, weil es eine Unwissenheit um Nichts ist. Hier ist kein Wissen vom Guten und Bösen; sondern die ganze Wirklichkeit des Wissens projiziert sich in der Angst als das ungeheure Nichts der Unwissenheit.

Noch ist die Unschuld da, aber es braucht bloß ein Wort zu ertönen, so ist die Unwissenheit konzentriert. Dieses Wort kann die Unschuld natürlich nicht verstehen, aber die Angst hat gleichsam ihre erste Beute gefasst; statt des Nichts hat sie ein rätselvolles Wort erhalten. Wenn es so in der Genesis heißt, dass Gott zu Adam sagte: »Bloß von dem Baume der Erkenntnis des Guten und Bösen darfst du nicht essen«, so ist ja selbstverständlich, dass Adam dieses Wort eigentlich nicht verstand; denn wie sollte er den Unterschied von Gut und Böse verstehen, da diese Unterscheidung ja erst mit dem Genuss erfolgte?

Nimmt man nun an, dass das Verbot die Lust erwecke, so erhält man anstatt der Unwissenheit ein Wissen; denn Adam musste doch ein Wissen um die Freiheit haben, wenn seine Lust danach ging, sie zu gebrauchen. Diese Erklärung ist also ein ὕστερον πρότερον. Nein, das Verbot ängstet ihn, denn das Verbot erweckt die Möglichkeit der Freiheit in ihm. Was an der Unschuld vorbeiging als das Nichts der Angst, das ist nun in ihn selbst hineingekommen, und ist da wieder ein Nichts: die ängstende Möglichkeit zu *können*. Was das ist, das er kann, davon hat er keine Vorstellung; sonst setzt man ja (was insgemein geschieht) das Spätere, den Unterschied zwischen Gut und Böse voraus. Nur die Möglichkeit zu können ist da, als eine höhere Form der Unwissenheit wie als ein höherer Ausdruck der Angst, weil dieses Können in höherem Sinne ist und nicht ist; weil er es in höherem Sinne liebt und flieht.

Nach dem Worte des Verbots folgt das Wort des Urteils: du sollst des Todes sterben. Was das besagen soll, sterben zu müssen, fasst Adam natürlich ganz und gar nicht; indessen hindert nichts, dass er die Vorstellung von etwas Schrecklichem erhalten habe, als ihm dies gesagt wurde. Selbst das Tier kann ja in dieser Hinsicht den mimischen Ausdruck und die Bewegung in der Stimme des Redenden verstehen, ohne dass es das Wort verstanden hat. Lässt man durch das Verbot die Lust erweckt werden, so natürlich auch durch die Androhung der Strafe durch eine abschreckende Vorstellung. Allein das ist verwirrend. Der Schrecken wird vielmehr nur zur Angst, denn Adam hat das Ausgesagte nicht verstanden; auch hier ist also wiederum nur die Zweideutigkeit der Angst. Die unendliche Möglichkeit zu können, die das Verbot weckte, rückt nun dadurch näher, dass diese Möglichkeit eine weitere Möglichkeit als ihre Folge zeigt.

So ist die Unschuld aufs äußerste gebracht. Sie ist in Angst gefangen in ihrem Verhältnis zu dem Verbotenen und zu der Strafe. Sie ist nicht schuldig, und doch ist eine Angst in ihr, als wäre sie verloren.

Weiter kann die Psychologie nicht kommen, aber diesen Punkt kann sie erreichen, und vor allem kann sie ihn in ihrer Beobachtung des Menschenlebens wieder und wieder aufzeigen.

Ich habe mich zum Schluss an die biblische Erzählung angeschlossen. Ich ließ das Verbot und die Androhung der Strafe von außen kommen. Dies hat natürlich manchen Denker abgestoßen. Doch ist die Schwierigkeit derart, dass man darüber lächeln muss. Die Unschuld kann ja wohl sprechen; insofern besitzt sie in der Sprache den Ausdruck für alles Geistige. Darum braucht man nur anzunehmen, dass Adam mit sich selbst geredet habe. Dann fällt die Unvollkommenheit in der Erzählung fort, dass ein andrer zu Adam über etwas spricht, das er nicht versteht. Wenn Adam sprechen konnte, so muss er darum keineswegs das Ausgesprochene auch im tieferen Sinn verstanden haben. Vor allem gilt das von dem Unterschied zwischen Gut und Böse, der ja in der Sprache niedergelegt, aber doch nur für die Freiheit vorhanden ist. Die Unschuld kann diesen Unterschied wohl in den Mund nehmen; aber er ist nicht für sie da und hat für sie nur die Bedeutung, die wir in dem Vorausgehenden aufgewiesen haben.

§ 6 Die Angst als Voraussetzung der Erbsünde, welche dieselbe zugleich rückläufig, in der Richtung auf ihren Ursprung, erklärt

Wir wollen nun die Erzählung in der Genesis genauer durchgehen, dabei aber die fixe Idee zu vergessen suchen, dass sie ein Mythus sei, und uns daran erinnern, dass keine Zeit so flink Verstandesmythen hervorbringt wie die unsere, die eben in dem Bestreben, alle Mythen zu vertilgen, selbst Mythen produziert.

Adam war geschaffen und hatte den Tieren Namen gegeben – hier tritt also die Sprache hervor, wenn auch auf eine ebenso unvollkommene Weise wie bei den Kindern, welche die Tiere in ihrem Bilderbuch kennen und dabei zugleich sprechen lernen –, aber er hatte keine Genossin für sich gefunden. Eva war geschaffen worden, gebildet aus einer seiner Rippen. Sie stand in einem so innerlichen Verhältnis wie nur möglich zu ihm, aber doch war es noch ein äußerliches Verhältnis. Adam und Eva bilden nur eine numerische Wiederholung. Es hätte darum nicht mehr und nicht weniger bedeutet, ob es auch tausend solche Adame gewesen wären statt einem. Dies mit Rücksicht auf die Abstammung des Menschengeschlechts von *einem* Paar. Die Natur liebt keinen bedeutungslosen Überfluss. Nimmt man nun an, dass das Geschlecht von mehreren Paaren abstamme, so hätte die Natur auch einen Augenblick einen nichtssagenden Überfluss gehabt. Sobald das Generationsverhältnis gesetzt ist, ist kein Mensch mehr überflüssig; denn jedes Individuum ist es selbst *und* das Geschlecht.

Nun folgt das Verbot mit dem Urteil. Aber die Schlange war listiger als alle Tiere auf dem Felde und verlockte das Weib. Wenn man das nun auch einen Mythus nennen will, so darf man doch nicht vergessen, dass er den Gedanken durchaus nicht stört und auch den Begriff nicht verwirrt, wie es ein Verstandesmythus tut. Der Mythus lässt äußerlich vor sich gehen, was innerlich ist.

Man hat hier zunächst darauf zu achten, dass zuerst das Weib verführt wird, und dieses dann den Mann verführt. Ich werde später in einem andern Kapitel entwickeln, in welchem Sinne das Weib, wie man sagt, das schwächere Geschlecht ist, sowie, dass die Angst ihm mehr eignet als dem Manne.[16]

Es wurde in dem Bisherigen schon mehrere Mal daran erinnert, dass die Auffassung, die in vorliegender Schrift auseinandergesetzt wird, die Fortpflanzung der Sündhaftigkeit in der Generation nicht leugnet, oder, mit anderen Worten, nicht leugnet, dass die Sündhaftigkeit in der Generation ihre Geschichte hat; nur wird behauptet, dass diese sich in quantitativen Bestimmungen bewegt, während die Sünde stets durch den qualitativen Sprung des Individuums zum Vorschein kommt. Eine Bedeutung des quantitativen Fortschritts durch die Generation kann man schon hier sehen. Eva ist das Derivierte. Sie ist allerdings geschaffen wie Adam, aber sie ist aus einer vorhergehenden Schöpfung herausgeschaffen. Wohl ist sie unschuldig gleich Adam, aber es ist wie die Ahnung einer Disposition, wie die Andeutung der durch die Fortpflanzung gesetzten Sündhaftigkeit, die ein Deriviertes ist, das den Einzelnen prädisponiert, ohne ihn doch schuldig zu machen.

Man erinnere sich hier dessen, was § 5 über die Worte des Verbots und des Urteils gesagt wurde. Die Unvollkommenheit in der Erzählung, dass einer darauf gekommen sein sollte, zu Adam zu sagen, was er wesentlich nicht verstehen konnte, fällt fort, wenn man bedenkt, dass der Sprechende die Sprache ist, und es also Adam selbst ist, der redet.[17]

Nun sind wir mit der Schlange noch im Rückstand. Ich bin keine Freund von »geistreichen« Theorien und werde *volente Deo* den Versuchungen der Schlange widerstehen, die vor Zeiten Adam und Eva versuchte und heutzutage die Skribenten versucht – »geistreich« zu sein. Ich gestehe lieber ohne Rückhalt, dass ich mit ihr keinen bestimmten Gedanken verknüpfen kann. Die Schlange verursacht überdies noch eine ganz andere Schwierigkeit, die nämlich, dass die Versuchung von außen kommen soll. Dies streitet direkt gegen die Lehre der Bibel, gegen die bekannte klassische Stelle bei Jakobus, dass Gott niemand versucht und von niemand versucht wird, dass vielmehr jeder von sich selbst versucht wird. Glaubt man nämlich Gott damit gerettet zu haben, dass man den Menschen von der Schlange versucht werden lässt, und meint man so in Übereinstimmung mit dem Satz des Jakobus zu sein, »dass Gott niemand versucht«, so verstößt man doch gegen das Nächste, dass Gott von niemand versucht wird; denn das Attentat der Schlange auf den Menschen war zugleich eine indirekte Versuchung Gottes, da sie sich ja in das Verhältnis zwischen Gott und Mensch eindrängen wollte; endlich verstößt man gegen das Dritte, dass jeder Mensch von sich selbst versucht wird.

Nun erfolgt der Sündenfall. Diesen kann die Psychologie nicht erklären, denn er ist der qualitative Sprung. Doch wollen wir noch einen Augenblick seine Folgen betrachten, wie sie in jener Erzählung angegeben werden, um noch einmal den Blick auf die Angst als die Voraussetzung der Erbsünde zu heften.

Die Folge war eine doppelte: dass die Sünde in die Welt kam, und dass das Sexuelle gesetzt wurde – ohne dass jedoch das eine vom andern getrennt werden dürfte. Dies ist von äußerster Wichtigkeit für die Deutung des ursprünglichen Zustandes des Menschen. War er nämlich keine Synthese, die in einem Dritten ruhte, so konnte ein Akt nicht zwei Folgen haben. War er nicht eine Synthese von Seele und Leib, die vom Geist getragen wird, so konnte nie das Sexuelle mit der Sündhaftigkeit eintreten.

Projektenmachereien wollen wir aus dem Spiele lassen und ganz simpel annehmen, dass die sexuelle Verschiedenheit vor dem Sündenfall da war – nur dass sie eben doch nicht da war, weil sie in Unwissenheit nicht ist. Hierfür haben wir auch in der Schrift Anhaltspunkte.

In der Unschuld war Adam als Geist träumender Geist. Die Synthese war also nicht wirklich; denn das Verbindende ist eben der Geist, und dieser ist noch nicht als Geist gesetzt. Bei dem Tiere kann die sexuelle Verschiedenheit instinktmäßig sein; so aber kann ein Mensch sie nicht haben, weil er eben eine Synthese ist. In dem Augenblick, da der Geist sich selbst setzt, setzt er die Synthese; um aber die Synthese zu setzen, muss er sie erst scheidend durchdringen, und das Extrem des Sinnlichen ist eben das Sexuelle. Dieses Extrem kann der Mensch erst in dem Augenblick erreichen, da der Geist wirklich wird. Vor dieser Zeit ist er nicht Tier, aber auch nicht eigentlich Mensch; erst in dem Augenblick, da er Mensch wird, wird er es auch dadurch, dass er zugleich Tier wird.

Die Sündhaftigkeit ist also nicht die Sinnlichkeit, keineswegs; aber ohne Sünde keine Sexualität und ohne Sexualität keine Geschichte. Ein vollkommener Geist hat weder das eine noch das andere; deshalb ist ja auch die sexuelle Differenz in der Auferstehung aufgehoben, und deshalb haben auch die Engel keine Geschichte. Auch wenn Michael alle Geschäfte, zu denen er ausgesandt wurde und die er vollbrachte, aufgezeichnet hätte, so wäre dies doch nicht seine Geschichte. Erst im Sexuellen ist die Synthese als Gegensatz gesetzt, aber zugleich (wie jeder Gegensatz) als Aufgabe, deren Geschichte im selben Augenblicke beginnt. Diese ist die Wirklichkeit, der die Möglichkeit der Freiheit vorausgeht. Die Möglichkeit der Freiheit besteht aber nicht darin, das Gute oder das Böse wählen zu können. Eine solche Gedankenlosigkeit entspricht ebenso wenig der Schrift wie dem Denken. Die Möglichkeit besteht darin, dass man *kann*. In einem logischen System ist es bequem genug zu sagen, dass die Möglichkeit in die Wirklichkeit übergehe. In der Wirklichkeit geht das nicht so leicht; da bedarf es einer Mittelbestimmung. Dies ist die Angst, welche den qualitativen Sprung ebenso wenig erklärt, als sie ihn ethisch rechtfertigt. Angst ist nicht eine Bestimmung der Notwendigkeit, aber auch nicht eine solche der Freiheit; sie ist eine gebundene Freiheit; in ihr ist die Freiheit nicht frei in sich selbst, sondern gebunden, nicht aber gebunden in der Notwendigkeit, sondern gebunden in sich selbst. Ist die Sünde notwendig in die Welt gekommen (was ein Widerspruch ist), so gibt es keine Angst. Ist die Sünde durch einen Akt eines abstrakten *liberum arbitrium* (das ebenso wenig wie in der späteren Welt im Beginn derselben existiert hat, da es ein Gedanken-Unding ist) in die Welt gekommen, so gibt es wieder keine Angst. Logisch erklären zu wollen, wie die Sünde in die Welt gekommen, ist eine Torheit, die nur Menschen einfallen kann, welche bis ins Lächerliche bekümmert sind, à tout prix eine Erklärung zu erhalten.

Dürfte ich mir einen Wunsch erlauben, so möchte ich den aussprechen, dass doch kein Leser tiefsinnig genug wäre, zu fragen: Wenn nun Adam aber nicht gesündigt hätte? In dem Augenblick, da die Wirklichkeit gesetzt ist, geht die Möglichkeit als ein Nichts zur Seite, das alle gedankenlosen Menschen versucht. Dass sich doch die Wissenschaft nicht entschließen kann, die Menschen im Zaum zu halten und sich selbst zu bescheiden! Wenn ein Mensch eine dumme Frage tut, so sehe man wohl zu, dass man ihm nicht antwortet; denn sonst ist man noch einmal so dumm als der Frager. Das Törichte jener Frage liegt nicht sowohl in der Frage als darin, dass man sich mit ihr an die Wissenschaft wendet. Bleibt man mit ihr zu Hause wie die kluge Elfe mit ihren Projekten, ruft man dort gleichgesinnte Freunde zusammen, so versteht man sich doch einigermaßen in seiner Dummheit. Die Wissenschaft kann derartiges nicht erklären. Jede Wissenschaft bewegt sich entweder in einer logischen Immanenz oder in der Immanenz innerhalb einer Transzendenz, welche sie nicht erklären kann. Die Sünde ist nun eben jene Transzendenz, jenes *discrimen rerum*, in welchem die Sünde in den Einzelnen als Einzelnen hineinkommt. Anders kommt die Sünde nicht in die Welt und ist nie anders hereingekommen. Wenn nun der Einzelne so einfältig ist, nach der Sünde zu fragen als nach etwas, das ihn gar nicht betreffe, so fragt er wie ein Narr; denn entweder weiß er durchaus nicht, von was die Rede ist, und kann es unmöglich zu wissen bekommen, oder er weiß und versteht es, weiß dann aber auch, dass ihm keine Wissenschaft dies erklären kann. Indessen war die Wissenschaft bisweilen doch gefügig genug, solchen sentimentalen Wünschen mit grübelnden Hypothesen entgegenzukommen, von welchen sie zuletzt doch zugeben musste, dass sie keine zureichende Erklärung sind. Ganz richtig! Aber dann war es eine Torheit von der Wissenschaft, dass sie einfältige Fragen nicht kurzweg abwies und abergläubische Menschen in dem Wahn bestärkte, als möchten einmal wissenschaftliche Projektenmacher auftauchen, die Manns genug wären, das Rechte auszuklügeln. Dass es nun 6000 Jahre sind, seit die Sünde in die Welt gekommen ist, davon spricht man ganz ebenso wie von dem anderen, dass es nun 4000 Jahre sind, seit Nebukadnezar ein Ochse wurde. Wenn man die Sache so auffasst, so ist es kein Wunder, dass die Erklärung entsprechend ausfällt. Was in einer Hinsicht das Simpelste von der ganzen Welt ist, das macht man zu dem Schwierigsten. Was der einfältigste Mensch auf seine Weise versteht, und zwar ganz richtig, indem er versteht, dass es nicht eben bloß ein Ereignis, vor just 6000 Jahren geschehen, ist, dass die Sünde in die Welt kam, das hat die Wissenschaft und die Kunst der Projektenmacher als eine Preisfrage aufgestellt, die bis jetzt noch nie völlig beantwortet wurde. Wie die Sünde in die Welt gekommen ist, versteht jeder Mensch einzig und allein von sich aus; will er es von einem anderen lernen, so hat er es *eo ipso* missverstanden. Die einzige Wissenschaft, die einen kleinen Beitrag leisten kann, ist die Psychologie, die doch selbst einräumt, dass sie *nichts* erklärt und nicht mehr erklären *kann* und *will*. Wenn irgendeine Wissenschaft dies erklären könnte, so ist alles verwirrt. Dass der Mann der Wissenschaft sich selbst vergessen soll, ist ganz richtig; aber darum ist glücklicherweise die Sünde auch kein wissenschaftliches Problem, und darum ist kein Mann der Wissenschaft noch irgend sonst ein Projektenmacher verpflichtet zu vergessen, wie die Sünde in die Welt kam. Will er das tun, will er edelmütig sich selbst vergessen, so wird er in seinem Eifer, das ganze Menschendasein zu erklären, ebenso komisch wie jener Hofrat, der sich so sehr abmühte, bei Krethi und Plethi seine Visitenkarte abzugeben, dass er darüber selbst vergaß, wie er hieß. Oder seine philosophische Begeisterung lässt ihn so sehr sich selbst vergessen, dass er eine ordentlich nüchterne Ehefrau braucht, die er fragen kann, wie Soldin Rebekka fragte, als er in begeisterter Selbstvergessenheit sich selbst in der Objektivität des Geschwätzes verloren hatte: »Rebekka, bin ich's, der redet?« Dass meiner hochgeehrten Zeitgenossenschaft bewunderte Wissenschaftsgrößen, die in ihrem der ganzen Gemeinde wohlbekannten Eifer für das System und ihrem Streben nach dem System auch bemüht sind, für die Sünde einen Platz in dem System zu finden – dass sie die hier entwickelten Gedanken für höchst unwissenschaftlich halten werden, das ist ganz in der Ordnung. Lasst die Gemeinde denn nur mitsuchen oder jene tiefen Denker doch in ihre fromme Fürbitte einschließen; sie finden den Platz für die Sünde gewiss – so gewiss der seine Brille findet, der nicht merkt, dass er sie schon auf der Nase hat.

Zweites Kapitel

Die Angst als Folge der Erbsünde

Mit der Sündhaftigkeit wurde die Sexualität gesetzt. Im selben Augenblick beginnt die Geschichte des Geschlechts. Wie nun die Sündhaftigkeit in dem Geschlecht sich in quantitativen Bestimmungen bewegt, so auch die Angst. Die Wirkung der Erbsünde oder das Dasein derselben in dem Einzelnen ist Angst, die von der Adams nur quantitativ verschieden ist. In dem Zustand der Unschuld (und von einem solchen muss ja auch bei den späteren Menschen die Rede sein) muss die Erbsünde die dialektische Zweideutigkeit haben, aus der die Schuld in dem qualitativen Sprunge hervorbricht. Dagegen wird die Angst in einem späteren Individuum reflektierter sein können als in Adam, weil in ihm sich der quantitative Zuwachs, den das Geschlecht hinzufügt, geltend macht. Aber die Angst wird hier so wenig als je eine Unvollkommenheit an dem Menschen, und man muss im Gegenteil sagen: je originaler ein Mensch ist, desto tiefer ist die Angst in ihm, weil er bei seinem Eintritt in die Geschichte des Geschlechts die Voraussetzung der Sündhaftigkeit, auf der sich sein individuelles Leben aufbaut, sich aneignen muss. Die Sündhaftigkeit hat also in gewissem Sinne eine größere Macht bekommen; die Erbsünde ist im Wachsen begriffen. Dass es Menschen gibt, die schlechthin keine Angst in sich merken, muss von dem Gedanken aus verstanden werden, dass Adam auch keine Angst verspürt hätte, wenn er bloß Tier gewesen wäre.

Das spätere Individuum ist gleich Adam eine Synthese, die von Geist getragen werden soll; aber die Synthese ist eine abgeleitete, und insofern ist die Geschichte des Geschlechts darin mitgesetzt; dies macht auch das Mehr oder Weniger von Angst bei dem späteren Individuum. Doch ist seine Angst nicht Angst vor der Sünde; denn der Unterschied zwischen Gut und Böse ist nicht, ehe er mit dem Wirklichwerden der Freiheit wird. Sofern er doch, z. B. in der Sprache, welche auch die Unschuld hört und spricht, Dasein hat, ist er nur als geahnte Vorstellung, die aber durch die Geschichte des Geschlechts wieder ein Mehr oder Weniger bedeuten kann.

Dass die Angst in dem späteren Individuum infolge der Partizipation an der Geschichte des Geschlechts, die sich mit der Gewohnheit zusammenstellen lässt, welche ja eine zweite Natur ist, aber doch keine neue Qualität, sondern nur ein quantitativer Prozess – dass die Angst infolge dessen reflektierter ist, das hat seine genauere Ursache darin, dass sie nun noch in einer anderen Bedeutung in die Welt hereinkommt. Die Sünde kam in der Angst, aber die Sünde führt wieder Angst mit sich. Die Wirklichkeit der Sünde ist nämlich eine Wirklichkeit, die keinen Bestand hat. Einerseits ist nun die Kontinuität der Sünde eine ängstende Möglichkeit; andererseits ist die Möglichkeit einer Erlösung wieder ein Nichts, welches das Individuum liebt und zugleich fürchtet; denn so verhält sich jederzeit die Möglichkeit zur Individualität. Erst in dem Augenblick, da die Erlösung wirklich gesetzt ist, erst dann ist die Angst überwunden. Die Sehnsucht des Menschen und der Kreatur ist nicht, wie man sentimental gemeint hat, ein »süßes Sehnen«; damit die Sehnsucht nur ein solches sein könnte, müsste die Sünde entwaffnet sein. Wer sich aufrichtig in den Zustand der Sünde, in die Hoffnung auf eine Erlösung, wie sie sich wirklich äußern kann, hineinversetzen will, wird mir gewiss recht geben und sich vor ästhetischer Ungeniertheit etwas genieren. Solange nur von Hoffnung die Rede ist, hat die Sünde im Menschen die Macht, und sie sieht in der Hoffnung natürlich einen Feind (davon später). Ist die Erlösung wirklich gesetzt, so ist die Angst wie die Möglichkeit zurückgelegt. Sie ist nicht vernichtet, aber sie spielt nun eine andere Rolle, falls sie recht benützt wird (s. fünftes Kapitel).

Die Angst, welche die Sünde mit sich bringt, hat wohl zunächst erst Wirklichkeit, wenn das Individuum selbst die Sünde setzt, sie ist aber doch auch in der quantitativen Entwicklung des Geschlechts als ein Mehr oder Weniger dunkel gefühlt zur Stelle. Deshalb wird man hier auch auf das Phänomen stoßen, dass ein Mensch bloß aus Angst vor sich selbst schuldig zu werden scheint. Von Adam könnte ja derartiges nicht gesagt werden. Dass trotzdem jedes Individuum nur durch sich selbst schuldig wird, bleibt gewiss; aber das Quantitative in dem Verhältnis zu dem Geschlecht hat hier sein Maximum erreicht und muss jede Betrachtung verwirren, wenn man nicht den angegebenen Unterschied zwischen dem Quantitativen und dem qualitativen Sprunge festhält. Dieses Phänomen wird später Gegenstand der Untersuchung werden. Gewöhnlich wird es ignoriert; das ist ja auch das Bequemste. Oder es wird sentimental und rührsam aufgefasst, mit einer feigen Sympathie, welche Gott dafür dankt, dass man nicht selbst so geworden ist, ohne zu bedenken, dass eine solche Danksagung Verräterei an Gott und an sich selbst ist, und ohne zu bedenken, dass das Leben jederzeit analoge Phänomene in sich birgt, denen man vielleicht nicht entgehen wird. Sympathie soll man haben, aber die Sympathie ist erst dann wahr, wenn man sich recht innerlich zugestanden hat, dass alle treffen kann, was einen getroffen hat. Dann erst schafft man Gewinn für sich selbst und andere. Der Arzt in einer Irrenanstalt, der dumm genug ist zu glauben, er sei für alle Ewigkeit klug und seine Portion von Verstand sei dagegen versichert, je im Leben Schaden zu nehmen, ist in gewissem Sinne wohl klüger als die Wahnsinnigen, ist aber zugleich dümmer als sie und wird auch nicht viele heilen.

Angst bedeutet nun ein zweifaches: die Angst, in welcher das Individuum durch den qualitativen Sprung die Sünde setzt, und die Angst, welche mit der Sünde hereingekommen ist und hereinkommt, und also auch quantitativ bestimmt in die Welt hereinkommt, so oft ein Individuum die Sünde setzt.

Es ist nicht meine Absicht, ein gelehrtes Werk zu schreiben oder meine Zeit damit zu vergeuden, literarische Beweisstellen aufzusuchen. Die Beispiele, welche in Werken über Psychologie angeführt werden, ermangeln oft der eigentlichen poetisch-psychologischen Beweiskraft. Sie stehen da als ein einzelnes notarialiter bewiesenes Faktum; aber eben deshalb weiß man nicht recht, ob es zum Weinen oder Lachen ist, aus solchem Versuch eines einsamen Gedankenstechers eine Art Regel abzuleiten. Wer sich im höheren Stil mit Psychologie und psychologischer Beobachtung beschäftigt hat, der hat sich eine allgemein menschliche Geschmeidigkeit erworben, die ihn in den Stand setzt, sich stracks seine Beispiele zu bilden, und diese haben dann eine ganz andere Beweiskraft, obschon sie das Ansehen der Faktizität nicht besitzen. Wie der psychologische Beobachter eine mehr als seiltänzermäßige Gelenkigkeit besitzen muss, um sich in die Menschen hineinversetzen und deren Stellungen nachahmen zu können; wie seine Schweigsamkeit in vertraulichen Augenblicken etwas Verführerisches und Wollüstiges haben muss, so dass die Verschlossenheit ihr Behagen darin finden kann, unter dieser künstlich zuwege gebrachten Unbemerktheit und Stille hervorzuschleichen und wie im Selbstgespräch sich zu erleichtern: so muss er in seiner Seele auch eine dichterische Ursprünglichkeit besitzen, um aus dem, was das Individuum stets nur zerstückt und unregelmäßig darstellt, sofort das Totale und Regelmäßige herausbilden zu können. Hat er sich darin vervollkommnet, so braucht er seine Beispiele nicht aus einem literarischen Repertorium hervorzusuchen und abgestandene Reminiszenzen aufzuwärmen; er bringt seine Beobachtungen frisch aus dem Leben gepflückt, noch glänzend und sprühend in ihrem reichen Farbenspiel. Er braucht auch nicht das Dasein an sich vorübergehen zu lassen, um auf dies und das aufmerksam zu werden. Nein, er sitzt ganz ruhig auf seinem Zimmer, wie ein Polizeiagent, der doch alles weiß, was vorgeht. Was er braucht, kann er sich sofort bilden; was er braucht, hat er von seiner allgemeinen Praxis her sofort bei der Hand, wie man in einem wohleingerichteten Haus nicht auf die Gasse gehen muss, um Wasser zu holen, sondern es durch Hochdruck in jedem Stockwerk hat. Wird er je zweifelhaft, so ist er im Menschenleben so wohl orientiert, sein Blick ist so inquisitorisch scharf, dass er sofort weiß, wo er suchen muss, um ein entsprechendes, für das Experiment passendes Individuum zu finden. Seine Beobachtung muss zuverlässig werden wie keine sonst, wenn er sie auch nicht mit Namen und gelehrten Zitaten belegt: dass in Sachsen ein Bauernmädchen war, an dem der Arzt beobachtete …, dass in Rom ein Kaiser lebte, von dem ein Geschichtsschreiber erzählt …, wie wenn derartiges alle tausend Jahre nur einmal vorkäme! Denn das alles sind Dinge, die jeden Tag geschehen – wenn nur der Beobachter da ist. Seine Beobachtung wird frisches Gepräge und das Interessante der Wirklichkeit haben, wenn er nur die Vorsicht gebraucht, seine Beobachtung zu kontrollieren. Zu dem Ende ahmt er in sich jede Stimmung nach, jeden seelischen Zustand, den er in einem anderen entdeckt. Sodann sieht er, ob er den andern durch die Nachahmung täuschen kann, ob er ihn in die extreme Fortbildung des betreffenden Zustandes, welche er selbst in Kraft der Idee hervorbringt, hineinziehen kann. Will man so eine Leidenschaft beobachten, so wählt man sich sein Individuum. Nun gilt es Stille, Schweigsamkeit, Verborgenheit, dass man ihm sein Geheimnis ablauern kann. Darauf übt man ein, was man gelernt hat, bis man imstande ist, den andern zu täuschen. Sodann dichtet man die Leidenschaft und zeigt sich diesem nun in der übernatürlichen Größe derselben. Ist alles richtig vor sich gegangen, so wird das betreffende Individuum eine unbeschreibliche Linderung und Satisfaktion empfinden, wie ein Schwachsinniger sie fühlt, wenn man seine fixe Idee gefunden und dichterisch ergriffen hat, um sie des Weiteren auszuführen. Glückt es nicht, so kann die Ursache hiervon ein Fehler in der Operation sein, oder aber es war das Individuum ein beschränktes Exemplar.

§ 1 Objektive Angst

Gebrauchen wir den Ausdruck »objektive Angst«, so könnte man sich zunächst veranlasst finden, an jene Angst der Unschuld zu denken, welche die Reflexion der Freiheit in sich selbst in ihrer Möglichkeit ist. Wenn wir dagegen einwenden wollten, man übersehe, dass wir uns nun an einem anderen Punkte der Untersuchung befinden, so wäre dies keine genügende Antwort. Hingegen möchte es dienlicher sein, daran zu erinnern, dass die Distinktion einer objektiven Angst ja die Entgegensetzung einer subjektiven Angst voraussetzt, und dass in Adams Stand der Unschuld von einem solchen Gegensatz noch nicht die Rede sein könne. Im strengsten Sinne ist die subjektive Angst die Angst im Individuum, die als Folge seiner Sünde in ihm entstanden ist. Von der Angst in diesem Sinne wird ein späteres Kapitel reden. Wenn aber das Wort so genommen wird, so fällt die Entgegensetzung einer objektiven Angst weg, so erweist sich die Angst gerade als das, was sie ist, als das Subjektive. Die Distinktion zwischen objektiver und subjektiver Angst hat darum in der Betrachtung der Welt und des Unschuldzustandes eines späteren Individuums ihre Stelle. Die Einteilung erhält hier den Sinn, dass »subjektive Angst« nun die in der Unschuld des Einzelnen vorhandene Angst bezeichnet, welche der Adams entspricht, aber durch die quantitierende Bestimmung der Generation doch quantitativ von ihr verschieden ist. Unter »objektiver Angst« verstehen wir hingegen den Reflex jener Sündhaftigkeit der Generation in der ganzen Welt.

In §2 des vorangehenden Kapitels wurde daran erinnert, dass der Ausdruck: »mit Adams Sünde kam die Sündhaftigkeit in die Welt« eine ganz äußerliche Reflexion enthält. Hier ist die Stelle, in jenem Ausdruck die Wahrheit, die doch in ihm liegen kann, zu ihrem Rechte kommen zu lassen. In dem Augenblick, da Adam die Sünde gesetzt hat, wendet sich die Aufmerksamkeit von ihm ab, um den Beginn der Sünde jedes späteren Individuums zu betrachten; denn nun ist die Generation gesetzt. Wenn mit Adams Sünde die Sündhaftigkeit des Geschlechts im selben Sinne wie etwa der aufrechte Gang usw. gesetzt ist, so ist der Begriff des Individuums aufgehoben. Dies wurde im Vorausgehenden entwickelt, es wurde zugleich gegen die experimentierende Neugier, welche die Sünde wie ein Kuriosum behandeln möchte, Protest erhoben, und das Dilemma gestellt: wer die Sünde so behandle, wisse entweder gar nicht, was er eigentlich wissen wolle, oder er wisse es und begehe durch sein prätentiöse Unwissenheit eine neue Sünde.

Halten wir nun dies alles fest, so erhält jener Ausdruck seine limitierte Wahrheit. Das Erste setzt die Qualität. Adam setzt nun die Sünde in sich selbst, aber auch für das Geschlecht. Der Geschlechtsbegriff ist jedoch zu abstrakt, als dass er eine so konkrete Kategorie wie die Sünde setzen könnte; denn diese wird eben dadurch gesetzt, dass der Einzelne selbst als der Einzelne sie setzt. Die Sündhaftigkeit im Geschlecht wird also nur ein quantitatives Approximieren; dieses aber nimmt mit Adam seinen Anfang. Hierin liegt die höhere Bedeutung, die Adam vor jedem anderen Individuum im Geschlecht voraus hat; hierin liegt die Wahrheit jenes Ausdrucks. Dies muss doch auch eine Orthodoxie, die sich selbst verstehen will, einräumen, da sie ja lehrt, mit Adams Sünde sei sowohl das Geschlecht als die Natur in die Sünde gefallen; in die Natur kann aber die Sünde doch nicht wohl als die Qualität der Sünde hineingekommen sein.

Indem also die Sünde in die Welt gekommen ist, erhielt dies eine Bedeutung für die ganze Schöpfung. Diese Wirkung der Sünde in dem nicht menschlichen Dasein habe ich als »objektive Angst« bezeichnet.

Was hierunter verstanden wird, kann ich mit einem Hinweis auf das Schriftwort von der ἀπκαραδοκία τῆς κτίσεως (Röm. 8, 19) andeuten. Wenn nämlich von einem Sehnen die Rede sein soll, so versteht sich von selbst, dass die Schöpfung sich in einem Zustande der Unvollkommenheit befinden muss. Bei Ausdrücken wie Verlangen, Sehnsucht, Hoffnung u. a. übersieht man oft, dass dieselben einen vorausgehenden Zustand involvieren und das dieser zur Stelle sein und sich zur selben Zeit, da die Sehnsucht sich entwickelt, geltend machen muss. In den Zustand, in dem der Hoffende sich befindet, ist er nicht durch einen Zufall usf. geraten, so dass er sich gänzlich fremd in ihm befinden würde, sondern er produziert ihn zur selben Zeit selbst. Der Ausdruck einer solchen Sehnsucht ist die Angst; denn in der Angst kündet sich der Zustand an, aus dem man sich hinaussehnt, und er kündet sich deshalb durch Angst an, weil die Sehnsucht allein nicht hinreicht, um zu erretten.

In welchem Sinne die Schöpfung durch Adams Sünde ins Verderben versank; inwiefern die Freiheit, indem sie dadurch gesetzt wurde, dass ihr Missbrauch gesetzt wurde, einen Reflex der Möglichkeit über die Schöpfung hinwarf, in Mit-Leiden sie erzittern machte; in welchem Sinn dies geschehen musste, weil der Mensch eine Synthese ist, deren äußerste Gegensätze gesetzt wurden und deren einer Gegensatz eben durch die Sünde des Menschen ein viel schärferer wurde als zuvor – all dieses hat seinen Platz nicht in einer psychologischen Untersuchung, sondern gehört in die Dogmatik, in die Lehre von der Versöhnung, in deren Erklärung diese Wissenschaft die Voraussetzung der Sündhaftigkeit erklärt.[18]

Diese Angst in der Schöpfung kann man mit Recht objektive Angst nennen. Sie wurde nicht von der Schöpfung hervorgebracht, sondern dadurch, dass nun eine ganz andre Beleuchtung auf sie fiel: mit Adams Sünde wurde die Sinnlichkeit zur Sündhaftigkeit degradiert, und sofern die Sünde immer wieder in die Welt kommt, geschieht dies immer wieder. Man sieht leicht, dass diese Auffassung die Augen offen hält, indem sie auch die rationalistische Behauptung abwehrt, dass Sinnlichkeit als solche Sündhaftigkeit sei. Nachdem die Sünde in die Welt gekommen ist, und jedes Mal, wann die Sünde in die Welt kommt, wird die Sinnlichkeit Sünde; was sie aber wird, war sie von vornherein nicht. Fr. Baader hat oft genug gegen den Satz protestiert, dass die Endlichkeit, die Sinnlichkeit als solche die Sündhaftigkeit sei. Wenn man indessen hier nicht aufmerkt, verfällt man auf einer ganz anderen Seite dem Pelagianismus. Fr. Baader hat nämlich in seinen Begriffsbestimmungen die Geschichte des Geschlechts nicht mit in Rechnung gezogen. In dem Quantitieren des Geschlechts (also unwesentlich) ist die Sinnlichkeit Sünde, im Verhältnis zum Individuum nicht, solange dies nicht selber wiederum die Sinnlichkeit zur Sünde macht, indem es selbst die Sünde setzt.

Einzelne Denker aus der Schule Schellings[19] sind besonders auf die Alteration[20], die mit der Sünde in der Schöpfung vorgegangen ist, aufmerksam gewesen. Hier sprach man auch von einer Angst, die in der leblosen Natur sein sollte. Doch wird die Wirkung dadurch abgeschwächt, dass man bald ein mit Hilfe der Dogmatik geistreich behandeltes Naturphilosophem vor sich zu haben glaubt, bald eine dogmatische Bestimmung, schillernd im Widerschein einer Betrachtung der Natur, welche diese in geheimnisvoll magischer Beleuchtung schaut.

Doch ich breche hier ab, was ich nur angedeutet habe, um es sofort über das Gebiet der vorliegenden Untersuchung hinauszuverweisen. So wie die Angst in Adam war, kommt sie nie mehr wieder, denn durch ihn kam die Sündhaftigkeit in die Welt. Auf Grund hiervor erhielt nun jene Angst zwei Analogien: die objektive Angst in der Natur und die subjektive Angst im Individuum; die letztere enthält ein Mehr, die erstere ein Weniger gegenüber jener Angst in Adam.

§ 2 Subjektive Angst

Je reflektierter man die Angst setzen darf, desto leichter scheint sie in Schuld umschlagen zu können. Hier aber gilt es, sich nicht von Approximationsbestimmungen betrügen zu lassen; es gilt, dass kein Komparativ den Sprung hervorbringt, kein »leichter« in Wahrheit die Erklärung erleichtert. Hält man nicht daran fest, so droht die Gefahr, dass man plötzlich auf ein Phänomen stoße, bei dem alles so leicht geht, dass der Übergang zu einem simplen Übergang wird; oder die Gefahr, dass man seinen Gedanken nie abschließen darf, da die rein empirische Beobachtung nie fertig werden kann. Ob also auch die Angst mehr und mehr reflektiert wird, so behält doch die Schuld, welche mit dem qualitativen Sprung aus der Angst hervorbricht, denselben Grad der Zurechnung wie die Adams, und die Angst dieselbe Zweideutigkeit.

Wollte man leugnen, dass jedes spätere Individuum einen Zustand der Unschuld hat oder gehabt haben muss, der in Analogie zu dem Adams steht, so würde diese ebenso sehr jedermann empören, wie es alles Denken aufheben müsste; denn dann gäbe es ein Individuum, das kein Individuum wäre, sondern nur als Exemplar sich zu seiner Gattung verhielte, und doch zugleich als Individuum beurteilt, nämlich für schuldig erklärt werden sollte.

Die Angst kann man mit dem Schwindel vergleichen. Wessen Auge veranlasst wird, in eine gähnende Tiefe hinunterzuschauen, der wird schwindlig. Worin liegt aber die Ursache hiervon? Ebenso sehr in seinem Auge wie in dem Abgrund – wenn er nur nicht hinunterstierte! So ist die Angst der Schwindel der Freiheit. Sie entsteht, wenn die Freiheit, indem der Geist die Synthese setzen will, in ihre eigene Möglichkeit hinunterschaut und dabei nach der Endlichkeit greift, um sich daran zu halten. In diesem Schwindel sinkt die Freiheit zu Boden. Weiter kann die Psychologie nicht kommen und will es auch nicht. Im selben Augenblick ist alles verändert, und indem die Freiheit sich wieder erhebt, sieht sie, dass sie schuldig ist. Zwischen diesen beiden Augenblicken liegt der Sprung, den keine Wissenschaft erklärt hat noch erklären kann. Wer in Angst schuldig wird, dessen Schuld ist so zweideutig als möglich. Die Angst ist eine weibliche Ohnmacht, in welcher die Freiheit hinsinkt; psychologisch geredet geschieht der Sündenfall immer in Ohnmacht; die Angst ist aber zugleich so selbstisch als möglich, und keine konkrete Äußerung der Freiheit ist so selbstisch als die Möglichkeit jeder Konkretion. Dies ist wieder das Überwältigende, das des Individuums zweideutiges, sympathetisches und antipathetisches Verhältnis bestimmt. In der Angst ist die selbstische Unendlichkeit der Möglichkeit, welche nicht wie eine Wahl versucht, aber mit ihrer süßen Beängstigung beschwerend ängstet.

In dem späteren Individuum ist die Angst reflektierter. Dies kann so ausgedrückt werden, dass das Nichts, welches der Gegenstand der Angst ist, gleichsam mehr und mehr ein Etwas wird. Wir sagen nicht, dass es wirklich zu Etwas wird, oder wirklich Etwas bedeutet; wir sagen nicht, dass nun an Stelle des Nichts die Sünde zu substituieren wäre oder sonst etwas. Denn hier gilt von der Unschuld des späteren Individuums, was von der Adams galt: all dies ist nur für die Freiheit und ist nur dadurch, dass der Einzelne durch den qualitativen Sprung selbst die Sünde setzt. Das Nichts der Angst ist also hier ein Komplex von Ahnungen, die sich in sich selbst reflektieren, dem Individuum näher und näher treten, obgleich sie wesentlich gesehen doch wieder in der Angst nichts bedeuten – wohlgemerkt aber nicht ein Nichts, mit dem das Individuum nichts zu tun hätte, vielmehr ein Nichts, das zu der Unwissenheit der Unschuld in lebendiger Wechselbeziehung steht. Diese Reflektiertheit ist eine Prädisposition, die, bevor das Individuum schuldig wird, doch wesentlich gesehen nichts bedeutet; indem es aber durch den qualitativen Sprung schuldig wird, bildet sie die Voraussetzung, in welcher es über sich selbst hinausgeht, weil die Sünde sich selbst voraussetzt, natürlich nicht, ehe sie gesetzt ist (dies ist eine Prädestination), aber indem sie gesetzt wird.

Wir wollen nun das Etwas, welches das Nichts der Angst für das spätere Individuum bedeuten kann, etwas näher überlegen. In der psychologischen Überlegung gilt es in Wahrheit für etwas. Die psychologische Überlegung vergisst aber nicht, dass alle Betrachtung aufgehoben ist, wenn ein Individuum ohne weiteres durch dieses Etwas schuldig werden sollte.

Dieses Etwas, welches nun die Erbsünde *stricte sic dicta* bedeutet, ist

A. Die Wirkung des Generations-Verhältnisses

Es ist selbstverständlich, dass hier nicht von Dingen die Rede sein soll, welche Ärzte beschäftigen können, von Missgeburten usw. Auch darf nicht davon die Rede sein, dass durch tabellarische Übersichten ein Resultat zustande gebracht werden sollte. Es gilt hier wie überall, dass die Stimmung richtig sei. Wenn man so lehrt, dass Hagel und Misswachs dem Teufel zuzuschreiben sei, so kann das recht wohlgemeint sein, wesentlich gesehen wird aber dadurch der Begriff des Bösen geistreich abgeschwächt, ja fast ein spaßhafter Ton in denselben gebracht, wie es ja ästhetisch spaßhaft ist, von einem dummen Teufel zu reden. Wenn man so in dem Begriff des Glaubens das Historische so einseitig geltend macht, dass man dessen Erstursprünglichkeit in dem Individuum vergisst, so wird er eine endliche Kleinlichkeit statt einer freien Unendlichkeit. Die Folge davon ist, dass man von dem Glauben schließlich spricht wie Hieronymus bei Holberg, welcher dem Erasmus Irrtümer im Glauben vorwirft, weil er annimmt, die Erde sei rund und nicht flach, wie doch eine Generation um die andre hinter dem Wald geglaubt hatte. Auf die Weise kann man auch im Glauben irre gehen, indem man Pluderhosen trägt, während doch alle Leute hinter dem Wald in engen Hosen gehen. – Wenn man statistische Übersichten über die Verhältnisse der Sündhaftigkeit aufstellt, sie auf einer Landkarte darstellt und durch Farbe und Schraffierung dem Auge einen schnellen Überblick ermöglicht, so versucht man die Sünde als eine Naturmerkwürdigkeit zu behandeln, die nicht sowohl zu heben, als vielmehr wie Luftdruck und Regenmenge zu berechnen ist; und der mittlere Stand, die Durchschnittszahl, welche resultiert, ist hier noch in ganz anderem Sinn ein Unsinn als in jenen rein empirischen Wissenschaften. Es müsste doch ein höchst lächerliches Abrakadabra werden, wenn einer im Ernst sagen wollte, dass im Durchschnitt auf jeden Menschen 3 ⅜ Zoll Sündhaftigkeit kommen, und dabei im Languedoc nur 2 ¼, in der Bretagne aber 3 ⅞. – Diese Beispiele sind ebenso wenig überflüssig als die der

Einleitung, da sie aus der Sphäre geholt sind, innerhalb deren das Folgende sich bewegen wird.

Durch die Sünde wurde die Sinnlichkeit zur Sündhaftigkeit. Dieser Satz bedeutet ein Doppeltes. Durch die Sünde wird die Sinnlichkeit zur Sündhaftigkeit, und durch Adam kam die Sünde in die Welt herein. Diese Bestimmungen müssen einander stets die Stange halten; denn sonst wird die Aussage unwahr. Dass nämlich die Sinnlichkeit einmal zur Sündhaftigkeit wurde, ist die Geschichte der Generation; dass aber die Sinnlichkeit dies wird, ist der qualitative Sprung des Individuums.

Es wurde (Kap. I § 6) daran erinnert, dass Evas Werden die Folgen des Generationsverhältnisses schon bildlich präfigurierte. Sie zeigt schon, dass sie deriviert ist. Das Derivierte ist nie so vollkommen wir das Ursprüngliche.[21] Doch ist der Unterschied hier quantitativ. Wesentlich ist das spätere Individuum ebenso ursprünglich wie das erste. Der Unterschied ist für alle späteren Individuen *in pleno* eben die Derivation; diese aber kann für den Einzelnen wieder ein Mehr oder ein Weniger bedeuten.

Diese Derivation des Weibes enthält zugleich die Erklärung davon, in welchem Sinn dieses schwächer ist als der Mann, wie es zu allen Zeiten genommen wurde, von dem romantischen Ritter nicht minder als von einem Pascha. Der Unterschied ist indessen doch nur derart, dass Mann und Weib trotz der Verschiedenheit wesentlich gleich sind. Der Ausdruck für den Unterschied ist, dass die Angst in Eva reflektierter ist als in Adam. Dies hat seinen Grund darin, dass das Weib sinnlicher ist als der Mann. Hier handelt es sich natürlich nicht um einen empirischen Zustand oder um eine Durchschnittszahl, sondern um die Verschiedenheit der Synthese. Wenn in dem einen Teil der Synthese ein Mehr vorhanden ist, so wird infolgedessen, wenn der Geist sich setzt, der Zwiespalt klaffender werden, und die Angst in der Möglichkeit der Freiheit einen größeren Spielraum haben. In der Erzählung der Genesis ist es Eva, die Adam verführt. Daraus folgt doch in keiner Weise, dass ihre Schuld größer wäre als die Adams, und noch weniger, dass die Angst eine Unvollkommenheit ist, da ihre Größe vielmehr die Größe der Vollkommenheit weissagt.

Schon hier hat die Untersuchung darauf geführt, dass Sinnlichkeit und Angst in direktem Verhältnis stehen. Sobald nun das Generationsverhältnis in Frage kommt, ist obige Aussage über Eva nur eine Andeutung über das Verhältnis jedes späteren Individuums zu Adam: dass mit der Steigerung der Sinnlichkeit in der Generation auch die Angst sich steigert. Die Wirkung des Generationsverhältnisses bedeutet also ein Mehr, in der Weise, dass keines der späteren Individuen die gemeinsame Fortbildung über Adam hinaus ganz vermissen lässt, keines aber auch durch diese Fortbildung von Adam wesentlich verschieden wird.

Ehe wir aber zu diesem Punkt übergehen, will ich zuerst den Satz näher beleuchten, dass das Weib mehr Sinnlichkeit und mehr Angst hat als der Mann.

Dass das Weib sinnlicher ist als der Mann, zeigt sofort seine körperliche Organisation. Dies näher auszuführen, ist nicht meine Sache, sondern die Aufgabe der Physiologie. Dagegen werde ich meinen Satz auf andre Art beweisen, indem ich nämlich das Weib ästhetisch unter seinen idealen Gesichtspunkt, den der Schönheit, bringe, und dabei darauf hinweise, wie eben der Umstand, dass dies sein idealer Gesichtspunkt ist, beweist, dass es sinnlicher ist als der Mann. Sodann will ich es ethisch unter seinen idealen Gesichtspunkt, den der Prokreation, bringen, und dabei darauf hinweisen, wie eben der Umstand, dass dies sein idealer Gesichtspunkt ist, beweist, dass es sinnlicher ist als der Mann.

Wo die Schönheit maßgebend ist, bringt sie eine Synthese zustande, in der der Geist ausgeschlossen ist. Dies ist das Geheimnis der ganzen Gräzität. Insofern ruht eine Sicherheit, eine stille Feierlichkeit über der griechischen Schönheit; eben deshalb aber auch eine Angst, welche der Grieche wohl nicht merkte, obwohl seine plastische Schönheit in ihr erbebte. Weil der Geist ausgeschlossen ist, ist die griechische Schönheit schmerzlos; eben deswegen aber auch unerklärlich tief schmerzlich. Deshalb ist die Sinnlichkeit nicht Sündhaftigkeit, aber ein unerklärtes Rätsel, das ängstet; deshalb ist die Naivität von einem unerklärlichen Nichts begleitet, dem der Angst.

Nun fasst die griechische Schönheit allerdings Mann und Weib wesentlich gleich auf, also nicht geistig; sie macht aber innerhalb dieser Gleichheit doch einen Unterschied. Das Geistige hat seinen Ausdruck im Angesicht. Bei der männlichen Schönheit ist doch das Angesicht und der Ausdruck darin wesentlicher als bei der weiblichen Schönheit, wenn auch die ewige Jugend des Plastischen das tiefer Geistige beständig hindert hervorzutreten. Dies weiter auszuführen, ist nicht meine Aufgabe; nur in einer einzelnen Andeutung will ich die Verschiedenheit nachweisen. Venus bleibt wesentlich gleich schön, ob sie auch schlafend abgebildet wird, ja vielleicht ist sie so eben am schönsten; und doch ist der Schlaf gerade ein Ausdruck der Abwesenheit des Geistes. Daher kommt es, dass der Mensch im Schlafe um so weniger schön ist, je älter und je durchgeistigter die Individualität ist; das Kind hingegen ist im Schlaf am schönsten. Venus taucht aus dem Meere empor und wird in ruhender Stellung dargestellt oder in einer Stellung, die den Ausdruck des Angesichts unwesentlich erscheinen lässt. Soll hingegen ein Apollo dargestellt werden, so ist es nicht angängig, ihn schlafen zu lassen, so wenig wie einen Jupiter. Apollo würde dadurch unschön, Jupiter lächerlich. Mit Bacchus könnte eine Ausnahme gemacht werden; er aber ist in der griechischen Kunst auch eben die Indifferenz zwischen männlicher und weiblicher Schönheit, weshalb seine Formen auch weiblich sind. Bei einem Ganymed hingegen ist doch schon der Ausdruck im Angesicht wesentlicher.

Als die Schönheit eine andre wurde, wiederholte sich in der Romantik die Verschiedenheit, doch wieder innerhalb der wesentlichen Gleichheit. Während die Geschichte des Geistes (und dies ist eben das Geheimnis des Geistes, dass er jederzeit Geschichte hat) sich in dem Antlitz des Mannes ausprägen darf, so dass man alles vergisst, wenn nur ihre Schrift deutlich und edel ist, so wird das Weib auf andere Weise als Totalität wirken, wenn auch das Antlitz eine größere Bedeutung erhalten hat als in der Klassizität. Der Ausdruck seines Angesichts muss nämlich eine Totalität sein, die keine Geschichte hat. Deshalb ist Schweigsamkeit nicht bloß die höchste Weisheit des Weibes, sondern auch seine höchste Schönheit.

Ethisch betrachtet kulminiert das Weib in der Prokreation. Deshalb sagt die Schrift, dass nach dem Mann ihr Verlangen stehen soll. Wohl steht auch des Mannes Verlangen nach ihr, aber sein Leben kulminiert nicht in diesem Verlangen, es sei denn Torheit oder Verlorenheit. Dies aber, dass das Weib hierin kulminiert, beweist genau, dass es sinnlicher ist.

Das Weib hat mehr Angst als der Mann. Dies beruht nun nicht darin, dass es eine geringere physische Kraft hat usw., denn um diese Angst handelt es sich hier durchaus nicht; dies beruht vielmehr darin, dass es sinnlicher ist und doch gleich dem Manne wesentlich geistig bestimmt. Für mich ist darum sehr gleichgültig, was man schon so oft über die Schwäche des schwächeren Geschlechts gesagt hat; denn dessen ungeachtet könnte ihm leicht weniger angst sein als dem Mann.

»Angst« ist hier beständig in Beziehung auf die Freiheit zu denken. Wenn also die Erzählung der Genesis ganz gegen alle Analogie den Mann durch das Weib verführt werden lässt, so ist dies doch bei näherer Überlegung durchaus in Ordnung; denn jene Verführung ist eben eine weibliche Verführung, da Adam doch eigentlich nur durch Evas Vermittelung von der Schlange verführt ward. Wenn sonst von der Verführung die Rede ist, so wird gemeiniglich dem Manne die Superiorität vorbehalten.

Was nun als allgemein anerkannte Erfahrung betrachtet werden darf, will ich nur an einer experimentierenden Beobachtung aufzeigen. Wenn ich mir ein junges unschuldiges Mädchen denke und nun einen Mann auf dasselbe einen begehrlichen Blick heften lasse, so wird ihr angst. Im übrigen kann sie indigniert werden usf., zuerst aber wird ihr angst. Denke ich mir dagegen, dass ein Weib auf einen unschuldigen jungen Menschen einen begehrlichen Blick hefte, so wird dessen Stimmung nicht die der Angst sein, sondern höchstens eine mit Abscheu vermischte Beschämung, eben weil er mehr als Geist bestimmt ist.

Durch Adams Sünde kam die Sündhaftigkeit in die Welt und die Sexualität; und diese erhielt nun für ihn die Bedeutung der Sündhaftigkeit. Das Sexuelle wurde gesetzt. Es ist in der Welt schriftlich und mündlich schon viel über die Naivität geschwatzt worden. Indessen ist nur die Unschuld naiv; sie ist aber auch unwissend. Sobald das Sexuelle zum Bewusstsein gebracht ist, ist es Gedankenlosigkeit, Affektation, bisweilen auch noch Schlimmeres, nämlich ein Deckmantel für die Lust, von Naivität zu reden. Wenn aber der Mensch nicht mehr naiv ist, so folgt daraus keineswegs, dass er sündigt. Das ist nur fades Geschwätz, das die Menschen verführt, indem es die Aufmerksamkeit von dem Wahren, dem Sittlichen ablenkt.

Die ganze Frage nach der Bedeutung des Sexuellen und nach seiner Bedeutung in den einzelnen Sphären ist unleugbar bis jetzt nur ganz ungenügend und insbesondere sehr selten in der rechten Stimmung beantwortet worden. Einen Witz darüber zu machen, ist eine ärmliche Kunst; zu warnen ist nicht schwer; so darüber zu predigen, dass man die Schwierigkeit übergeht, ist ebenfalls nicht schwer; aber recht menschlich davon zu reden, ist eine Kunst. Lässt man Theater und Kanzel sich in die Beantwortung teilen, und so, dass der eine Teil sich geniert zu sagen, was der andre sagt, und deshalb die Erklärung des einen *toto coelo* verschieden wird von der des andern: so heißt dies auf alles verzichten und den Menschen die schwere Last auflegen, die man selbst nicht mit einem Finger anrührt, die Last, in beiden Erklärungen Sinn zu finden, während die respektiven Lehrer immer nur eine vortragen. Diese Misslichkeit hätte man längst bemerkt, wenn nicht in diesen Zeiten die Menschen die Kunst perfekt verstünden, in Gedankenlosigkeit das so schön angelegte Leben zu verspielen, und in Gedankenlosigkeit geräuschvoll mitzutun, wenn ein Geschwätz von der oder jener großartigen, ungeheuren Idee entsteht, zu deren Ausführung man sich mit unerschütterlichem Vertrauen in die Macht der Vereinigung vereinigt, ob auch dieses Vertrauen ebenso wunderlich ist wie das jenes Bierzapfers, der sein Bier einen Pfennig unter dem Einkaufspreis ausschenkte und doch auf Gewinn rechnete, da die *Menge* es ausmachen soll. Da dies sich so verhält, sollte es mich nicht wundern, wenn in diesen Zeiten niemand sich um solche Erwägungen kümmert. Das aber weiß ich: wenn Sokrates jetzt lebte, er würde über derartiges nachdenken; und würde er es auch besser oder (wenn ich so sagen darf) göttlicher machen, als ich es vermag, so würde er doch – dessen bin ich überzeugt – zu mir sagen: »Mein Lieber, daran tust du wohl, dass du über solche Dinge nachdenkst, die wohl der Überlegung wert sind; ja, man kann ganze Nächte hindurch sich unterreden und wird doch nicht fertig, die Wunder der menschlichen Natur zu ergründen.« Diese Überzeugung ist mir von unendlich höherem Werte als das Bravo der ganzen Gegenwart; denn jene Überzeugung macht meine Seele fest, der Beifall würde sie in Zweifel bringen.

Das Sexuelle als solches ist nicht das Sündige. Die eigentliche Unwissenheit darum, wenn es doch wesentlich zur Stelle sein soll, ist nur dem Tiere vorbehalten, welches deshalb in der Blindheit des Instinkts gefesselt ist und blindlings dahingeht. Eine Unwissenheit, die zugleich ein Nichtwissen dessen ist, das nicht ist, ist die des Kindes. Die Unschuld ist ein Wissen, das Unwissenheit bedeutet. Ihr Unterschied von der sittlichen Unwissenheit ist leicht erkennbar, weil jene in der Richtung auf ein Wissen bestimmt ist. Mit der Unwissenheit beginnt ein Wissen, dessen erste Bestimmung Unwissenheit ist. Dies ist der Begriff der Scham. In der Scham ist eine Angst, weil der Geist auf dem Höhepunkt der Differenz der Synthese so bestimmt ist, dass der Geist nicht bloß als Leib bestimmt ist, sondern als Leib mit der geschlechtlichen Differenz. Doch ist die Scham zwar ein Wissen um eine solche, aber nicht ein Wissen, das ein Verhältnis zu einer solchen bedeutet; d. h. der Trieb als solcher ist nicht vorhanden. Die eigentliche Bedeutung der Scham ist, dass der Geist sich zu dem Höhepunkt der Synthese gleichsam nicht bekennen kann. Deshalb ist die Angst der Scham so ungeheuer zweideutig. Es ist nicht eine Spur von sinnlicher Lust in ihr, und doch ist eine Beschämung da – worüber? Über nichts! Und doch kann das

Individuum vor Scham sterben, und verletzte Schamhaftigkeit ist der tiefste Schmerz, weil er der unerklärlichste aller Schmerzen ist. Deshalb kann die Angst der Schamhaftigkeit durch sich selbst erwachen. Doch hat man hier natürlich darauf zu achten, dass es nicht die Lust sei, welche diese Rolle spielen will. Ein Exempel des letztern findet sich in einem Märchen Fr. Schlegels, in der Geschichte von Merlin.

In der Scham ist die geschlechtliche Differenz gesetzt, aber nicht in einem Verhältnis zu ihrem Korrelat. Dies geschieht in dem Trieb. Da aber der Trieb nicht Instinkt oder bloß Instinkt ist, so hat er *eo ipso* ein τέλος, nämlich die Propagation, während das Ruhende die Liebe ist, das rein Erotische. Der Geist ist beständig noch nicht mit gesetzt. Sobald er gesetzt wird, nicht bloß, sofern er die Synthese konstituiert, sondern als Geist, so ist das Erotische vorbei. Der höchste heidnische Ausdruck hierfür ist, dass das Erotische das Komische ist. Dies darf natürlich nicht in dem Sinn genommen werden, in welchem ein Wüstling meinen kann, das Erotische sei das Komische und Stoff für seinen geilen Witz; es bedeutet vielmehr die Kraft und das Übergewicht der Intelligenz, welche beides, das Erotische und das sittliche Verhältnis dazu, in der Indifferenz des Geistes neutralisiert. Dies hat einen sehr tiefen Grund. Die Angst in der Scham lag darin, dass der Geist sich fremd fühlte; nun hat der Geist durchaus gesiegt und sieht das Sexuelle als das Fremde und als das Komische. Diese Freiheit des Geistes konnte die Scham natürlich nicht haben. Das Sexuelle ist der Ausdruck für jenen klaffenden Widerspruch, dass der unsterbliche Geist als *genus* bestimmt ist. Dieser Widerspruch äußert sich als die tiefe Scham, welche darüber wegsieht und es nicht verstehen darf. Im Erotischen wird dieser Widerspruch in der Schönheit verstanden; denn die Schönheit ist eben die Einheit des Seelischen und des Leiblichen. Dieser Widerspruch aber, den das Erotische in der Schönheit aufklärt, ist für den Geist zugleich die Schönheit und das Komische. Der Ausdruck des Geistes für das Komische ist deshalb, dass es zugleich das Schöne und das Komische ist. Hier ist kein sinnlicher Reflex auf das Erotische hin (das ist Wollust, und in solchem Falle ist das Individuum weit unter der Schönheit des Erotischen); es ist vielmehr Reife des Geistes. Dieses verstehen natürlich nur wenige Menschen in seiner Reinheit. Sokrates hat es doch verstanden. Wenn deshalb Xenophon ihn gesagt haben lässt, man soll die hässlichen Weiber lieben, so wird diese Aussage wie Sokrates' ganzes Leben mit Xenophons Hilfe zu einer widerwärtigen, bornierten Philisterei, welche Sokrates am allerwenigsten gleicht. Der Sinn ist der, dass er das Erotische in Indifferenz gesetzt hat, und den Widerspruch, der dem Komischen zugrunde liegt, drückt er richtig durch den entsprechenden ironischen Widerspruch aus, dass man die Hässlichen lieben soll.[22] Doch kommt eine solche Auffassung selten in ihrer erhabenen Reinheit vor. Es gehört ein besonderes Zusammentreffen einer glücklichen historischen Entwicklung und originaler Begabung dazu; gibt es nur einen entfernten Einspruch dagegen, so ist die Auffassung abstoßend und Affektion.

Im Christentum hat das Religiöse das Erotische suspendiert, nicht bloß durch ein ethischen Missverständnis als das Sündige, sondern als das Indifferente, weil es im Geiste keinen Unterschied zwischen Mann und Weib gibt. Hier ist das Erotische nicht ironisch neutralisiert, sondern suspendiert, weil es die Tendenz des Christentums ist, den Geist weiterzuführen. Indem in der Scham dem Geiste angst wird und er sich scheut, die geschlechtliche Differenz sich anzueignen, springt die Individualität plötzlich ab und greift nach einer Erklärung von der höchsten Sphäre des Geistes aus, anstatt sie ethisch zu durchdringen. Dies ist die eine Seite der klösterlichen Lebensanschauung, ob nun diese genauer als ethischer Rigorismus bestimmt war oder als grübelnde Kontemplation.[23]

Wie also in der Scham die Angst gesetzt ist, so ist sie auch in allem erotischen Genuss zur Stelle, nicht aber weil dieser sündig wäre, keineswegs, weshalb es auch nicht hilft, wenn der Pfarrer das Paar zehnmal einsegnet. Selbst wenn das Erotische sich so schön und rein und sittlich als möglich ausdrückt, in seiner Freude von keiner wollüstigen Reflexion gestört, ist die Angst doch vorhanden, ohne aber zu stören, vielmehr als ein zugehöriges Moment.

Es ist sehr schwer, in dieser Beziehung Beobachtungen anzustellen. Vornehmlich muss man hier die Vorsicht brauchen, welche die Ärzte anwenden, dass man nie den Puls fühlt, ohne sich versichert zu haben, dass es nicht der eigene sei, den man fühlt, statt des Pulses des Patienten – d. h. man hat sich in acht zu nehmen, dass die Bewegung, die man entdeckt, nicht die Unruhe sei, welche der Beobachter zur Beobachtung mitbringt. Indessen steht es doch fest, dass alle Dichter in der Beschreibung der Liebe, wie rein und unschuldig sie auch dargestellt werde, die Angst als Moment einfließen lassen. Dies näher zu verfolgen, ist Sache eines Ästhetikers. Warum aber diese Angst? Weil in der Kulmination des Erotischen der Geist nicht mit sein kann. Ich will in griechischem Sinne reden. Der Geist ist wohl zur Stelle, denn er ist es, der die Synthese konstituiert; aber er kann sich im Erotischen nicht ausdrücken, er fühlt sich fremd. Er sagt gleichsam zu dem Erotischen: »Lieber, kann ich nicht der dritte Mann sein, deshalb will ich mich so lange zurückziehen.« Dies ist aber eben die Angst, und dies eben ist zugleich die Scham; denn es ist eine große Dummheit, anzunehmen, dass die Einsegnung der Kirche oder die Treue des Mannes, sich allein an die angetraute Frau zu halten, die Sache abmache. Es ist manche Ehe profaniert, ohne dass es durch einen Fremden geschah. Wenn aber das Erotische rein und unschuldig und schön ist, so ist diese Angst freundlich und mild; und darum sprechen die Dichter mit Recht von einer süßen Beängstigung. Es ist übrigens selbstverständlich, dass die Angst bei dem Weibe größer ist als beim Manne.

Wir wollen nun zu unserem vorigen Gegenstand zurückkehren, zu der Wirkung des Generationsverhältnisses in dem Individuum, welche das Mehr ist, das jedes spätere Individuum gegen Adam hat. Im Augenblick der Konzeption ist der Geist am entferntesten und deshalb die Angst am größten. In dieser Angst wird das neue Individuum. In dem Augenblick der Geburt kulminiert die Angst zum zweiten Mal im Weibe, und in diesem

Augenblick kommt das neue Individuum zur Welt. Dass einer Gebärenden Angst ist, ist bekannt genug. Die Physiologie hat ihre Erklärung; auch die Psychologie muss die ihrige haben. Als Gebärende ist das Weib wieder auf dem Höhepunkt des einen Extrems der Synthese; deshalb erbebt der Geist, denn er hat in diesem Augenblick keine Aufgabe, er ist gleichsam suspendiert. Die Angst ist indessen ein Ausdruck für die Vollkommenheit der menschlichen Natur; deshalb findet man nur bei niederstehenden Menschenrassen eine Analogie zu der leichten Geburt des Tieres.

Je mehr Angst aber, desto mehr Sinnlichkeit. Das prokreierte Individuum ist sinnlicher als das ursprüngliche, und dieses Mehr ist das allgemeine Mehr der Generation für jedes spätere Individuum im Verhältnis zu Adam.

Jedoch kann natürlich dieses Mehr von Angst und Sinnlichkeit, das jedes spätere Individuum im Verhältnis zu Adam hat, in dem einzelnen Individuum wieder ein Mehr oder Weniger bedeuten. Hier gibt es Differenzen, welche in Wahrheit so entsetzlich sind, dass gewiss niemand sich hinauswagt, in tieferem Sinn, d. h. mit echt menschlicher Sympathie, darüber nachzudenken, ohne mit einer Unerschütterlichkeit, die nichts zum Zittern bringen kann, sich dessen vergewissert zu haben, dass nie in der Welt ein solches Mehr gefunden wurde oder gefunden werden wird, welches das Quantitative durch einen simplen Übergang in das Qualitative verwandeln würde. Was die Schrift lehrt, dass Gott die Schuld der Väter an den Kindern heimsucht bis ins dritte und vierte Glied, wird vom Leben mit lauter Stimme bezeugt. Es hilft nichts, das Entsetzliche in dieser Erklärung dadurch wegschwärzen zu wollen, dass man sie für eine jüdische Lehre ausgibt. Das Christentum hat noch nie vorgegeben, jedes einzelne Individuum zu privilegieren, dass es in äußerlichem Sinne von vorn anfangen dürfe. Jedes Individuum nimmt seinen Anfang in einem historischen Nexus, und die Naturfolgen gelten jetzt wie je. Nur darin liegt der Unterschied, dass das Christentum lehrt, sich über jenes Mehr zu erheben, und dass es über den, der dies nicht tut, urteilt, er wolle nicht.

Eben weil die Sinnlichkeit hier als ein Mehr bestimmt ist, wird die Angst des Geistes, wenn er sie übernehmen soll, größer. Maximum ist hierbei das Entsetzliche, dass *die Angst vor der Sünde die Sünde hervorbringt*. Lässt man die böse Begierde, die Konkupiszenz usw. dem Individuum angeboren sein, so erhält man nicht die Zweideutigkeit, in der das Individuum beides wird, schuldig und unschuldig. In der Ohnmacht der Angst sinkt das Individuum zu Boden; aber eben deshalb ist es beides, schuldig und unschuldig.

Detaillierte Beispiele für dieses unendlich fluktuierende Mehr und Weniger will ich hier nicht anführen. Sollen diese irgendeine Bedeutung haben, so erfordern sie eine weitläufige und sorgsame ästhetisch-psychologische Ausführung.

B. Die Wirkung des historischen Verhältnisses

Sollte ich hier das Mehr, das jedes spätere Individuum im Verhältnis zu Adam hat, mit einem einzigen Satz ausdrücken, so würde ich sagen: es besteht darin, dass die Sinnlichkeit Sündhaftigkeit bedeuten kann; d. h. es ist das dunkle Wissen darum, zusammenwirkend mit einem dunklen Wissen, was die Sünde etwa zu bedeuten habe, und einer missverstandenen historischen Aneignung des Historischen *(»de te fabula narratur«);* wobei de Pointe, die individuelle Ursprünglichkeit, ausgelassen wird und das Individuum sich ohne weiteres mit dem Geschlecht und dessen Geschichte verwechselt. Wir sagen nicht, dass Sinnlichkeit Sündhaftigkeit sei, sondern, dass die Sünde sie dazu mache. Wenn wir uns nun das spätere Individuum denken, so hat dasselbe jedenfalls eine historische Umgebung, in welcher offenbar wird, dass die Sinnlichkeit Sündhaftigkeit bedeuten kann. Für das Individuum selbst bedeutet sie das nicht, aber dieses Wissen gibt der Angst ein Mehr. Nun ist der Geist nicht nur zu der Sinnlichkeit, sondern zur Sündhaftigkeit als Gegensatz in ein Verhältnis gestellt. Es ist selbstverständlich, dass das unschuldige Individuum dieses Wissen noch nicht versteht, denn dies wird erst verstanden, wenn es qualitativ verstanden wird; aber dieses Wissen ist doch wieder eine neue Möglichkeit, so dass der Freiheit, die in ihrer Möglichkeit sich in einem Verhältnis zum Sinnlichen sieht, noch mehr angst wird.

Dass dieses allgemeine Mehr für das Individuum ein Mehr oder Weniger bedeuten kann, ist selbstverständlich. So, um gleich auf eine großartige Differenz aufmerksam zu machen: Nachdem das Christentum in die Welt gekommen und die Erlösung gesetzt ist, wird die Sinnlichkeit in einem Gegensatz zum Geist gesehen, welchen das Heidentum nicht kannte, und welcher ganz geeignet ist, in dem Satz zu bestärken, dass Sinnlichkeit Sündhaftigkeit sei.

Innerhalb der christlichen Differenz kann jedes Mehr wieder mehr oder weniger bedeuten. Dies ist durch das Verhältnis des einzelnen unschuldigen Individuums zu seiner historischen Umgebung bedingt. In dieser Hinsicht kann das Verschiedenste dieselben Phänomene hervorrufen. Die Möglichkeit der Freiheit kündigt sich in der Angst an. Nun kann eine Warnung das Individuum in der Angst dahinsinken lassen (man erinnere sich, dass ich stets nur psychologisch rede und nie den qualitativen Sprung aufhebe), und dies, obwohl die Warnung auf das gerade Gegenteil berechnet war. Der Anblick der Sünde kann ein Individuum retten, ein anderes stürzen. Ein Scherz kann wie Ernst wirken und umgekehrt. Reden und Schweigen kann das Gegenteil der beabsichtigten Wirkung hervorbringen. In dieser Hinsicht gibt es keine Grenze, und daran ist wieder die Richtigkeit der Behauptung ersichtlich, dass es sich um ein quantitatives Mehr oder Weniger handelt; denn das Quantitative ist ja eben die unendliche Grenze.

Es ist nicht meine Absicht, das Gesagte hier durch experimentierende Beobachtung näher auszuführen, da dies aufhalten würde. Das Leben ist indessen reich genug, wenn man nur zu sehen versteht; man braucht auch nicht nach Paris oder London zu reisen – denn das hilft doch nichts, wenn man nicht sehen kann.

Die Angst hat übrigens hier dieselbe Zweideutigkeit wie immer. Auf diesem Punkt kann ein Maximum zutage treten, das dem obengenannten entspricht (dass das Individuum in Angst vor der Sünde die Sünde hervorbringe), dies nämlich, *dass das Individuum in Angst (nicht, schuldig zu werden, aber) für schuldig gehalten zu werden, schuldig wird.*

Übrigens ist das höchste Mehr in dieser Richtung, dass ein Individuum von seinem frühesten Erwachen an so gestellt und beeinflusst ist, dass ihm Sinnlichkeit und Sündhaftigkeit identisch wurden, und dieses höchste Mehr wird sich in der peinlichsten Gestalt der Kollision dann zeigen, wenn es in der ganzen Umgebung keinen Anhalt findet. Tritt hierzu noch, dass das Individuum sich selbst mit seinem historischen Wissen um die Sündhaftigkeit verwechselt und in dem Schauer der Angst sich selbst qua Individuum ohne weiteres ohne die betreffende Kategorie subsumiert, uneingedenk des Moments der Freiheit: »wenn du ebenso handelst« – so ist die Spitze der Entwicklung erreicht.

Was hier so kurz angedeutet wurde, dass nur eine ziemlich reiche Erfahrung verstehen kann, dass hier viel und dies bestimmt und deutlich gesagt ist, war schon oft der Gegenstand der Erwägung. Diese Erwägungen betitelt man im allgemeinen: über die Macht des Beispiels. Es ist unleugbar schon sehr viel Gutes darüber gesagt worden, wenn auch nicht gerade in diesen letzten hyperphilosophischen Zeiten; oft aber fehlt doch die psychologische Zwischenbestimmung, wie es zugeht, dass das Beispiel wirkt. Außerdem behandelt man die Sache in diesen Sphären bisweilen etwas zu sorglos und merkt nicht, dass ein einziger kleiner Missgriff in dem geringsten Detail des Lebens ungeheure Rechnung verwirren kann. Die psychologische Aufmerksamkeit heftet sich ausschließlich an das einzelne Phänomen und hat nicht zur selben Zeit ihre ewigen Kategorien bereit, noch ist sie achtsam genug, das Menschgeschlecht zu retten, indem sie um jeden Preis jedes einzelne Individuum in das Geschlecht hereinrettet. Das Beispiel soll auf das Kind gewirkt haben. Man lässt das Kind recht einen kleinen Engel sein; aber die verderbte

Umgebung stürzte es ins Verderben. Man erzählt nun fort und fort, wie schlecht die Umgebung war – und so, so wird das Kind verderbt. Geschieht dies aber durch einen simplen quantitativen Prozess, so ist jeder Begriff aufgehoben. Darauf achtet man nicht. Oder man lässt das Kind so von Grund auf ausgeartet sein, dass es von dem guten Beispiel durchaus keinen Gewinn hat. Man sehe doch wohl zu, dass dieses Kind nicht so ausgeartet werde, dass es Macht bekommt, nicht bloß seine Voreltern zu narren, sondern auch alles menschliche Reden und Denken, gleichwie die *rana paradoxa* der Anordnung der Frösche durch die Naturforscher spottet und ihr trotzt. Es gibt manche Menschen, die wohl das Einzelne zu betrachten verstehen, aber nicht imstande sind, zur selben Zeit das Totale *in mente* zu haben; jede derartige Betrachtung aber, sie sei in anderen Beziehungen so verdienstlich, kann doch nur Verwirrung stiften. – Oder das Kind ist, wie Kinder meist sind, weder gut noch schlecht; nun aber kam es in gute Gesellschaft und wurde gut, oder in schlechte Gesellschaft und wurde schlecht. Zwischenbestimmungen! Zwischenbestimmungen! Man schaffe eine Zwischenbestimmung, welche die Zweideutigkeit hat, die den Gedanken rettet (und ohne das ist ja des Kindes Rettung eine Illusion), dass das Kind, wie es auch sonst sein mochte, doch beides werden kann, schuldig und unschuldig. Hat man nicht Zwischenbestimmungen prompt und deutlich zur Hand, so sind die Begriffe der Erbsünde, der Sünde, des Geschlechts, des Individuums verloren und das Kind mit.

Die Sinnlichkeit ist also nicht die Sündhaftigkeit; indem aber die Sünde gesetzt wurde, oder indem sie gesetzt wird, macht sie die Sinnlichkeit zur Sündhaftigkeit. Dass die Sündhaftigkeit nun zugleich etwas anderes bedeutet, ist selbstverständlich. Was aber die Sünde weiter zu bedeuten hat, geht uns hier nichts an, wo wir uns nur psychologisch in den Zustand zu vertiefen haben, welcher der Sünde vorausgeht und sie, psychologisch geredet, mehr oder weniger prädisponiert.

Durch den Genuss der Frucht der Erkenntnis trat die Differenz zwischen Gut und Böse ein, zugleich aber auch die sexuelle Verschiedenheit als Trieb. Wie dies zuging, vermag keine Wissenschaft zu erklären. Die Psychologie sucht dem Problem möglichst nahezukommen und erklärt die letzte Approximation, dass nämlich die Freiheit in der Angst der Möglichkeit, oder in dem Nichts der Möglichkeit, oder in dem Nichts der Angst sich selber sich vor die Augen stellt. Wenn der Gegenstand der Angst ein Etwas ist, erhalten wir keinen Sprung, sondern einen quantitativen Übergang. Das spätere Individuum hat gegen Adam ein Mehr, und wieder gegen andere Individuen ein Mehr oder Weniger; dessen ungeachtet gilt wesentlich, dass der Gegenstand der Angst ein Nichts ist. Ist ihr Gegenstand ein solches Etwas, dass es wesentlich, d. h. in Beziehung auf die Freiheit, etwas bedeutet, so erhalten wir nicht einen Sprung, sondern einen quantitativen Übergang, der jeden Begriff aufhebt. Selbst wenn ich sage, dass für ein Individuum vor dem Sprunge die Sinnlichkeit als Sündhaftigkeit gesetzt sei, so ist doch festzuhalten, dass sie wesentlich nicht so gesetzt ist; denn wesentlich setzt und versteht dieses Individuum die Sinnlichkeit noch nicht als Sündhaftigkeit. Selbst wenn ich sage, dass in dem prokreierten Individuum ein Mehr von Sinnlichkeit gesetzt sei, so ist dies doch in Beziehung auf den Sprung ein bedeutungsloses Mehr.

Hat nun die Wissenschaft eine andere psychologische Zwischenbestimmung, welche den dogmatischen, ethischen und psychologischen Vorzug der Angst auch hat, so mag man diese vorziehen.

Es ist übrigens leicht einzusehen, dass das hier Entwickelte sich vortrefflich mit der gewöhnlichen Erklärung der Sünde, sie sei Selbstsucht, in Übereinstimmung bringen lässt. Vertieft man sich aber in diese Bestimmung, so lässt man sich durchaus nicht darauf ein, die vorausgehende psychologische Schwierigkeit zu erklären, wie man auch die Sünde zu pneumatisch bestimmt und nicht hinlänglich beachtet, dass die Sünde, indem sie gesetzt wird, ebensowohl eine sinnliche als eine geistige Konsequenz setzt.

Hat man nun in der neueren Wissenschaft oft genug die Sünde als Selbstsucht erklärt, so ist es unbegreiflich, dass man nicht eingesehen hat, dass eben deshalb unmöglich irgendeine Wissenschaft eine Erklärung der Sünde geben kann; denn das Selbstische ist eben das Einzelne, und was dieses bedeutet, kann nur der Einzelne als Einzelner wissen, da es unter allgemeinen Kategorien betrachtet alles bedeuten kann, aber so, dass dieses alles schlechthin nichts bedeutet. Die Bestimmung, dass die Sünde Selbstsucht ist, kann deshalb doch sehr richtig sein, ganz besonders, wenn man zugleich festhält, dass sie wissenschaftlich ganz inhaltslos ist und schlechthin nichts bedeutet. Endlich ist in der Bestimmung »Selbstsucht« keine Beziehung auf die Distinktion der Sünde und Erbsünde enthalten; auch fehlt die Beziehung darauf, in welchem Sinne die eine die andere erklärt, die Sünde die Erbsünde und die Erbsünde die Sünde.

Sobald man wissenschaftlich von dem Selbstischen reden will, löst sich alles in Tautologie auf, oder man wird geistreich, wodurch alles verwirrt wird. Wer hat vergessen, dass die Naturphilosophie dieses Selbstische in der ganzen Schöpfung fand, ja in der Bewegung der Sterne, die doch beständig in Gehorsam unter das Gesetz des Universums gebunden war? Denn das Zentrifugale in der Natur musste das Selbstische sein! Hat man erst einen Begriff so weit gebracht, so wäre es besser, er ginge beiseite und legte sich, um womöglich den Rausch auszuschlafen und sich zu ernüchtern. In dieser Beziehung ist unsere Zeit unermüdlich gewesen, jedes Ding alles bedeuten zu lassen. Wie flink und unverdrossen sieht man nicht bisweilen den einen oder anderen geistreichen Mystagogen eine ganze Mythologie prostituieren, damit nur jede einzelne Mythe durch seinen Falkenblick eine Kaprice auf seiner Mundharfe werde! Sieht man nicht bisweilen die ganze christliche Terminologie durch die prätentiöse Behandlung irgendeines Spekulanten entstellt bis zur Unkenntlichkeit?

Wenn man sich nicht erst deutlich macht, was »Selbst« bedeutet, so nützt es nur wenig, von der Sünde zu sagen, sie sei das Selbstische. »Selbst« aber bedeutet eben den Widerspruch, dass das Allgemeine als das Einzelne gesetzt ist. Erst wenn der

Begriff des Einzelnen gegeben ist, kann von dem Selbstischen die Rede sein; obwohl aber ganze Millionen solcher »Selbst« gelebt haben, so kann jede Wissenschaft doch nur ganz allgemein sagen, was ein solches ist.[24] Und dies ist das Wunderbare am Leben, dass jeder Mensch, der auf sich selbst achtet, weiß, was keine Wissenschaft weiß, da er weiß, wie er selbst ist; und dies ist das Tiefsinnige an dem griechischen γνῶθι σαυτόν[25], das man nun lange genug auf Deutsch von dem reinen Selbstbewusstsein, von der Luftigkeit des Idealismus verstanden hat. Es ist wohl doch an der Zeit, dass man diesen Satz griechisch zu verstehen sucht, und dann wieder so, wie die Griechen ihn verstanden hätten, wenn sie christliche Voraussetzungen gehabt hätten. Das eigentliche »Selbst« wird erst durch den qualitativen Sprung gesetzt. In dem Zustand zuvor kann nicht davon die Rede. Will man deshalb die Sünde als das Selbstische erklären, so verwickelt man sich in Undeutlichkeit, da vielmehr das Selbstische erst durch die Sünde und in der Sünde wird. Wird gesagt, dass Selbstsucht die Veranlassung zu Adams Sünde war, so ist diese Erklärung ein Spiel, worin der Erklärer findet, was er selbst zuvor versteckt hat. Wird gesagt, dass Selbstsucht Adams Sünde bewirkte, so ist der Zwischenzustand übersprungen, und die Erklärung hat sich eine bedenkliche Leichtigkeit gesichert. Dazu kommt, dass man hierbei nichts über die Bedeutung des Sexuellen erfährt. Hier bin ich auf meinem alten Punkt. Das Sexuelle ist nicht die Sündhaftigkeit; wenn aber (um mich einen Augenblick zu akkommodieren und töricht zu reden) Adam nicht gesündigt hätte, so wäre das Sexuelle nie als Trieb ins Dasein getreten. Ein vollkommener Geist ist nicht sexuell bestimmt zu denken. Dies ist in Harmonie mit der kirchlichen Lehre von der Beschaffenheit der Auferstandenen, mit den kirchlichen Vorstellungen von den Engeln und mit den dogmatischen Bestimmungen über die Person Christi. Während so, um nur einen einzelnen Wink hinzuwerfen, Christus in allen menschlichen Prüfungen versucht wird, wird nie eine Versuchung in dieser Beziehung genannt, was sich gerade daraus erklären lässt, dass er in allen Versuchungen bestand.

Die Sinnlichkeit ist nicht Sündhaftigkeit. Die Sinnlichkeit in der Unschuld ist nicht die Sündhaftigkeit, und doch ist die Sinnlichkeit da; Adam brauchte ja Speise und Trank usf. Die geschlechtliche Differenz ist in der Unschuld gesetzt, aber sie ist nicht als solche gesetzt. Erst in dem Augenblick, da die Sünde gesetzt wird, wird auch jene als Trieb gesetzt.

Hier wie allewege muss ich mir jede missverständliche Konsequenz verbitten, als sollte z. B. nur die wahre Aufgabe sein, von dem Sexuellen zu abstrahieren, d. h. es in äußerlichem Sinne zu vernichten. Ist einmal das Sexuelle als Höhepunkt der Synthese gesetzt, so nützt alle Abstraktion nichts. Die Aufgabe ist natürlich, es in die Bestimmung des Geistes einzuführen. (Hierin liegen alle sittlichen Probleme des Erotischen.) Die Realisation dieser Aufgabe ist der Sieg der Liebe in einem Menschen, in welchem der Geist so gesiegt hat, dass das Sexuelle vergessen ist und nur als vergessen in Erinnerung kommt. Ist dies geschehen, so ist die Sinnlichkeit in Geist verklärt und die Angst vertrieben.

Will man nun diese Anschauung, die man christlich nennen mag, oder wie man will, mit der griechischen vergleichen, so ist in ihr, wie ich glaube, mehr gewonnen als verloren. Wohl ist nämlich ein Teil der wehmütigen erotischen Heiterkeit verloren, es ist aber auch eine Bestimmung des Geistes gewonnen, welche die Gräzität nicht kennt. Die einzigen, welche in Wahrheit verlieren, sind die vielen, die noch beständig hinleben, als wäre es 6000 Jahre, dass die Sünde in die Welt kam, als wäre diese ein Kuriosum, das sie gar nicht betreffe; denn sie gewinnen nicht die griechische Heiterkeit, die sich eben nicht *gewinnen* lässt, sondern nur verloren wird, und sie gewinnen auch nicht die ewige Bestimmung des Geistes.

Drittes Kapitel

Die Angst als Folge derjenigen Sünde, welche im Ausbleiben des Sündenbewusstseins besteht

In den beiden vorausgehenden Kapiteln wurde beständig festgehalten, dass der Mensch eine Synthese von Seele und Leib ist, welche vom Geist konstituiert und getragen wird. Die Angst war (ich will jetzt einen neuen Ausdruck einführen, der dasselbe sagt, was im Vorhergehenden gesagt wurde, der aber zugleich auf das Folgende hinweist) – die Angst war der *Augenblick* in dem individuellen Leben.

Es gibt eine Kategorie, von der die neuere Philosophie beständig Gebrauch macht, in logischen Untersuchungen nicht minder als in geschichtsphilosophischen; ich meine die des »Übergangs«. Eine nähere Erklärung erhält man jedoch nie. Man benützt sie frischweg; denn Hegel und seine Schule hat zwar die Welt durch den großen Gedanken in Staunen gesetzt, dass die Philosophie voraussetzungslos zu beginnen, dass nichts der Philosophie vorauszugehen habe, als eben die vollkommene, alles aufhebende Voraussetzungslosigkeit – aber man geniert sich doch keineswegs, den Übergang, die Negation, die Mediation, d. h. die Prinzipien der Bewegung in Hegels Denken zu benutzen, ohne ihnen zugleich in der systematischen Entwickelung einen Platz anzuweisen. Ist dies keine Voraussetzung, so weiß ich nicht, was eine Voraussetzung ist; etwas zu benutzen, das nirgends erklärt wird, heißt doch wohl, es eben voraussetzen. Das System sollte so wunderbar durchsichtig sein und so wunderbar sich selbst durchschauen, dass es omphalo-psychisch stets in das zentrale Nichts hineinschaute, bis alles sich aufklärte und sein ganzer Inhalt durch sich selbst Dasein erhielte. Diese Öffentlichkeit nach innen würde ja dem System entsprechen. Indessen zeigt es sich, dass es sich nicht so verhält; in Beziehung auf seine innersten Bewegungen scheint der systematische Gedanke das Geheimnis nicht lüften zu wollen. Die Negation, der Übergang, die Mediation, das sind drei vermummte, bedenkliche, heimliche Agenten *(agentia)*, die alle Bewegungen zustande bringen. Unruhige Köpfe würde sie Hegel jedoch nicht nennen wollen, da sie ja mit seiner allerhöchsten Erlaubnis ihr Spiel treiben, und zwar so ungeniert, dass selbst in der Logik Ausdrücke und Wendungen sich finden, die der Zeitlichkeit des Übergangs entnommen sind: darauf ...; wann ...; als seiend ist dies so, als werdend ist es so ...; usw.

Doch dem sei nun wie ihm wolle; die Logik mag zusehen, wie sie sich selbst helfe. Das Wort Übergang ist und bleibt in der Logik eben »geistreich«. Es hat seine Heimat in der Sphäre der historischen Freiheit, denn der Übergang ist ein *Zustand* und ist wirklich.[26] Die Schwierigkeit, den Übergang in dem rein Metaphysischen anzubringen, ist Plato nicht entgangen; deshalb hat ihn auch die Kategorie des *Augenblicks*[27] so viele Anstrengungen gekostet. Wenn man die Schwierigkeit ignoriert, so heißt das gewiss nicht, dass man über Plato hinaus »weitergehe«; wenn man sie ignoriert und das Denken fromm betrügt, um die Spekulation flott und die Bewegung in der Logik im Gang zu erhalten, so behandelt man die Spekulation als eine ziemlich endliche Angelegenheit. Ich erinnere mich, von einem Spekulierenden einmal gehört zu haben, man dürfe nicht zum voraus so viel an die Schwierigkeiten denken, sonst komme man nie zum Spekulieren. O ja: handelt es sich bloß darum, dass man zum Spekulieren kommt, nicht etwa darum, dass die Spekulation wirklich auch Spekulation wird, so ist das ja ganz resolut ausgedrückt, »man solle nur zusehen, dass man zum Spekulieren komme«; wie es ja auch ganz gescheit ist, wenn jemand, dem seine Verhältnisse es nicht erlauben, im eigenen Wagen zum Tiergarten zu fahren, sagt: »Das braucht einen gar nicht zu genieren; man kann ja ganz gut im Omnibus fuhren.« In der Tat, ob man so oder so fährt, man kommt doch hoffentlich in den Tiergarten. Hingegen kommt der schwerlich zum Spekulieren, der resolut genug wäre, sich um die Art der Beförderung nicht zu kümmern, falls er nur baldmöglichst zum Spekulieren kommen kann.

In der Sphäre der historischen Freiheit ist der Übergang ein Zustand. Um dies richtig zu verstehen, darf man indessen nicht vergessen, dass das Neue mit dem Sprung eintritt. Wenn dies nämlich nicht festgehalten wird, so erhält der Übergang ein quantitierendes Übergewicht über die Elastizität des Sprunges.

Der Mensch war also eine Synthese von Seele und Leib, er ist aber zugleich eine *Synthese des Zeitlichen und des Ewigen.* Dies ist schon oft genug gesagt worden, ohne dass ich dagegen etwas einzuwenden hätte. Denn es ist nicht mein Wunsch, Neuigkeiten zu entdecken; es ist vielmehr meine Freude und meine liebste Beschäftigung, gerade über das nachzudenken, was ganz simpel erscheint.

Was diese letztere Synthese anbelangt, so ist sofort in die Augen fallend, dass sie anders gebildet ist als die erstere. In der ersteren waren Seele und Leib die beiden Momente der Synthese, der Geist das Dritte, doch so, dass von einer Synthese eigentlich erst die Rede sein kann, wenn eben der Geist gesetzt wird. Die andere Synthese hat nur zwei Momente: das Zeitliche und das Ewige. Wo ist nun das Dritte? Und gibt es kein Drittes, so ist eigentlich auch keine Synthese vorhanden; denn eine Synthese, die ja einen Widerspruch in sich enthält, kommt als Synthese ohne ein Drittes nicht zustande; das, dass die Synthese ein Widerspruch ist, besagt ja eben, dass sie nicht ist. Und doch ist sie – im »Augenblick«.

Wenn man die Zeit richtig als die unendliche Sukzession bestimmt, so liegt es anscheinend nahe, sie auch als die vergangene, gegenwärtige und zukünftige zu bestimmen. Indessen ist diese Distinktion unrichtig, sowie man meint, sie liege in der Zeit selbst; denn sie kommt erst dadurch zum Vorschein, dass die Zeit in ein Verhältnis zur Ewigkeit tritt und diese sich in jener reflektiert. Könnte man in der unendlichen Sukzession der Zeit einen festen Fußpunkt finden, der die Teilung begründete, ein Gegenwärtiges, so wäre die Einteilung ganz richtig. Weil aber jedes Moment ganz wie die Summe der Momente ein Prozess, ein Vorbeigehen ist, so ist kein Moment wirklich gegenwärtig, und insofern gibt es in der Zeit weder Gegenwart, noch Vergangenheit, noch Zukunft. Glaubt man diese Einteilung festhalten zu können, so geschieht dies dadurch, dass man ein Moment dehnt (hiermit ist aber die unendliche Sukzession sistiert), dadurch, dass man die Vorstellung hereinspielen lässt, die Zeit vorstellungsmäßig auffasst, anstatt sie zu denken. Ja man macht sich hierbei nicht einmal eine richtige Vorstellung von derselben; denn selbst für die Vorstellung ist die unendliche Sukzession der Zeit nur eine unendlich inhaltlose Gegenwart. (Dies ist die Parodie auf das Ewige.) Die Inder erzählen von einer Dynastie, welche 70 000 Jahre geherrscht habe. Von den einzelnen Königen weiß man nichts, nicht einmal die Namen (so nehme ich an). Wollen wir dies als Symbol der Zeit nehmen, so sind die 70 000 Jahre für den Gedanken ein unendliches Dahinschwinden; die Vorstellung weitet sich dies aus, zerdehnt es sich zu der illusorischen Anschauung eines unendlich inhaltlosen Nichts.[28] Sobald man hingegen den einen dem anderen sukzedieren lässt, setzt man das Gegenwärtige.

Das Gegenwärtige ist indessen nicht der Begriff der Zeit, außer sofern es als ein unendlich inhaltloses und so eben wieder als unendliches Dahinschwinden gedacht wird. Achtet man nicht hierauf, so hat man doch das Gegenwärtige gesetzt, wie hurtig man es auch verschwinden lasse, und lässt dieses, nachdem man es einmal gesetzt hat, in den Bestimmungen der Vergangenheit und Zukunft wieder mitenthalten sein.

Das Ewige ist hingegen das Gegenwärtige. Gedacht ist das Ewige, das Gegenwärtige als die aufgehobene Sukzession (die Zeit war die Sukzession, die vorbeigeht). Für die Vorstellung ist es ein Fortgehen, das doch nicht von der Stelle rückt, weil das Ewige für sie das unendlich inhaltvolle Gegenwärtige ist. In dem

Ewigen ist die Unterscheidung des Vergangenen und Zukünftigen also wieder nicht zu finden, weil das Gegenwärtige nun als die aufgehobene Sukzession gesetzt ist.

Die Zeit ist also die unendliche Sukzession; das Leben, das in der Zeit ist und allein der Zeit angehört, hat kein Gegenwärtiges. Wohl pflegt man bisweilen das sinnliche Leben so zu bestimmen, dass es im Augenblick und nur im Augenblick sei. Man versteht also unter dem Augenblick die Abstraktion von dem Ewigen, welche eine Parodie auf dasselbe ist, wenn sie das Gegenwärtige sein soll. Das Gegenwärtige ist das Ewige; oder besser: das Ewige ist das Gegenwärtige, und dieses ist das Inhaltsvolle. In diesem Sinn sagt der Lateiner von der Gottheit, sie sei *praesens (praesentes dii)*, und bezeichnete mit diesem Wort, wenn es von der Gottheit gebraucht wurde, zugleich deren kräftigen Beistand.

Der Augenblick bezeichnet das Gegenwärtige als ein solches, das kein Vergangenes und kein Zukünftiges hat; darin liegt ja eben die Unvollkommenheit des sinnlichen Lebens. Das Ewige bezeichnet auch das Gegenwärtige, das kein Vergangenes und kein Zukünftiges hat, und dies ist des Ewigen Vollkommenheit.

Will man nun den Augenblick verwenden, um die Zeit damit zu bestimmen, und ihn die rein abstrakte Ausschließung des Vergangenen und Zukünftigen und so das Gegenwärtige bezeichnen lassen, so ist er gerade dieses nicht; denn das rein abstrakt gedachte Zwischenmoment zwischen dem Vergangenen und dem Zukünftigen ist überhaupt nicht. So aber tritt klar hervor, dass der Augenblick nicht eine bloße Bestimmung der Zeit ist; denn die Bestimmung der Zeit ist lediglich die, vorbeizugehen, weshalb die Zeit als die vergangene aufgefasst werden muss, wenn sie durch eine der in ihr sich offenbarenden Bestimmungen bestimmt werden soll. Soll dagegen die Zeit und die Ewigkeit sich berühren, so kann dies nur in der Zeit geschehen – und nun stehen wir vor dem Augenblick.

»Augenblick« ist ein bildlicher Ausdruck, und insofern ist nicht so leicht mit ihm umzugehen. Doch haben wir in ihm ein schönes Wort, auf das man wohl achten darf. Nichts ist so hurtig wie der Blick des Auges, und doch ist er kommensurabel für den Gehalt des Ewigen. Wenn so Ingeborg nach Frithjof über das Meer hin ausschaut, so ist dies ein Bild dafür, was dieses bildliche Wort bedeutet. Ein Ausbruch ihres Gefühls, ein Seufzer, ein Wort hat schon als Laut mehr die Bestimmung der Zeit an sich; sie bieten mehr Gegenwart dar, wenn man ihr Verschwinden ins Auge fasst, und haben nicht in demselben Grade die Gegenwart des Ewigen in sich, wie ja auch ein Seufzer, ein Wort usw. schon die Kraft haben, den auf der Seele lastenden Druck zu erleichtern, weil derselbe schon ein Vergangenes zu werden beginnt, wenn er nur ausgesagt wird. Ein Blick hingegen ist eine Bezeichnung der Zeit, aber, wohlgemerkt, der Zeit eben in dem schicksalschwangeren Konflikt, da sie von der Ewigkeit berührt wird.[29] Was wir den Augenblick heißen, nennt Plato τὸ ἐξαίφνης. Wie dies auch etymologisch erklärt werden mag, jedenfalls setzt diese Benennung den Augenblick in eine Beziehung zu dem Unsichtbaren, und unter diese Kategorie musste er dem Griechen fallen, da er Zeit und Ewigkeit gleich abstrakt auffasste, da er des Begriffs der Zeitlichkeit und (dies ist der letzte Grund) des Begriffs des Geistes ermangelte. Auf Latein heißt unser Augenblick *momentum*, das seiner Derivation (von *movere*) entsprechend nur das bloße Verschwinden ausdrückt.[30]

So verstanden ist der Augenblick nicht eigentlich ein Atom der Zeit, sondern ein Atom der Ewigkeit. Er ist der erste Reflex der Ewigkeit in der Zeit, ihr erster Versuch, gleichsam die Zeit zum Stehen zu bringen. Darum verstand die Gräzität den Augenblick nicht; denn wenn sie auch ein Atom der Ewigkeit erfasste, so erfasste sie doch nicht, dass dies der Augenblick war. Wenn sie die Ewigkeit bestimmte, sah sie dieselbe nicht vor sich, sondern hinter sich; das Atom der Ewigkeit war für sie wesentlich die Ewigkeit, und so kam weder die Zeit noch die Ewigkeit zu ihrem wahren Recht.

Die Synthese des Zeitlichen und Ewigen ist nicht eine zweite Synthese, sondern der Ausdruck für jene erste, nach welcher der Mensch eine Synthese von Seele und Leib ist, die vom Geist getragen wird. Sobald der Geist gesetzt wird, ist der Augenblick da. Darum ist es ganz richtig ein Tadel, wenn von einem Menschen gesagt wird, er lebe nur im Augenblick; denn dies geschieht durch eine willkürliche Abstraktion. Die Natur liegt nicht im Augenblick.

Es geht der Zeitlichkeit wie der Sinnlichkeit; denn die Zeitlichkeit scheint noch unvollkommener, der Augenblick noch geringer zu sein als das scheinbar ruhige Bestehen der Natur in der Zeit. Und doch verhält es sich umgekehrt; denn die Ruhe der Natur hat ihren Grund darin, dass die Zeit gar keine Bedeutung für sie hat. Erst mit dem Augenblick beginnt die Geschichte. Durch die Sünde wird die Sinnlichkeit des Menschen als Sündhaftigkeit gesetzt; sie ist also von da an niederer als die der Tieres, und doch ist sie dies eben, weil hier das Höhere beginnt; denn nun beginnt der Geist.

Der Augenblick ist jenes Zweideutige, in dem Zeit und Ewigkeit einander berühren, und hiermit ist der Begriff der *Zeitlichkeit* gesetzt, in der die Zeit beständig die Ewigkeit abreißt und die Ewigkeit beständig die Zeit durchdringt. Erst hier erhält die besprochene Einteilung ihren Sinn: die gegenwärtige Zeit, die vergangene Zeit und die zukünftige Zeit.

Bei dieser Einteilung fällt sofort in die Augen, dass in gewissem Sinne das Zukünftige mehr bedeutet als das Gegenwärtige und das Vergangene; denn das Zukünftige ist in gewissem Sinne das Ganze, von dem das Vergangene nur ein Teil ist. Dass das Zukünftige in gewissem Sinn das Vergangene bedeuten kann, kommt daher, dass das Ewige zuerst das Zukünftige bedeutet, oder dass das Zukünftige das Inkognito ist, in dem das Ewige, das ja für die Zeit inkommensurabel ist, doch seine Beziehungen zu der Zeit unterhalten will. So setzt der Sprachgebrauch bisweilen das Zukünftige und das Ewige identisch (das zukünftige Leben – das ewige Leben). Da nun die Griechen in tieferem Sinne keinen Begriff von der Ewigkeit hatten, so hatten sie auch den Begriff des Zukünftigen nicht. Darum kann man auch an dem griechischen Leben nicht tadeln, dass es sich im Augenblick verloren habe;

oder genauer: man kann gar nicht sagen, dass es verloren war; denn die Griechen fassten die Zeitlichkeit ebenso naiv auf wie die Sinnlichkeit, weil sie nicht wirklich geistig bestimmt waren.

Der Augenblick und das Zukünftige setzen wieder das Vergangene. Sollte das griechische Leben überhaupt eine Bestimmung der Zeit darstellen, so drückt es das Vergangene aus, doch nicht, sofern dasselbe im Verhältnis zum Gegenwärtigen und Zukünftigen bestimmt wäre, sondern sofern es, lediglich als ein Vorbeigehen aufgefasst, die Bestimmung der Zeit überhaupt sein soll. Hier offenbart die platonische Erinnerung ihre Bedeutung. Die Ewigkeit des Griechen liegt hinter ihm als das Vergangene, in das er nur durch einen Regress kommen kann.[31] Doch ist dies, dass es das Vergangene sei, ein durchaus abstrakter Begriff des Ewigen, ob es nun in seiner näheren Bestimmung philosophisch (als das philosophische Absterben) oder historisch gefasst werden mag.

Überhaupt kann man an der begrifflichen Bestimmung des Vergangenen, des Zukünftigen, des Ewigen sehen, wie man den Augenblick bestimmt hat. Ist der Augenblick nicht, so kommt das Ewige rücklings, als das Vergangene, zum Vorschein. Wenn ich einen Menschen gehen heiße, ohne ihm Richtung und Ziel für sein Gehen anzugeben, so kommt ja auch sein Weg hinter ihm zum Vorschein, als das Zurückgelegte. Ist der Augenblick gesetzt, aber bloß als *discrimen*, so ist das Zukünftige das Ewige. Ist der Augenblick gesetzt, so ist das Ewige, und dieses ist dann zugleich das Zukünftige, welches als das Vergangene wiederkommt. Dies zeigt sich deutlich in der griechischen, jüdischen, christlichen Anschauung. Der Begriff, um den sich im Christentum alles dreht, das, was alles neu machte, ist die Fülle der Zeit; sie ist aber der Augenblick als das Ewige, und doch ist dieses Ewige zugleich das Zukünftige und das Vergangene. Wenn man nicht darauf achtet, kann man nicht *einen* Begriff von ketzerischen und verräterischen Zusätzen, welche ihn sprengen, frei halten. Das Vergangene schließt sich nicht in sich ab und bleibt in simpler Kontinuität mit dem Zukünftigen stehen (dadurch gehen die Begriffe der Bekehrung, Versöhnung, Erlösung in ihrer welthistorischen Bedeutung und in ihrer Bedeutung für die individuelle historische Entwicklung verloren); das Zukünftige schließt sich nicht in sich ab und bleibt in simpler Kontinuität mit dem Gegenwärtigen (dadurch gehen die Begriffe der Auferstehung, des Gerichts zugrunde).

Nun wollen wir wieder an Adam denken und uns zugleich wieder erinnern, dass jedes spätere Individuum auf die gleiche Weise wie er beginnt, nur innerhalb der quantitativen Verschiedenheit, welche die Folge des Generationsverhältnisses und des historischen Verhältnisses ist. Es gilt also für Adam ebenso gut wie für das spätere Individuum der Augenblick. Die Synthese des Seelischen und des Leiblichen soll vom Geist gesetzt werden; der Geist aber ist das Ewige und ist darum erst, wenn er die erste Synthese zugleich als die andere, als die des Zeitlichen und des Ewigen, setzt. Solange das Ewige nicht gesetzt ist, ist der Augenblick nicht da, oder nur als *discrimen*. Hierbei erscheint das Ewige, da in der Unschuld der Geist nur als träumender Geist bestimmt ist, als das Zukünftige; denn dies ist, wie gesagt, der erste Ausdruck, das Inkognito des Ewigen. Wie nun (nach dem vorigen Kapitel) der Geist, indem er in der Synthese gesetzt werden oder vielmehr diese setzen soll, als die Möglichkeit des Geistes (d. h. der Freiheit) in der Individualität sich als Angst ausdrückte, ebenso wird hier das Zukünftige als die Möglichkeit des Ewigen (d. h. der Freiheit) in der Individualität zur Angst. Indem nun die Möglichkeit der Freiheit sich vor der Möglichkeit zeigt, sinkt die Freiheit zu Boden, und die Zeitlichkeit kommt nun auf dieselbe Weise wie die Sinnlichkeit als Sündhaftigkeit zum Vorschein. Es ist hier wieder darauf hinzuweisen, dass dies nur der letzte psychologische Ausdruck für die letzte psychologische Approximation zu dem qualitativen Sprunge ist. Zwischen Adam und dem späteren Individuum ist insofern ein Unterschied, als das Zukünftige für dieses reflektierter ist als für Adam. Dieses Mehr kann psychologisch geredet das Entsetzlichste bedeuten, in Beziehung auf den qualitativen Sprung ist es doch unwesentlich. Das höchste Maximum der Verschiedenheit im Verhältnis zu Adam besteht darin, dass das Zukünftige von dem Vergangenen antizipiert zu sein scheint, oder in der Angst, die Möglichkeit sei verloren gegangen, bevor sie gewesen ist. Das Mögliche entspricht durchaus dem Zukünftigen. Das Mögliche ist für die Freiheit das Zukünftige, und das Zukünftige für die Zeit das Mögliche. Beidem entspricht in dem individuellen Leben die Angst. Ein genauer und korrekter Sprachgebrauch verknüpft daher die Angst mit dem Zukünftigen. Man sagt allerdings bisweilen, man ängste sich über dem Vergangenen ab, was gegen das Gesagte zu sprechen scheint. Sieht man näher nach, so zeigt es sich aber doch, dass das Zukünftige in der einen oder anderen Weise ins Spiel kommt, wenn man so redet. Das Vergangene, um das ich mich abängsten soll, muss in einem Möglichkeitsverhältnis zu mir stehen. Ängste ich mich über einem vergangenen Unglück, so geschieht dies nicht, sofern es vergangen ist, sondern sofern es sich wiederholen, also zukünftig werden kann. Ängstige ich mich um vergangene Schuld, so ist dies nur deshalb der Fall, weil ich sie nicht als vergangen zu mir in ein wesentliches Verhältnis gesetzt habe und auf die eine oder andere trügerische Weise verhindere, vergangen zu sein. Wenn sie nämlich wirklich vergangen ist, so kann ich mich nicht mehr ängsten, ich kann nur noch bereuen. Tue ich dies nicht, so habe ich mir zunächst erlaubt, mein Verhältnis zu ihr dialektisch zu machen; damit ist aber die Schuld selbst zu einer Möglichkeit geworden und nicht etwas Vergangenes. Ängstige ich mich über der Strafe ab, so ist dies nur möglich, wenn ich diese in ein dialektisches Verhältnis zur Schuld setze (wenn anders, trage ich mein Strafe); dann ängste ich mich aber über einem Möglichen und Zukünftigen. –

So sind wir wieder dahin gekommen, wo wir im ersten Kapitel standen. Die Angst ist der psychologische Zustand, welcher der Sünde vorausgeht, ihr so nah, so ängstend nah als möglich kommt, ohne doch die Sünde zu erklären, die erst in dem qualitativen Sprunge hervorbricht.

In dem Augenblick, in welchem die Sünde gesetzt wird, ist die Zeitlichkeit Sündhaftigkeit.[32] Wir sagen nicht, dass die Zeitlichkeit Sündhaftigkeit sei (sie ist es so wenig, als die Sinnlichkeit

Sündhaftigkeit ist); indem aber die Sünde gesetzt ist, bedeutet die Zeitlichkeit Sündhaftigkeit. Darum sündigt, wer vom Ewigen abstrahierend nur im Augenblick lebt. Hätte Adam – ich rede in einer Akkommodation und törlich – nicht gesündigt, so wäre er im selben Augenblick in die Ewigkeit übergegangen. Sobald hingegen die Sünde gesetzt ist, hilft es nichts, wenn man von der Zeitlichkeit abstrahieren will, wie sich auch von der Sinnlichkeit nicht abstrahieren lässt.[33]

§ 1 Die Angst der Geistlosigkeit

Wenn auch, wie entwickelt wurde, die Angst der letzte psychologische Zustand ist, aus dem die Sünde mit dem qualitativen Sprunge hervorbricht, so zeigt doch die Betrachtung des Lebens bald, dass das ganze Heidentum sowie dessen Wiederholung innerhalb der Christenheit in bloß quantitativen Bestimmungen sich bewegt, aus denen der qualitative Sprung der Sünde nicht hervorbricht. Dieser Zustand ist indessen nicht der der Unschuld; vom Standpunkt des Geistes aus betrachtet ist es vielmehr gerade Sündhaftigkeit. –

Es ist recht beachtenswert, dass die christliche Orthodoxie jederzeit gelehrt hat, das Heidentum liege in der Sünde, während doch das Bewusstsein der Sünde erst durch das Christentum gesetzt wurde. Die Orthodoxie hat indessen recht, wenn sie sich nur etwas genauer erklären will. Durch quantitierende Bestimmung zieht das Heidentum gleichsam die Zeit hin, ohne zur Sünde im tiefsten Sinne zu kommen – dies ist aber gerade die Sünde.

Dass dies von dem Heidentum gilt, ist leicht aufzuweisen. Mit dem Heidentum innerhalb des Christentums hat es eine etwas andere Bewandtnis. Dies christlich-heidnische Leben ist weder schuldig noch unschuldig; es kennt eigentlich gar keinen Unterschied zwischen Gegenwart, Vergangenheit, Zukunft, Ewigkeit. Dieses Leben und seine Geschichte läuft dahin, wie in alten Zeiten die Schrift über das Papier lief: man kannte keine Unterscheidungszeichen und kritzelte ein Wort in das andere, einen Satz in den anderen. Ästhetisch betrachtet ist dies sehr komisch. Wenn ein Bach murmelnd durchs Leben läuft, so hört sich das anmutig an; wenn aber eine Summe vernünftiger Geschöpfe in ein endloses Gemurmel ohne Sinn verwandelt wird, so ist das komisch. Ob die *plebs* von der Philosophie als eine Kategorie gebraucht werden kann, um etwa als Substrat für ein höheres Leben zu dienen, wie das vegetative Sumpfried, das nach und nach zu fester Erde wird, zunächst zu Torf und in weiterer Entwicklung noch mehr – das weiß ich nicht. Vom Standpunkt des Geistes aus gesehen ist eine solche Existenz Sünde, und das Geringste, das man für sie tun kann, ist dass man dies sagt; denn damit fordert man Geist von ihr.

Das Heidentum wird durch das eben Gesagte nicht getroffen. Eine solche Existenz kann sich nur innerhalb des Christentums finden. Dies hat seinen Grund darin, dass die Geistlosigkeit sich desto bodenloser zeigt, je erhabener der Geist gesetzt ist; je höher das ist, was verloren geht, desto elender sind die απηλγηκότες (Eph. 4, 19) in ihrer Zufriedenheit. Will man diese Glückseligkeit der Geistlosigkeit mit dem Zustand der Sklaven im Heidentum vergleichen, so hat der letztere doch noch Sinn, denn er ist in sich selbst schlechthin nichts. Die Verlorenheit der Geistlosigkeit ist hingegen das Entsetzlichste von allem; das Unglück ist eben, dass die Geistlosigkeit ein Verhältnis zum Geist hat – und dieses ist nichts. Darum kann die Geistlosigkeit bis zu einem gewissen Grade den ganzen Gehalt des Geistes sich aneignen, aber wohlgemerkt nicht als Geist, sondern als Spielerei, Gallimathias, Phrase usw. Sie kann sich die Wahrheit aneignen, aber wohlgemerkt nicht als Wahrheit, sondern als Geschwätz und Stadtklatsch. Dies ist, ästhetisch gesehen, das unendlich Komische in der Geistlosigkeit; man ist jedoch im allgemeinen nicht darauf aufmerksam, weil der Darsteller selbst, was den Geist betrifft, mehr oder minder unsicher ist. Darum legt man der Geistlosigkeit, wenn sie dargestellt werden soll, gerne echtes und gerechtes Geschwätz in den Mund, weil man nicht den Mut hat, sie eben die Worte brauchen zu lassen, die man selbst gebraucht. Dies ist Unsicherheit. Die

Geistlosigkeit kann durchaus dasselbe sagen, was der reichste Geist gesagt hat, nur sagt sie es nicht in Kraft des Geistes. Der Geistlose ist eine Sprechmaschine geworden; warum sollte er nicht ebenso gut ein philosophisches Geschwätz wie ein Glaubensbekenntnis oder ein politisches Rezitativ auswendig lernen können? Ist es nicht merkwürdig, dass der einzige Ironiker und der größte Humorist zusammenstehen und sich zu der scheinbar ganz simplen Behauptung vereinigen: man müsse unterscheiden zwischen dem, was man verstehe, und dem, was man nicht verstehe – und warum sollte der geistloseste Mensch nicht genau dasselbe sagen können? Es gibt nur einen Beweis für Geist, das ist des Geistes Beweis in einem Menschen selbst; wer etwas anderes fordert, kann vielleicht Beweise im Überfluss zusammenraffen: er fällt doch schon unter die Bestimmung »geistlos«. –

In der Geistlosigkeit ist keine Angst, dazu ist sie zu glücklich, zu selbstzufrieden – zu geistlos. Dies ist aber ein sehr bedenklicher Grund, und hier zeigt sich das Heidentum von der Geistlosigkeit verschieden; jenes ist bestimmt in der Richtung *zum* Geiste, diese in der Richtung *vom* Geist. Das Heidentum ist darum, wenn man so will, Geistesabwesenheit und von der Geistlosigkeit sehr verschieden. Und zwar ist das Heidentum weit vorzuziehen. Die Geistlosigkeit ist ein Stagnieren des Geistes, ein Zerrbild der Idealität. Darum ist die Geistlosigkeit nicht eigentlich dumm – wenn es aufs Schwätzen ankommt; aber sie ist *dumm* in der Bedeutung, in welcher von dem Salz gesagt wird: »Wenn das Salz dumm ist, womit soll dann gesalzen werden?« Ihre Verlorenheit, aber zugleich ihre Sicherheit, liegt darin, dass sie nichts geistig versteht, nichts als Aufgabe erfasst, wenn sie auch alles mit ihrem kraftlosen Gewäsch umtappt. Wird sie nun einmal vom Geist berührt und beginnt sie einen Augenblick zu zucken wie ein galvanisierter Frosch, so tritt ein Phänomen ein, das vollkommen dem heidnischen Fetischismus entspricht. Für die Geistlosigkeit gibt es nämlich keine Autorität, denn sie weiß ja, dass es für den Geist keine Autorität gibt; da sie aber selbst unglücklicherweise nicht Geist ist, so ist sie trotz all ihres Wissens ein vollkommener Götzendiener. Mit derselben Veneration betet sie den Hohlkopf und den Helden an; ihr eigentlicher Fetisch bleibt aber unter allen Umständen der Scharlatan.

Es ist nun in der Geistlosigkeit zwar keine Angst, denn diese ist ausgeschlossen, wie der Geist dies ist; aber die Angst ist doch da, sie wartet nur. Es lässt sich denken, dass ein Schuldner sich glücklich von seinem Gläubiger wegzuschmuggeln und diesen mit Geschwätz hinzuhalten vermag; aber es gibt *einen* Gläubiger, der nie zu kurz kommt: dies ist der Geist.

Vom Standpunkt des Geistes aus gesehen ist die Angst auch in der Geistlosigkeit zur Stelle, aber verborgen und vermummt. Selbst dem Beobachter graut, wenn er seinen Blick hierauf lenkt. Will die Fantasie die Angst sich verkörpern lassen, so wird deren Gestalt immer schrecklich anzusehen sein; aber die Angst schreckt doch noch mehr, wenn sie es für nötig findet, sich zu verkleiden, um nicht als das aufzutreten, was sie ist, während sie es ja doch ist. Wenn sich der Tod in seiner wahren Gestalt zeigt, als der knöcherne, freudlose Sensenmann, so betrachtet man ihn nicht ohne Schrecken; tritt er aber verkleidet auf, um der Menschen zu spotten, die seiner zu spotten wähnen, so dass nur der aufmerksame Beobachter sieht, der Unbekannte, welcher alle mit seiner Höflichkeit berückt, alle in den wilden Jubel ungezügelter Lust hineinsteigert, sei der Tod – so ergreift ihn ein tiefes Grauen.

§ 2 Die Angst dialektisch bestimmt in der Richtung auf das Schicksal

Man pflegt im allgemeinen zu sagen, das Heidentum liege in der Sünde; vielleicht wäre es richtiger zu sagen, es liege in Angst. Das Heidentum ist überhaupt Sinnlichkeit, die ein Verhältnis zum Geist hat, ohne dass doch der Geist im tiefsten Sinne als Geist gesetzt würde. Diese Möglichkeit ist aber eben Angst.

Fragen wir nun näher, welches der Gegenstand der Angst ist, so ist hier wie allewege zu antworten: dieser ist Nichts. Angst und

Nichts entsprechen einander beständig. Sobald die Wirklichkeit der Freiheit und des Geistes gesetzt ist, so ist die Angst gehoben. Was bedeutet nun aber das Nichts in der Angst des Heidentums des näheren? – Es ist das Schicksal.

Das Schicksal ist ein Verhältnis zu dem Geist als etwas Äußerlichem; es ist ein Verhältnis zwischen dem Geist und einem anderen, das nicht Geist ist und zu dem er doch in einem geistigen Verhältnis stehen soll. Das Schicksal kann gleich gut das Entgegengesetzte bedeuten, da es eine Einheit von Notwendigkeit und Zufälligkeit ist. Darauf hat man nicht immer geachtet. Man hat von dem heidnischen Fatum (bei dem man wieder eine orientalische und eine griechische Auffassung unterschied) gesprochen, als wäre es die reine Notwendigkeit. Eine Reminiszenz dieser Notwendigkeit hat man in der christlichen Anschauung wiederfinden wollen, wo dieselbe zu dem Schicksal, zu dem Zufälligen, dem in Beziehung auf die Vorsehung Inkommensurablen geworden sei. Es verhält sich jedoch nicht so; das Schicksal ist eben die Einheit von Notwendigkeit und Zufälligkeit. Dies hat darin einen sinnreichen Ausdruck gefunden, dass das Schicksal blind ist; wer blind vorwärts geht, bewegt sich ja ebenso gut notwendig wie zufällig. Eine Notwendigkeit, die sich nicht ihrer selbst bewusst ist, ist *eo ipso* im Verhältnis zum nächsten Augenblick Zufälligkeit. Das Schicksal ist also das Nichts der Angst. Es ist ein Nichts; denn sobald der Geist gesetzt ist, ist die Angst aufgehoben – aber auch das Schicksal, an dessen Stelle nun die Vorsehung tritt. Man kann also vom Schicksal sagen, was Paulus von den Abgöttern sagt: es gibt keinen Abgott in der Welt; der Abgott ist aber doch das Objekt der Religiosität des Heiden.

Im Schicksal hat also die Angst des Heiden ihr Objekt, ihr Nichts. In ein Verhältnis zum Schicksal kann er nicht kommen; denn ist es in einem Augenblick das Notwendige, so ist es im nächsten das Zufällige. Und doch steht er in einem Verhältnis zu ihm, und dies Verhältnis ist die Angst. Näher kann der Heide dem Schicksal nicht kommen. Versucht hat es das Heidentum allerdings, und sein Versuch ist tiefsinnig genug, ein neues Licht darüber zu werfen. Wer das Schicksal erklären soll, muss ebenso zweideutig sein, wie das Schicksal selbst. Dies war mit dem *Orakel* der Fall. Das Orakel konnte wieder gleich gut das Entgegengesetzte bedeuten. Somit war das Verhältnis des Heiden zum Orakel wieder die Angst. Hier liegt das unerklärlich tief Tragische im Heidentum. Es ist doch nicht sowohl, dass die Aussage des Orakels zweideutig ist, als vielmehr, dass der Heide es trotzdem nicht unterlassen kann, sich bei ihm Rats zu erholen. Er steht nun einmal in einem Verhältnis zu ihm; er darf nicht unterlassen, dasselbe zu konsultieren; selbst im Moment der Anfrage steht er in einem zweideutigen Verhältnis zu ihm (sympathetisch und antipathetisch). Und nun denke man an die Erklärungen des Orakels.

Der Begriff der Schuld und der Sünde kommt im tiefsten Sinne im Heidentum nicht zum Vorschein. Wenn dies geschehen würde, so ginge das Heidentum über dem Widerspruch, dass ein Mensch durch das Schicksal schuldig geworden sein soll, zugrunde. Dies ist nämlich der höchste Widerspruch, und aus diesem Widerspruch springt das Christentums hervor. Das Heidentum fasst ihn nicht; dazu geht es in der Bestimmung des Schuldbegriffes zu leichtsinnig vor.

Der Begriff der Sünde und der Schuld setzt den Einzelnen eben als den Einzelnen. Von irgendeinem Verhältnis zum Weltganzen, zur Totalität des Vergangenen, ist nicht die Rede. Es handelt sich nur darum, dass er schuldig ist – und doch soll er dies durch das Schicksal werden, also durch all das, von dem gar nicht die Rede ist! – und er soll dadurch etwas werden, das eben den Begriff des Schicksals aufhebt! – und das soll er durch das Schicksal werden!

Wird dieser Widerspruch auf eine missverständliche Weise aufgefasst, so ergibt sich der missverstandene Begriff der Erbsünde; richtig verstanden leitet er auf den wahren Begriff, darauf nämlich, dass jedes Individuum es selbst und das Geschlecht ist und das spätere Individuum nicht wesentlich verschieden von dem ersten. In der Möglichkeit der Angst sinkt die Freiheit dahin, überwältigt von dem Schicksal; nun steht ihre Wirklichkeit auf, aber mit der Erklärung, dass sie schuldig wurde. Die Angst auf ihrer äußersten Spitze, wo es ist, als wäre das Individuum schon schuldig geworden, ist noch nicht die Schuld. Die Sünde kommt also weder als eine Notwendigkeit noch als ein Zufall, und darum entspricht dem Begriff der Sünde der der Vorsehung.

Innerhalb des Christentums findet man die heidnische Beziehung der Angst auf das Schicksal überall, wo der Geist wohl vorhanden ist, aber nicht wesentlich als Geist gesetzt. Das Phänomen zeigt sich ganz deutlich, wenn man ein Genie beobachten will. Das Genie ist unmittelbar als solches überwiegende Subjektivität. Doch ist es noch nicht als Geist gesetzt; denn als solcher wird es nur durch Geist gesetzt. In seiner Unmittelbarkeit kann es Geist sein (hierin liegt das Täuschende, als wäre seine außerordentliche Begabung Geist als Geist gesetzt); aber es hat dann ein Andres außer sich, das nicht Geist ist, und ist selbst in einem äußerlichen Verhältnis zum Geist. Darum entdeckt das Genie beständig das Schicksal, und zwar desto tiefer, je tiefer es angelegt ist. Für die Geistlosigkeit ist das natürlich eine Torheit, aber in Wirklichkeit ist es das Große; denn mit der Idee der Vorsehung wird kein Mensch geboren, und wer vermeint, man nehme dieselbe sukzessive durch die Erziehung in sich auf, ist in einem starken Irrtum befangen, obgleich ich darum die Bedeutung der Erziehung keineswegs leugnen will. Darin erweist das Genie eben seine urkräftige Macht, dass es das Schicksal entdeckt, und eben darin zeigt es seine Ohnmacht. Für den unmittelbaren Geist – und dies ist das Genie jederzeit, nur *sensu eminentiori* – ist das Schicksal die Grenze. Erst in der Sünde wird die Vorsehung gesetzt. Darum hat das Genie einen ungeheuren Kampf, diese zu erreichen. Erreicht es dieselbe nicht, so kann man an ihm so recht das Schicksal studieren.

Das Genie ist ein allmächtiges An-sich, das als solches die ganze Welt aus den Angeln heben möchte. Der Ordnung wegen tritt daher gleichzeitig mit ihm eine andere Gestalt auf – das Schicksal. Dies ist nichts; das Genie selbst ist es, welches dasselbe entdeckt, und je tiefer angelegt das Genie ist, desto tiefer entdeckt es dasselbe, denn jene Gestalt ist nur die Antizipation der Vorsehung. Bleibt das Genie nun dabei, bloß Genie zu sein, und nimmt es seine Richtung auswärts, so wird es das Erstaunlichste vollbringen, und doch jederzeit dem Schicksal unterliegen – wenn nicht handgreiflich jedem äußerlich sichtbar, so doch innerlich. Darum ist die Existenz des Genies immer wie ein Märchen, wenn es nicht dazu kommt, wirklich im tiefsten Sinne des Wortes in sich zu gehen. Das Genie vermag alles; und doch ist es abhängig von der unbedeutendsten Kleinigkeit, der eben das Genie in seiner Allmacht eine allmächtige Bedeutung gibt. Darum kann ein Sekondeleutnant, wenn er ein Genie ist, Kaiser werden, die Welt zu *einem* Kaiserreich unter *einem* Kaiser umschaffen. Darum kann aber auch die Armee kampfbereit aufgestellt, die Situation für den Kampf absolut günstig und – vielleicht im nächsten Augenblick verloren sein; eine königliche Schar aus auserlesenen Helden kann vor ihm auf die Knie fallen, um das Kommandowort herauszupressen: aber er kann nicht, er muss auf den 14. Juni warten – und warum? Weil dies der Tag der Schlacht von Marengo ist! Darum kann alles gerüstet sein; er selbst hält an der Front der Legionen und wartet nur noch, dass die Sonne aufgehen und ihn zu der Anrede begeistere, welche die Soldaten elektrisieren soll; und die Sonne geht auf, prachtvoller als je, ein begeisternder, zündender Anblick für jeden – nur nicht für ihn, denn so prachtvoll ging die Sonne nicht auf bei Austerlitz, und nur die Sonne von Austerlitz gibt Sieg und begeistert. Daher die unerklärliche Leidenschaft, mit der ein solcher oft gegen einen ganz unbedeutenden Menschen rasen kann, wenn er auch sonst human und liebenswürdig ist, selbst gegen seine Feinde.

Das Äußerliche als solches bedeutet für das Genie nichts; darum kann es von niemand verstanden werden. Alles beruht darauf, wie das Genie selbst in der Gegenwart seines heimlichen Freundes, des Schicksals, es versteht. Alles kann verloren sein, der einfältigste und der klügste Mensch können zusammenstehen, um ihm von dem fruchtlosen Versuch abzuraten. Doch weiß das Genie, dass es stärker ist als die ganze Welt, sofern es nur an diesem Punkte einen unzweifelhaften Kommentar zu der unsichtbaren Schrift entdeckt, in der es den Willen des Schicksals liest. Lautet diese nach Wunsch, so ruft es mit allmächtiger Stimme dem Schiffer zu: »Fahre nur zu, du fährst Cäsar und sein Glück!« Alles kann gewonnen sein; es empfängt die glückliche Botschaft: da fließt ein Wort mit ein, dessen Bedeutung kein Geschöpf, nicht Gott im Himmel versteht (denn in einem gewissen Sinne versteht auch er das Genie nicht), und es bricht ohnmächtig zusammen.

So steht das Genie außerhalb des Gewöhnlichen, Allgemeinen. Es ist groß durch seinen Glauben an das Schicksal, mag es nun siegen oder fallen; denn es siegt durch sich selbst und es fällt durch sich selbst, oder besser: es siegt und fällt durch das Schicksal. Im allgemeinen bewundert man seine Größe nur, wenn es siegt; doch ist es nie größer, als wenn es durch sich selbst fällt. Um dies zu verstehen, beachte man, dass das Schicksal sich nicht in äußerlich unzweideutiger Weise ankündet und so das Genie stürzt. Wenn vielmehr dieses selbst eben in dem Augenblick, da menschlich gesprochen alles gewonnen ist, die verdächtige Schrift bemerkt und nun zusammensinkt, so muss man doch wohl ausrufen: Welcher Gigant muss über es gekommen sein, um es zu stürzen! Deshalb vermochte das auch niemand als eben das Genie selbst. Der Glaube, der die Reiche und Lande ihm zu Füßen legte, so dass die Menschen ein Märchen zu sehen glaubten, derselbe Glaube stürzte es, und sein Fall war noch ein unergründlicheres Märchen.

Darum ergreift die Angst das Genie zu andrer Zeit als die gewöhnlichen Menschen. Diese entdecken die Gefahr erst im Augenblick der Gefahr; bis zu diesem Moment sind sie sicher, und ist die Gefahr vorbei, so sind sie wieder sicher. Das Genie ist am allerstärksten gerade im Augenblicke der Gefahr; in Angst liegt es hingegen im Augenblick zuvor und im Augenblick hernach – in dem schwebenden Moment, da es sich mit jenem großen Unbekannten, dem Schicksal, auseinandersetzen muss. Vielleicht erreicht seine Angst den höchsten Grad im Augenblick hernach; denn die Ungeduld, seiner Sache gewiss zu werden, wächst stetig an, je mehr der Abstand sich verringert; da ja beständig mehr und mehr zu verlieren ist, je näher man dem Siege steht, und am allermeisten im Augenblick des Sieges; und da ja die Konsequenz des Schicksals eben in seiner Inkonsequenz besteht.

Das Genie als solches kann sich nicht religiös fassen; es gelangt daher auch nicht zur Sünde noch zur Versöhnung, und dies ist der Grund, warum sein Verhältnis zum Schicksal eben das der Angst ist. Es hat noch nie ein Genie ohne diese Angst existiert, außer es ist zugleich religiös gewesen.

Bleibt es nun bei seiner unmittelbaren Bestimmtheit und bei seiner Richtung nach außen stehen, so wird es groß, seine Taten erstaunlich, aber es kommt nie zu sich selbst, wird nicht groß für sich selbst: All sein Tun wendet sich nach außen, und der planetarische Kern (wenn ich diesen Ausdruck gebrauchen darf), der alles ausstrahlt, gewinnt kein eigentliches Dasein. Das Genie gewinnt keine Bedeutung für sich selbst, oder dieselbe wird so zweideutig wehmütig wie die Teilnahme, mit der die Bewohner der Färöer sich freuen möchten, wenn auf einer dieser Inseln ein geborener Färöer lebte, der in verschiedenen Sprachen Europas Schriften schriebe, die ganz Europa in Erstaunen setzten, und durch sein unsterblichen Verdienst der Wissenschaft eine ganz neue Gestalt gäbe, hingegen nie eine Linie färöisch schreibe und endlich gar vergäße, diese Sprache überhaupt zu sprechen. Für sich selbst wird das Genie nicht bedeutungsvoll im tiefsten Sinne; seine Bedeutung erschöpft sich in dem, was das Schicksal geben kann, im Glück, Unglück, Ruhm, Ehre, Macht, Untersterblichkeit seines Namens, d. h. in lauter zeitlichen Bestimmungen. Jede tiefere dialektische Bestimmtheit der Angst ist ausgeschlossen. Die letzte mögliche möchte die Angst sein, für schuldig angesehen zu werden, wobei sich die Angst aber nicht auf die Schuld bezieht, sondern auf den Schein der Schuld, d. h. auf den Verlust der Ehre. Dieser Gemütszustand eignete sich wohl für eine dichterische Behandlung. Derartiges kann jedem Menschen begegnen; das Genie würde aber davon sofort so tief erfasst werden, dass es nicht mehr mit Menschen stritte, sondern mit den tiefsten Mysterien des Daseins.

Eine solche geniale Existenz ist nun trotz ihres Glanzes, ihrer Herrlichkeit, ihrer weitreichenden Bedeutung – Sünde. Es gehört Mut dazu, dies zu verstehen, und wer den Hunger der sehnenden Seele noch nicht stillen gelernt hat, versteht es schwerlich. Und doch ist es so. Damit, dass eine solche Existenz bis zu einem gewissen Grade glücklich sein kann, ist nichts bewiesen. Man kann ja seine Begabung als Zerstreuungsmittel auffassen und sich in deren Betätigung keinen Augenblick über die Kategorien erheben, in denen das Zeitliche liegt. Nur wenn es sich religiös auf sich selbst besinnt, wird das Genie und Talent im tiefsten Sinne berechtigt. Man nehme ein Genie wie Talleyrand; in ihm lag ja die Möglichkeit, dass er sich viel mehr in den Sinn des Lebens vertieft hätte. Dem hat er sich entzogen; er folgte der Bestimmung in ihm, die ihn antrieb, sich nach außen zu wenden. Sein bewundertes Genie der Intrige hat sich herrlich entfaltet; seine Spannkraft, der Sättigungsgrad seines Genies (wenn wir diesen Ausdruck anwenden dürfen, den die Chemiker für ätzende Säuren brauchen) hat Erstaunen erregt; aber er gehört der Zeitlichkeit an. Wenn ein solches Genie die Zeitlichkeit in ihrem unmittelbaren Sinne verschmäht, wenn es sich gegen sich selbst und gegen das Göttliche gewendet hätte: welches religiöse Genie wäre da nicht zum Vorschein gekommen! Aber welche Qualen hätte es auch erdulden müssen! Den unmittelbaren Bestimmungen zu folgen, macht das Leben stets leicht, man sei nun groß oder klein, aber der Lohn ist dann auch entsprechend, ob man nun groß sei oder klein;

und wer nicht geistig so gereift ist, dass er fasst, selbst unsterblicher Ruhm bei allen Geschlechtern sei doch nur eine Bestimmung der Zeitlichkeit; wer nicht fasst, dass dieses Ziel, das dem Menschen, der den Wunsch danach in seiner Seele einwurzeln lässt, schon den Schlaf vertreiben kann, dass dieses Ziel etwas sehr Ärmliches ist gegen die Unsterblichkeit, die jedem Menschen bestimmt ist und die mit Recht alle Welt in Neid gegen einen Menschen erregen möchte, wenn sie nur einem einzigen vorbehalten wäre – wer das nicht fasst, wird in seiner Erklärung von Geist und Unsterblichkeit nicht weit kommen.

§ 3 Die Angst dialektisch bestimmt in der Richtung auf die Schuld

Man pflegt gewöhnlich zu sagen, das Judentum sei der Standpunkt des Gesetzes. Dies kann man indessen auch so ausdrücken: das Judentum liegt in Angst. Aber das Nichts der Angst bedeutet hier etwas anderes als das Schicksal. In dieser Sphäre erweist sich der Satz, »dass man sich ängste vor – nichts« am paradoxesten; denn Schuld ist doch wohl etwas. Und doch ist es richtig: solange sie Gegenstand der Angst ist, ist sie nichts. Die Zweideutigkeit hat ihren Grund in der Art des Verhältnisses: sobald die Schuld gesetzt ist, so ist die Angst vorbei und die Reue ist da. Das Verhältnis ist hier, wie überall bei der Angst, stets sympathetisch und antipathetisch. Dies scheint wieder paradox zu sein, doch ist es nicht so; denn solange die Angst sich fürchtet, unterhält sie eine geheime Kommunikation mit ihrem Gegenstande; sie kann nicht von ihm wegsehen, ja sie will das nicht, denn wollte das Individuum das tun, so würde die Reue eintreten. Dies mag dem einen oder andren als ein schwieriges Wort vorkommen; dafür kann ich nichts. Wer die nötige Unerschütterlichkeit besitzt, um sozusagen göttlicher Aktor zu sein, wenn auch nicht im Verhältnis zu anderen, so doch im Verhältnis zu sich selbst, der wird die Sache nicht so schwierig finden. Trotzdem weist das Leben Phänomene genug auf, wo das Individuum in Angst fast begehrlich auf die Schuld hinstiert und diese doch fürchtet. Die Schuld hat für das Auge des Geistes die Macht, welche der Blick der Schlange ausüben soll: sie verzaubert. An diesem Punkte zeigt sich das Wahre an der karpokratianischen Anschauung, dass man durch die Sünde zur Vollkommenheit gelange. Dies hat seine Wahrheit im Augenblick der Entscheidung, wenn der unmittelbare Geist sich durch Geist als Geist setzt; hingegen ist es eine Blasphemie, zu meinen, dies solle *in concreto* verwirklicht werden.

Das Judentum ist eben hierdurch weiter als die Gräzität; und das sympathetische Moment in seinem Angstverhältnis zur

Schuld kann man auch daran sehen, dass es dasselbe um keinen Preis aufheben wollte, um sich den Leichtsinn der Gräzität anzueignen, welcher in den Bestimmungen des Schicksals, des Glücks und Unglücks liegt.

Die Angst, welche im Judentum ist, ist die Angst vor der Schuld. Die Schuld ist eine Macht, die sich allerwärts ausbreitet und die doch niemand im tieferen Sinne verstehen kann, solange sie über dem Dasein ruht. Was sie erklären soll, muss darum von derselben Beschaffenheit sein, gleichwie das Orakel dem Schicksal entspricht. Die Stelle, welche im Heidentum das Orakel einnimmt, füllt im Judentum das *Opfer* aus. Das Opfer kann darum auch niemand verstehen. Analog der Stellung des Heidentums zum Orakel ist dies das tief Tragische im Judentum. Der Jude nimmt seine Zuflucht zum Opfer, aber das hilft ihm nichts. Wozu es eigentlich verhelfen sollte, wäre dies, dass das Angstverhältnis zur Schuld aufgehoben und ein wirkliches Verhältnis gesetzt würde. Da dies nicht geschieht, so wird das Opfer zweideutig; dies drückt sich in seiner Wiederholung aus, deren weitere Konsequenz eine durchaus skeptische Reflexion über den Opferakt bilden würde.

Wenn im Vorhergehenden gesagt wurde, dass erst mit der Sünde die Vorsehung hervortritt, so gilt hier ein Ähnliches: erst mit der Sünde ist die Versöhnung gesetzt, und deren Opfer wird nicht wiederholt. Dies hat seinen Grund nicht in der äußerlichen Vollkommenheit des Opfers, wenn ich sie so nennen darf; vielmehr entspricht die Vollkommenheit des Opfers dem, dass nun das wirkliche Verhältnis der Sünde gesetzt ist. Sobald nicht das wirkliche Verhältnis der Sünde gesetzt ist, muss das Opfer wiederholt werden. (So wird ja im Katholizismus das Opfer wiederholt, während man doch die absolute Vollkommenheit des Opfers anerkennt.)

Das hier in Kürze über das welthistorische Verhältnis Angedeutete wiederholt sich innerhalb der Christenheit bei den einzelnen Individualitäten. Das Genie weist hierbei wieder besonders deutlich aus, was in den weniger ursprünglichen Menschen auch lebt, aber so, dass es sich nicht so leicht auf die Kategorie bringen lässt. Das Genie ist überhaupt von einem beliebigen andern Menschen nur dadurch unterschieden, dass es innerhalb seiner historischen Voraussetzung mit Bewusstsein ebenso ursprünglich beginnt wie Adam. Sooft ein Genie zur Welt kommt, wird gleichsam mit der Existenz wieder die Probe gemacht; denn es durchläuft und erlebt all das Zurückgelegte, bis es sich selbst einholt. Darum ist auch das Wissen um das Vergangene, wie das Genie es hat, ganz andrer Art als das, welches in welthistorischen Übersichten geboten wird.

Dass das Genie bei seiner unmittelbaren Bestimmtheit stehen bleiben kann, ist im Vorhergehenden angedeutet, und die Erklärung, dass dies eben Sünde ist, enthält zugleich die wahre Höflichkeit gegen das Genie. Jedes Menschenleben ist religiös angelegt. Will man dies leugnen, so gerät alles in Verwirrung; die Begriffe Individuum, Geschlecht, Unsterblichkeit werden aufgehoben. Auf diesen Punkt dürfte man wohl seinen Scharfsinn verwenden, denn hier liegen sehr schwierige Probleme. Wenn man von einem sagt, er sei ein intriganter Kopf und sollte Diplomat oder Polizeiagent werden, vom andern, er habe mimisches Talent für das Komische und sollte Schauspieler werden, von einem dritten, der gar kein Talent hat, er möge sich vom Magistrat als Heizer verwenden lassen – so ist das eine sehr nichtssagende Betrachtung des Lebens, oder besser: das ist gar keine Betrachtung, denn da sagt man ja bloß, was aus sich selbst folgt. Aber zu erklären, wie meine religiöse Existenz in ein Verhältnis zu meiner äußeren Existenz kommt und sich darin ausdrückt, das ist die Aufgabe. Doch wer nimmt sich in unserer Zeit die Mühe, über etwas derartiges nachzudenken! Und doch erweist sich ja das Leben gegenwärtig wie nie zuvor als ein flüchtig vorbeihuschender Augenblick. Aber anstatt davon zu lernen, das Ewige zu ergreifen, lernt man nur sich selbst und seinem Nächsten und dem Augenblick das Leben abzujagen, indem man dem Augenblick nachjagt. Wenn man nur mitkommen, nur einmal eine Tour in dem Wirbel des Augenblicks mittanzen kann, so hat man gelebt, so wird man von den andern Unglücklichen beneidet, die kopfüber im Leben vorwärtsstürzen, wie sie nicht eigentlich geboren wurden, sondern schon kopfüber ins Leben hereinstürzten, und doch nie dies erwünschte Ziel erreichen –, so hat man gelebt, denn was ist ein Menschenleben mehr wert, als eines jungen Mädchens kurze Lieblichkeit, die sich ja schon ungemein gut gehalten hat, wenn sie eine Nacht hindurch die Reihen der Tanzenden entzückte, um erst in der Morgenstunde zu verblassen. Zu bedenken, wie eine religiöse Existenz eine äußerliche durchdringt und durchwirkt, dazu hat man keine Zeit. Jagt man auch nicht in der Hast der Verzweiflung dahin, so greift man doch nach dem, was gerade zunächst liegt. So wird man vielleicht gar noch etwas Großes in der Welt; geht man obendrein noch hier und da zur Kirche, so steht alles zum besten. Dies scheint darauf hinzudeuten, dass für etliche Individuen das Religiöse das Absolute ist, für andere nicht[34] – und so kann man überhaupt von einem vernünftigen Sinn des Lebens absehen. Die Überlegung wird natürlich um so schwieriger, je fremder die äußere Aufgabe dem Religiösen als solchen gegenübersteht. Welch tief religiöse Besinnung auf sich selbst möchte nicht dazu gehören, um eine äußere Aufgabe wie etwa die, komischer Schauspieler zu sein, religiös aufzufassen! Dass dies sich machen lässt, leugne ich indessen durchaus nicht, denn wer sich einigermaßen auf das Religiöse versteht, weiß ganz gut, dass es geschmeidiger als Gold und absolut kommensurabel ist. Der Fehler des Mittelalters war nicht, dass man auch die äußere Existenz religiös zu gestalten suchte; er lag vielmehr darin, dass man die Reflexion hierüber zu früh abbrach. Hier tritt wieder die Frage nach der Wiederholung auf: wieweit es nämlich einer Individualität glücken kann, sich selbst bis auf die kleinste Kleinigkeit hinaus wieder zu erfassen, nachdem sie begonnen hat, sich religiös auf sich zu besinnen. Im Mittelalter brach man ab. Wenn da eine Individualität bei dem Versuche, sich selbst wieder zu erobern, z. B. auf Witz, auf Talent für das Komische stieß, so vernichtete sie das alles als etwas Unvollkommenes. Heutzutage sieht man hierin gar zu leicht eine Torheit; denn hat einer Witz und Talent, so ist er ja ein ganzer Glückspilz – was will er mehr? Derartige Erklärungen haben natürlich auch nicht die fernste Ahnung von dem vorliegenden Problem; denn heutzutage werden zwar die Menschen gescheiter geboren als in alten Zeiten, sind dafür aber auch in Beziehung auf das Religiöse meist blind geboren. Doch findet man im Mittelalter auch Exempel dafür, dass diese Anschauung weiter durchgeführt wurde. Wenn z. B. ein Maler sein Talent religiös auffasste, dies Talent sich aber nicht in Arbeiten erweisen konnte, die dem Religiösen zunächst lagen, so konnte man wohl sehen, wie ein solcher Künstler ebenso fromm eine Venus malte, ebenso fromm seinen künstlerischen Beruf auffasste, wie der, welcher der Kirche zu Hilfe kam und den Blick der Menge fesselte, indem er ihr die himmlische Schönheit vorzauberte. Doch ist zu dem Gesagten wohl zu bemerken: man kann lange warten, bis Individuen hervortreten, die trotz ihrer äußeren Begabung nicht den breiten Weg wählen, sondern Schmerz und Not und Angst, um darin religiös sich zu besinnen und so auf lange gleichsam zu verlieren, was nur zu verführerisch einladet, sich in seinem Besitze wohl zu fühlen. Ein solcher Kampf ist zweifellos sehr anstrengend; denn es kommen Augenblicke, da man bereuen möchte, je angefangen zu haben, und wehmütig, ja bisweilen fast verzweiflungsvoll auf das sonnige Leben hinblickt, das gelächelt hätte, wenn man dem unmittelbaren Trieb des Talents hätte folgen wollen. Doch wird ohne Zweifel der Aufmerksame gerade in den äußersten Schrecken der Not, wenn alles verloren scheint, weil der Weg, auf dem er vordringen soll, ungangbar ist und er den angenehmeren des Talents sich selbst abgeschnitten hat, eine Stimme hören, die ihm zuruft: Glück auf, mein Sohn! Nur immer zu! Wer alles verliert, gewinnt alles!

Wir wollen nun ein religiöses Genie betrachten, d. h. ein solches, das bei seiner Unmittelbarkeit nicht stehen bleiben will. Ob es einmal dazu gelangen wird, sich nach außen zu wenden, diese Frage verschiebt es auf später. Das erste, was es tut, ist, dass es sich gegen sich selbst wendet. Wie das unmittelbare Genie das Schicksal, so bekommt es die Schuld zur stetigen Begleiterin.

Indem es sich nämlich gegen sich selbst wendet, wendet es sich *eo ipso* gegen Gott, und das ist nun einmal eine zeremonielle Regel: wenn der endliche Geist Gott schauen will, so muss er damit beginnen, dass er schuldig wird. Indem es sich also gegen sich selbst wendet, entdeckt es die Schuld. Je größer das Genie ist, desto tiefer deckt es die Schuld auf. Dass dies der Geistlosigkeit eine Torheit ist, freut mich nur und ist mir ein glückliches Zeichen. Das Genie ist nicht, wie die Leute meist sind; damit genügt es sich nicht. Doch hat dies seinen Grund nicht etwa darin, dass es die Menschen verschmähte; nein, es hat eben ursprünglich mit sich selbst zu tun; alle andern Menschen und ihre Erklärungen helfen ihm weder dazu noch davon.

Dass es die Schuld so tief in sich entdeckt, beweist, dass dieser Begriff für es *sensu eminentiori* zur Stelle ist, wie auch der entgegengesetzte Begriff der Unschuld. Dasselbe war mit dem unmittelbaren Genie in seinem Verhältnis zum Schicksal der Fall, denn jeder Mensch hat ein kleines Verhältnis zum Schicksal, aber dabei bleibt es auch, bei dem Geschwätz, das nicht merkt, was Talleyrand (nachdem Young es schon ausgesprochen) aufdeckte, doch nicht so vollkommen, wie das Geschwätz selbst dies tut: dass die Sprache dazu da ist, die Gedanken zu verbergen – nämlich, dass man keine hat.

Indem es sich nach innen wendet, entdeckt es die Freiheit. Das Schicksal fürchtet es nicht, denn seine Aufgabe ist ihm nie, nach außen zu wirken, und die Freiheit ist ihm seine Seligkeit – nicht die Freiheit, dies und das in der Welt zu erreichen, König und Kaiser und Ausscheller der Gegenwart zu werden, sondern die Freiheit, bei sich selbst sich bewusst zu sein, dass es Freiheit ist. Doch je höher das Individuum steigt, desto teurer muss alles erkauft werden, und der Ordnung wegen tritt mit diesem An-sich der Freiheit eine andere Gestalt hervor: die Schuld. Dies ist nun, wie einst das Schicksal, das einzige, das er fürchtet; doch ist seine Furcht nicht, was sie bei den früheren Erörterungen in ihrem Maximum war, die Furcht, für schuldig angesehen zu werden; es fürchtet sich, schuldig zu sein.

Im selben Grade, wie es die Freiheit entdeckt, im selben Grade lastet auf ihm in dem Zustande der Möglichkeit die Angst vor der Sünde. Es fürchtet nur die Schuld; denn diese ist das einzige, das es der Freiheit berauben kann. Es ist leicht einzusehen, dass die Freiheit hier keineswegs Trotz oder selbstische Freiheit im endlichen Sinne ist. Mit einer derartigen Annahme hat man schon öfter die Entstehung der Sünde erklären wollen. Damit verlor man indes nur Zeit und Mühe; denn die Annahme einer solchen Voraussetzung bringt viel eher in Schwierigkeiten, als dass sie etwas erklären würde. Wird die Freiheit so aufgefasst, so hat sie ihren Gegensatz in der Notwendigkeit, und hiermit zeigt sich, dass man die Freiheit in einer Reflexionsbestimmung aufgefasst hat. Nein, den Gegensatz zur Freiheit bildet die Schuld, und das ist das Höchste an der Freiheit, dass sie beständig nur mit sich selbst zu tun hat: in ihrer Möglichkeit projiziert sie die Schuld, setzt sie also durch sich selbst, und wird die Schuld wirklich gesetzt, so setzt sie sie durch sich selbst. Gibt man hierauf nicht Obacht, so hat man geistreich die Freiheit mit etwas ganz anderem verwechselt, mit der *Kraft*.

Wenn nun die Freiheit die Schuld fürchtet, so fürchtet sie sich nicht davor, sich als schuldig zu erkennen, wenn sie es ist; sie fürchtet vielmehr, es zu werden, und darum kommt die Freiheit, sobald die Schuld gesetzt ist, als Reue wieder. Das Verhältnis der Freiheit zur Schuld ist indessen bis auf weiteres eine Möglichkeit. Hier erweist sich wieder das Genie, indem es nicht von der ursprünglichen Entscheidung abspringt und außer sich bei Krethi und Plethi die Entscheidung sucht, indem es sich auf das gewöhnliche Feilschen nicht einlässt. Nur durch sich selbst kann die Freiheit zu wissen bekommen, ob sie Freiheit ist oder ob die Schuld gesetzt ist. Es gibt darum nichts Lächerlicheres als anzunehmen, dass die Frage, ob man Sünder oder schuldig ist, unter die Rubrik »Memorierstoff« gehöre.

Das Verhältnis der Freiheit zur Schuld ist Angst, weil Freiheit und Schuld noch eine Möglichkeit sind. Indem nun aber die Freiheit in leidenschaftlich erregtem Wunsche auf sich selbst hinstiert und die Schuld von sich fern halten will, so dass auch nicht ein Schein von derselben in der Freiheit zu finden sein soll, kann sie es nicht unterlassen, mit dem zweideutigen Stieren der Angst auf die Schuld hinzustieren; denn innerhalb der Möglichkeit ist das Meiden selbst ein Begehren.

Hier zeigt es sich nun am deutlichsten, in welchem Sinne für das spätere Individuum gegenüber Adam ein Mehr von Angst vorhanden ist.[35] Die Schuld ist eine konkrete Vorstellung, die zur Freiheit in dem Verhältnis der Möglichkeit stehend möglicher und möglicher wird. Endlich ist es, als vereinte sich aller Welt Schuld, um es schuldig zu machen; oder was dasselbe ist: als ob es durch seine Verschuldung mit der Schuld der ganzen Welt sich verschuldete. Die Schuld hat nämlich die dialektische Beschaffenheit, dass sie sich nicht übertragen lässt; wer aber schuldig wird, der wird zugleich mit in dem schuldig, das die Schuld veranlasste; denn die Schuld hat nie eine äußerliche Veranlassung, und wer in der Versuchung fällt, ist selbst schuldig in der Versuchung.

Im Verhältnis der Möglichkeit zeigt sich dies in täuschender Weise; sobald dagegen die Reue mit der wirklichen Sünde hervorbricht, so hat sie die wirkliche Sünde zum Gegenstand. In der Möglichkeit der Freiheit gilt: je tiefer die Schuld entdeckt wird, desto größer ist das Genie; denn die Größe eines Menschen hängt einzig und allein von der Energie des Gottesverhältnisses in ihm selbst ab, ob auch dieses Gottesverhältnis sich als Schicksal einen durchaus fehlerhaften Ausdruck gibt.

Wie also das Schicksal zuletzt das unmittelbare Genie fängt und dies dann eigentlich dessen Kulminationsaugenblick ist, so fängt die Schuld das religiöse Genie, und dies ist sein Kulminationsaugenblick. Wahrhaft groß ist jenes nicht in dem Augenblick glänzender Verwirklichung nach außen, wenn es die Menschen in Erstaunen setzt und auch den Handwerker von seiner gewohnten Arbeit abruft, weil es etwas zu sehen gibt, sondern in dem Augenblick, da es durch das Schicksal durch sich selbst vor sich selbst zusammenbricht; und wahrhaft groß ist dieses nicht in dem Augenblick, da der Anblick seiner Frömmigkeit der Feierlichkeit eines außerordentlichen Festes gleicht, sondern in *dem* Augenblick, da es durch sich selbst vor sich selbst in die Tiefe des Sündenbewusstseins versinkt.

Viertes Kapitel

Die Angst der Sünde oder: Die Angst als Folge der Sünde in dem Einzelnen

Durch den qualitativen Sprung kam die Sünde in die Welt, und kommt sie beständig herein. Sobald sie gesetzt ist, sollte man meinen, sei die Angst gehoben. Der Begriff der Angst ist ja, dass in ihr die Freiheit sich vor sich selbst in der Möglichkeit zeige. Nun ist der qualitative Sprung die Wirklichkeit; insofern ist also die Möglichkeit aufgehoben und damit die Angst. Dem ist doch nicht so. Teils ist nämlich die Wirklichkeit nicht bloß ein einziges Moment, teils ist die Wirklichkeit, die gesetzt wurde, eine unberechtigte Wirklichkeit. Die Angst kommt also wieder in ein Verhältnis zu dem Gesetzten und zu dem Zukünftigen. Doch ist nun der Gegenstand der Angst etwas Bestimmtes, ihr Nichts ist ein wirkliches Etwas, da der Unterschied zwischen Gut und Böse[36] nun in concreto gesetzt ist und die Angst darum die dialektische Zweideutigkeit verloren hat. Dies gilt von Adam wie jedem späteren Individuum; denn durch den qualitativen Sprung sind sie vollkommen gleich.

Wenn in dem Einzelnen die Sünde durch den qualitativen Sprung gesetzt ist, so ist damit der Unterschied zwischen Gut und Böse gesetzt. Wir haben nirgends die Torheit verschuldet, die meint, der Mensch *müsse* sündigen; hingegen haben wir gegen jedes bloß experimentierende Wissen protestiert und gesagt, was wir hier nochmals wiederholen, dass die Sünde so gut wie die Freiheit sich selbst voraussetzt und sich sowenig wie diese aus einem vorausgehenden Stadium erklären lässt. Die Freiheit mit einem *liberum arbitrium* beginnen zu lassen, das gleich gut das Gute und das Böse wählen kann (und überhaupt nirgends zu finden ist, vgl.

Leibniz), heißt jede Erklärung von Grund aus unmöglich machen. Vom Guten und Bösen als von dem Gegenstande der Freiheit zu reden, heißt beide, die Freiheit und die Begriffe Gut und Böse, verendlichen. Die Freiheit ist nämlich unendlich und entspringt aus nichts. Will man nun sagen, der Mensch sündige also notwendig, so ist das ein Versuch, den Kreis des Sprunges in eine gerade Linie auseinanderzulegen. Dass dies manchen Menschen sehr plausibel vorkommt, hat seinen Grund darin, dass manchen die Gedankenlosigkeit das Allernatürlichste ist und dass es zu allen Zeiten deren Legion gab, die eine Betrachtung ungemein preiswürdig fanden, welche durch alle Jahrhunderte hindurch vergebens gebrandmarkt wurde: als λόγος ἀργός (Chrysipp), ignava ratio (Cicero), sophisma pigrum, la raison paresseuse (Leibniz).

Die Psychologie hat nun wieder die Angst zum Gegenstand, muss aber recht vorsichtig sein. Die Geschichte des individuellen Lebens schreitet in einer Bewegung von Zustand zu Zustand fort. Jeder Zustand wird durch einen Sprung gesetzt. Wie die Sünde in die Welt kam, kommt sie immer noch, wenn sie nicht aufgehalten wird. Aber jede ihrer Wiederholungen ist doch nicht eine simple Konsequenz, sondern ein neuer Sprung. Jedem derartigen Sprunge geht ein Zustand als nächste psychologische Approximation voraus. Dieser Zustand ist Gegenstand der Psychologie. In jedem Zustand ist die Möglichkeit zur Stelle, und insofern Angst. So ist es, nachdem die Sünde gesetzt ist, denn nur das Gute ist die Einheit von Zustand und Übergang.

§ 1 Die Angst vor dem Bösen

a) Die gesetzte Sünde ist wohl eine aufgehobene Möglichkeit, aber zugleich eine unberechtigte Wirklichkeit. Insofern kann die Angst in ein Verhältnis zu ihr treten. Da sie eine unberechtigte Wirklichkeit ist, soll sie wieder negiert werden.

Diese Arbeit will die Angst auf sich nehmen. Hier ist der rechte Tummelplatz für ihre schlaue Sophistik. Während die Wirklichkeit der Sünde die eine Hand der Freiheit (wie der Komtur die Hand Don Juans) in ihrer eisigen Rechten hält, gestikuliert diese mit der anderen und sucht sich mit berückender Beredsamkeit allerlei Blendwerke vorzuspiegeln.[37]

b) Die gesetzte Sünde trägt zugleich ihre Konsequenz in sich, ob diese auch eine der Freiheit fremde Konsequenz ist. Diese kündet sich an; zu ihr tritt die Angst in ein Verhältnis, da sie als künftig die Möglichkeit eines neuen Zustandes ist. Wie tief ein Individuum auch gesunken sei, es kann noch tiefer sinken, und dieses »kann« ist das Objekt der Angst. Je mehr hier die Angst erschlafft, desto deutlicher wird, dass die Konsequenz der Sünde dem Individuum in *succum et sanguinem* übergegangen ist, dass die Sünde in dieser Individualität Heimatrecht bekommen hat.

Die Sünde bedeutet hier natürlich das Konkrete, denn man sündigt nie überhaupt oder im allgemeinen. Selbst die Sünde[38], über die Wirklichkeit der Sünde zurückspringen zu wollen, ist nicht eine Sünde überhaupt, denn eine solche ist nie vorgekommen. Wer sich einigermaßen auf die Menschen versteht, kennt die sophistische Methode recht gut, dass man sich stets nur an einem einzelnen Punkt stößt, welcher stetig variiert wird. Die Angst will die Wirklichkeit der Sünde weghaben, nicht ganz, aber bis zu einem gewissen Grade; oder besser: sie möchte bis zu einem gewissen Grade die Wirklichkeit der Sünde belassen, aber eben nur – bis zu einem gewissen Grade. Sie ist darum auch gar nicht so abgeneigt, mit den quantitativen Bestimmungen etwas zu spielen; ja, je entwickelter sie ist, desto weiter kann sie dieses Spiel treiben. Sobald aber der Spaß und Zeitvertreib dieses quantitativen Bestimmens weitergreift und das Individuum für den qualitativen Sprung einfangen will, der wie der Ameisenbär im Hintergrunde des in den losen Sand gewühlten Trichters auf der Lauer liegt, so zieht sich die Angst vorsichtig zurück, so hat sie einen kleinen Punkt, der noch gerettet werden muss und noch nicht für Sünde gelten soll, und im nächsten Augenblick hat sie einen anderen solchen Punkt. Ein Sündenbewusstsein, das sich in der Reue einen tiefen und ernsthaften Ausdruck gibt, ist eine große Seltenheit.

Indessen werde ich mich, um meiner selbst, um des Gedankens und des Nächsten willen, doch nie dahin drängen lassen, das so auszudrücken, wie Schelling es vermutlich ausgedrückt hätte, der irgendwo von einem Genie zur Tat in derselben Weise redet wie etwa von einem Genie zur Musik usw. So kann man bisweilen, ohne es zu wissen, mit einem einzigen erklärenden Wort alles verwirren. Partizipiert nicht jeder Mensch wesentlich am Absoluten, so ist alles vorbei. Darum soll man in der Sphäre des Religiösen nicht von Genie reden als von einer speziellen Begabung, die nur Einzelnen gegeben ist; denn die Begabung ist hier, dass man will, und dem, der nicht will, soll man wenigstens dadurch sein Recht angedeihen lassen, dass man ihn nicht beklagt.

Ethisch geredet ist die Sünde kein Zustand. Der Zustand ist hingegen stets die letzte psychologische Approximation zu dem nächsten Zustand. Die Angst nun ist beständig als die Möglichkeit des neuen Zustandes zur Stelle. In dem unter a beschriebenen Zustand ist die Angst bemerklicher, während sie in dem Zustand b mehr und mehr verschwindet. Aber doch lauert die Angst von außen auf ein solches Individuum, und vom Standpunkte des Geistes aus gesehen ist sie hier größer als irgendwo. In a bezieht sich die Angst auf die Wirklichkeit der Sünde, aus der sie sophistisch die Möglichkeit hervorbringt, während sie ethisch gesehen sündigt. Die Bewegung der Angst ist hier die entgegengesetzte von der in der Unschuld, wo sie aus der Möglichkeit der Sünde psychologisch geredet deren Wirklichkeit hervorbringt, während diese doch ethisch betrachtet mit dem qualitativen Sprunge hervortritt. In b bezieht sich die Angst auf die weitere Möglichkeit der Sünde. Nimmt hier die Angst ab, so erklären wir es an diesem Punkte daraus, dass die Konsequenz der Sünde siegt.

c) Die gesetzte Sünde ist eine unberechtigte Wirklichkeit; sie ist Wirklichkeit, und auch von dem Individuum in der Reue als solche gesetzt. Aber die Reue wird nicht die Freiheit des Individuums, sondern in ihrem Verhältnis zur Sünde zu einer Möglichkeit herabgesetzt, d. h. sie hat nicht die Kraft, die Sünde zu heben, sie kann nur unter ihr leiden. Die Sünde geht in ihrer Konsequenz weiter, die Reue folgt ihr Schritt für Schritt nach, aber stets einen Augenblick zu spät. Sie zwingt sich selbst, das Entsetzliche zu sehen, aber sie ist in der Lage des wahnwitzigen Lear (»O du zertrümmert Meisterstück der Schöpfung!«): sie hat die Zügel der Regierung verloren und nur die Kraft behalten, sich zu grämen. Hier ist die Angst auf ihrer höchsten Höhe. Die Reue ist von Verstand gekommen und die Angst zur Reue potenziert. Die Konsequenz der Sünde geht ihren Gang und schleppt das Individuum nach sich wie ein Weib, das der Henker an den Haaren fortschleppt, während sie in Verzweiflung aufschreit. Die Angst geht voraus; sie entdeckt die Konsequenz, bevor sie kommt, so dass man an sich selbst merken kann, dass ein Ungewitter in der Luft liegt; sie kommt näher; das Individuum bebt wie ein Pferd, das ächzend an der Stelle sich wieder bäumt, an der es einmal scheu geworden ist. Die Sünde siegt; die Angst wirft sich verzweifelnd der Reue in die Arme. Diese wagt das Letzte. Sie fasst die Konsequenz der Sünde als Strafleiden auf, das Verderben als die Konsequenz der Sünde. Sie ist verloren, ihr Urteil ausgesprochen, die Verdammung sicher; und der Stachel des Unheils liegt darin, dass das Individuum durchs ganze Leben hin zur Richtstätte geschleppt werden soll. Mit anderen Worten: die Reue ist wahnwitzig geworden.

Was hier angedeutet ist, kann man im Leben gelegentlich beobachten. Ein solcher Zustand findet sich selten bei ganz verdorbenen Naturen, im allgemeinen jedoch nur bei den tieferen; denn es gehört eine bedeutende Ursprünglichkeit und Ausdauer in wahnsinniger Energie dazu, dass ein Mensch nicht in a und b untergeht. Den Sophismus, welchen die wahnwitzige Angst jeden Augenblick hervorzubringen vermag, ist keine Dialektik zu besiegen imstande. Eine solche Reue zeigt eine Zerknirschung, die im Ausdruck und in der Dialektik der Leidenschaft viel mächtiger ist als die wahre Reue. (In anderem Sinne ist sie natürlich ohnmächtiger; es ist aber doch bemerkenswert und muss jedem, der derartiges beobachtet, gewiss auffallen, mit welcher Überredungsgabe, welcher Beredsamkeit eine solche Reue alle Einwendungen abwehrt, alle, die ihr nahe treten, überführt, um dann wieder an sich selbst zu verzweifeln, wenn sie sich nicht mehr damit zerstreuen kann.) Dieses Entsetzen mit Worten und Redensarten bannen zu wollen, ist verlorene Liebesmühe; wer darauf verfällt, kann sicher sein, dass gegenüber der elementarischen Beredsamkeit, die einem solchen zu Gebote steht, sein Predigen nicht mehr ist als das Lallen eines Kindes. Das Phänomen kann sich ebenso gut im Verhältnis zur Sinnlichkeit zeigen (Neigung zum Trunk, zu Opium, zu Ausschweifungen usw.), wie im Verhältnis zu dem Höheren im Menschen (Stolz, Eitelkeit, Zorn, Hass, Trotz, Hinterlist, Neid usw.). Das Individuum kann seinen Zorn bereuen, und je tiefer es ist, desto tiefer ist die Reue. Aber die Reue kann es nicht frei machen, darin greift sie fehl. Die Versuchung kommt; die Angst hat sie schon entdeckt; jeder Gedanke zittert; die Angst saugt der Reue alle Kraft aus und schüttelt ihr Haupt; es ist als hätte der Zorn schon gesiegt; sie ahnt schon die Zerknirschung der Freiheit im nächsten Augenblick; der Augenblick kommt – der Zorn siegt.

Was nun auch die Konsequenz der Sünde sein mag: dass das Phänomen in gehöriger Stärke auftritt, ist immer ein Zeichen einer tieferen Natur. Es wird allerdings seltener im Leben gesehen, d. h. man muss schon Beobachter sein, um es häufiger zu entdecken. Dies kommt daher, dass es sich verbergen lässt, sowie dass es oft vertrieben wird, indem die Menschen die eine oder andere Klugheitsregel benutzen, um das Kind, aus welchem das höhere Leben entstehen soll, noch vor der Geburt abzutreiben. Man braucht sich nur mit Krethi und Plethi zu beratschlagen, so wird man bald, wie die Leute meist sind, und wird sich stets ein paar Ehrenmänner sichern können, die bezeugen, dass man so sei. Das probateste Mittel, von den Anfechtungen des Geistes frei zu bleiben, ist ja, je eher je lieber geistlos zu werden. Wenn man nur beizeiten dazu tut, so macht sich alles ganz von selbst, und was die Anfechtung betrifft, so kann man leicht erklären, etwas derartiges gebe es überhaupt nicht oder sei höchstenfalls als pikante dichterische Fiktion zu betrachten. In alten Tagen war der Weg zur Vollkommenheit schmal und einsam, die Wanderung stets durch Irrwege gefährdet, bedroht von dem räuberischen Überfall der Sünde und verfolgt von dem Pfeil des Vergangenen, der gefährlich ist wie der skythischen Horden; jetzt reist man in guter Gesellschaft auf der Eisenbahn, und ehe man sich's versieht, ist man ans Ziel gekommen.

Das einzige, das in Wahrheit gegen die Sophismen der Angst zu wappnen vermag, ist Glaube, der Mut zu glauben, dass der Zustand selbst eine neue Sünde ist, der Mut, der Angst ohne Angst abzusagen. Das vermag aber nur der Glaube, ohne dass er darum die Angst vernichten würde; vielmehr reißt er sich ewig von dem Todesblick der Angst los. Dies vermag nur der Glaube, denn nur im Glauben ist die Synthese ewig und jeden Augenblick möglich.

Was hier entwickelt wurde, gehört durchaus der Psychologie an, wie leicht einzusehen ist. Ethisch dreht sich alles darum, das Individuum in die richtige Stellung zur Sünde hineinzubringen. Sobald dies erreicht ist, steht es reuevoll in der Sünde. Im selben Augenblick ist es, von der Idee aus gesehen, der Dogmatik anheimgefallen. Die Reue ist der höchste ethische Widerspruch, teils weil die Ethik die Idealität nur fordern kann und sich damit begnügen muss, die Reue als Antwort zu bekommen, teils weil die Reue in Beziehung auf das, was sie heben soll, dialektisch zweideutig bleibt und diese Zweideutigkeit erst von der Dogmatik durch die Versöhnung gehoben wird, in der die Bestimmung der Erbsünde deutlich wird. Zudem verzögert die Reue die Tat, und diese letztere ist es doch gerade, was die Ethik fordert. Zuletzt muss also die Reue sich selbst bereuen, da der Augenblick der Reue zu einem Defizit der Tat wird. Es war darum ein energie- und mutvoller Ausdruck echt ethischer Gesinnung, wenn der alte Fichte sagte, er habe keine Zeit zur Reue. Doch brachte er damit die Reue noch nicht zu ihrer dialektischen Spitze, wo sie, nachdem sie sich gesetzt, in einer neuen Reue sich aufheben will und dann zusammensinkt.

Dieser Paragraf entwickelte, wie überhaupt diese ganze Schrift, was man die psychologischen Stellungen der Freiheit zur Sünde nennen kann, oder die psychologischen approximierenden Zustände vor der Sünde. Diese wollen aber nicht etwa ethische Erklärungen der Sünde sein.

§ 2 Die Angst vor dem Guten (das Dämonische)

In unserer Zeit hört man seltener von dem Dämonischen reden. Die einzelnen diesbezüglichen Erzählungen, die sich im Neuen Testamente finden, lässt man im allgemeinen dahingestellt sein. Soweit die Theologen dieselben zu erklären suchen, vertiefen sie sich gern in Erörterungen über die eine und andere unnatürliche Sünde, und dabei findet man auch Beispiele dafür, dass das Tierische eine solche Macht über den Menschen bekommt, dass es endlich in tierisch unartikulierten Lauten oder in tierischer Mimik und tierischem Blick sich ankündet; wobei es manchmal der Gestalt des Menschen (dem physiognomischen Ausdruck, wie ihn Lavater nennt) einen besonderen Typus aufprägt, manchmal auch nur wie ein Wetterleuchten über das Gesicht hinzuckt und so ahnen lässt, was da drinnen wohnt, wie ein Blick oder Gestus des Wahnwitzes in einem verschwindenden Augenblick den vernünftigen, besonnenen, geistreichen Mann, mit dem man im Gespräch ist, parodiert, verspottet, karikiert. Was die Theologen in dieser Hinsicht bemerken, kann ganz richtig sein, aber hier liegt alles daran, dass die Pointe getroffen werde. Im allgemeinen wird nun das Phänomen so beschrieben, dass man deutlich sieht: das, wovon man redet, ist die Knechtschaft der Sünde. Diesen Zustand kann ich nicht besser beschreiben, als indem ich an ein allbekanntes Spiel erinnere, bei welchem zwei sich unter einem Mantel verstecken, als wäre es nur ein Mensch, und nun der eine redet, der andere dazu (im Verhältnis zur Rede aber natürlich ganz zufällig) gestikuliert. So hat das Tier sich in die Gestalt des Menschen eingekleidet und karikiert ihn nun beständig mit seiner Gestikulation und seinem Zwischenspiel. Die Knechtschaft der Sünde ist aber noch nicht das Dämonische. Sobald die Sünde gesetzt ist und das Individuum in der Sünde verbleibt, sind zwei Formationen möglich, von denen der vorangehende Paragraf die eine beschrieben hat. Achtet man nicht hierauf, so kann man das Dämonische nicht bestimmen. In der beschriebenen Formation ist das Individuum in der Sünde und lebt in Angst vor dem Bösen. Diese Situation ist, von einem höheren Standpunkt aus gesehen, im Guten; deshalb ängstet sich das Individuum vor dem Bösen. Die andere Formation ist das Dämonische, und in ihr ist das Individuum im Bösen und ängstet sich vor dem Guten. Die Knechtschaft der Sünde ist ein unfreies Verhältnis zu dem Bösen; das Dämonische ist ein unfreies Verhältnis zu dem Guten.

Darum wird das Dämonische erst recht deutlich, wenn es von dem Guten berührt wird, das in diesem Falle von außen an seine Grenze herankommt. Aus diesem Grunde ist es bemerkenswert, dass das Dämonische im Neuen Testament sich erst zeigt, wenn Christus in Berührung mit ihm tritt; und ob nun der Dämonen Legion sein mag (Matth. 8, 28–34; Mark. 5, 1–20; Luk. 8, 26–39), oder ob der Dämon stumm ist (Luk. 11, 14), das Phänomen ist dasselbe, die Angst vor dem Guten; denn die Angst kann sich ebensowohl im Verstummen, wie im Schrei ausdrücken. Das Gute bedeutet natürlich die Redintegration der Freiheit, die Erlösung, Errettung, oder wie man es nennen mag.

In früherer Zeit ist oft von dem Dämonischen die Rede gewesen. Es hat hier keinen Wert, Studien zu machen oder Studien gemacht zu haben, die in den Stand setzen, gelehrte und kuriose Bücher aufzuzählen und zu zitieren. Man kann die verschiedenen möglichen und zu verschiedenen Zeiten auch wirklichen Betrachtungsweisen leicht skizzieren. Dies zu tun kann seinen Wert haben, da die verschiedenen Arten derselben auf die Bestimmung des Begriffes hinleiten können.

Man kann das Dämonische ästhetisch-metaphysisch betrachten. Dann wird das Phänomen als Unglück, Schicksal usw. aufgefasst und beurteilt; es lässt sich dann als Analogie dazu anführen, dass ein Mensch schwachsinnig geboren sein kann usf. Die Stimmung gegen das Dämonische ist in dem Falle das Mitleid. Wie jedoch das Wünschen die elendeste von allen Solokünsten ist, so ist das Bemitleiden, nämlich in dem Sinne, in dem es gewöhnlich genommen wird, die elendeste von allen gesellschaftlichen Virtuositäten und Geschicklichkeiten. Das Mitleid ist so weit entfernt, dem Leidenden zugute zu kommen, dass man in demselben vielmehr bloß den eigenen Egoismus hegt und pflegt. Man wagt es nicht, im tieferen Sinne über etwas derartiges nachzudenken, sondern dispensiert sich durch »Mitleid«. Erst wenn der Mitleidige in seinem Mitleid sich so zu dem Leidenden verhält, dass er es im strengsten Sinne fasst, es sei seine Sache, um die sich's handelt; erst wenn er sich so mit dem Leidenden zu identifizieren weiß, dass er, um eine Erklärung ringend, um sich selbst ringt und aller Gedankenlosigkeit, Weichlichkeit und Feigheit absagt: erst dann erhält das Mitleid Bedeutung; und erst dann bekommt es vielleicht seinen besonderen Sinn, indem der Mit-Leidende von dem Leidenden sich dadurch unterscheidet, dass er in einer höheren Weise leidet. Wenn sich der Mitleidende so zu dem Leidenden verhält, so handelt es sich nicht um ein paar tröstende Worte, ein Scherflein, ein Achselzucken; denn wenn man dann jammert, hat man wohl auch etwas bekommen, um darüber zu jammern. Ist das Dämonische eine Schickung des Schicksals, so kann es jeden befallen. Das ist nicht zu leugnen, wenn man auch in unserer feigen Zeit alles mögliche tut, um mit Zerstreuungsmitteln, mit der Janitscharenmusik marktschreierisch angekündigter Unternehmungen einen Gedanken einsam in der Ferne zu halten, wie man in den Wäldern Amerikas durch Fackelschein, Geschrei und Beckenschlagen die wilden Tiere fern vom Lager hält. Daher rührt es, dass man in unserer Zeit so wenig von den höchsten geistigen Anfechtungen zu wissen bekommt, desto mehr dagegen von all den läppischen Liebeskonflikten zwischen Mann und Weib, die ein raffiniertes Gesellschafts- und Soireenleben mit sich bringt. Übernimmt das wahre humane Mitleid das Leiden als Bürge und Selbstschuldner, so kommt man erst darüber ins Reine, wie weit das Schicksal und wie weit die Schuld beteiligt ist. Und diese Distinktion muss mit der bekümmerten und zugleich einer energischen Leidenschaft der Freiheit ausgearbeitet werden, so dass man sie festhalten darf, ob auch die ganze Welt zusammenstürzte und ob es selbst schiene, dass man durch seine Unerschütterlichkeit unersetzlichen Schaden anrichte.

Man hat das Dämonische ethisch beurteilt und verurteilt. Es ist hinlänglich bekannt, mit welch entsetzlicher Strenge man es verfolgt, untersucht, abgestraft hat. Die Menschen unserer Zeit schaudert, wenn sie davon erzählen hören; man wird recht sentimental und gerührt bei dem Gedanken, dass doch in unserer aufgeklärten Zeit derartiges nicht mehr vorkommt. Schon gut – ist aber das sentimentale Mitleid so gar viel preiswürdiger? Jenes Vorgehen zu beurteilen und zu verurteilen steht mir nicht zu, ich habe es nur zu betrachten. Dass jene Zeit so ethisch streng war, zeigt gerade, dass ihr Mitleid von etwas besserer Qualität war. Indem sie kraft des Gedankens sich mit dem Phänomen identifizierte, hatte sie keine weitere Erklärung, als dass es als Schuld aufzufassen sei. Sie war darum fest überzeugt, der Dämonische müsse nach seiner besseren Möglichkeit doch schließlich selbst wünschen, dass man sich mit aller Grausamkeit und Strenge gegen ihn verwahre.[39] War es nicht, um aus einer verwandten Sphäre ein Exempel beizuziehen, war es nicht Augustinus, der die Anwendung von Strafe, ja der Todesstrafe gegen Ketzer empfahl? Mangelte es ihm wohl an Mitleid? Oder unterschied sich sein Vorgehen von dem unserer Zeit nicht vielmehr dadurch, dass ihn das Mitleid nicht feig gemacht hatte? So dass er in betreff seiner selbst wohl gesagt hätte: wenn es mit mir so weit kommen sollte, So gebe Gott, dass eine Kirche vorhanden sei, die mich nicht aufgibt, sondern alle Macht gegen mich gebraucht! Aber in unserer Zeit fürchtet man sich, wie Sokrates einmal sagt, sich von dem Arzt schneiden und brennen zu lassen, damit man geheilt werde.

Man hat gemeint, das Dämonische sei medizinisch zu behandeln. Versteht sich: was richten Pulver und Pillen und kalt Wasser nicht alles aus! Nun standen Doktor und Apotheker zusammen; der Patient wurde entfernt, damit den anderen nicht bange würde. In unserer mutigen Zeit darf man ja einem Patienten nicht sagen, dass er sterben werde; man darf den Geistlichen nicht rufen – es könnte der Kranke sonst vor Schrecken sterben; man darf einem Patienten nicht sagen, dass vor ein paar Tagen jemand an derselben Krankheit gestorben ist. Der Patient wurde also entfernt, das Mitleid ließ nach seinem Befinden fragen, der Arzt versprach, sobald als möglich eine tabellarische statistische Übersicht herauszugeben und ein Durchschnittsergebnis zu berechnen. Und wenn man den Durchschnitt gefunden hat, so ist ja alles erklärt. – Diese Art der Betrachtung, welche das Phänomen medizinisch behandelt, sieht es für etwas rein Physisches und Somatisches an; dabei kann man, wie die Ärzte oft tun und *in specie* ein Arzt in einer Novelle von Hoffmann, sich eine Prise nehmen und sagen: Das ist eine bedenkliche Sache.

Die Möglichkeit dieser drei so verschiedenen Betrachtungsweisen beweist die Zweideutigkeit des Phänomens; dass es auf irgendeine Weise allen diesen Sphären angehört, dem Somatischen, Psychischen, Pneumatischen. Dies deutet darauf hin, dass das Dämonische einen weit größeren Umfang hat, als gewöhnlich angenommen wird; und dies lässt sich daraus erklären, dass der Mensch eine Synthese von Leib und Seele ist, getragen vom Geist, dass darum auch eine Desorganisation des einen sich zugleich im Übrigen bemerklich machen muss. Wenn man aber erst einmal darauf recht aufmerksam werden will, welchen Umfang es hat, so wird sich vielleicht zeigen, dass auch manche von denjenigen, die dieses Phänomen behandeln wollen, selbst in dasselbe einzubegreifen sind, und dass sich Spuren von demselben bei jedem Menschen finden, so gewiss jeder Mensch ein Sünder ist.

Da nun aber das Dämonische im Lauf der Zeit die verschiedensten Dinge bedeutet hat und endlich dazu avanciert ist, alles zu bedeuten, was man darunter verstehen mag, so wird es am besten sein, den Begriff etwas zu bestimmen. Hierbei möge schon beachtet werden, dass wir ihm den Platz angewiesen haben, den es in dieser Untersuchung einnimmt. In der Unschuld kann von dem Dämonischen nicht die Rede sein. Andererseits hat man jede fantastische Vorstellung von einer Verschreibung an das Böse usw., wodurch der Mensch durchaus böse würde, aufzugeben. Hier hat der Widerspruch in dem strengen Vorgehen früherer Zeiten seinen Ursprung. Man hatte jene Meinung, und doch wollte man strafen. Die Strafe war aber doch nicht bloß eine Notwehr, sondern erstrebte zugleich die Rettung (entweder die des Betreffenden durch eine mildere Strafe, oder durch die Todesstrafe die anderer Dämonischer); konnte aber noch von einer Rettung die Rede sein, so war das Individuum noch nicht ganz in der Macht des Bösen; war es aber ganz in dessen Macht, so war es ein Widerspruch, es zu strafen. Wenn hier nun die Frage erhoben werden sollte, inwieweit das Dämonische ein psychologisches Problem sei, so ist zu antworten: Das Dämonische ist ein Zustand. Aus diesem Zustand heraus kann beständig die einzelne sündige Tat hervorbrechen. Der Zustand aber ist eine Möglichkeit, obgleich es natürlich im Verhältnis zur Unschuld eine durch den qualitativen Sprung gesetzte Wirklichkeit ist.

Das Dämonische ist Angst vor dem Guten. In der Unschuld war die Freiheit nicht als Freiheit gesetzt; ihre Möglichkeit war in der Individualität Angst. In dem Dämonischen ist das Verhältnis umgekehrt. Die Freiheit ist als Unfreiheit gesetzt; denn die Freiheit ist verloren. Die Möglichkeit der Freiheit ist hier wieder Angst. Der Unterschied ist ein absoluter; denn die Möglichkeit der Freiheit zeigt sich hier im Verhältnis zur Unfreiheit, welche der direkte Gegensatz zur Unschuld ist, da diese eine Bestimmung zur Freiheit hin bildet.

Das Dämonische ist die Unfreiheit, die sich abschließen will. Dies ist und bleibt indessen eine Unmöglichkeit; sie behält immer ein Verhältnis zur Freiheit, und selbst wenn es anscheinend ganz verschwunden ist, so ist es doch vorhanden, und die Angst zeigt sich sofort im Augenblick der Berührung (vgl. das oben aus Anlass der Erzählungen des Neuen Testaments Gesagte).

Das Dämonische ist das Verschlossene und das unfreiwillig Offenbare. Diese beiden Bestimmungen sollen dasselbe bezeichnen und bezeichnen auch dasselbe; denn das Verschlossene ist eben das Stumme, und wenn dies sich äußern soll, so muss es wider Willen geschehen, indem die in der Unfreiheit zugrunde liegende Freiheit revoltiert, wenn sie von außen in Kommunikation mit der Freiheit kommt und nun die Unfreiheit in der Weise verrät, dass es das Individuum selbst ist, das sich gegen seinen Willen in der Angst verrät.

Diese Verschlossenheit muss daher in einer ganz bestimmten Bedeutung genommen werden; denn so, wie sie gewöhnlich verstanden wird, kann sie auch die höchste Freiheit bedeuten. So waren Brutus, Heinrich V. von England als Prinz und andere verschlossen – bis die Zeit kam, da es sich erwies, dass ihre Verschlossenheit ein Einverständnis mit dem Guten war. Eine solche Verschlossenheit war also identisch mit einer Ausweitung; und nie ist eine Individualität in schönerem und edlerem Sinne ausgeweitet, als wenn sie in dem Mutterleibe einer großen Idee eingeschlossen ist. Die Freiheit ist eben das Ausweitende. Eben nun im Gegensatz hierzu, meine ich, kann man die Unfreiheit verschlossen κατ᾽ ἐξοχήν nennen. Man gebraucht im allgemeinen von dem Bösen einen mehr metaphysischen Ausdruck: es sei das »Verneinende«; genau der ethische Ausdruck hierfür ist, wenn man die Wirkung im Individuum in Betracht zieht, dass es das »Verschlossene« ist. Das Dämonische schließt sich nicht ein mit irgend etwas; aber es schließt sich selbst ein, und darin liegt das Tiefsinnige im Dasein, dass die Unfreiheit eben sich selbst zum Gefangenen macht. Die Freiheit ist beständig kommunizierend (wenn man diesem Worte hier die religiöse Bedeutung unterlegt, so ist dies kein Schaden); die Unfreiheit wird mehr und mehr verschlossen und will die Kommunikation nicht. Dies kann man in allen Sphären wahrnehmen. Es zeigt sich bei der Hypochondrie, bei der Grillenfängerei; es zeigt sich bei den höchsten Leidenschaften, wenn diese, da sie mit dem Dasein sich durchaus nicht verstehen können, sich systematisch in Schweigen hüllen.[40] Wenn nun die Verschlossenheit von der Freiheit berührt wird, so wird ihr angst. Man hat in der gewöhnlichen Sprache den äußerst bezeichnenden Ausdruck, dass einer »mit der Sprache nicht heraus wolle«. Das Verschlossene ist nämlich eben das Stumme; die Sprache, das Wort ist das Erlösende, das von der leeren Abstraktion der Verschlossenheit erlöst. Tritt nun die Freiheit von außen zu dem in sich verschlossenen Dämonischen in ein Verhältnis, so ist das Gesetz für die Offenbarung des Dämonischen, dass es wider Willen mit der Sprache herausrückt. In der Sprache liegt nämlich die Kommunikation. Im Neuen Testament sagt daher ein Dämonischer zu Christus, wie dieser sich ihm nähert: τί ἐμοὶ καὶ σοί; er beharrt darauf: dass Christus komme, ihn zu verderben (Angst vor dem Guten). Oder: ein Dämonischer bittet Christus, einen anderen Weg zu gehen. (Wenn die Angst sich auf das Böse bezieht, so flüchtet sich das Individuum zur Erlösung hin, vgl. § 1).

Beispiele hierzu bietet das Leben in allen möglichen Sphären und Graden reichlich dar. Ein verstockter Verbrecher will sich zu keinem Geständnis verstehen (hierin liegt eben das Dämonische; er will nicht durch Erleiden der Strafe mit dem Guten kommunizieren). Gegen einen solchen gibt es eine Methode, die zwar wohl seltener gebraucht wird: es ist die Macht des Schweigens und des Auges. Wenn ein Inquisitor genug körperliche Kraft und geistige Elastizität hat, um auszuhalten, ohne dass sein Muskelspiel erschlafft, und ob es 16 Stunden währte, so muss es ihm zuletzt glücken, das Geständnis unwillkürlich herausbrechen zu machen. Kein Mensch mit bösem Gewissen kann das Schweigen aushalten. Setzt man ihn in ein einsames Gefängnis, so stumpft er sich selbst ab. Das Schweigen aber, während der Richter zur Stelle ist, die Sekretäre nur darauf warten, das Protokoll aufzunehmen, ist die tiefsinnigste und scharfsinnigste Frage, ist die entsetzlichste und doch eine zulässige Tortur; aber sie ist keineswegs so leicht anzustellen, wie man meinen möchte. Das einzige, das die Verschlossenheit zum Reden zwingen kann, ist entweder ein höherer Dämon (denn jeder Teufel regiert nur seine Zeit) oder das Gute, das absolut schweigen kann; und wenn einer in Schlauheit wähnte, durch diese schweigende Examination den Dämon in Verlegenheit zu bringen, so möchte der Examinator selbst beschämt werden, und es möchte sich zeigen, dass er endlich für sich selbst bange würde und das Schweigen bräche. Gegenüber dem untergeordneten Dämon und einer untergeordneten Menschennatur, deren Gottesbewusstsein nicht stark entwickelt ist,

ist die Verschlossenheit unbedingt siegreich, weil der erstere nicht auszuhalten vermag und die letztere in aller Unschuld gewohnt ist, von der Hand zum Mund zu leben, und das Herz auf der Zunge hat. Es ist unglaublich, welche Macht der Verschlossene über solche Menschen bekommen kann, wie sie zuletzt bitten und betteln bloß um ein einziges Wort, dass das Schweigen bräche; es ist aber auch empörend, auf diese Weise den Schwachen unter die Füße treten zu wollen. Man glaubt vielleicht, derartiges könne nur unter Fürsten und Jesuiten vorkommen, man müsse also, wenn man sich eine deutliche Vorstellung davon machen wolle, an Domitian, Cromwell, Alba oder einen Jesuitengeneral denken, der ja zum Appellativ dafür geworden ist. Keineswegs, es kommt weit häufiger vor. Indessen muss man bei der Beurteilung des Phänomens vorsichtig sein; denn es kann dasselbe sein und doch der Grund desselben der entgegengesetzte, indem die Individualität, welche die Despotie und Tortur der Verschlossenheit ausübt, vielleicht selbst sprechen möchte, selbst auf einen höheren Dämon wartet, der die Offenbarung zustande bringen könnte. Wer aber durch Verschlossenheit einen anderen auf die Folter spannt, kann sich auch gegen seine eigene Verschlossenheit selbstisch verhalten. Doch darüber allein könnte ich ein ganzes Werk schreiben, obschon ich nicht nach Schick und Brauch der Menschenkenner unserer Zeit in Paris und London gewesen bin – wie wenn man derartiges nur so zu wissen bekäme und auf andere Weise nur Geschwätz und Kommisvoyageur-Weisheit. Wenn man nur auf sich selbst aufmerksam sein will, so kann ein Beobachter an fünf Männern und fünf Frauen und zehn Kindern Material genug haben, um alle möglichen menschlichen Seelenzustände zu studieren. Was ich zu sagen hätte, möchte darum besonders auch für die Bedeutung haben, welche mit Kindern zu tun haben oder in irgendeinem Verhältnis zu ihnen stehen. Es ist von unendlicher Wichtigkeit, dass das Kind durch die Vorstellung von der erhabenen Verschlossenheit gehoben wird und vor der missverstandenen bewahrt bleibt. In äußerer Beziehung ist es leicht zu beurteilen, wann man ein Kind allein gehen lassen darf; nicht so in Beziehung auf das Geistige. Da ist die Aufgabe sehr schwierig; da kann man seiner Pflicht nicht dadurch quitt werden, dass man ein Kindermädchen hält und einen Gängelkorb kauft. Die Kunst ist hier, beständig gegenwärtig zu sein und doch nicht gegenwärtig zu sein, damit das Kind wirklich sich selbst entwickeln kann und man doch stets einen klaren Überblick über seine Entwicklung behält. Die Kunst ist, im höchsten Grade, nach dem größtmöglichen Maßstabe das Kind sich selbst zu überlassen und dies anscheinende Gehenlassen so einzurichten, dass man zugleich unbemerkt um alles Bescheid weiß. Hierzu kann man wohl Zeit bekommen, wenn man nur will, selbst als königlicher Beamter. Wenn man nur will, so kann man alles. Und der Vater oder Erzieher, der alles für das anvertraute Kind tat, aber nicht verhinderte, dass es verschlossen wurde, hat sich trotzdem die größte Verantwortung zugezogen.

Das Dämonische ist das Verschlossene; das Dämonische ist Angst vor dem Guten. Wenn wir es unter diesem Gesichtspunkt auffassen (wobei wohl zu beachten ist, dass der Inhalt der Verschlossenheit alles sein kann, das Entsetzlichste wie das Unbedeutendste[41], das Schreckhafteste, von dem manche nicht träumen, dass es auch im Leben vorkommen kann, wie die Bagatelle, auf welche niemand achtet): Was soll hierbei das Gute bedeuten, vor dem die Verschlossenheit sich fürchtet? Es bedeutet, dass diese offenbar wird. Die Offenbarung[42] kann hierbei wieder das Erhabenste bedeuten (die Erlösung im eminenten Sinne) und das Unbedeutendste (dass man irgendeine Zufälligkeit geradeheraus sagt). Das darf uns aber nicht beirren; die Kategorie ist dieselbe; die Phänomene haben gemeinsam, dass sie dämonisch sind, ob der Unterschied auch ein Schwindel erregender sein mag. Das Gute ist hier die Offenbarung, denn diese ist der erste Ausdruck der Erlösung. Darum hört man als alte Wahrheit, wenn man das Wort zu nennen wage, so schwinde die Macht des Zaubers; darum wacht der Schlafwandler auf, wenn man seinen Namen nennt.

In der Richtung auf die Offenbarung kann nun die Verschlossenheit wieder in unendlich verschiedene, zahllos nuancierte

Kollisionen kommen; denn die Produktionskraft des geistigen Lebens steht hinter der des natürlichen nicht zurück, die geistigen Zustände sind in ihrer Verschiedenheit zahlloser als die Blumen. Die Verschlossenheit kann die Offenbarung wünschen, nur sollte diese von außen zuwege gebracht werden, ihr also zustoßen. (Das ist ein Missverständnis, da hier ein weibliches Verhältnis zu der in der Offenbarung gesetzten Freiheit und der die Offenbarung setzenden Freiheit vorhanden ist. Die Unfreiheit kann darum auch wohl zurückbleiben, wenn der Zustand des Verschlossenen glücklicher wird). Sie kann die Offenbarung wollen – bis zu einem gewissen Grade, möchte aber einen kleinen Rest zurückbehalten, um dann die Verschlossenheit von vorn beginnen zu lassen. (Dies kann bei untergeordneten Geistern der Fall sein, die nichts en gros tun können.) Sie kann die Offenbarung wollen, aber inkognito. (Dies ist der spitzfindigste Widerspruch in der Verschlossenheit. Indessen finden sich in Dichterexistenzen Beispiele hierfür.) Die Offenbarung kann schon gesiegt haben; im selben Moment aber wagt die Verschlossenheit einen letzten Versuch und ist schlau genug, die Offenbarung in eine Mystifikation zu verwandeln, und nun hat sie gesiegt.[43]

Doch ich darf dies nicht weiter fortsetzen; wie könnte ich auch fertig werden, wenn ich nur algebraisch formulieren, wie vollends, wenn ich schildern wollte, wenn ich die Schweigsamkeit des Verschlossenen bräche, um seine Monologe hörbar zu machen? Denn der Monolog ist eben seine Sprache, darum sagt man von dem Verschlossenen, wenn man ihn charakterisieren will: er rede mit sich selbst. Hier strebe ich nur danach, »allem einen Sinn, aber keine Zunge« zu geben, wozu der verschlossene Hamlet seine zwei Freunde ermahnte.

Indessen will ich eine Kollision andeuten, deren Widerspruch entsetzlich ist, wie die Verschlossenheit selbst dies ist. Was der Verschlossene in seiner Verschlossenheit verbirgt, kann so schrecklich sein, dass er es nicht auszusagen wagt, auch vor sich selbst nicht; denn es ist, als beginge er mit dem Aussprechen eine neue Sünde, oder als versuchte es ihn dabei zum zweiten Mal.

Soll dieses Phänomen eintreten, so muss in dem Individuum eine Mischung von Reinheit und Unreinheit sein, die seltener ist. Am ehesten kommt es darum zu dieser Verschlossenheit, wenn das Individuum seiner selbst nicht mächtig war, während es das Schreckliche beging. So kann ein Mensch im Rausch etwas getan haben, dessen er sich nachher nur dunkel erinnert; aber er weiß doch, dass es so wild war, dass es ihm fast unmöglich ist, sich selbst wiederzuerkennen. Dasselbe kann mit einem Menschen der Fall sein, der einmal geisteskrank war und eine Erinnerung seines vorigen Zustandes behalten hat. Was nun entscheidet, ob das Phänomen dämonisch ist, das ist die Stellung des Individuums zur Offenbarung: ob es jenes Faktum durch die Freiheit durchdringen, es in die Freiheit übernehmen will. Sobald es dies nicht will, ist das Phänomen dämonisch. Dies ist scharf festzuhalten; denn auch der, welcher dies wünscht, ist doch wesentlich dämonisch. Er hat nämlich zwei Willen; einen untergeordneten, ohnmächtigen, der die Offenbarung will, und einen stärkeren, der die Verschlossenheit will; dass aber dieser der stärkere ist, zeigt, dass er wesentlich dämonisch ist.

Das Verschlossene ist die unfreiwillige Offenbarung. Je schwächer die Individualität ursprünglich ist, oder je mehr die Elastizität der Freiheit im Dienst der Verschlossenheit verzehrt ist, desto leichter bricht zuletzt das Geheimnis aus dem Menschen heraus. Die unbedeutendste Berührung, ein Blick im Vorbeigehen usw. reicht zu, jene schreckliche oder, je nach dem Inhalt der Verschlossenheit, komische Bauchrednerei beginnen zu lassen. Diese kann eine direkte oder eine indirekte Offenbarung enthalten, wie ja ein Geisteskranker eben damit seine Verrücktheit verraten kann, dass er auf einen anderen Menschen hinweist: der sei ihm höchst unbehaglich, er sei gewiss verrückt. Die Offenbarung kann sich in Worten aussprechen; dann endet der Unglückliche damit, dass er jedem sein Geheimnis aufdrängt. Sie kann sich in Mienen, einem Blick verkünden; denn es gibt Blicke, in denen der Mensch unfreiwillig das Verborgene offenbart. Es gibt einen anklagenden Blick, der offenbart, was man aus Angst fast nicht verstehen möchte; einen zerknirschten, flehenden Blick, der nicht gerade die Neugier reizt, weiter in das, was unfreiwillig sich andeutet, hineinzuschauen. Je nach dem Inhalt der Verschlossenheit kann alles dies wieder fast komisch sein; denn oft sind es die reinsten Lächerlichkeiten, kleinliche, eitle Geschichten, Kindereien, Äußerungen von kleinlichem Neid, medizinische partielle Verrücktheiten usw., die sich auf diese Weise in der Angst der Unfreiwilligkeit offenbaren.

Das Dämonische ist das Plötzliche. Dieses neue Prädikat bezeichnet nur eine andere Seite der Verschlossenheit. Als Verschlossenes wird das Dämonische bestimmt, wenn auf den Gehalt, als das Plötzliche, wenn auf die Zeit reflektiert wird. Die Verschlossenheit war die Wirkung davon, dass die Individualität sich gegen das übrige Menschenleben verneinend verhielt. Sie schloss sich beständig mehr und mehr gegen die Kommunikation ab. Diese aber ist wieder Ausdruck für die Kontinuität, und die Negation der Kontinuität ist das Plötzliche. Man sollte meinen, die Verschlossenheit habe eine außerordentliche Kontinuität, und doch ist gerade das Gegenteil der Fall, wenn sie auch gegenüber dem faden, weichlichen Aussichherausfallen, das stets im Eindruck aufgeht, einen Schein von Kontinuität hat. Die Kontinuität der Verschlossenheit lässt sich am besten mit dem Schwindel vergleichen, den ein Kreisel haben mag, der sich beständig auf seiner Spitze um sich dreht. Wenn nun die Verschlossenheit nicht bis zur völligen Verrücktheit führt, dem kläglichen *perpetuum mobile* eines ewigen Einerleis, so will die Individualität doch eine gewisse Kontinuität mit dem übrigen Menschenleben festhalten. Gerade im Verhältnis zu dieser Kontinuität erweist sich nur die Schein-Kontinuität der Verschlossenheit als das Plötzliche. In einem Augenblick ist es da, im nächsten ist es fort, und wie es fort ist, ist es wieder ganz und vollständig da. Es lässt sich weder in eine Kontinuität hinein- noch zu einer solchen durcharbeiten; was sich aber derart äußert, ist eben das Plötzliche.

Wenn das Dämonische etwas Somatisches wäre, so würde es nie das Plötzliche sein. Wenn Fieber oder Verrücktheit sich wiederholt, so entdeckt man doch zuletzt ein Gesetz dafür, und dieses Gesetz hebt die Plötzlichkeit bis zu einem gewissen Grade auf. Das Plötzliche aber kennt kein Gesetz. Es ist nicht unter die Naturphänomene zu stellen, sondern ist ein psychisches Phänomen, eine Äußerung der Unfreiheit.

Das Plötzliche ist, wie das Dämonische, Angst vor dem Guten. Dieses bedeutet hier die Kontinuität; denn die erste Äußerung der Rettung ist die Kontinuität. Während nun das Leben der Individualität bis zu einem gewissen Grade in Kontinuität mit dem Leben dahinläuft, bewahrt sich die Verschlossenheit in ihr als ein Abrakadabra von Kontinuität, das nur mit sich selbst kommuniziert und sich darum beständig als das Plötzliche manifestiert.

Je nach dem Inhalt der Verschlossenheit kann das Plötzliche das Entsetzliche bedeuten; die Wirkung des Plötzlichen auf den Beobachter kann aber auch komisch sein. In dieser Hinsicht hat jede Individualität etwas von diesem Plötzlichen, wie jede Individualität etwas von einer fixen Idee hat.

Weiter will ich das nicht ausführen; nur möchte ich noch, um meine Kategorie durchzuführen, daran erinnern, dass das Plötzliche jederzeit seinen Grund in der Angst vor dem Guten hat: es ist etwas vorhanden, das die Freiheit nicht durchdringen will. In den Formationen, worin sich die Angst vor dem Bösen ausprägt, entspricht dem Plötzlichen die Schwachheit.

Will man sich auf andere Weise verdeutlichen, inwiefern das Dämonische das Plötzliche ist, so kann man rein ästhetisch die Frage überlegen, wie sich das Dämonische am besten darstellen lässt. Will man einen Mephistopheles darstellen, so kann man ihn ja wohl replizieren lassen, falls man ihn nämlich mehr als Agens, das die dramatische Handlung in Gang bringt, benützen, als seine Idee rein auffassen will. So wird aber Mephistopheles nicht eigentlich selbst dargestellt, er wird vielmehr zu einem boshaft witzigen, intriganten Kopf verflüchtigt. Das ist doch eine Verflüchtigung, der gegenüber schon die Volkssage das Richtige gesehen hat. Sie erzählt, der Teufel habe 3000 Jahre dagesessen und darüber spekuliert, wie er den Menschen stürzen könne – endlich sei es ihm eingefallen. Der Nachdruck liegt hier auf den 3000 Jahren, und die Vorstellung, welche diese Zeit hervorruft, ist eben die von der brütenden Verschlossenheit des Dämonischen. Will man Mephistopheles nicht auf die angedeutete Weise verflüchtigen, so muss man eine ganz andere Art ihn darzustellen wählen. Dabei wird es sich zeigen, dass Mephistopheles wesentlich mimisch[44] ist. Nicht das schrecklichste Wort, das aus dem Abgrunde der Bosheit hervordringen kann, vermag eine Wirkung hervorzubringen wie die Plötzlichkeit des Sprunges, die innerhalb des Umfangs des Mimischen ist. Ob das Wort noch so schrecklich sein mag, ob ein Shakespeare, ein Byron, ein Shelley es ist, der das Schweigen bricht: das Wort bewahrt doch allezeit seine erlösende Macht; denn alle Verzweiflung, alle Schrecken des Bösen in ein Wort zusammengefasst sind nicht so entsetzlich, wie das Schweigen es ist. Das Mimische kann nun das Plötzliche ausdrücken, ohne dass darum das Mimische als solches das Plötzliche sein müsste. In dieser Beziehung hat Ballettmeister Bournonville durch die Darstellung, welche er selbst von Mephistopheles gibt, große Verdienste. Der Horror, der einen ergreift, wenn man Mephistopheles durch das Fenster hereinspringen und in der Stellung des Sprunges stehen bleiben sieht! Dieser Satz im Sprunge erinnert an des Raubtieres Sprung, des Raubvogels Stoß, der doppelt entsetzt, da er im allgemeinen aus einem vollkommenen Stillestehen hervorbricht, und ist von unendlicher Wirkung. Mephistopheles muss darum so wenig als möglich geben; denn der Gang selbst ist eine Art Übergang zum Sprunge, enthält eine geahnte Möglichkeit des Sprunges. Mephistopheles' erstes Auftreten im Ballett »Faust« ist darum nicht ein Theatercoup, sondern ein sehr tiefsinniger Gedanke. Das Wort, die Rede, so kurz sie sein mag, hat doch immer eine gewissen Kontinuität, ganz in abstracto gesehen aus dem Grund, weil sie in der Zeit verklingt. Das Plötzliche aber ist die vollkommene Abstraktion von der Kontinuität, von dem Vorhergehenden, von dem Nachfolgenden. So mit Mephistopheles. Man hat ihn noch nicht gesehen, so steht er da, blitzartig, fix und fertig, und die Schnelligkeit kann nicht stärker ausgedrückt werden als damit, dass er im Sprunge dasteht. Geht der Sprung in den Gang über, so wird die Wirkung abgeschwächt. Indem nun Mephistopheles so dargestellt wird, bringt sein Auftreten die Wirkung des Dämonischen hervor, das plötzlicher kommt als der Dieb in der Nacht, denn ihn denkt man sich doch schleichend. Zugleich offenbart aber Mephistopheles selbst sein Wesen, das eben als das Dämonische das Plötzliche ist. So ist das Dämonische in seiner Vorwärtsbewegung plötzlich, so tritt es in einem Menschen auf, so ist dieser selbst, sofern er dämonisch ist, er sei nun ganz und gar von dem Dämonischen in Besitz genommen oder kaum ein wenig darein verstrickt. Das Dämonische ist jederzeit so; so wird der Unfreiheit angst, so bewegt sich ihre Angst. Hieraus entspringt seine Tendenz zu dem Mimischen, nicht als dem Schönen, sondern als dem Plötzlichen, Abrupten. Das lässt sich im Leben oft beobachten.

Das Dämonische ist das Inhaltslose, das Langweilige. Da ich, durch die Besprechung des Plötzlichen veranlasst, die Aufmerksamkeit auf das ästhetische Problem gelenkt habe, wie sich das Böse darstellen lasse, will ich noch einmal diese Frage vornehmen, um das Gesagte zu beleuchten. Sobald man einem Dämon das Wort gibt und ihn nun dargestellt haben will, wird der Künstler, der eine solche Aufgabe lösen soll, sich über die Kategorien klar sein. Er weiß, dass das Dämonische wesentlich mimisch ist; das Plötzliche kann er indessen nicht erreichen, denn dies verhindert die Replik. Er wird nun nicht als Pfuscher versuchen, dadurch eine Wirkung hervorzubringen, dass er die Worte herausstößt usw. – wie wenn das eine wahre Wirkung gäbe! Er wählt also richtig gerade das Gegenteil, die Langeweile. Dem Plötzlichen entspricht auch eine Art Kontinuität, die Unsterblichkeit der Langeweile, eine Kontinuität in nichts. Nun kann man die Zahlangabe in der Volkssage etwas anders auffassen. Die 3000 Jahre werden nicht in der Richtung auf das Plötzliche akzentuiert. Dieser ungeheuere Zeitraum ruft vielmehr die Vorstellung von der grauenhaften Leere und Inhaltslosigkeit des Bösen hervor. Die Freiheit ist ruhig in Kontinuität; den Gegensatz hierzu bildet das

Plötzliche, aber auch die Ruhe, von der uns ein Mensch Eindruck geben kann, der aussieht, als wäre er längst tot und begraben. Ein Künstler, der dies versteht, wird zugleich sehen, dass er in der Darstellung für das Dämonische auch einen Ausdruck für das Komische gefunden hat. Die komische Wirkung kann ganz auf dieselbe Weise hervorgebracht werden. Abstrahiert man nämlich von jeder ethischen Bestimmung des Bösen und braucht man nur die metaphysischen Bestimmungen der Leere, so hat man das Triviale, dem sich leicht eine komische Seite abgewinnen lässt.[45]

Das Inhaltslose, das Langweilige, bezeichnet wieder das Verschlossene. Gegenüber der Bestimmung der Plötzlichkeit reflektiert die der Verschlossenheit auf den Gehalt. Ziehe ich nun noch die der Leere, der Langeweile bei, so reflektiert diese auf den Gehalt und die Verschlossenheit auf die Form, welche dem Gehalt entspricht. So schließt sich die ganze Begriffsbestimmung in sich ab; denn die Form des Inhaltslosen ist eben die Verschlossenheit. Man erinnere sich beständig daran, dass man nach meinem Sprachgebrauch in Gott oder in dem Guten nicht verschlossen sein kann, da diese Verschlossenheit die größte Ausweitung der Persönlichkeit bedeutet. Je bestimmter dergestalt das Gewissen in einem Menschen entwickelt ist, desto weiter ist er ausgeweitet, wenn er sich im übrigen auch von der ganzen Welt abschließt.

Wenn ich mich nun an neuere philosophische Terminologien halten wollte, so könnte ich sagen, das Dämonische sei das Negative, ein Nichts wie die Elfe, die nach hinten hohl ist. Doch würde ich das nicht gern tun; denn diese Terminologie ist im Umgang und durch den Umgang so liebenswürdig und geschmeidig geworden, dass sie alles Mögliche bedeuten kann. Das Negative würde, wenn ich dieses Wort anwenden soll, die Form des Nichts bedeuten, wie die Leere der Verschlossenheit entspricht. Doch hat das Negative den Fehler, dass es mehr nach außen hin, mehr im Verhältnis zu einem anderen, das negiert wird, bestimmt ist, während die Verschlossenheit eben den Zustand bestimmt.

Will man das Negative so nehmen, so habe ich nichts dagegen einzuwenden, dass es zur Bezeichnung des Dämonischen gebraucht wird; vorausgesetzt, dass das Negative imstande ist, sich alle die Grillen aus dem Kopfe zu schlagen, welche ihm die neueste Philosophie hineingesetzt hat. Das Negative ist unter der Hand eine Baudevillefigur geworden, und dieses Wort bringt mich jederzeit zum Lachen, wie man ja lachen muss, wenn man im Leben eine dieser possierlichen Gestalten antrifft, die zuerst Trompeter war, dann Unterzollbeamter, dann Gastwirt, dann Postbote usw. So hat man die Ironie als das Negative erklärt. Der erste Erfinder dieser Erklärung war Hegel, der, sonderbar genug, sich nicht groß auf Ironie verstand. Dass es Sokrates war, der die Ironie in die Welt einführte und dem Kinde den Namen gab, dass seine Ironie eben die Verschlossenheit war, die damit begann, sich gegen die Menschen abzuschließen, sich mit sich selbst einzuschließen, um sich in dem Göttlichen auszuweiten; die die Türe zuschloss und die draußen für Narren hielt, um im Verborgenen zu reden – darum bekümmert man sich nicht. Aus Veranlassung des einen oder anderen zufälligen Phänomens hat man das Wort aufgebracht, und so ist das Ironie. Da kommen dann noch die Nachschwätzer, die trotz ihrer welthistorischen Übersichten, denen unglücklicherweise alle Kontemplation abgeht, um die Begriffe etwa ebenso gut Bescheid wissen wie jener edle Jüngling um die Rosinen, der im Examen der Handelsschule auf die Frage, woher man solche beziehe, antwortete: wir holen die unsrigen beim Professor in der Quergasse.

Wir kommen nun wieder zu der Bestimmung zurück, dass das Dämonische Angst vor dem Guten ist. Wenn die Unfreiheit einerseits vermöchte, sich ganz abzuschließen und zu hypostasieren, wenn sie anderseits das nicht beständig wollte[46] (worin der Widerspruch liegt, dass die Unfreiheit etwas wolle, da sie doch eben den Willen verloren hat), so wäre das Dämonische nicht Angst vor dem Guten. Darum zeigt sich auch die Angst am deutlichsten in dem Augenblicke der Berührung. Ob nun das Dämonische in der einzelnen Individualität das Entsetzliche bedeutet oder ob es nur vorhanden ist wie ein Flecken in der Sonne oder wie der kleine weiße Punkt in einem Leichdorn:

das total Dämonische und das partial Dämonische hat dieselbe Qualifikation, und dem winzigsten Teil desselben ist im selben Sinne angst vor dem Guten, wie dem der total von ihm umstrickt ist. Die Knechtschaft der Sünde ist nun wohl auch Unfreiheit, ihre Richtung aber ist, wie oben entwickelt wurde, eine andere: sie hat Angst vor dem Bösen. Hält man das nicht fest, so kann man nichts erklären.

Die Unfreiheit, das Dämonische ist also ein Zustand. So wird sie von der Psychologie ins Auge gefasst. Die Ethik hingegen sieht, wie aus ihr beständig die neue Sünde hervorbricht; denn nur das Gute ist die Einheit von Zustand und Bewegung.

Indessen kann die Freiheit auf verschiedene Weise verloren gegangen sein, und insofern ist auch das Dämonische verschiedener Art. Diese Verschiedenheit will ich nun unter folgenden Rubriken betrachten: der somatisch-psychische Verlust der Freiheit – der pneumatische Verlust derselben. Der Leser wird schon durch das Vorhergehende sich darüber klar geworden sein, dass ich das »Dämonische« sehr weit fasse, doch wohlgemerkt nicht weiter als der Begriff wirklich reicht. Es hilft wenig, wenn man das Dämonische zu einem Wauwau macht, den man perhorresziert und dann auch ignoriert, da er ja schon manches Jahrhundert sich nicht mehr auf der Welt gezeigt hat – welche Annahme doch eine große Torheit ist; denn es war vielleicht auch nie so verbreitet wie in unseren Zeiten: nur dass es gegenwärtig besonders in den geistigen Sphären auftritt.

1. Der somatisch-psychische Verlust der Freiheit

Es ist nicht meine Absicht, eine hochtrabende philosophische Untersuchung über das Verhältnis von Seele und Leib vorzulegen: in welchem Sinne die Seele selbst ihren Leib hervorbringe (ob man das nun griechisch oder deutsch verstehen mag), in welchem Sinne die Freiheit durch einen Korporisationsakt (wenn ich an diesen Ausdruck Schellings erinnern darf) selbst ihren Leib setze. Alles derartige ist hier überflüssig; für mich genügt es, hier zu sagen, wozu sich eben die Gelegenheit gibt: dass der Leib Organ der Seele und somit auch des Geistes ist. Sobald dieses dienende Verhältnis aufhört, sobald der Leib revoltiert, sobald die Freiheit sich mit ihm gegen sich selbst verschwört, so ist die Unfreiheit in Form des Dämonischen eingetreten. Für den Fall, dass jemand den Unterschied zwischen dem, was in diesem Paragrafen entwickelt wird, und dem, was in dem vorhergehenden entwickelt wurde, noch nicht scharf aufgefasst hätte, will ich hier noch einmal darauf eingehen. Sobald die Freiheit nicht selbst zu der Partei des Aufrührers übergeht, wird zwar die Angst der Revolution da sein, aber als Angst vor dem Bösen, nicht als Angst vor dem Guten.

Man wird leicht einsehen, dass das Dämonische dieser Sphären sich in zahllosen Nuancen ausprägen kann, von denen manche so verschwindend sind, dass nur die mikroskopische Beobachtung sie entdeckt, und manche so dialektisch, dass es einer großen Gewandtheit in der Anwendung der Kategorie bedarf, um zu sehen, dass diese Nuancen auch noch hergehören. Überspannte Sensibilität, überspannte Irritabilität, Neurasthenie, Hysterie, Hypochondrie usw. – das alles sind Nuancen davon oder können es sein. Darum ist es so schwierig, *in abstracto* davon zu reden, da der Ausdruck durchaus algebraisch wird. Mehr kann ich indessen hier nicht sagen.

Das äußerste Extrem in dieser Sphäre ist, was man im allgemeinen die Vertierung nennen kann. Das Dämonische in diesem Zustande zeigt sich darin, dass das Individuum in Beziehung auf die Erlösung mit jenem Dämonischen des Neuen Testaments sagt: τί ἐμοὶ καὶ σοί. Es entzieht sich daher jeder Berührung, mag diese nun wirklich drohen, dass sie zur Freiheit verhelfe, oder mag sie ganz zufällig eintreten. Schon dies letztere genügt; denn die Angst ist außerordentlich hurtig. Von einem solchen Dämonischen, der das Entsetzliche des ganzen Zustandes in sich ausprägt, bekommt man daher ganz im allgemeinen die Replik: »Ich bin nun einmal so, lass mich in Ruhe«; oder es kann ein solcher sagen, wenn er von einem bestimmten Zeitmoment seines vergangenen Lebens spricht:

»Damals hätte ich noch gerettet werden können« – die entsetzlichste Replik, die man sich denken kann. Keine Strafe, kein Donner der Rede ängstet ihn, dagegen jedes Wort, das sich zu der in der Unfreiheit in den Grund gebohrten Freiheit ins Verhältnis setzt. Und noch auf eine andere Weise äußert sich die Angst in diesem Phänomen. Man findet unter solchen Dämonischen ein Zusammenhalten, in dem sie sich ängstlich und unauflöslich aneinander anklammern, so dass keine Freundschaft ein Seitenstück zu dieser Innerlichkeit liefern kann. Der französische Arzt Parent-Duchatelet führt in seinem Werk über die Prostitution in Paris Beispiele hierfür an. Und diese Sozialität der Angst wird sich auch sonst überall in dieser Sphäre zeigen. Nur sie gibt eine Gewissheit dafür, dass das Dämonische zur Stelle ist; denn soweit man analoge Zustände als Äußerung der Knechtschaft der Sünde antrifft, zeigt die Sozialität sich nicht, weil die Angst sich auf das Böse richtet.

Weiter will ich dies nicht verfolgen. Hauptsache ist für mich nur, dass ich mein Schema in Ordnung habe.

2. Der pneumatische Verlust der Freiheit

a) *Allgemeine Bemerkungen.* Diese Formation des Dämonischen ist sehr verbreitet, und hier sind die verschiedensten Phänomene anzutreffen. Das Dämonische beruht natürlich nicht auf dem verschiedenen intellektuellen Gehalt, sondern auf dem Verhältnis der Freiheit zu dem gegebenen Gehalt[47] und zu dem im Verhältnis zur Intellektualität möglichen Gehalt; denn das Dämonische kann sich als Bequemlichkeit äußern, die ein andermal denken will; als Neugier, die nichts weiter wird als Neugier; als unredlicher Selbstbetrug; als weibische Schwächlichkeit, die sich mit anderen vertröstet; als frommes Ignorieren; als dumme Geschäftigkeit usw.

Der Inhalt der Freiheit, intellektuell betrachtet, ist Wahrheit, und die Wahrheit macht den Menschen frei. Eben darum ist die Wahrheit auch die Tat der Freiheit; insofern nämlich, als diese beständig die Wahrheit hervorbringt. Selbstverständlich denke ich hier nicht an die geistreiche Entdeckung der neuesten Philosophie, die weiß, dass des Gedankens Notwendigkeit auch seine Freiheit ist, und die eben darum, wenn sie von der Freiheit des Gedankens redet, nur von der immanenten Bewegung des ewigen Gedankens spricht. Solche geistreichen Theorien dienen nur dazu, die Kommunikation unter den Menschen zu verwirren und zu erschweren. Das, wovon ich hier rede, ist etwas ganz Simples und Einfältiges: dass die Wahrheit für den Einzelnen nur da ist, indem er selbst handelnd sie produziert. Ist die Wahrheit auf irgendeine andere Weise für das Individuum vorhanden und wird sie von diesem verhindert, auf diese Weise für es da zu sein, so haben wir ein Phänomen des Dämonischen. Die Wahrheit hat jederzeit mancherlei hochtrabende Verkündiger gehabt; die Frage ist aber, ob ein Mensch im tiefsten Sinne die Wahrheit erkennen, ob er von ihr sein ganzes Wesen durchdringen lassen, alle ihre Konsequenzen annehmen will, und ob er nicht im Notfall für sich einen Schlupfwinkel reserviert und für die Konsequenz einen Judaskuss hat.

In der neueren Zeit hat man genug von der Wahrheit geredet; es ist nun an der Zeit, dass die Gewissheit, die Innerlichkeit in ihr Recht eingesetzt wird, nicht in dem abstrakten Sinne, in dem Fichte dieses Wort nahm, sondern durchaus konkret.

Die Gewissheit, die Innerlichkeit, welche nur durch Handeln erreicht wird und nur in solchem Dasein hat, entscheidet, ob ein Individuum dämonisch ist oder nicht. Man halte nur die Kategorie fest, so gibt sie alles, und es wird deutlich, dass z. B. Willkür, Unglaube, Religionsspötterei usw. nicht des Inhalts entbehren, wie man im allgemeinen glaubt, sondern der Gewissheit, ganz im selben Sinne wie Aberglaube, Servilismus, Frömmelei. Die negativen Phänomene ermangeln aber der Gewissheit, weil sie in Angst vor dem Inhalt gefangen sind.

Ich habe nicht meine Freude daran, hohe Worte über den Weltlauf zu verkünden, allein – sollte der, welcher das jetzt lebende Geschlecht beobachtet, sollte er wohl leugnen wollen, dass das Missverhältnis in ihm und der Grund seiner Angst und Unruhe darin liegt, dass zwar einerseits Umfang und Masse, zum Teil auch die abstrakte Klarheit der Wahrheit wachsen, andererseits aber die Gewissheit beständig abnimmt? Welche außerordentlichen metaphysischen und logischen Anstrengungen werden nicht in unserer Zeit gemacht, um einen neuen, erschöpfenden, einen absolut richtigen, aus allen früheren Versuchen kombinierten Beweis für die Unsterblichkeit der Seele zu führen: und merkwürdig genug, während dies geschieht, nimmt die Gewissheit ab. Der Gedanke an die Unsterblichkeit trägt in sich eine Macht, seine Konsequenzen haben einen Nachdruck, seine Annahme bringt eine Verantwortung mit sich, die vielleicht das ganze Leben auf eine Weise umgestalten würde, welche man fürchtet. Davon hilft man sich und beruhigt seine Seele, indem man seine Gedanken anstrengt, einen neuen Beweis zu führen. Was ist ein solcher Beweis anderes als ein gutes Werk ganz im katholischen Sinn des Wortes! Jede derartige Individualität, welche (um bei dem vorigen Beispiel zu bleiben) Beweise für die Unsterblichkeit der Seele zu führen weiß, ohne doch selbst überwiesen zu sein, wird nun stets vor jedem Phänomen Angst haben, das sie derart berührt, dass sich ihr das weiterführende Verständnis davon aufdrängt, was es heißen will, dass der Mensch unsterblich ist. Es wird sie stören, es wird sie unbehaglich berühren, wenn ein ganz simpler Mensch ganz simpel von der Unsterblichkeit spricht. – Die Innerlichkeit kann auch in entgegengesetzter Richtung fehlen. Ein Anhänger der strammsten Orthodoxie kann dämonisch sein. Er weiß alles, was zu wissen ist; er verbeugt sich vor dem Heiligen; die Wahrheit ist ihm ein Inbegriff von Zeremonien; er spricht davon, dass man vor Gottes Thron zu treten hat, und weiß, wie oft man sich da zu bücken hat; das weiß er alles wie der, welcher einen mathematischen Satz beweisen kann, wenn man die Buchstaben ABC braucht, nicht aber, wenn man DEF setzt.

Darum wird ihm angst, sowie er etwas hört, das nicht wörtlich dasselbe ist. Und doch, wie sehr gleicht er nicht einem modernen Spekulanten, der einen neuen Beweis für die Unsterblichkeit der Seele gefunden hatte und dann in Lebensgefahr kam, nun aber seinen Beweis nicht führen konnte, weil er seine Hefte nicht bei sich hatte. Und was ist es, was beiden abgeht? Die Gewissheit. – Aberglaube und Unglaube sind beides Formen der Unfreiheit. Im Aberglauben wird der Objektivität die Macht des Medusenhauptes eingeräumt, dass sie die Subjektivität versteinere, und die Unfreiheit will nicht, dass der Zauber gelöst werde. Der höchste, anscheinend freieste Ausdruck des Unglaubens ist der Spott. Ihm geht aber eben die Gewissheit ab, darum spottet er. Und würde nicht die Existenz manches Spötters, dürfte man recht in sie hineinschauen, an die Angst erinnern, mit der ein Dämonischer ruft: τί ἐμοὶ καὶ σοί...? Es ist darum ein merkwürdiges Phänomen, dass nicht leicht jemand so eitel und so erpicht auf den augenblicklichen Beifall ist wie ein Spötter.

Mit welchem industriellen Eifer, mit welcher Aufopferung von Zeit, Fleiß und Schreibmaterialien haben nicht die Spekulanten unserer Tage sich abgearbeitet, einen vollständigen Beweis für das Dasein Gottes zu führen! Im selben Grad aber, wie die Vortrefflichkeit des Beweises zunimmt, scheint die Gewissheit abzunehmen. Sobald der Gedanke an das Dasein eines Gottes für die Freiheit des Individuums wirkliches Dasein erhält, so eignet ihm eine Allgegenwart, welche die spröde Individualität wohl genieren kann, auch wenn man nicht eben böse zu handeln wünscht. Und es gehört in Wahrheit Innerlichkeit dazu, in einem schönen und innerlichen Zusammenleben mit dieser Vorstellung zu leben; das ist noch ein größeres Kunststück als ein Muster von einem Ehemann zu sein. Wie unbehaglich kann sich darum aber auch eine solche Individualität berührt fühlen, wenn sie ganz einfältig und simpel davon reden hört, es gebe einen Gott! Die Beweisführung für das Dasein Gottes ist etwas, mit dem man sich nur gelegentlich, gelehrt und metaphysisch, beschäftigt; der Gedanke an Gott aber will sich bei jeder Gelegenheit aufdrängen. Was ist es nun, was einer solchen Individualität fehlt? Die Innerlichkeit. – Diese kann auch in entgegengesetzter Richtung fehlen. Die sogenannten Frommen pflegen oft ein Gegenstand des Spottes für die Welt zu sein. Sie selbst erklären dies daraus, dass die Welt eben schlecht sei. Das ist indessen nicht ganz richtig so. Wenn der »Fromme« in seiner Frömmigkeit unfrei ist, wenn ihm die Innerlichkeit abgeht, so ist er, rein ästhetisch gesehen, komisch. Insofern hat die Welt ein Recht, über ihn zu lachen. Wenn ein sichelbeiniger Mensch als Tanzmeister auftreten wollte, ohne imstande zu sein, auch nur eine Stellung richtig darzustellen, so ist er komisch. So ist es auch mit dem Religiösen. Man hört einen solchen Heiligen gleichsam vor sich hinzählen, ganz wie wenn jemand, der selbst nicht tanzen kann, doch so viel versteht, dass er den Takt abzählen kann, obschon er selbst nie so glücklich ist, in den Takt zu kommen. So weiß der »Fromme«, dass das Religiöse absolut kommensurabel ist, dass es nicht etwas ist, das gewissen Gelegenheiten und Augenblicken zugehört, dass man es vielmehr jeden Augenblick bei sich haben kann. Indem er es aber nun kommensurabel machen soll, ist er nicht frei; man merkt, wie er ganz sachte vor sich selbst hinzählt; man sieht, wie er trotzdem verkehrt auftritt und mit seinen himmlischen Blicken, seinen gefalteten Händen zur unrechten Zeit kommt. Darum ist einer solchen Individualität vor dem, der diese Dressur nicht hat, angst, und so muss sie zu ihrer Stärkung zu so großartigen Betrachtungen greifen wie der, dass die Welt die Frommen hasse.

Die Gewissheit und Innerlichkeit ist nun wohl die Subjektivität, nur darf diese nicht lediglich abstrakt aufgefasst werden. Es ist überhaupt das Unglück bei dem modernen Wissen, dass alles so erschrecklich großartig geworden ist. Die abstrakte Subjektivität ist genau ebenso ungewiss und mangelt im selben Grade der Innerlichkeit wie die abstrakte Objektivität. Wenn man von der Subjektivität *in abstracto* spricht, so kann man dies nicht sehen und sagt dann ganz richtig, dass die abstrakte Subjektivität des Inhalts ermangele. Wenn man *in concreto* davon spricht, so zeigt es sich deutlich; denn die Individualität, die sich zu einer Abstraktion machen will, ermangelt eben der Innerlichkeit, ganz wie die andere, die sich selbst zu einem bloßen Zeremonienmeister macht.

b) *Das Schema für die Ausschließung oder das Ausbleiben der Innerlichkeit.* Das Ausbleiben der Innerlichkeit ist jederzeit eine Reflexionsbestimmung, darum tritt jede Art desselben in zwei korrespondierenden Formen auf. Da man gewohnt ist, von den Bestimmungen des Geistes ganz abstrakt zu reden, so ist man vielleicht weniger geneigt, dies einzusehen. Man pflegt von der Unmittelbarkeit auszugehen, ihr die Reflexion (die Innerlichkeit) entgegenzusetzen, und lässt dann die Synthese eintreten (die Substantialität, Subjektivität, Identität, ob man diese Identität nun Vernunft nennen mag oder Idee oder Geist). In der Wirklichkeit verhält sich das nicht so. Da ist die Unmittelbarkeit auch die Unmittelbarkeit der Innerlichkeit. Das Ausbleiben der Innerlichkeit tritt daher erst mit der Reflexion ein.

Es ist nun das Ausbleiben der Innerlichkeit seiner Form nach stets entweder Aktivität – Passivität oder Passivität – Aktivität, und es liegt stets in der Sphäre der Reflexion auf sich selbst, ob es nun die eine oder andre Form haben mag. Die Form selbst durchläuft eine bedeutsame Reihe von Nuancen, je nachdem die Bestimmung der Innerlichkeit konkreter und immer konkreter wird. Verstehen und Verstehen ist zweierlei, sagt man in einem alten Worte, und so ist es auch. Die Innerlichkeit ist ein Verstehen; in concreto aber handelt es sich darum, wie dieses Verstehen zu verstehen ist. Eine Rede zu verstehen, ist das eine; zu verstehen, was in ihr auf mich hinzielt, ist etwas anderes; zu verstehen, was man selbst sagt, ist eines, sich selbst in dem Gesagten zu verstehen, ein anderes. Je konkreter der Bewusstseinsinhalt wird, desto konkreter wird das Verständnis, und sobald dieses im Verhältnis zum Bewusstsein ausbleibt, haben wir ein Phänomen der Unfreiheit, die sich gegen die Freiheit abschließen will. Man nehme ein konkreteres religiöses Bewusstsein, das also zugleich ein historisches Moment in sich enthält, so muss all sein Verstehen diesem Umstand entsprechen. Man kann darum hier an einem Beispiel die zwei betreffenden analogen Formen des Dämonischen sehen. Wenn nämlich ein steifer Orthodoxer allen Fleiß und alle Gelehrsamkeit darauf verwendet, zu beweisen, dass jedes Wort im Neuen Testament von dem betreffenden Apostel herrühre, so verschwindet unter der Hand die Innerlichkeit, und er versteht zuletzt etwas ganz anderes, als er verstehen will. Wenn ein Freidenker allen Scharfsinn darauf verwendet, zu zeigen, dass das Neue Testament erst im zweiten Jahrhundert geschrieben sei, so ist es eben die Innerlichkeit, die er fürchtet, und darum will er das Neue Testament in eine Klasse mit allen andern Büchern gesetzt wissen.[48] Der konkreteste Inhalt, den das Bewusstsein haben kann, ist das Bewusstsein um sich selbst, um das Individuum selbst – natürlich nicht das reine Selbstbewusstsein, sondern das Selbstbewusstsein, das so konkret ist, dass kein Schriftsteller, auch nicht der wortreichste und der die größte Gewalt der Darstellung besitzt, es jemals vermocht hat, ein einziges solches Selbstbewusstsein zu beschreiben, während jeder einzelne Mensch es hat. Dieses Selbstbewusstsein ist nicht Kontemplation; wer das glaubt, hat sich selbst nicht verstanden, da er doch sehen sollte, dass er zu gleicher Zeit im Werden begriffen ist und darum kein abgeschlossener Gegenstand der Kontemplation sein kann. Dieses Selbstbewusstsein ist darum Tat, und diese Tat ist wieder Innerlichkeit, und so oft die Innerlichkeit nicht diesem Bewusstsein entspricht, ist eine Form des Dämonischen vorhanden, wofern das Ausbleiben der Innerlichkeit sich als Angst vor deren Erwerbung äußert.

Wenn das Ausbleiben der Innerlichkeit ein mechanischer Vorgang wäre, so wäre es verlorene Mühe, davon zu reden. Darum ist dies auch nicht der Fall, und darum ist in jedem Phänomen desselben eine Aktivität, auch wenn diese mit einer Passivität beginnt. Die Phänomene, die mit der Aktivität beginnen, sind mehr ins Auge fallend; darum fasst man sie leichter auf, vergisst aber auch, dass in dieser Aktivität wieder eine Passivität zum Vorschein kommt, und zieht nie das entgegengesetzte Phänomen mit in die Betrachtung herein, wann man von dem Dämonischen spricht.

Ich will nun ein paar Beispiele durchgehen, um zu zeigen, dass das Schema richtig ist.

Unglaube – Aberglaube. Diese entsprechen einander durchaus; beide ermangeln der Innerlichkeit, nur ist der Unglaube passiv durch eine Aktivität, der Aberglaube aktiv durch eine Passivität; der eine ist die mehr männliche, der andere die mehr weibliche Formation, wenn man so will, und der Inhalt beider Formationen ist Selbstreflexion. Wesentlich gesehen sind sie durchaus identisch. Unglaube und Aberglaube sind beide Angst vor dem Glauben; jener aber beginnt mit der Aktivität der Unfreiheit, dieser mit der Passivität derselben. Im allgemeinen zieht man nur die Passivität des Aberglaubens in Betracht; insofern erscheint er weniger vornehm oder eher entschuldbar, je nachdem man ästhetisch-ethische oder ethische Kategorien anwendet. Es ist in dem Aberglauben eine Schwachheit, die zu dieser Ansicht verleiten kann; doch muss ja immerhin so viel Aktivität in ihm sein, dass er seine Passivität bewahren kann. Der Aberglaube ist ungläubig gegen sich selbst, der Unglaube abergläubisch gegen sich selbst. Beider Inhalt ist Selbstreflexion. Die Bequemlichkeit, Feigheit, Pusillanimität des Aberglaubens findet es besser, in ihm zu bleiben, als ihn aufzugeben; der Trotz, Stolz, Hochmut des Unglaubens findet es kühner, in ihm zu bleiben, als ihn aufzugeben. Die raffinierteste Form einer solchen Selbstreflexion ist stets, dass man sich selbst interessant wird, indem man aus diesem Zustand herauszukommen wünscht und doch in selbstgefälliger Behaglichkeit darin bleibt.

Heuchelei – Ärgernis. Diese entsprechen einander. Die Heuchelei beginnt mit einer Aktivität, das Ärgernis mit einer Passivität. Man urteilt im allgemeinen über das Ärgernis milder; wenn aber das Individuum in ihm verbleibt, so muss jedoch so viel Aktivität vorhanden sein, dass es sich in dem Leiden des Ärgernisses festbohrt und es nicht fahren lassen will. Es liegt in dem Ärgernis eine Rezeptivität (ein Baum und ein Stein ärgert sich nicht), die bei der Aufhebung des Ärgernisses mit in Anschlag zu bringen ist. Die Passivität des Ärgernisses findet es aber bequemer, hinzusitzen und die Konsequenz des Ärgernisses sozusagen mit Zinsen und

Zinseszinsen fortwuchern zu lassen. Die Heuchelei ist darum ein Ärgernis an sich selbst und das Ärgernis eine Heuchelei vor sich selbst. Beide ermangeln der Innerlichkeit und dürfen darum nicht zu sich selbst kommen. Darum endet alle Heuchelei damit, dass man vor sich selbst heuchelt, da der Heuchler dann an sich selbst geärgert oder sich selbst zum Ärgernis ist. Darum endet alles Ärgernis, wenn es nicht gehoben wird, mit Heuchelei vor andern, weil der Geärgerte durch die profunde Aktivität, durch die er in dem Ärgernis verbleibt, jene Rezeptivität zu etwas anderem gemacht hat und darum nun vor andern heucheln muss. Es ist im Leben auch schon der Fall vorgekommen, dass eine geärgerte Individualität zuletzt dieses Ärgernis als ein Feigenblatt für Dinge benützte, die eine heuchlerische Bemäntelung wohl brauchen konnten.

Stolz – Feigheit. Der Stolz beginnt durch eine Aktivität, die Feigheit durch eine Passivität, im übrigen sind sie identisch; denn es ist in der Feigheit gerade so viel Aktivität, dass die Angst vor dem Guten aufrechterhalten werden kann. Der Stolz ist eine profunde Feigheit; denn er ist feig genug, nicht verstehen zu wollen, was in Wahrheit das Stolze ist; sobald ihm dieses Verständnis aufgedrungen wird, ist er feig, löst sich auf wie ein Knall und zerplatzt wie eine Blase. Die Feigheit ist ein profunder Stolz; denn sie ist feig genug, auch die Forderungen des missverstandenen Stolzes nicht verstehen zu wollen; indem sie aber so sich sträubt, beweist sie eben ihren Stolz; sie weiß auch in Anschlag zu bringen, dass sie doch noch keine Niederlage erlitt, ist also stolz aus dem negativen Grund des Stolzes, dass sie noch nie verlor. Es ist im Leben auch schon der Fall vorgekommen, dass eine sehr stolze Individualität feig genug war, nie etwas zu wagen, feig genug, möglichst wenig sein zu wollen, damit eben ihr Stolz nicht angetastet würde. Wollte man eine aktiv-stolze und eine passiv-stolze Individualität zusammenbringen, so würde man eben in dem Augenblick, da die erstere stürzt, Gelegenheit haben, sich davon zu überzeugen, wie stolz im Grunde der Feige war.[49]

c) *Was ist Gewissheit und Innerlichkeit?* Eine Definition hierfür zu geben, ist sicher recht schwer. Indessen will ich hier sagen:

sie ist *Ernst*. Dieses Wort versteht nun wohl jeder, andererseits ist es wirklich merkwürdig, dass es gewiss nicht viele Worte gibt, die so selten Gegenstand der Überlegung sind wie dieses. Nachdem Macbeth den König ermordet, bricht er in die Worte aus:

> »Von jetzt gibt es nichts Ernstes mehr im Leben,
> Alles ist Tand, gestorben Ruhm und Gnade!
> Der Lebenswein ist ausgeschenkt!«

Macbeth war nun ein richtiger Mörder, und darum haben die Worte in seinem Munde eine entsetzlich ergreifende Wahrheit; doch kann jede Individualität, welche die Innerlichkeit verloren hat, mit ihm sagen: »Der Lebenswein ist ausgeschenkt« – und insofern auch: »Von jetzt gibt es nichts Ernstes mehr im Leben, alles ist Tand.« Denn die Innerlichkeit ist »der Brunn des Wassers, das in ein ewiges Leben quillt«, und was aus dieser Quelle hervorkommt, ist Ernst. Wenn der Prediger sagt: »Alles ist eitel«, so hat er den Ernst *in mente*. Wenn es hingegen, nachdem der Ernst verloren ist, heißt, dass alles Eitelkeit sei, so kann das im Trotz der Schwermut einen aktiv-passiven Ausdruck finden, oder im Leichtsinn und Witz einen passiv-aktiven, es kann zum Weinen oder zum Lachen Gelegenheit geben – der Ernst ist verloren.

Soviel mir bekannt, existiert eine Definition des Ernstes nicht. Wenn dem so ist, so soll es mich freuen, nicht als ob ich an dem modernen, zerfließenden und verschwimmenden Denken, das die Definition abgeschafft hat, meine Freude hätte, sondern weil es in Beziehung auf Existenzbegriffe immer einen sicheren Takt verrät, sich der Definition zu enthalten. Denn was man wesentlich anders verstehen soll oder selbst anders verstanden oder in einer ganz anderen Weise lieb gewonnen hat, kann man unmöglich gern in der Form der Definition auffassen wollen, durch die es so leicht fremd und zu etwas anderem wird. Wer wirklich liebt, kann kaum seine Freude und Befriedigung, geschweige denn eine Förderung darin finden, sich mit der Definition der Liebe abzugeben. Wer in täglichem oder doch festlichem Umgang mit der Vorstellung lebt, dass ein Gott sei, wird sich dies schwerlich dadurch verderben oder verdorben sehen wollen, dass er sich eine Definition von Gott zusammenflickt. So ist es auch mit dem Ernst. Er ist eine so ernsthafte Sache, dass eine Definition desselben ein Leichtsinn ist. Das sage ich aber nicht, weil etwa mein Gedanke unklar wäre oder weil ich fürchtete, von dem einen oder anderen Spekulanten dessen verdächtigt zu werden – von einem dieser hyperklugen Menschen, die auf die Begriffsentwicklung versessen sind wie der Mathematiker auf den Beweis und darum jenem Mathematiker gleich bei allem Möglichen fragen: was beweist nun das? Nein, meines Erachtens beweist, was ich hier sage, besser als jede Begriffsentwicklung, dass ich im Ernst weiß, wovon die Rede ist.

Wenn ich nun auch nicht geneigt bin, eine Definition zu geben oder in spielender Abstraktion von dem Ernst zu reden, so will ich doch einige orientierende Bemerkungen beifügen. In Rosenkranz' Psychologie[50] findet sich eine Definition des »Gemüts«. Er sagt S. 322, dass Gemüt die Einheit von Gefühl und Selbstbewusstsein sei. In der vorhergehenden Untersuchung sagt er zur Erklärung vortrefflich, dass das Gefühl zum Selbstbewusstsein sich aufschließe, und umgekehrt, dass der Inhalt des Selbstbewusstseins von dem Subjekt als der *seinige* gefühlt werde. »Erst diese Einheit kann man Gemüt nennen. Denn fehlt die Klarheit der Erkenntnis, das Wissen vom Gefühl, so existiert nur der Drang des Naturgeistes, der Turgor der Unmittelbarkeit; fehlt aber das Gefühl, so existiert nur ein abstrakter Begriff, der nicht die letzte Innigkeit des geistigen Daseins erreicht hat, der nicht mit dem Selbst des Geistes eins geworden ist« (S. 320, 321). Wenn man nun seine Bestimmung des Gefühls als der unmittelbaren Einheit der Seelenhaftigkeit des Geistes und seines Bewusstseins (S. 242) weiter zurückverfolgt und sich erinnert, dass in der Bestimmung »Seelenhaftigkeit« die Einheit mit der unmittelbaren Naturbestimmung berücksichtigt ist, und dann alles zusammenfasst, so hat man eine Vorstellung von der konkreten Persönlichkeit.

Ernst und Gemüt entsprechen nun einander so, dass Ernst ein höherer und der tiefste Ausdruck dessen ist, was Gemüt ist. Das Gemüt ist eine Bestimmung der Unmittelbarkeit; der Ernst hingegen ist die erworbene Ursprünglichkeit des Gemüts, dessen in der Verantwortlichkeit der Freiheit bewahrte, in dem Genuss der Seligkeit als berechtigt behauptete Ursprünglichkeit. Die Ursprünglichkeit des Gemüts in ihrer historischen Entwicklung, das ist eben das Ewige im Ernst, weshalb der Ernst nie Gewohnheit werden kann. Diese behandelt Rosenkranz nur in der Phänomenologie, nicht in der Pneumatologie; dieselbe hat aber auch hier ihre Stätte und entsteht, sowie das Ewige in der Wiederholung versiegt. Wenn die Ursprünglichkeit im Ernst erworben und bewahrt wird, so gibt es eine Sukzession und Wiederholung; sowie nun die Ursprünglichkeit in der Wiederholung ausbleibt, so ist die Gewohnheit da. Der ernsthafte Mann ist ernsthaft eben durch die Ursprünglichkeit, mit welcher er in der Wiederholung wiederkehrt. Man sagt wohl, ein lebendiges und innerliches Gefühl bewahre diese Ursprünglichkeit; aber die Innerlichkeit des Gefühls ist ein Feuer, das erkalten kann, wenn nicht der Ernst sich desselben annimmt, und andererseits ist die Innerlichkeit des Gefühls unsicher in der Stimmung, d. h. sie ist das eine Mal innerlicher als ein andermal. Ich will ein Beispiel beiziehen, um alles möglichst konkret zu machen. Ein Geistlicher soll jeden Sonntag das vorgeschriebene Kirchengebet lesen, oder er soll jeden Sonntag verschiedene Kinder taufen. Lasst ihn nun begeistert sein usw., das Feuer geht ihm aus; er will anregen, bewegen usw., aber das eine Mal mehr, das andere Mal weniger. Nur der Ernst vermag regelmäßig jeden Sonntag mit derselben Ursprünglichkeit auf dasselbe zurückzukommen.[51]

Aber eben dieses Selbe, auf das der Ernst mit demselben Ernst wieder zurückkommen soll, kann nur der Ernst selbst sein; denn sonst wird Pedanterie daraus. Der Ernst in diesem Sinne bedeutet die Persönlichkeit selbst, und nur eine ernsthafte Persönlichkeit ist eine wirkliche Persönlichkeit, nur sie kann etwas mit Ernst tun; denn dazu, dass man etwas mit Ernst tut, gehört zuerst und zunächst, das man weiß, was der Gegenstand des Ernstes ist.

Im Leben ist nicht selten vom Ernste die Rede; der eine wird ernsthaft über den Staatsschulden, ein anderer über den Kategorien, ein dritter über einer Theateraufführung usw. Dass dies so geschieht, entdeckt die Ironie, und diese hat damit genug zu tun; denn jeder, der an unrechter Stelle ernsthaft wird, ist *eo ipso* komisch, ob auch eine ebenso komisch travestierte Zeitgenossenschaft und deren Meinung dabei höchst ernsthaft mittun kann. Es gibt darum keinen sichern Maßstab dafür, wozu ein Individuum in seinem tiefsten Grunde taugt, als wenn man durch die eigene Mitteilsamkeit desselben erfährt oder ihm das Geheimnis wider seinen Willen entlockt: was ihm das Leben ernst macht. Denn man kann wohl mit Gemüt zur Welt kommen, nicht aber mit Ernst. Der Ausdruck »was ihm das Leben ernst macht« muss natürlich in prägnantem Sinne verstanden werden von dem, wovon das Individuum im tiefsten Sinne seinen Ernst datiert; denn nachdem man in Wahrheit über dem ernsthaft geworden ist, das des Ernstes Gegenstand ist, kann man sehr wohl verschiedene Dinge »ernsthaft« behandeln; die Frage ist nur: ob man zuerst über dem Gegenstand des Ernstes ernsthaft wurde. Diesen Gegenstand hat jeder Mensch, denn das ist er *selbst;* und wer wohl über manchem anderen, über allerlei Großem und Lärmendem, aber nicht über sich selbst ernsthaft wurde, ist trotz all seinem Ernst ein Spaßvogel, und kann er auch eine Zeit lang die Ironie irre führen, so wird er doch *volente Deo* noch komisch werden; denn die Ironie ist eifersüchtig auf den Ernst. Wer dagegen an rechter Stelle ernsthaft geworden ist, wird die Gesundheit seines Geistes eben dadurch beweisen, dass er alles andere ebenso gut sentimental wie spottend behandeln kann, ob es auch dem Gecken des Ernstes kalt über den Rücken laufen mag, wenn er ihn über schrecklich ernste Dinge gar spotten sieht. Im Verhältnis zum Ernst soll er aber wissen, dass kein Spaß zu dulden ist; vergisst er das, so kann ihm begegnen, was dem Albertus Magnus begegnete: als er übermütig gegen die Gottheit auf seine Spekulation pochte[52], wurde er plötzlich dumm; es wird ihm begegnen, was Bellerophon begegnete, der im Dienst der Idee sicher auf seinem Pegasus saß, aber herabfiel, als er diesen missbrauchen wollte, um auf ihm zum Stelldichein mit einem irdischen Weib zu reiten.

Die Innerlichkeit, die Gewissheit ist Ernst. Das sieht etwas ärmlich aus. Hätte ich doch nur gesagt, sie sei die Subjektivität, die reine Subjektivität, die übergreifende Subjektivität – so hätte ich doch etwas gesagt, das gewiss manchen ernsthaft gemacht hätte. Den Ernst kann ich aber auch noch auf andere Weise bestimmen. Sobald die Innerlichkeit mangelt, ist der Geist verendlicht. Sie ist darum die Ewigkeit oder die Bestimmung des Ewigen in einem Menschen.

Wenn man nun das Dämonische recht studieren will, so darf man nur darauf sehen, wie das Ewige in der Individualität aufgefasst wird, und man weiß sofort Bescheid. In dieser Beziehung bietet die neuere Zeit ein weites Feld für die Beobachtung dar. Das Ewige wird gegenwärtig oft genug besprochen, es wird verworfen und angenommen, und sowohl das erstere als das letztere (nämlich in Rücksicht auf die Weise, wie es geschieht) zeigt den Mangel an Innerlichkeit. Wer aber das Ewige[53] nicht richtig, nicht durchaus konkret verstanden hat, entbehrt der Innerlichkeit und des Ernstes.

Sehr ausführlich möchte ich hier nicht werden; doch will ich einige Punkte hervorheben.

a) Man leugnet das Ewige im Menschen. Im selben Augenblick ist »der Lebenswein ausgeschenkt«, und jede derartige Persönlichkeit ist dämonisch. Setzt man das Ewige, so ist das Gegenwärtige anders, als man es haben will. Das fürchtet man, und so ist man in Angst vor dem Guten. Ein Mensch kann nun so lange fortleugnen als er will, damit kann er das Ewige aus seinem Leben doch nicht ganz eliminieren. Und selbst wenn man bis zu einem gewissen Grade in einem gewissen Sinn das Ewige zulassen will, so fürchtet man den andern Sinn und den höheren Grad; soviel man aber auch leugnen mag, man wird es doch nicht ganz los. Das Ewige fürchtet man in unserer Zeit nur zu sehr, selbst wenn man es in abstrakten, für das Ewige schmeichelhaften Redensarten anerkennt. Wie die einzelnen Regierungen gegenwärtig in Furcht vor unruhigen Köpfen leben, so leben nur allzu viele Individualitäten in Furcht vor einem unruhigen Kopf, der doch die wahre Ruhe bedeutet – vor der Ewigkeit. Da predigt man den Augenblick, und wie der Weg zur Hölle mit guten Vorsätzen gepflastert ist, so wird die Ewigkeit am besten durch lauter Augenblicke beiseite geschafft. Warum eilt man denn aber so schrecklich? Wenn keine Ewigkeit ist, so ist ja der Augenblick gerade so lang, wie wenn es eine solche gibt! Aber die Angst vor der Ewigkeit macht den Augenblick zur Abstraktion. – Diese Leugnung der Ewigkeit kann sich übrigens direkt und indirekt auf verschiedene Weise äußern: als Spott, als prosaische Berauschung in der Verständigkeit, als Geschäftigkeit, als Begeisterung für die Zeitlichkeit usw.

b) Man fasst das Ewige durchaus abstrakt auf. Das Ewige ist gleich den blauen Bergen die Grenze für die Zeitlichkeit; wer aber kräftig in der Zeitlichkeit lebt, kommt nicht an die Grenze. Der Einzelne, der nach ihr ausspäht, ist ein Grenzsoldat, der außerhalb der Zeit steht.

c) Man zieht das Ewige fantastisch in die Zeit hinein. So aufgefasst bringt es eine bezaubernde Wirkung hervor; man weiß nicht, ist es Traum oder Wirklichkeit; die Ewigkeit sieht wehmütig, träumerisch, gedankenvoll, schelmisch in den Augenblick herein, wie des Mondes Strahl zitternd in einen illuminierten Park oder Saal hereinfällt. Der Gedanke an das Ewige wird zu einer Beschäftigung für die Fantasie; die Stimmung ist beständig diese: träume ich oder ist es die Ewigkeit, die von mir träumt?

Oder man fasst die Ewigkeit ohne diese kokette Doppelheit, rein und ungemischt als Objekt für die Fantasie auf. Diese Auffassung hat sich in dem Satz, dass die Kunst eine Antizipation des ewigen Lebens sei, einen bestimmten Ausdruck gegeben; denn Poesie und Kunst ist nur eine Versöhnung der Fantasie und kann wohl die Sinnigkeit der Intuition, nicht aber die Innigkeit des Ernstes haben. – Man überkleidet die Ewigkeit mit dem Flittergold der Fantasie – und sehnt sich dann nach ihr. – Man schaut apokalyptisch die Ewigkeit, spielt den Dante, während doch Dante, so große Zugeständnisse er auch der Fantasie machte, die Wirkung des ethischen Urteilsspruches nicht suspendierte.

d) Man fasst die Ewigkeit metaphysisch auf. Man sagt so lange Ich – Ich, bis man endlich selbst das Lächerlichste von allem wird: das reine Ich, das ewige Selbstbewusstsein. Man spricht so lange von der Unsterblichkeit, bis man endlich zwar nicht unsterblich wird, aber die Unsterblichkeit. Trotz alledem entdeckt man dann plötzlich, dass man die Unsterblichkeit nicht in das System hineingebracht hat, und ist nun darauf bedacht, ihr in einem Anhang noch einen Platz anzuweisen. Gegenüber dieser Lächerlichkeit war es ein wahres Wort von Paul Möller, dass die Unsterblichkeit überall zugegen sein müsse. Ist sie aber das, so wird die Zeitlichkeit zu etwas ganz anderem, als man es gerne haben möchte. – Oder man fasst die Ewigkeit in der Weise metaphysisch auf, dass die Zeitlichkeit komisch in ihr erhalten bleibt. Rein ästhetisch-metaphysisch gesehen ist die Zeitlichkeit komisch, denn sie ist ein Widerspruch, und das Komische liegt jederzeit in dieser Kategorie. Fasst man nun die Ewigkeit rein metaphysisch auf und will doch aus diesem oder jenem Grunde die Zeitlichkeit in sie hineinbringen, so wird es ja wirklich komisch, wenn der ewige Geist die Erinnerung davon behält, dass er des öfteren in Geldverlegenheit war usw. Die ganze Mühe aber, die man sich gemacht hat, die Ewigkeit zu retten, ist verloren und blinder Alarm; denn rein metaphysisch wird kein Mensch unsterblich und seiner Unsterblichkeit versichert. Wird er dies aber auf ganz andere Weise, so wird sich auch das Komische nicht aufdrängen. Wenn das Christentum auch lehrt, dass der Mensch Rechenschaft geben soll von jedem unnützen Wort, das er spricht, und wir dies einfach von der Totalerinnerung verstehen, von der sich schon hier im Leben bisweilen unverkennbare Symptome zeigen; wenn die Lehre des Christentums auch nicht schärfer beleuchtet werden kann als durch die entsprechend entgegengesetzte Vorstellung der Gräzität, nach welcher der Unsterbliche zuerst von dem Strom Lethe trank, um alles zu vergessen: so folgt daraus doch keineswegs, dass die Erinnerung direkt oder indirekt komisch werden wollte, direkt dadurch, dass man sich an Lächerlichkeiten erinnerte, indirekt dadurch, dass Lächerlichkeiten in wesentliche Entscheidungen verwandelt würden. Eben weil die Rechenschaft und das Urteil das Wesentliche ist, wird dieses Wesentliche in Beziehung auf das Unwesentliche wie eine Lethe wirken, während es andererseits gewiss ist, dass viel sich als wesentlich erweisen kann, von dem man es nicht gerade glaubte. In dem Possierlichen, Zufälligen, dem Kringelkrangel des Lebens ist die Seele nicht wesentlich zur Stelle gewesen, und darum wird dies alles verschwinden, nur nicht für die Seele, die wesentlich darin war; für diese aber wird es dann kaum komische Bedeutung haben. Wenn man hinlänglich über das Komische nachgedacht, es exekutiv studiert hat und sich beständig über seine Kategorie klar ist, so versteht man leicht, dass das Komische eben der Zeitlichkeit zugehört; denn hier ist der Widerspruch. Metaphysisch und ästhetisch kann man es nicht aufhalten und daran verhindern, dass es schließlich die ganze Zeitlichkeit verschluckt, und es wird dies jedem begegnen, der entwickelt genug war, es zu gebrauchen, aber nicht reif genug, die entscheidende Distinktion anzubringen. In der Ewigkeit hingegen ist aller Widerspruch gehoben, die Zeitlichkeit von der Ewigkeit durchdrungen und in ihr bewahrt; in ihr ist aber auch keine Spur des Komischen.

Aber die Ewigkeit will man nicht ernsthaft denken; man hat Angst vor ihr, und die Angst verfällt auf hundert Ausflüchte. Doch das ist eben das Dämonische.

Fünftes Kapitel

Die Angst in Verbindung mit dem Glauben, als Mittel der Erlösung

In einem Grimmschen Märchen wird von einem Jungen erzählt, der auf Abenteuer ausging, um das Gruseln – die Angst zu lernen. Wir lassen jenen Abenteurer seines Weges ziehen, ohne uns darum zu bekümmern, inwiefern er auf demselben fand, was Angst einzuflößen vermag. Hingegen möchte ich bemerken, dass dies ein Abenteuer ist, das jeder zu bestehen hat: dass er lerne sich ängsten; denn sonst geht er zugrunde dadurch, dass ihm nie angst war, oder dadurch, dass er in der Angst versinkt; wer hingegen gelernt hat, sich recht zu ängsten, der hat das Höchste gelernt.

Wäre der Mensch ein Tier oder ein Engel, so würde er nicht in Angst kommen. Nun aber ist er eine Synthese, und insofern kann er sich ängsten, und je tiefer er sich ängstet, desto größer ist der Mensch. Doch ist das nicht in dem Sinne zu nehmen, in welchem die Menschen im allgemeinen es nehmen, indem sie die Angst auf etwas Äußerliches sich beziehen lassen, das von außen an den Menschen herantritt; sondern in dem Sinne, dass der Mensch selbst Angst produziert. Nur in diesem Sinne ist es zu verstehen, wenn es von Christus heißt: »Er ängstete sich bis zum Tode«, und wenn er zu Judas sagt: »Was du tust, das tue bald.« Auch das schreckliche Wort, über das Luther in Angst geriet, als er darüber predigte: »Mein Gott, mein Gott, warum hast du mich verlassen?« – auch dieses Wort drückt das Leiden nicht so stark aus; denn mit dem letzteren wird ein Zustand bezeichnet, in dem Christus war, das erstere bezeichnet ein Verhältnis zu einem Zustande, der nicht war.

Die Angst ist die Möglichkeit der Freiheit; nur diese Angst ist – in Verbindung mit dem Glauben – absolut bildend, indem sie alle Endlichkeiten verzehrt, alle Täuschungen derselben aufdeckt. Und kein Großinquisitor hat so entsetzliche Qualen in Bereitschaft wie die Angst; kein Spion weiß den Verdächtigen so schlau gerade in dem Augenblick anzufassen, da er am schwächsten ist, oder weiß das Netz, in dem er gefangen werden soll, so unentrinnbar zusammenzuziehen, wie die Angst; und kein noch so scharfsinniger Richter versteht den Angeklagten so auszuexaminieren, wie die Angst, die ihn nie entschlüpfen lässt, nicht in der Zerstreuung, nicht im Lärm, nicht unter der Arbeit, nicht bei Tage, nicht bei Nacht.

Wer durch die Angst gebildet wird, der wird durch die Möglichkeit gebildet, und erst der, welcher durch die Möglichkeit gebildet wurde, ist nach seiner Unendlichkeit gebildet. Die Möglichkeit ist darum die schwerste aller Kategorien. Man hört wohl oft das Gegenteil: die Möglichkeit sei so leicht, die Wirklichkeit so schwer. Von wem aber hört man solche Reden? Von manchen elenden Menschen, die nie gewusst haben, was Möglichkeit ist, und dann, wie die Wirklichkeit ihnen gezeigt hatte, dass sie zu nichts taugten und zu nichts taugen würden, lügnerisch eine Möglichkeit auffrischten, die so schön, so bezaubernd war, die aber im besten Falle einer etwas jugendlichen Albernheit entsprang, deren man sich eher schämen sollte. Unter der Möglichkeit, die so leicht sein soll, versteht man im allgemeinen die Möglichkeit von Glück, Erfolg usw. Das ist aber gar keine Möglichkeit, das ist eine lügnerische Erfindung, welche die menschliche Verdorbenheit aufputzt, um doch mit guter Manier über das Leben, die Vorsehung klagen zu können und sich selbst wichtig zu werden. Nein, in der Möglichkeit ist alles gleich möglich, und wer in Wahrheit durch die Möglichkeit erzogen wurde, der hat das Schreckliche ebenso gut erfasst als das Angenehme. Wenn dann ein solcher die Schule der Möglichkeit durchgemacht hat und mit größerer Sicherheit, als ein Kind sein ABC kennt, weiß, dass er absolut nichts vom Leben fordern kann, dass das

Entsetzliche, das Verderben, die Vernichtung Tür gegen Tür mit jedem Menschen zusammenwohnt; wenn er zudem noch gelernt hat, dass jede Angst, über der er sich abängstete, im nächsten Augenblick über ihn kam: so wird er der Wirklichkeit eine andere Erklärung geben. Er wird die Wirklichkeit preisen, und selbst wenn sie schwer auf ihm lastet, wird er sich daran erinnern, dass sie doch weit, weit leichter ist, als die Möglichkeit es war. So kann nur die Möglichkeit bilden; denn die Endlichkeit und die endlichen Verhältnisse, in welchen einem Individuum sein Platz angewiesen ist, mögen sie nun klein und alltäglich sein oder welthistorisch wichtig, bilden nur endlich; man kann sie allezeit betrügen, allezeit etwas anderes daraus machen, allezeit etwas abfeilschen, allezeit ihnen irgendwie entschlüpfen, allezeit sie sich etwas vom Leibe halten, allezeit verhindern, dass man absolut von ihnen lerne, und soll man dies letztere tun, so muss das Individuum wieder die Möglichkeit in sich haben und das selbst bilden, wovon es lernen soll, wenn dies auch im nächsten Augenblicke keineswegs anerkennt, dass es von ihm gebildet ist, sondern absolut die Macht von ihm nimmt.

Damit aber ein Individuum so absolut und unendlich durch die Möglichkeit gebildet werde, muss es gegen die Möglichkeit redlich sein und Glauben haben. Unter dem Glauben verstehe ich hier, was Hegel irgendwo in seiner Art sehr richtig bezeichnet: die innere Gewissheit, welche die Unendlichkeit vorausnimmt. Wenn die Entdeckungen der Möglichkeit ordentlich verwaltet werden, so wird die Möglichkeit alle Endlichkeiten aufdecken, dieselben aber in die Form der Unendlichkeit idealisieren und in der Angst das Individuum überwältigen, bis dieses sie wieder in der Antizipation des Glaubens besiegt.

Was ich hier sage, mag manchen sehr törlich geredet sein, denn sie rühmen sich gerade, nie Angst zu haben. Darauf würde ich antworten, dass man vor Menschen, vor Endlichkeiten sich gewiss nicht ängsten soll; aber erst der, welcher die Angst der Möglichkeit durchlaufen hat, erst er ist dazu ausgebildet, dass er keine Angst mehr hat, nicht weil er den Schrecken des Lebens entgeht, sondern weil diese im Vergleich mit denen der Möglichkeit allzu schwach sind. Sollte dagegen der Sprechende meinen, das Große an ihm sei eben, dass ihm nie angst war, so werde ich ihm mit Vergnügen meine Erklärung dieser Erscheinung eröffnen: dass er nämlich sehr geistlos ist.

Wenn das Individuum die Möglichkeit, durch die es gebildet werden soll, betrügt, so kommt es nie zum Glauben, so wird sein Glaube eine Klugheit der Endlichkeit, wie seine Schule ja auch die der Endlichkeit war. Die Möglichkeit betrügt man aber auf jede Weise; denn sonst müsste jeder, der nur seinen Kopf aus dem Fenster steckte, genug gesehen haben, dass die Möglichkeit damit ihre Exerzitien beginnen könnte. Es gibt ein Bild von Chodowiecki, das die Übergabe von Calais vorstellt, betrachtet von den vier Temperamenten; die Aufgabe des Künstlers war dabei, die verschiedenen Eindrücke sich in dem Ausdruck der verschiedenen Temperamente abspiegeln zu lassen. Das tagtäglichste Leben hat so gewiss Begebenheit genug; die Frage ist aber, ob das Individuum die entsprechende Möglichkeit entgegenbringt, und ob es redlich ist gegen sich selbst. Man erzählt von einem indischen Einsiedler, der zwei Jahre vom Tau lebte: als er einmal in die Stadt kam, verschmeckte er Wein und ward ein Trinker. Man kann diese Geschichte auf verschiedene Weise verstehen; man kann sie komisch oder tragisch machen; die Individualität aber, die von der Möglichkeit gebildet wird, hat an *einer* solchen Geschichte genug. Im selben Augenblick ist sie mit jenem Unglücklichen absolut identifiziert; sie kennt keine Ausflucht der Endlichkeit, die sie entschlüpfen ließe. Nun hat die Angst der Möglichkeit den Betreffenden zur Beute, bis sie ihn gerettet an den Glauben abgeben kann; anderswo findet er keine Ruhe, denn jeder andere Ruhepunkt ist nur Larifari, wenn er auch in den Augen der Menschen Klugheit ist. Sieh, darum ist die Möglichkeit so absolut bildend. In der Wirklichkeit ist noch nie ein Mensch so unglücklich geworden, dass er nicht einen kleinen Rest zurückbehalten hätte, und die Verständigkeit sagt ganz richtig: wenn man schlau ist, weiß man sich zu helfen.

Wer aber den Kursus im Unglück, den die Möglichkeit gibt, durchlaufen hat, der hat alles, alles verloren, wie nie jemand in der Wirklichkeit es verloren hat. Wenn er nun die Möglichkeit, die ihn lehren wollte, nicht betrog, die Angst, die ihn retten wollte, nicht unehrlich abwies, so bekam er auch alles zurück wie niemand in der Wirklichkeit, selbst wenn er alles verdoppelt bekam; denn der Schüler der Möglichkeit bekam die Unendlichkeit, die Seele des anderen aber hauchte in der Endlichkeit aus. In der Wirklichkeit sank keiner so tief, dass er nicht noch tiefer sinken könnte, dass nicht noch der eine oder andere da wäre, der noch tiefer sank. Wer aber in die Möglichkeit versank, dessen Blick schwindelte, sein Auge verwirrte sich, so dass er den Maßstab nicht mehr zu fassen vermochte, den Krethi und Plethi dem Versinkenden als einen rettenden Strohhalm hinreichen; sein Ohr verschloss sich, dass er nicht mehr hörte, wie hoch der Mensch der Gegenwart im Kurse stehe, nicht hörte: dass er ebenso gut sei wie die meisten. Er sank absolut; dann tauchte er aber auch wieder von der Tiefe des Abgrundes auf, leichter als all das Beschwerende und Schreckliche im Leben. Nun leugne ich nicht: wer durch die Möglichkeit gebildet wird, ist zwar nicht der Gefahr ausgesetzt, welcher die unterliegen, die durch die Endlichkeit gebildet werden, dass er in schlechte Gesellschaft komme und auf verschiedene Weise vom Weg abirre; aber einem Fall steht er nahe, nämlich dem Selbstmord. Wenn er im Beginn der Ausbildung die Angst missversteht, so dass sie ihn nicht zum Glauben hinführt, sondern vom Glauben weg, so ist er verloren. Wer hingegen gebildet wird, der bleibt bei der Angst, der lässt sich nicht von ihren zahllosen Falschheiten betrügen, der bewahrt sorgfältig das Vergangene im Gedächtnis; so bleibt zwar der Anfall der Angst immerhin schrecklich, aber er kann nicht mehr in die Flucht jagen. Die Angst wird zu einem dienenden Geist, der ihn wider seinen Willen dahin führen muss, wohin er will. Wenn sie sich meldet, wenn sie verschlagen sich anlässt, als hätte sie nun ganz neue Schreckmittel erfunden, als wäre sie nun schrecklicher denn je: so zieht er sich nicht zurück, noch weniger sucht er sie mit Lärm und Verwirrung fortzuhalten; er heißt sie vielmehr willkommen, er begrüßt sie festlich wie Sokrates festlich den Giftbecher schwang; er schließt sich mit ihr ein und sagt, wie ein Kranker zu dem Operateur sagt, wenn die schmerzliche Operation beginnen soll: nun bin ich fertig. Dann dringt die Angst in seine Seele ein; sie durchforscht alles; sie ängstet das Endliche und Kleinliche aus ihm heraus und führt ihn dahin, wohin er will.

Wenn die eine oder andere außerordentliche Begebenheit eintritt; wenn ein welthistorischer Held Helden um sich sammelt und Heldentaten vollbringt; wenn eine Krisis eintritt und alles Bedeutung erhält: da möchten die Menschen dabei sein, denn das bildet. Wohl möglich. Es gibt aber eine um vieles näherliegende Weise, auf die man weit gründlicher gebildet wird. Nimm einen Schüler der Möglichkeit, setze ihn mitten auf die jütländische Heide, wo es keine Begebenheit gibt, wo die größte Begebenheit ist, dass ein Rebhuhn auffliegt: er erlebt alles vollkommener, genauer, gründlicher als der, welchem auf dem Theater der Weltgeschichte applaudiert ward, wenn der letztere nicht durch die Möglichkeit gebildet war.

Wenn nun das Individuum durch die Angst zum Glauben gebildet wird, so wird die Angst gerade ausreuten, was sie selbst hervorbringt. Die Angst entdeckt das Schicksal; wenn aber das Individuum sich auf das Schicksal verlassen will, so schlägt die Angst um und nimmt das Schicksal fort; denn das Schicksal ist wie die Angst und die Angst ist wie die Möglichkeit ein Hexenbrief. Wenn die Individualität nicht so durch sich selbst in ihrem Verhältnis zum Schicksal umgebildet wird, so behält sie allezeit einen dialektischen Rest, den keine Endlichkeit ausroden kann, so wenig einer den Glauben an die Lotterie verliert, der ihn nicht durch sich selbst verliert, sondern dadurch verlieren soll, dass er beständig im Spiele verliert. Auch im Verhältnis zum Allerunbedeutendsten ist die Angst sofort zur Hand, sobald die Individualität sich von etwas wegstehlen, zu etwas hinschleichen will. An sich selbst ist es eine unbedeutende Sache, und von außen, von der Endlichkeit her kann das Individuum nichts daran lernen; die

Angst aber macht kurzen Prozess, sie setzt sofort den Trumpf der Unendlichkeit, der Kategorie ein, und den kann die Individualität nicht stechen. Im äußerlichen Sinne kann ein solches Individuum das Schicksal, einen Umschlag desselben, eine Niederlage durch dasselbe, nicht fürchten; denn die Angst in ihm hat ihm schon sein Schicksal vorgeführt und durch dasselbe alles genommen, was irgendein Schicksal nehmen kann. Sokrates sagt im »Kratylus«: es sei entsetzlich, von sich selbst betrogen zu werden, weil man da den Betrüger immer bei sich habe; so kann man auch sagen, es sei ein Glück, einen solchen Betrüger bei sich zu haben, einen der fromm betrügt, und beständig daran arbeitet, das Kind zu entwöhnen, ehe die Endlichkeit darein pfuscht. Wenn eine Individualität in unserer Zeit nicht so durch die Möglichkeit gebildet ist, so hat doch diese Zeit eine ausgezeichnete Eigenschaft, die jedem zugute kommt, in dem ein tieferer Grund ist und der das Gute zu lernen begehrt. Je friedlicher und stiller eine Zeit ist, je genauer alles seinen regelmäßigen Gang geht, so dass das Gute seinen Lohn hat, desto leichter kann das Individuum sich über sich selbst täuschen: ob es nicht in seinem Streben ein endliches, wenn auch schönes Ziel hat. In dieser Zeit hingegen braucht man kaum 16 Jahre alt zu sein, um einzusehen, dass der, welcher nun auf dem Theater des Lebens auftreten soll, dem Manne gleicht, der von Jericho nach Jerusalem zog und unter die Räuber fiel. Wer nicht in der Erbärmlichkeit der Endlichkeit versinken will, muss notwendig im tiefsten Sinne auf die Unendlichkeit losgehen. Eine solche vorläufige Orientation ist eine Analogie zur Bildung durch die Möglichkeit und kann auch nicht stattfinden außer durch die Möglichkeit. Wenn die Klugheit ihre zahllosen Berechnungen abgeschlossen hat, wenn das Spiel gewonnen ist – so kommt die Angst, ehe noch das Spiel in der Wirklichkeit gewonnen oder verloren ist, und die Angst setzt dem Teufel ein Kreuz hin: nun kann die Klugheit nicht mehr, und die schlaueste Kombination der Klugheit verschwindet wie ein Spaß gegen den Zufall, den die Angst mit der Allmacht der Möglichkeit schafft. Auch in dem Unbedeutendsten, sobald die Individualität eine schlaue Wendung machen will, die eben nur schlau ist; wenn sie sich von etwas fortstehlen will und alle Wahrscheinlichkeit vorhanden ist, dass es glücke (denn die Wirklichkeit ist kein so scharfer Examinator wie die Angst) – so stellt sich die Angst ein. Wird sie abgewiesen, weil es eine Lappalie ist, um die sich's handelt, so macht die Angst diese Lappalie bedeutend genug, wie die Geschichte den Flecken Marengo für Europa wichtig genug machte; denn hier wurde ja die große Schlacht geschlagen. Wenn eine Individualität sich nicht so durch sich selbst der Klugheit entwöhnt, so geschieht dies nie mit Gewinn; denn die Endlichkeit erklärt stets nur stückweise, nie total, und der, dessen Klugheit stets fehlging (auch dies ist ja in der Wirklichkeit undenkbar), kann immer wieder die Ursache in der Klugheit suchen und streben, noch klüger zu werden. Mit Hilfe des Glaubens erzieht die Angst die Individualität dazu, in der Vorsehung zu ruhen. So auch im Verhältnis zur Schuld, dem andern, das die Angst entdeckt. Wer bloß durch die Endlichkeit seine Verschuldung kennenlernt, hat sich in der Endlichkeit verloren; denn diese gibt nie eine Entscheidung darüber, ob ein Mensch schuldig sei, außer auf eine äußerliche, juridische, höchst unvollkommene Weise. Wer darum seine Schuld nur durch Analogien zu polizeilichen und kriminalrechtlichen Verurteilungen kennenlernen soll, fasst eigentlich nie, dass er schuldig ist; ist ein Mensch schuldig, so ist er unendlich schuldig. Wird nun eine solche Individualität, die nur durch die Endlichkeit gebildet wird, nicht von der Polizei oder der öffentlichen Meinung als schuldig verurteilt, so wird sie etwas von dem Lächerlichsten und Erbärmlichsten auf der Welt: ein Tugendmuster, das ein wenig besser ist, als die Leute sonst sind, aber noch nicht ganz wie der Pfarrer. Was sollte ein solcher Mensch in seinem Leben noch gar Hilfe brauchen? Er kann sich ja fast noch vor seinem Tode in die »Beispiele der Guten« aufnehmen lassen! Von der Endlichkeit kann man viel lernen, aber nicht das, sich zu ängsten, außer in einem sehr elenden und verderblichen Sinne. Wer hingegen in Wahrheit Angst zu haben gelernt hat, kann wie im Tanz dahingehen, wenn die Ängste der

Endlichkeit aufzuspielen beginnen und die Lehrlinge der Endlichkeit Verstand und Mut verlieren. In dieser Hinsicht täuscht man sich oft im Leben. Der Hypochonder ängstet sich über jede Kleinigkeit ab; wenn aber das Bedeutende kommt, so atmet er auf – und warum? Weil die bedeutende Wirklichkeit doch nicht so schrecklich ist wie die Möglichkeit, die er selbst schafft und zu deren Erzeugung der eben seine Kraft braucht, während er nun alle seine Kraft gegen die Wirklichkeit einsetzen kann. Indessen ist der Hypochonder doch nur ein unvollkommener Autodidakt im Vergleich zu dem, der durch die Möglichkeit gebildet wird; denn die Hypochondrie hängt z. T. von körperlichen Bedingungen ab und ist darum zufällig.[54] Der wahre Autodidakt ist immer zugleich ebenso sehr Theodidakt, wie ein anderer Schriftsteller gesagt hat[55]; oder, um nicht einen Ausdruck zu gebrauchen, der so stark an das Intellektuelle erinnert: er ist αὐτοῦργός τις τῆς φιλοσοφίας[56] und im selben Grad θεοῦργος qeoûrgov. Wer im Verhältnis zur Schuld durch die Angst auferzogen wird, kommt darum erst in der Versöhnung zur Ruhe.

Hier endet diese Untersuchung; an demselben Punkte, wo sie begann. Sobald die Psychologie mit der Angst fertig geworden, ist diese der Dogmatik zu übergeben.

Anmerkungen

1 Exempli gratia: »Wesen« ist, was »gewesen« ist; »ist gewesen« ist die Vergangenheit von »sein«; ergo ist Wesen das aufgehobene Sein, das Sein, das gewesen ist. Dies ist eine logische Bewegung! Wenn jemand sich die Mühe nehmen wollte, in der Hegelschen Logik (so wie sie aus des Meisters Hand kam und wie sie durch seine Schule verbessert wurde) alle abenteuerlichen Gespenster und Kobolde, welche geschäftig der logischen Bewegung forthelfen, anzuhalten und zu sammeln, so möchte eine spätere Zeit mit Verwunderung erfahren, welche abgedankten Witze einmal in der Logik eine große Rolle spielten, und zwar nicht als beiläufige Erklärungen und geistreiche Bemerkungen, sondern als Dirigenten der Bewegung, die Hegels Logik zu einem Wunderwerk machten und dem logischen Gedanken Füße gaben, ohne dass jemand es bemerkte, da der lange Mantel der Bewunderung die Maschinerie verbarg, welche die Marionetten in Bewegung setzte. Die Bewegung in der Logik, das ist Hegels Verdienst; im Vergleich damit ist es nicht der Mühe wert, das unvergessliche Verdienst zu nennen, das Hegel hat, und verschmäht hat, um aufs

Ungewisse zu laufen, das Verdienst, auf mancherlei Weise die Kategorien und deren Anordnung berichtigt zu haben.

2 Der ewige Ausdruck der Logik ist, was die Eleaten durch ein Missverständnis auf die Existenz übertrugen: es entsteht nichts, alles ist.

3 Dass auch die Wissenschaft, ebenso gut wie Poesie und Kunst, sowohl bei dem Produzierenden als bei dem Rezipierenden Stimmung voraussetzt, dass ein Fehler in der Modulation ebenso störend wirkt, wie ein Fehler in der Gedankenentwicklung, das hat man in unsrer Zeit ganz und gar vergessen, wo man überhaupt die Bestimmung der Innerlichkeit und der Zueignung vergessen hat, aus Freude über all die Herrlichkeit, die man zu besitzen meint, oder in Begehrlichkeit sie fahren lässt, wie der Hund, der den Schatten vorzog. Doch jeder Fehler erzeugt seinen eigenen Feind. Der Denkfehler gibt sich selber der Dialektik preis; das Ausbleiben oder die Verfälschung der Stimmung verfällt der Komik.

4 Wollte man dies näher überlegen, so würde man Gelegenheit genug bekommen, um einzusehen, wie geistreich es doch ist, den letzten Abschnitt der Logik »die Wirklichkeit« zu überschreiben, da doch nicht einmal die Ethik diese erreicht. Die Wirklichkeit, mit der die Logik schließt, bedeutet deshalb, gegen die wirkliche Wirklichkeit gehalten, nicht mehr als das Sein, mit dem sie beginnt.

5 Über diesen Punkt findet man verschiedene Bemerkungen in der von *Johannes de Silentio* herausgegebenen Schrift »Furcht und Zittern« (Kopenhagen 1843). Hier lässt der Verfasser mehrere Mal die erwünschte Idealität der Ästhetik gegen die geforderte Idealität der Ethik anlaufen, um in diesem Zusammenstoß die religiöse Idealität zum Vorschein kommen zu lassen, welche eben die Idealität der Wirklichkeit ist, ebenso wünschenswert wie die der Ästhetik, und nicht unmöglich wie die der Ethik. Und zwar bricht diese Idealität in einem dialektischen Sprunge hervor, begleitet von der positiven Stimmung: »siehe, es ist alles neu«, und von der negativen Stimmung der Leidenschaft für das Absurde. Dem entspricht der Begriff der »Wiederholung«. Entweder ist das ganze Dasein mit der Forderung der Ethik abgetan, oder es wird die Bedingung beigeschafft, und das ganze Leben und Dasein beginnt von vorn, nicht in immanenter Kontinuität und dem Vorherziehenden (das wäre ein Widerspruch), sondern durch eine Transzendenz, einen »Sprung«. Es ist also die Wiederholung von dem ersten Dasein durch eine Kluft so geschieden, dass es nur eine bildliche Redeweise wäre, wann man sagen wollte, das Vorangehende und Nachfolgende verhalten sich zueinander wie die Totalität der lebenden Wesen im Meer zu der Totalität derer in der Luft und auf der Erde, obgleich nach der Meinung einiger Naturforscher jene in ihrer Unvollkommenheit doch prototypisch alles präformiert, was diese offenbart. Diese Kategorie betreffend vergleiche man »*Die Wiederholung*« von *Konstantin Konstantius* (Kopenhagen 1843). Diese Schrift ist gewiss ein schnurriges Buch, was ja ihr Verfasser auch gewollt hat. Er hat aber doch zum ersten Mal, soviel ich weiß, die »Wiederholung« mit Energie erfasst, sie in der ganzen Schärfe ihres Begriffes vor Augen gestellt und durch sie das Verhältnis des Ethischen und Christlichen erklärt, indem er die unsichtbare Spitze, das *discrimen rerum* aufwies, in dem Wissenschaft gegen Wissenschaft sich so bricht, bis die neue Wissenschaft hervortritt. Was er aber entdeckt hat, das hat er selbst wieder versteckt, indem er den Begriff in die entsprechende Vorstellung einkleidet und mit dieser sein Spiel treibt. Was ihn hierzu bewogen hat, ist schwer zu sagen, oder vielmehr schwer zu verstehen; denn er sagt ja selbst, dass er so schreibe, »damit Ketzer ihn nicht verstehen sollen«. Da er sich nur ästhetisch und psychologisch mit seinem Gegenstand beschäftigen wollte, musste alles humoristisch angelegt werden; hierbei wird die Wirkung dadurch hervorgebracht, dass das Wort bald alles bedeutet, bald das Unbedeutendste von allem, und der Übergang, oder besser das fortwährende aus den Wolken fallen, wird mittels

seines niedrigkomischen Gegensatzes motiviert. Indessen hat er doch gelegentlich das Ganze ziemlich bestimmt angegeben: »die Wiederholung ist das *Interesse* der Metaphysik, und zugleich das Interesse, an welchem die Metaphysik strandet; die Wiederholung ist die Losung in jeder ethischen Anschauung; die Wiederholung ist conditio sine qua non für jedes dogmatische Problem.« Der erste Satz enthält eine Hindeutung auf den Satz, dass die Metaphysik interesselos sei, wie Kant dies von der Ästhetik sagte. Sobald das Interesse zum Vorschein kommt, tritt die Metaphysik zur Seite. Deshalb ist das Wort »Interesse« hervorgehoben. In der Wirklichkeit kommt das ganze Interesse der Subjektivität zum Vorschein, und nun strandet die Metaphysik. Wenn die Wiederholung nicht gesetzt ist, so wird die Ethik eine bindende Macht; deshalb sagt er vermutlich, sie sei die Losung in der ethischen Anschauung. Wenn die Wiederholung nicht gesetzt ist, so kann die Dogmatik überhaupt nicht existieren; denn im Glauben beginnt die Wiederholung, und der Glaube ist das Organ für die dogmatischen Probleme. – In der Sphäre der Natur besteht die Wiederholung in ihrer unerschütterlichen Notwendigkeit. In der Sphäre des Geistes ist die Aufgabe nicht die, der Wiederholung eine Veränderung abzugewinnen und sich einigermaßen wohl unter ihr zu befinden, als stände der Geist nur in einem äußerlichen Verhältnis zur Wiederholung des Geistes, so dass Gutes und Böses wechselten wie Sommer und Winter – die Aufgabe ist vielmehr, die Wiederholung in etwas Innerliches zu verwandeln, in die eigene Aufgabe der Freiheit, in ihr höchstes Interesse: ob sie wirklich die Wiederholung verwirklichen kann, während alles wechselt. Hier verzweifelt der endliche Geist. Konstantin Konstantius hat dies dadurch angedeutet, dass er selbst zur Seite tritt und die Wiederholung in dem jungen Menschen in Kraft des Religiösen hervorbrechen lässt. Deshalb sagt Konstantin mehrere Mal, die Wiederholung sei eine religiöse Kategorie, für ihn zu transzendent, die Bewegung in Kraft des Absurden; und ein andermal ist dies so ausgedrückt: die Ewigkeit sei die wahre Wiederholung. – All dies hat Herr Prof. Heiberg nicht bemerkt, als er in seiner »Urania« diese Schrift mit gewohnter Liebenswürdigkeit und Eleganz in eine geschmackvolle Bagatelle verwandelte und die Sache unter Aufwand von viel Pathos dahin brachte, wo Konstantin beginnt, und wohin sie (um an eine neuerlich erschienene Schrift zu erinnern) schon der Ästhetiker von »Entweder – Oder« in der »Wechselwirtschaft« gebracht hatte. Damit wird Konstantin ohne Zweifel in eine sehr distinguierte Gesellschaft aufgenommen. Aber wenn er sich deshalb geschmeichelt fühlen sollte, so müsste er meines Erachtens, seit er sein Buch schrieb, komplett verrückt geworden sein; wie auch ein Schriftsteller, der schreibt, um missverstanden zu werden, nur in völliger Geistesverwirrung sich bis zu dem Grade vergessen könnte, dass er sich's nicht zur Ehre rechnete, wenn ihn der Herr Professor nicht versteht. Doch brauchen wir uns kaum um ihn zu sorgen. Bis jetzt hat er nicht geantwortet; also scheint er mit sich selbst im klaren zu sein.

6 Schelling erinnerte an diesen aristotelischen Namen zugunsten seiner Distinktion zwischen negativer und positiver Philosophie. Unter der negativen Philosophie verstand er die Logik, das war hinlänglich deutlich; weniger deutlich war es mir aber, was er eigentlich unter der positiven verstand, außer sofern unzweifelhaft positive Philosophie die sein sollte, welche er selbst liefern wollte. Doch ist es nicht tunlich, hierauf weiter mich einzulassen, da ich mich nur an meine eigene Auffassung zu halten habe.

7 Hieran hat Konstantin Konstantius erinnert, indem er andeutet, dass die Immanenz an dem »Interesse« strande. Erst mit diesem Begriff kommt eigentlich die Wirklichkeit zum Vorschein.

8 Dass die form. conc. diese Bestimmung zu denken verbot, muss indessen als Beweis der energischen Leidenschaft gepriesen werden, mit der sie das Denken gegen das

Undenkbare anlaufen lässt. Diese Energie ist gegenüber dem modernen Denken, welches sich's gern etwas leichter macht, sehr zu bewundern.

9 Wenn also ein Einzelner gänzlich vom Geschlecht abfallen könnte, so würde sein Abfall zugleich das Geschlecht anders bestimmen; wenn hingegen ein Tier von der Art abfiele, so würde diese ganz gleichgültig dagegen sein.

10 Überhaupt hat dieser Satz über das Verhältnis zwischen dem quantitativen Bestimmen und der neuen Qualität eine lange Geschichte. Eigentlich bestand die ganze griechische Sophistik darin, nur ein quantitatives Bestimmen zu statuieren, weshalb sie keinen größern Gegensatz kannte als den der Gleichheit und der Ungleichheit. In der neuen Philosophie wollte sich Schelling zuerst mit einem bloß quantitativen Bestimmen behelfen, um alle Verschiedenheit zu erklären; später tadelte er dasselbe an der Disputation Eschenmayers. Hegel statuierte den Sprung, aber in der Logik. Rosenkranz bewundert in seiner Psychologie Hegel darum. In seiner letzten Schrift (über Schelling) tadelt er diesen und lobt Hegel. Hegels Unglück ist aber eben das, dass er die neue Qualität geltend machen will, und es doch nicht will, da er es in der Logik tun will. Diese aber muss ein ganz andres Bewusstsein um sich selbst und ihre Bedeutung bekommen, sobald dies erkannt wird.

11 Was sie übrigens als Momente in der Geschichte des Geschlechts zu bedeuten haben, als Anlauf zum Sprunge, der doch den Sprung nicht erklären kann: das ist eine andre Sache.

12 Es gilt beständig, Adam ganz im selben Sinne wie jedes andre Individuum in das Geschlecht hineinzunehmen. Darauf sollte die Dogmatik besonders der Versöhnung wegen achten. Die Lehre, dass Adam und Christus einander entsprechen, erklärt lediglich nichts; sie verwirrt vielmehr alles. Es kann ja eine Analogie vorhanden sein, aber die Analogie ist, gegen den Begriff gehalten, unvollkommen. Nur Christus ist ein Individuum, das mehr als Individuum ist; deshalb kommt er aber auch nicht zum Beginn, sondern in der Fülle der Zeit.

13 Der Gegensatz hierzu ist in § 1 ausgesprochen: indem die Geschichte des Geschlechts vorwärts schreitet, beginnt das Individuum beständig von vorn.

14 Was Fr. Baader mit gewohnter Kraft und Bündigkeit in mehreren Schriften über die Bedeutung der Versuchung für die Konsolidation der Freiheit entwickelt hat, sowie über die missverständliche, einseitige Auffassung der Versuchung als der Versuchung zum Bösen, die direkt die Bestimmung habe, den Menschen zu Fall zu bringen, da man vielmehr die Versuchung als das notwendige Andre der Freiheit betrachten sollte – dies muss natürlich jeder kennen, der über den vorliegenden Gegenstand nachdenken will. Hier das zu wiederholen, ist nicht nötig: man hat ja Fr. Baaders Schriften. Seine Gedanken weiter zu verfolgen, lässt sich auch nicht wohl machen, da es mir vorkommt, als habe Baader die Zwischenbestimmungen übersehen. Lässt man den Übergang von der Unschuld zur Schuld nur durch den Begriff der Versuchung geschehen, so bringt man Gott in ein beinahe experimentierendes Verhältnis zum Menschen; man übersieht ferner die dazwischenliegenden, psychologisch festzustellenden Momente, da die Mittelbestimmung eben doch die concupiscentia bleibt, und gibt endlich mehr eine dialektische Untersuchung über den Begriff der Versuchung, als eine psychologische Erklärung des »Sündenfalls«.

15 Hierüber kann man »Entweder – Oder« (Kopenhagen 1843) nachsehen, besonders wenn man darauf aufmerksam ist, dass im ersten Teile die Schwermut mit ihrer angstvollen Sympathie und Selbstsucht herrscht, die im zweiten Teile erklärt wird.

16 Hiermit ist über die Unvollkommenheit des Weibes gegenüber dem Manne noch nichts entschieden. Wenn ihm auch die Angst mehr eignet, als dem Manne, so ist Angst doch keineswegs ein Zeichen von Unvollkommenheit. Will man von Unvollkommenheit reden, so liegt sie in etwas anderem, nämlich darin, dass das Weib

in Angst suchend aus sich selbst hinaus zu einem andern Menschen flieht, zum Manne.

17 Will man ferner noch bemerken, es bleibe so die Frage, wie der erste Mensch sprechen gelernt habe, so antworte ich, dass dies ganz richtig ist, dass es aber außerhalb des Umfangs dieser ganzen Untersuchung liegt. Dies möge jedoch nicht dahin missverstanden werden, als wollte ich mir nach modern philosophischem Brauch mit meiner ausweichenden Antwort die Miene geben, dass ich an einer andern Stelle diese Frage beantworten könne. Aber so viel steht doch fest, dass man nicht annehmen kann, die Menschen haben die Sprache selbst erfunden.

18 So muss nämlich die Dogmatik angelegt werden. Jede Wissenschaft muss vor allem ihren eigenen Ausgangspunkt energisch erfassen und darf sich nicht in weitläufigen Beziehungen zu andern ergehen. Beginnt die Dogmatik damit, die Sündhaftigkeit erklären oder gar deren Wirklichkeit beweisen zu wollen, so wird nie eine Dogmatik daraus und deren ganze Existenz bleibt problematisch und schwebend.

19 Bei Schelling ist oft genug von Angst, Zorn, Qual, Leiden usw. die Rede. Doch muss man etwas misstrauisch gegen derartiges bleiben, um nicht die Nachwehen der Sünde in der Schöpfung mit den Zuständen und Stimmungen in Gott zu verwechseln, welche Schelling ebenso bezeichnet. Mit diesen Ausdrücken bezeichnet nämlich Schelling die Schöpferwehen der Gottheit, wenn ich so sagen darf. Es sind dies vorstellungsmäßige Ausdrücke für das, was er z. T. selbst auch das Negative genannt hat und was von Hegel unter dieser Benennung genauer als das Dialektische bestimmt wurde (τὸ ἕτερον). Die Zweideutigkeit zeigt sich auch bei Schelling, denn er spricht von einer Melancholie, die über die Schöpfung ausgebreitet liege, und zugleich von einer Schwermut in der Gottheit. Doch ist der Hauptgedanke bei Schelling, dass Angst usw. vornehmlich die Leiden der Gottheit, bevor sie zum Schaffen kam, bezeichne. In Berlin sprach er dasselbe noch bestimmter aus, indem er Gott mit Goethe und J. v. Müller in Parallele stellte, welche sich nur wohl befanden, wenn sie produzierten, und zugleich daran erinnerte, dass eine Seligkeit, die sich nicht mitteilen kann, Unseligkeit ist. Ich komme hier darauf zu reden, weil diese Äußerung von ihm schon in einer kleinen Abhandlung von Marheineke gedruckt ist. Marheineke will sie ironisieren. Dies sollte man nicht tun; denn ein kräftiger, vollblütiger Anthropomorphismus hat immer seinen Wert. Der Fehler ist indessen ein andrer: man kann hier ein Beispiel davon sehen, wie sonderbar alles wird, wenn Metaphysik und Dogmatik dadurch je um ihre Rechte betrogen werden, dass die Dogmatik metaphysisch und die Metaphysik dogmatisch behandelt wird.

20 Das Wort »Alteration« drückt die Zweideutigkeit recht gut aus. »Alterieren« gebraucht man nämlich in der Bedeutung verändern, verfälschen, aus seinem ursprünglichen Zustand herausbringen (das Ding wird etwas andres); »alteriert werden« hat aber auch den Sinn von »erschreckt werden«, weil dies im Grund eben die erste unausbleibliche Folge ist. Soviel ich weiß, braucht der Lateiner dies Wort durchaus nicht, sagt aber merkwürdig genug *adulterare*. Der Franzose sagt altérer les monnaies und être altéré. Bei uns wird das Wort in der gewöhnlichen Sprache ganz allgemein in der Bedeutung von »erschreckt werden« gebraucht; man hört manchmal den Ausdruck: »ich bin ganz alteriert.«

21 Dies gilt natürlich nur für das Menschengeschlecht, weil das Individuum als Geist bestimmt ist; in Tiergattungen dagegen ist jedes spätere Exemplar ebenso gut als das erste, oder besser: hier das erste zu sein, bedeutet lediglich nichts.

22 So muss auch verstanden werden, wie Sokrates zu Kritobulus von dem Kuss spricht. Dass Sokrates unmöglich im Ernst so pathetisch von der Gefährlichkeit des Kusses reden konnte, sollte doch wohl jedermann einleuchten, wie auch, dass er keine moralische Nachtmütze war, die kein Weib anzusehen wagte. Wohl bedeutet der Kuss

in südlicheren Ländern und bei leidenschaftlicheren Nationen etwas mehr als hier im Norden (hierüber sehe man Puteanus nach in einem Brief an Joh. Bapt. Saccus: nesciunt nostrae virgines ullum libidinis rudimentum oculis aut osculis inesse, ideoque fruuntur, vestrae sciunt; cf. Kempius, Dissertatio de osculis, nach Bayle); dessen ungeachtet sieht es aber weder dem Ironiker noch dem Moralisten Sokrates gleich, so zu reden. Wenn man nämlich als Moralist die Farben zu stark aufträgt, so weckt man die Lust und reizt den Lehrling, fast wider Willen, gegen den Lehrer ironisch zu werden. Sokrates' Verhältnis zu Aspasia beweist dasselbe. Er verkehrte mit ihr, ganz unbekümmert um das zweideutige Leben, das sie führte. Er wünschte bloß, von ihr zu lernen (Athenäus), und dafür scheint sie auch Talent gehabt zu haben, da ja erzählt wird, dass Männer ihre Hausfrauen zu Aspasia mitgenommen haben, nur damit sie von ihr lernten. Sobald hingegen Aspasia durch ihre Reize auf ihn hätte wirken wollen, so hätte Sokrates ihr wohl erklärt, dass man die Hässlichen lieben müsse, und dass sie ihre Liebenswürdigkeit nicht weiter anzustrengen brauche, da er zur Erreichung seiner Absicht an Xanthippe genug habe (vgl. Xenophons Erzählung über Sokrates' Anschauung von seinem Verhältnis zu Xanthippe). – Da es leider sich immer und immer wiederholt, dass man an jedes Studium mit vorausgefassten Meinungen herantritt, so ist es kein Wunder, dass es sich für jedermann von selbst versteht, ein Zyniker müsse ein ausschweifender Mensch sein. Doch dürfte man möglicherweise gerade auch hier ein Exempel jener Auffassung des Erotischen als des Komischen finden.

23 Wie sonderbar es auch dem vorkommen mag, der nicht gewohnt ist, die Phänomene kecker zu betrachten, so ist doch eine vollkommene Analogie zwischen Sokrates' ironischer Auffassung des Erotischen als des Komischen und eines Mönches Verhältnis zu den *mulieres subintroductae*. Der Missbrauch ist natürlich nur Sache dessen, der Sinn für den Missbrauch hat.

24 Es verlohnt sich wohl, dies näher zu überlegen; denn eben an diesem Punkt muss sich zeigen, wie weit das neuere Prinzip, dass Denken und Sein eins sei, reicht, wenn man es nicht mit unzeitigen und zum Teil dummen Missverständnissen verrenkt, anderseits aber auch nicht ein höchstes Prinzip wünscht, das zur Gedankenlosigkeit verbinde. Nur das Allgemeine ist dadurch, dass es gedacht wird und sich denken lässt (nicht bloß experimentierend; denn was kann man nicht denken!), und ist, wie es sich denken lässt. Die Pointe in dem Einzelnen ist eben das negative Verhalten gegen das Allgemeine, die Zurückstoßung desselben; sobald aber diese weggedacht wird, ist es gehoben, und sobald sie gedacht wird, ist sie verwandelt, so, dass man sie entweder nicht denkt und sich dieses nur einbildet, oder so, dass man sie denkt und sich nur einbildet, sie in den Gedanken mit hineingenommen zu haben.

25 Der lateinische Satz *»unum noris omnes«* drückt leichtsinnig dasselbe aus, und drückt wirklich dasselbe aus, wenn man unter dem einen den Betrachter selbst versteht, und nun nicht neugierig nach den allen späht, sondern ernsthaft den einen festhält, der wirklich alle ist. Dies glauben die Menschen im allgemeinen nicht, und meinen noch, dass das zu stolz wäre; der Grund ist wohl eher, dass sie zu feig und bequem sind, den wahren Stolz zu verstehen oder dessen Verständnis sich zu erwerben.

26 Es ist darum nicht logisch, sondern in Beziehung auf die historische Freiheit zu verstehen, wenn Aristoteles sagt, dass der Übergang von der Möglichkeit zur Wirklichkeit eine κίνησις sei.

27 Der Augenblick wird nun von Plato rein abstrakt gefasst. Will man sich in der Dialektik des Augenblicks orientieren, so mag man sich darüber klar werden, dass er das Nichtseiende unter der Bestimmung der Zeit ist. Das Nichtseiende (τὸ μὴ ὄν; bei den Pythagoräern τὸ κενόν) beschäftigte die alte Philosophie viel mehr als die moderne. Von den Eleaten wurde es ontologisch aufgefasst; was man über dasselbe aussagen könne, sei nur durch den Gegensatz auszudrücken, dass nur das Seiende sei. Will

man dem weiter nachgehen, so wird man finden, dass dies in allen Sphären wieder hervortritt. Metaphysisch-propädeutisch wurde der Satz so ausdrückt: wer das Nichtseiende aussagt, sagt überhaupt nichts. (Dieses Missverständnis wird in dem »Sophisten« und mehr mimisch schon in dem früheren »Gorgias« bekämpft.) In den praktischen Sphären benutzen endlich die Sophisten das Nichtseiende so, dass sie damit alle sittlichen Begriffe aufhoben: das Nichtseiende ist nicht, also ist alles wahr, also ist alles gut, also gibt es Betrug usw. überhaupt nicht. Dies bekämpft Sokrates in mehreren Dialogen. Plato hat es indessen vornehmlich in dem »Sophisten« abgehandelt und hat in diesem Dialog, wie in allen, zugleich künstlerisch veranschaulicht, was er selbst doziert. Der Sophist, dessen Definition und Begriff der Dialog sucht, während er hauptsächlich von dem Nichtseienden handelt, ist selbst ein Nichtseiender, und so tritt in dem Kampfe, in welchem der Sophist bekriegt wird, mit dem Begriff zugleich das Exempel hervor; denn dieser Kampf endigt nicht damit, dass der Sophist vernichtet wird; nein, er muss im Gegenteil werden und damit das Schlimmste erleiden, das ihm begegnen kann, das nämlich, dass er trotz seiner Sophistik, die ihn (wie den Mars seine Rüstung) unsichtbar macht, hervortreten muss. In der neueren Philosophie ist man in der Auffassung des Nichtseienden durchaus nicht weitergekommen, und das, obwohl man glaubt, man sei christlich. Die griechische und die moderne Philosophie nimmt diese Stellung ein: Alles dreht sich darum, das Nichtseiende ins Sein zu bringen; denn es wegzubringen und verschwinden zu lassen, scheint gar so leicht. Die christliche Betrachtung nimmt diese Stellung ein: Das Nichtseiende ist überall da, als das Nichts, woraus geschaffen wurde, als Schein und Trug, als Sünde, als die vom Geist entfernte Sinnlichkeit, als die von der Ewigkeit vergessene Zeitlichkeit; darum gilt es nun, es wegzubringen und das Seiende hervorzurufen. Nur wenn das Denken diese Richtung nimmt, wird der Begriff der Versöhnung historisch richtig in dem Sinne aufgefasst, in welchem ihn das Christentum in die Welt brachte. Schlägt die Auffassung die entgegengesetzte Richtung ein (so dass die Bewegung davon ausgeht, dass das Nichtseiende kein Dasein habe), so hat man die Versöhnung verflüchtigt und ihre Kehrseite nach außen gewendet. – Den »Augenblick« setzt Plato in »Parmenides« auseinander. Dieser Dialog beschäftigt sich damit, den Widerspruch in den Begriffen selbst darzulegen, und Sokrates drückt dies so bestimmt aus, dass sich jene alte griechische schöne Philosophie dessen gar nicht zu schämen hat, dass es vielmehr eine neuere aufgeblasene Philosophie beschämen kann, die zwar an sich selbst nicht eben große Anforderungen stellt, wie die griechische es tat, hingegen an die Menschen und ihre Bewunderung. Sokrates bemerkt, das sei keine Kunst, den Widerspruch (τὸ ἐναντὶον) in einem einzelnen Dinge nachzuweisen, das an dem Verschiedenen partizipiere; wenn einer hingegen imstande wäre, den Widerspruch in den Begriffen selbst aufzuweisen, das wäre zu bewundern (ἀλλ᾽ εἰ ὃ ἔστιν ἕν, αὐτὸ τοῦτο πολλὰ ἀποδείξει καὶ αὖ τὰ πολλὰ δὴ ἕν, τοῦτο ἤδη θαυμάσομαι. καὶ περὶ τῶν ἄλλων ἁπάντων ὡσαύτως. § 129 B, C). Sein Vorgehen ist indessen experimentierende Dialektik. Man nimmt an, dass die Einheit (τὸ ἕν) ist und dass sie nicht ist, und zeigt nun auf, was daraus für sie selbst und für das übrige sich ergibt. Es zeigt sich nun, dass der Augenblick dies wunderliche Wesen ist (ἄτοπον – das griechische Wort ist hier ausgezeichnet), das zwischen Bewegung und Ruhe mitten inne liegt, ohne doch in irgendeinem Zeitteil zu sein; zu ihm und von ihm aus schlägt das Bewegende um in Ruhe und das Ruhende in Bewegung. Der Augenblick wird so zur Übergangskategorie überhaupt (μεταβολή); denn Plato zeigt, dass auf dieselbe Weise der Augenblick auch im Übergang von der Einheit zur Mehrheit, oder von der Mehrheit zur Einheit, oder von der Gleichheit zur Ungleichheit usw. eintritt; der Augenblick, in dem weder ἕν noch πολλὰ ist, in dem weder gesondert noch vermischt wird (οὔτε διακρίνεται οὔτε ξυγκρίνεται § 157 A). Mit dem allen erwirbt sich Plato das

Verdienst, die Schwierigkeit sich deutlich zu machen; aber der Augenblick bleibt doch eine lautlose atomistische Abstraktion, die man auch nicht erklärt, indem man sie ignoriert. Wenn nun die Logik zugeben will, dass sie den Übergang nicht hat (und hat sie diese Kategorie, so muss dieselbe ja auch im System selbst ihren Platz finden, ob sie auch zugleich im System operiert), so wird deutlicher werden, dass die historischen Sphären und alles Wissen, das sich innerhalb einer historischen Voraussetzung bewegt, den Augenblick hat. Diese Kategorie ist für die Abgrenzung gegen die heidnische Philosophie und gegen eine ebenso heidnische Spekulation im Christentum selbst von größter Wichtigkeit. In dem Dialog »Parmenides« zeigt sich an einer andern Stelle die Folge davon, dass der Augenblick eine solche Abstraktion ist. Indem von der Einheit festgestellt wird, dass sie in zeitlicher Bestimmtheit zu denken sei, zeigt sich, wie nun der Widerspruch hervortritt, dass die Einheit (τὸ ἕν) älter und jünger wird als sie selbst und als die Mehrheit (τὰ πολλά) und also wieder weder jünger noch älter als sie selbst oder als die Mehrheit (§ 151 E). Die Einheit muss doch da sein, wird ausgeführt, und nun wird das Dasein so bestimmt: es sei Teilhaftigkeit an einem Wesen oder an einer Wesenheit in der gegenwärtigen Zeit (τὸ δὲ εἶναι ἄλλο τί ἔστι ἢ μέθεξις οὐσίας μετὰ χρόγου τοῦ παρόντος). In der weiteren Entwicklung der Gegensätze zeigt sich nun, dass das Gegenwärtige (τὸ νῦν) zwischen verschiedenen Bedeutungen hin- und herschwankt: es ist das Gegenwärtige, das Ewige, der Augenblick. Dieses Nun (τὸ νῦν) liegt zwischen dem »war« und »wird werden«, und die Einheit kann doch nicht an dem Nun vorbeispringen, wenn sie von dem Vergangenen zum Zukünftigen fortschreitet. Sie hält also im Nun inne, sie wird nicht älter, sondern ist älter. In der neuesten Philosophie kulminiert die Abstraktion in dem reinen Sein; das reine Sein ist aber der abstrakteste Ausdruck für die Ewigkeit und als Nichts wieder der Augenblick. Hier zeigt sich wieder, wie wichtig der »Augenblick« ist; denn erst mit dieser Kategorie kann man auch der Ewigkeit ihre Bedeutung geben, indem Ewigkeit und Augenblick die äußersten Gegensätze werden, während die dialektische Hexerei sie dazu bringt, dasselbe zu bedeuten. Erst mit dem Christentum wird Sinnlichkeit, Zeitlichkeit, der Augenblick verständlich, weil eben erst mit ihm die Ewigkeit wesentlich wird.

28 Dies ist übrigens der Raum. Der Geübte wird hierin leicht den Beweis für die Richtigkeit meiner Darstellung finden; denn Zeit und Raum sind für das abstrakte Denken durchaus identisch (das Nacheinander und Nebeneinander). So bleiben sie auch für die Vorstellung und sind es in Wahrheit in der Bestimmung Gottes, dass er *allgegenwärtig* ist.

29 Es ist auffällig, dass die griechische Kunst in der Plastik kulminiert, welcher eben der Blick fehlt. Dies hat seinen tiefen Grund darin, dass die Griechen den Begriff des Geistes und deshalb auch die Sinnlichkeit und Zeitlichkeit im tiefsten Sinne nicht fassten. Das Christentum, im absoluten Gegensatz hierzu, stellt Gott bildlich als Auge dar.

30 Im Neuen Testament findet sich eine poetische Umschreibung des Augenblicks. Paulus sagt, die Welt werde vergehen ἐν ἀτόμω καὶ εν ῥιπῆ οφθαλμοῦ. Hiermit drückt er auch aus, dass der Augenblick kommensurabel für die Ewigkeit ist, weil nämlich der Untergangsaugenblick im selben Augenblick die Ewigkeit ausdrückt. Was ich meine, will ich mit einem Bild veranschaulichen, und bitte, nachsichtig zu übersehen, was man in demselben etwa anstößig finden sollte. Hier in Kopenhagen waren einmal zwei Künstler, die selbst schwerlich daran dachten, dass sich ihren Leistungen auch eine tiefere Bedeutung abgewinnen lasse. Sie traten vor, stellten sich einander gegenüber und begannen, irgendeinen leidenschaftlichen Konflikt mimisch darzustellen. War nun die mimische Entwicklung in vollem Gange, folgten die Augen des Zuschauers der Geschichte, gespannt auf das folgende, so brachen sie plötzlich ab und blieben

nun unbeweglich versteinert in dem augenblicklichen mimischen Ausdruck. Die Wirkung hiervon kann überaus komisch sein, weil der Augenblick auf zufällige Weise für das Ewige kommensurabel wird. Die Wirkung des Plastischen beruht darauf, dass gerade der ewige Ausdruck ewig ausgedrückt wird; das Komische lag darin, dass das Zufällige verewigt ward.

31 Man bedenke hier wieder die Kategorie, auf die ich hinziele, die Wiederholung, durch die man in progressiver Bewegung in die Ewigkeit hineinkommt.

32 Aus der Bestimmung der Zeitlichkeit als Sündhaftigkeit ergibt sich weiter die des Todes als einer Strafe. Dies ist ein Avancement; eine Analogie hierzu kann man, *si placet,* darin finden, dass selbst ganz äußerlich der Tod in geradem Verhältnis mit der Vollkommenheit der Organisation an Schrecken gewinnt. Während Tod und Verwesung der Pflanze Wohlgerüche verbreitet, fast noch lieblicher als ihr würziger Blumenduft, verpestet hingegen das verwesende Tier die Luft. In einem tieferen Sinne gilt: Je höher der Mensch angeschlagen wird, desto schrecklicher ist der Tod. Das Tier stirbt eigentlich nicht; wenn aber der Geist als Geist gesetzt ist, so zeigt sich der Tod als das Schreckliche. Die Angst des Todes entspricht darum der Angst der Geburt, ohne dass ich jedoch hier wiederholen wollte, was teils wahr, teils nur geistreich, teil begeistert, teils leichtsinnig schon darüber gesagt worden ist, dass der Tod eine Metamorphose sei. Im Augenblick des Todes befindet sich der Mensch auf der äußersten Spitze der Synthese; der Geist kann eigentlich zugegen sein, denn er kann nicht sterben; und doch muss er darauf warten, denn der Leib muss ja sterben. Die heidnische Anschauung vom Tode war milder und anmutiger, wie ja auch die Sinnlichkeit des Heidentums naiver, seine Zeitlichkeit sorgloser war; aber die höchste und letzte Bedeutung des Todes erreicht sie nicht. Man lese Lessings schöne Abhandlung »Wie die Alten den Tod gebildet«, und man wird nicht leugnen: das Bild dieses schlafenden Genius, oder die schöne Feierlichkeit, mit welcher der Genius des Todes sein Haupt neigt und die Fackel auslöscht, bewegt die Seele wehmütig anheimelnd. Es liegt, wenn man so will, etwas unbeschreiblich verlockend Zuredendes darin, dass man sich einem solchen Führer anvertrauen möchte, der versöhnt ist wie eine Erinnerung, in der man sich an nichts erinnert. Andrerseits ist es aber doch wieder unheimlich, diesem schweigsamen Führer zu folgen; er verbirgt nichts; seine Gestalt ist kein Inkognito; wie er da ist, so ist der Tod, und damit ist es aus. Es liegt eine unergründliche Wehmut darin, dass dieser Genius mit der freundlichen Gestalt sich über den Sterbenden beugt und mit dem Hauch seines letztes Kusses den letzten Lebensfunken auslöscht, während das Erlebte schon nach und nach verschwunden ist und so der Tod zurückbleibt als das Geheimnis, welches selbst unerklärt erklärt, dass das ganze Leben ein Spiel war, in dem zum Schluss alles, das Größte und das Kleinste, sich verlief, wie Schulbuben und endlich auch die Seele – der Schulmeister – den Platz räumt. Darin liegt es aber auch begründet, dass die Vernichtung des Lebens so stumm vor sich geht: das Ganze war nur ein Kinderspiel – und nun ist das Spiel aus.

33 Was hier entwickelt wurde, hätte auch im ersten Kapitel seinen Platz finden können. Doch zog ich diese Stelle vor, weil es das folgende am besten einleitet.

34 Bei den Griechen konnte die Frage nach dem Religiösen gar nicht in dieser Weise sich geltend machen. Doch ist es anziehend zu lesen, was Plato einmal erzählt und benutzt. Nachdem Epimetheus den Menschen mit allerlei Gaben ausgerüstet hatte, fragte er Zeus: ob er die Gabe, zwischen gut und böse zu wählen, wie die vorigen Gaben austeilen solle, so dass sie einer erhielte, wie ein andrer die Gabe der Beredsamkeit, ein dritter die der Poesie, ein vierter die der Kunst? Zeus aber antwortete: diese Gabe sei an alle gleich auszuteilen, da sie jedem Menschen gleich wesentlich zugehöre.

35 Indessen darf man doch nicht vergessen, dass die Analogie hier insofern unrichtig ist, als wir es in dem spätern Individuum nicht mit der Unschuld zu tun haben, sondern mit dem zurückgedrängten Bewusstsein der Sünde.

36 Das Problem, was das Gute sei, muss unserer Zeit näher und näher rücken, weil ihm ein entscheidender Einfluss auf die Frage nach dem Verhältnis zwischen Kirche und Staat und dem Sittlichen zukommt. Indessen muss man bei der Beantwortung vorsichtig sein. Bis jetzt hat das Wahre auf eine wunderliche Weise den Vorzug erhalten, indem man die Trilogie aufgefasst und aufgestellt hat; das Schöne, das Gute, das Wahre – in dem Wahren (in der Erkenntnis). Das Gute lässt sich durchaus nicht definieren. Das Gute ist die Freiheit. Erst für die Freiheit oder in der Freiheit ist der Unterschied zwischen Gut und Böse, und dieser Unterschied ist nie *in abstracto,* sondern nur *in concreto.* Hierin hat auch seine Ursache, was den Unkundigen in der sokratischen Methode leicht irre machen kann, dass nämlich Sokrates das Gute, dies anscheinend zu unendlich Abstrakte, in einem Nu auf das Allerkonkreteste zurückführt. Die Methode ist ganz richtig; nur fehlte er darin (nach griechischer Auffassung ist das übrigens gar kein Fehler), dass er das Gute nach seiner äußeren Seite auffasste (als das Nützliche, das endlich Teleologische). Nun ist der Unterschied zwischen Gut und Böse allerdings für die Freiheit vorhanden, aber nicht *in abstracto.* Glaubt man ihn abstrakt bestimmen zu können, so rührt dieses Missverständnis daher, dass man die Freiheit zu etwas anderem macht, zu einem Denkobjekt, während sie doch nie *in abstracto* ist. Wenn man der Freiheit einen Augenblick die Wahl zwischen Gut und Böse freigeben will, ohne dass sie selbst in einem von beiden Teilen wären, so ist sie eben in diesem Augenblick nicht Freiheit, sondern eine sinnlose Reflexion – und wozu anders kann ein solches Experiment helfen, als das Denken zu verwirren? Für den Fall *(sit venia verbo),* dass die Freiheit im Guten bleibt, weiß sie von dem Bösen überhaupt nichts. In diesem Sinne kann man von Gott sagen (will dies jemand missverstehen, so ist es nicht meine Schuld), dass er von dem Bösen nichts weiß. Hiermit sage ich keineswegs, dass das Böse bloß das Negative, das Aufzuhebende sei; dass Gott von ihm nichts weiß, nichts wissen kann und will, ist vielmehr des Bösen absolute Strafe. In diesem Sinne wird im Neuen Testament die Präposition apó gebraucht, um die Entfernung von Gott zu bezeichnen, Gottes Ignorieren des Bösen, wenn dieser Ausdruck gestattet ist. Fasst man Gott endlich auf, so ist es für das Böse ja recht geschickt, wenn Gott es ignorieren wollte; da Gott aber der Unendliche ist, bedeutet sein Ignorieren die lebendige Vernichtigung; denn das Böse kann Gottes nicht entbehren, um auch nur das Böse zu sein. Ich will hier eine Schriftstelle anziehen: 2. Thess. 1, 9 wird von denjenigen, die Gott nicht kennen und das Evangelium nicht annehmen, gesagt: οἵτινες δίκην τίσουσιν ὄλεθρον αἰώνιον, ἀπὸ προσώπου τοῦ κυρίου, καὶ ἀπὸ τῆς δόξης τῆς ἰσχύος αὐτοῦ.

37 Der Form der Untersuchung entsprechend kann ich die einzelnen Zustände nur kurz, sozusagen algebraisch, andeuten. Zu eigentlicher Schilderung ist hier nicht der Ort.

38 Das ist ethisch geredet, denn die Ethik sieht nicht auf den Zustand, sondern darauf, dass dieser im selben Augenblick eine neue Sünde ist.

39 Wer nicht ethisch so entwickelt ist, dass er Trost und Linderung empfände, wenn ihm jemand – selbst im Augenblick des herbsten Leidens – mutvoll zuriefe, dass es sich nicht um ein blindes Schicksal handle, sondern um Schuld; wer nicht Trost und Linderung fühlt, wenn ihm das aufrichtig und ernsthaft gesagt wird, der ist noch nicht im strengen Sinne ethisch entwickelt. Denn die ethische Individualität fürchtet nichts mehr als das ästhetische Lirumlarum vom Schicksal usf., das ihr unter der Maske des Mitleids ihr Kleinod, die Freiheit, hinterlistig raubt.

40 Es wurde schon gesagt und sei hier nochmals gesagt, dass das Dämonische einen ganz anderen Umfang hat, als man gewöhnlich glaubt. In dem vorhergehenden

Paragrafen wurden die Formationen in der andern Richtung angedeutet; hier folgt eine andre Reihe von Formationen, und so, wie ich sie hier dargestellt habe, lässt sich die Unterscheidung durchführen. Hat man eine bessere, so wähle man diese; doch darf man auf diesen Gebieten wohl vorsichtig sein, sonst fließt alles zusammen.

41 Dass man seine Kategorie brauchen kann, ist eine *conditio sine qua non* dafür, dass die Beobachtung in tieferem Sinne Bedeutung habe. Wenn das Phänomen in einem gewissen Grade hervortritt, so werden die meisten Menschen aufmerksam, wissen es aber nicht zu erklären, weil sie die Kategorie nicht treffen; und wenn sie diese hätten, so besäßen sie wiederum einen Schlüssel, der überall aufschlösse, wo eine Spur des Phänomens zu finden ist. Denn die Phänomene, unter die Kategorie gebracht, gehorchen dieser wie die Geister des Rings dem Ringe gehorchen.

42 Ich habe hier mit Absicht das Wort Offenbarung gebraucht; ich hätte das Gute hier aber auch Durchsichtigkeit nennen können. Wenn ich befürchten müsste, dass jemand das Wort Offenbarung und die Entwicklung des Verhältnisses derselben zum Dämonischen missverstünde, als wäre beständig von etwas Äußerem, einer handgreiflich offenbaren Beichte die Rede, die als äußere doch durchaus nichts nützte, so hätte ich wohl ein andres Wort gewählt.

43 Man sieht leicht, dass die Verschlossenheit als solche die Lüge, oder, wenn man so will, die Unwahrheit ist. Diese ist eben die Unfreiheit, der vor der Offenbarung angst ist. Darum heißt auch der Teufel Vater der Lüge. Dass nun zwischen Lüge und Unwahrheit, zwischen Lüge und Lüge und zwischen Unwahrheit und Unwahrheit ein großer Unterschied ist, habe ich ja stets eingeräumt, aber die Kategorie ist dieselbe.

44 Der Verfasser von »Entweder – Oder« hat darauf aufmerksam gemacht, dass Don Juan wesentlich musikalisch ist. Im selben Sinne gilt von Mephistopheles, dass er wesentlich mimisch ist. Es ist dem Mimischen gegangen wie dem Musikalischen: Man hat geglaubt, es könne mimisch und alles könne musikalisch werden. Es gibt ein Ballett, »Faust« betitelt. Wenn sein Komponist wirklich verstanden hätte, was darin liegt, dass Mephistopheles mimisch aufzufassen ist, so wäre es ihm nie in den Sinn gekommen, Faust zu einem Ballett zu machen.

45 Die Darstellung Klisters durch den kleinen Winslöv in den »Unzertrennlichen« war darum so tiefsinnig, weil er richtig das Langweilige als das Komische aufgefasst hatte. Dass eine Verliebtheit, die ja, wenn sie wirklich eine ist, den Gehalt der Kontinuität besitzt, gerade das Entgegengesetzte, eine unendliche Leerheit ist – nicht weil Klister ein böser Mensch wäre, treulos usw., da er ja im Gegenteil innigst verliebt ist, sondern weil er hier wieder ein überzähliger Volontär wie auf dem Zollamt ist –, ist von großer komischer Wirkung, wenn man den Akzent gerade auf das Langweilige legt. Der Stellung Klisters im Zollamt ließe sich nur auf ungerechte Weise eine komische Seite abgewinnen; denn, liebe Güte, was kann Klister dafür, dass es kein Avancement gibt; aber in Betreff seiner Verliebtheit ist er ja sein eigener Herr.

46 Dies muss gerade im Gegensatz gegen die Illusionen des Dämonischen und des Sprachgebrauchs festgehalten werden: denn bei den Ausdrücken, welche diese von diesem Zustand brauchen, möchte man ganz vergessen, dass die Unfreiheit ein Phänomen der Freiheit und nicht durch Naturkategorien zu erklären ist. Auch wenn die Unfreiheit in den allerstärksten Ausdrücken versichert, dass sie nicht sich selbst wolle, so ist das Unwahrheit, und es ist stets ein Wille in ihr, der den Wunsch überwiegt. Der Zustand kann äußerst leicht täuschen, und man kann einen Menschen zur Verzweiflung bringen, wenn man ihm gegen seine Sophistik immer nur rein die Kategorie entgegenhält. Davor darf einem nur nicht bange sein; doch soll man sich auch nicht in jugendlich unreifen Experimenten auf diesem Gebiete versuchen.

47 Im Neuen Testament kommt der Ausdruck σοφία δαιμονιώδης vor (Jak. 3, 15). So, wie sie an dieser Stelle beschrieben wird, tritt die Kategorie nicht bedeutsam auf. Nimmt

man aber noch 2, 19 hinzu: καὶ τὰ δαιμόνια πιστεύουσι καὶ φρίσσουσι, so sieht man in dem dämonischen Wissen eben die Unfreiheit in dem Verhältnis zu dem gegebenen Wissen.

48 Übrigens kann das Dämonische in den religiösen Sphären eine täuschende Ähnlichkeit mit der Anfechtung haben. Was wirklich vorliegt, kann nie *in abstracto* entschieden werden. So kann einen frommgläubigen Christen eine Angst befallen, das Abendmahl zu genießen. Dies ist eine Anfechtung, d. h. ob es eine Anfechtung ist, wird sich darin zeigen, wie er sich zur Angst verhält. Eine dämonische Natur hingegen kann so weit gekommen, ihr religiöses Bewusstsein kann so konkret geworden sein, dass das rein persönliche Verstehen des sakramentalen Verstehens die Innerlichkeit ist, vor der sie sich ängstet, der sie in ihrer Angst zu entfliehen sucht. Bloß bis zu einem gewissen Punkt will ein solcher mitgehen; dann bricht er ab und will sich bloß wissend verhalten, will so oder so mehr werden als die empirische, historisch bestimmte, endliche Individualität. Wer in religiöser Anfechtung ist, will darum zu dem hin, von dem die Anfechtung ihn fernhalten will; während der Dämonische selbst, nach seinem stärkeren Willen (dem Willen der Unfreiheit), weg und nur ein schwacher Wille in ihm hin will. Das hat man festzuhalten, sonst geht man hin und denkt das Dämonische so abstrakt, wie es noch nie vorgekommen ist: als wäre der Wille der Unfreiheit als solcher konstituiert und nicht das Individuum durch einen stets, wenn auch schwach, vorhandenen Willen der Freiheit mit sich selbst beständig im Widerspruch. – Wünscht jemand Materialien die religiöse Anfechtung betreffend, so wird er sie im Überfluss in Görres' »Mystik« finden. Ich gestehe übrigens der Wahrheit gemäß, dass ich nie den Mut gehabt habe, dieses Buch ordentlich durchzulesen, eine solche Angst liegt in ihm. So viel kann ich aber doch sehen, dass er nicht jederzeit zwischen dem Dämonischen und der Anfechtung zu scheiden gewusst hat, und darum ist er vorsichtig zu benutzen.

49 Cartesius hat in seiner Schrift »De affectionibus« darauf aufmerksam gemacht, dass jeder Leidenschaft eine entgegengesetzte entspricht, außer der Bewunderung. Die detaillierte Ausführung ist ziemlich schwach; es hat mich aber interessiert, dass er die Bewunderung ausnahm, weil diese bekanntlich nach Plato und Aristoteles die Leidenschaft der Philosophie ist, die Leidenschaft, mit welcher alles Philosophieren begann. Der Bewunderung entspricht übrigens die Missgunst; die neuere Philosophie würde auch den Zweifel nennen. Darin liegt aber der Grundfehler der neueren Philosophie, dass sie mit dem Negativen beginnen will statt mit dem Positiven, das doch stets das erste ist, wie man ja auch sagt: *omnis affirmatio est negatio*, und hierin die Affirmation voranstellt. Die Frage, ob das Positive oder das Negative das erste sei, ist sehr wichtig, und der einzige neuere Philosoph, der sich für das Positive erklärt hat, ist eigentlich Herbart.

50 Ich setze stets gerne voraus, dass mein Leser ebenso viel gelesen habe wie ich. Das erspart beiden manches, dem Leser und dem Schreiber. Ich nehme also an, dass mein Leser jene Schrift kennt; sollte das nicht der Fall sein, so will ich ihm raten, sich mit ihr bekannt zu machen; denn sie ist wirklich tüchtig, und wenn der Verfasser, der sich sonst durch seinen gesunden Sinn und sein humanes Interesse für das Menschenleben auszeichnet, sich der schwärmerischen Verehrung eines leeren Schemas enthalten hätte, so wäre er bisweilen nicht lächerlich geworden. Was er in den Paragrafen sagt, die Entwicklung, ist meist wirklich gut; das einzige, was man oft nicht begreifen kann, ist das hochtrabende Schema und sein Missverhältnis zu der ganz konkreten Entwicklung (vgl. S. 209–211: das Selbst – und das Selbst. 1. Der Tod. 2. Der Gegensatz von Herrschaft und Knechtschaft).

51 In diesem Sinne ist der Satz des Konstantius in der »Wiederholung« zu verstehen: dass die Wiederholung der Ernst des Daseins und dass es dagegen nicht Lebensernst

sei, königlicher Bereiter zu sein, auch wenn ein solcher, sooft er sein Pferd besteige, es mit allem möglichen Ernst tue.

52 S. Marbach, Gesch. d. Phil. II, S. 302, Note: *Albertus repente ex asino factus philosophus et ex philosopho asinus;* s. auch Tennemann VIII, 2. Teil, S. 485, Note. Eine noch bestimmtere Erzählung hat man von einem andern Scholastiker, Simon Tornacensis, der meinte, Gott müsse ihm verpflichtet sein, weil er die Trinität bewiesen habe; »*profecto, si malignando et adversando vellem, fortioribus argumentis scirem illam infirmare et deprimendo improbare.*« Zum Dank dafür wurde der gute Mann ein Narr, der zwei Jahre brauchte, um die Buchstaben kennenzulernen; s. Tennemann VIII, S. 314, Note. Dem mag nun sein, wie ihm wolle; er habe dies wirklich gesagt, oder er habe die im Mittelalter berühmte Blasphemie von den drei Betrügern ausgesprochen, die man ihm auch zuschreibt – es mangelte ihm jedenfalls nicht der angestrengte Ernst in der Dialektik oder Spekulation, wohl aber der Ernst im Verstehen seiner selbst. Analogien zu dieser Geschichte kann man häufig genug finden, und in unserer Zeit hat sich ja die Spekulation eine solche Autorität angemaßt, dass sie fast Gott selbst an sich selbst irre zu machen versucht hat. Geht es ihm nicht fast wie einem Monarchen, der ängstlich sitzen und warten muss, ob ihn seine Stände zu einem absoluten König machen oder konstitutionell einschränken wollen?

53 In diesem Sinne ist es sicher zu verstehen, wenn Konstantin Konstantius sagt, die Ewigkeit sei die wahre Wiederholung.

54 Hamann nimmt daher das Wort »Hypochondrie« in einer höheren Bedeutung, wenn er sagt: »Diese Angst in der Welt ist aber der einzige Beweis unserer Heterogenität. Denn fehlt uns nichts, so würden wir es nicht besser machen als die Heiden und Transzendentalphilosophen, die von Gott nichts wissen und in die liebe Natur sich wie die Narren vergaffen; kein Heimweh würde uns anwandeln. Diese impertinente Unruhe, diese heilige Hypochondrie ist vielleicht das Feuer, womit wir Opfertiere gesalzen und vor der Fäulnis des laufenden seculi bewahrt werden müssen.«

55 S. Entweder – Oder.

56 S. Xenophons *Convivium*, wo Sokrates dieses Wort von sich selbst braucht.

Die Krankheit zum Tode

Eine christlich-psychologische Entwicklung zur Erbauung und Erweckung von Anti-Climacus Herausgegeben von S. Kierkegaard Kopenhagen 1849

Herr! Gib uns blöde Augen
für Dinge die nichts taugen,
und Augen voller Klarheit
in alle deine Wahrheit.

Vorwort

Vielen wird diese Form der »Entwicklung« vielleicht sonderbar vorkommen. Sie wird ihnen als zu streng erscheinen, um erbaulich, und als zu erbaulich, um streng wissenschaftlich zu sein. Über dies letzte habe ich kein Urteil, und in Bezug auf das erste bin ich nicht dieser Meinung, und wäre sie wirklich zu streng, um erbaulich zu sein, so wäre dies in meinen Augen ein Fehler. Vielleicht kann sie nicht für jeden erbaulich sein, weil nicht jeder die Voraussetzungen ihr zu folgen hat, aber darum kann sie doch ihrer Art nach erbaulich sein. *Christlich genommen soll nämlich alles, alles zur Erbauung dienen.* Die Art Wissenschaftlichkeit, die nicht zuletzt erbaulich ist, ist eben darum unchristlich. Alles Christliche muss in seiner Darstellung Ähnlichkeit mit dem Vortrag eines Arztes am Krankenbett haben; ob diesen auch nur der Heilkundige versteht, darf doch nie vergessen werden, dass er beim Krankenbett gehalten wird. Dies Verhältnis des Christlichen zum Leben (im Gegensatz zu einem wissenschaftlichen Fernsein vom Leben) oder diese ethische Seite des Christlichen ist eben das Erbauliche, und eine derartige Darstellung, wie streng sie übrigens auch sein mag, ist qualitativ völlig verschieden von einer solchen Wissenschaftlichkeit, die »gleichgültig« ist, deren erhabener Heroismus christlich so wenig Heroismus ist, dass er vielmehr christlich eine Art unmenschliche Neugier darstellt. Christlicher Heroismus ist es, wie er vielleicht selten genug vorkommt, wenn einer wagt, ganz er selbst, ein einzelner Mensch, dieser bestimmte einzelne Mensch zu sein, allein vor Gott, allein in dieser ungeheuren Anstrengung und dieser ungeheuren Verantwortung. Aber es ist kein christlicher Heroismus, wenn man sich mit dem »reinen« Menschen anführen lässt, oder mit der Weltgeschichte Sichwundern spielt. Alles christliche Erkennen, wie streng auch seine Form sein mag, muss besorgt sein; aber diese Sorge ist eben das Erbauliche. Die Sorge ist das Verhältnis zum Leben, zur Wirklichkeit der Persönlichkeit und so, christlich, der Ernst; die Erhabenheit des gleichgültigen Wissens ist, christlich, so wenig mehr Ernst, dass sie, christlich, Scherz und Eitelkeit bedeutet. Aber der Ernst ist wieder das Erbauliche.

Diese kleine Schrift ist daher in *einem* Sinne von der Art, dass sie ein Seminarist schreiben könnte, und doch vielleicht in einem andern Sinne so, dass sie nicht jeder Professor schreiben könnte.

Dass aber die Einkleidung der Abhandlung so ist, wie sie ist, ist jedenfalls wohl überlegt und doch auch wohl psychologisch richtig. Es gibt einen feierlicheren Stil, der so feierlich ist, dass er nichts mehr bezeichnet, und der, da man seiner nur allzu sehr gewohnt ist, leicht nichtssagend wird.

Übrigens nur noch eine freilich überflüssige Bemerkung, deren Überflüssigkeit ich doch auf mich nehmen will: ich möchte nämlich ein für allemal darauf aufmerksam machen, dass, wie der Titel sagt, in dieser ganzen Schrift Verzweiflung als die Krankheit, nicht als das Heilmittel verstanden wird. So dialektisch ist nämlich Verzweiflung. So ist ja auch in christlicher Terminologie der Tod der Ausdruck für das größte geistige Elend, und besteht doch gerade die Heilung im Sterben, im Absterben.

Im Jahre 1848

Einleitung

»Diese Krankheit ist nicht zum Tode« (Joh. 11, 4). Und doch starb ja Lazarus. Als die Jünger die von Christo dann hinzugefügten Worte: »Lazarus, unser Freund, ist eingeschlafen, aber ich gehe hin, um ihn aufzuwecken« missverstanden, sagte er es ihnen geradeheraus: »Lazarus ist tot« (11, 14). Also Lazarus ist tot, und doch war diese Krankheit nicht zum Tode; er war tot, und doch ist diese Krankheit nicht zum Tode. Wir wissen nun wohl, dass Christus an das Wunder dachte, das den mit ihm Lebenden, »soweit sie glauben konnten, die Herrlichkeit Gottes zeigen« (11, 40) sollte, das Wunder, durch das er Lazarus von den Toten auferweckte, so dass »diese Krankheit« nicht nur nicht zum Tode war, sondern, wie Christus voraussagte, »zur Ehre Gottes, dass der Sohn Gottes dadurch geehrt werde« (11, 4): o, aber selbst wenn Christus nicht Lazarus auferweckt hätte, würde dann gleichwohl nicht doch gelten, dass diese Krankheit, der Tod selbst, nicht zum Tode ist? Indem Christus zum Grabe hintritt und mit lauter Stimme ruft: »Lazarus, komm heraus« (11, 43) ist es ja gewiss genug, dass »diese« Krankheit nicht zum Tode ist. Wenn Christus dies aber auch nicht gesagt hätte – bedeutet so nicht das, dass er, der »die Auferstehung und das Leben« (11, 25) ist, ans Grab hintritt, bedeutet das nicht, dass diese Krankheit nicht zum Tode ist: bedeutet das, dass Christus da ist, nicht, dass *diese* Krankheit nicht zum Tode ist! Und was hätte es Lazarus geholfen, von den Toten auferweckt worden zu sein, wenn es doch zuletzt damit enden muss, dass er stirbt – was hätte es Lazarus geholfen, wenn jener nicht der wäre, der er für jeden, der an ihn glaubt, ist, die Auferstehung und das Leben! Nein, nicht weil

Lazarus von den Toten auferweckt wurde, nicht darum kann man sagen, dass *diese* Krankheit nicht zum Tode ist, sondern weil Er da ist, darum ist diese Krankheit nicht zum Tode. Denn menschlich gesprochen ist der Tod das Letzte von allem, und menschlich gesprochen gibt es nur Hoffnung, solange Leben da ist. Aber christlich verstanden ist der Tod keineswegs das Letzte von allem, sondern auch er nur eine kleine Begebenheit innerhalb dessen, das alles ist, innerhalb eines ewigen Lebens; und christlich verstanden gibt es im Tode unendlich viel mehr Hoffnung, als es in bloß menschlichem Sinn da gibt, wo nicht nur Leben vorhanden ist, sondern dieses Leben in vollster Gesundheit und Kraft steht.

Also christlich verstanden ist nicht einmal der Tod »die Krankheit zum Tode«, geschweige denn alles, was irdisches und zeitliches Leiden, Not, Krankheit, Elend, Drangsal, Widerwärtigkeiten, Pein, Seelenleiden, Sorge und Gram heißt. Und wäre solches auch so schwer und peinvoll, dass wir Menschen sagten: »das ist schlimmer als der Tod« oder dass es doch der Leidende sagte – alles solches, was immer, sofern es keine Krankheit ist, mit einer Krankheit verglichen werden kann, ist doch nicht in christlichem Sinn die Krankheit zum Tode.

So vornehm hat das Christentum den Christen über alles Irdische und Weltliche und selbst den Tod denken lehren. Es scheint fast, als müsste der Christ hochmütig werden, wenn er sich so stolz über alles erhebt, was der Mensch sonst Unglück und was er sonst das größte Übel nennt. Aber dann hat das Christentum wieder ein Elend entdeckt, von dem der Mensch als solcher nichts weiß; dies Elend ist die Krankheit zum Tode. Was der natürliche Mensch als das Schauerliche aufzählt – wenn er dann alles aufgezählt hat und nichts mehr zu nennen weiß: das ist für den Christen wie ein Scherz. Der natürliche Mensch steht so zum Christen, wie das Kind zum Manne: wovor dem Kinde graut, das achtet der Mann für nichts. Das Kind weiß nicht, was das Schreckliche ist; das weiß der Mann, und davor graut ihm. Die Unvollkommenheit des Kindes besteht zunächst darin, dass es das Schreckliche nicht kennt, und dann wieder, was draus folgt, darin, dass ihm vor dem graut, was nicht schrecklich ist. Und so auch mit dem natürlichen Menschen, er weiß nicht, was in Wahrheit das Schreckliche ist, und doch ist er damit nicht frei von Angst, nein, ihm graut vor dem, was nicht schrecklich ist. Es geht wie mit dem Gottesverhältnis des Heiden: der kennt den wahren Gott nicht, aber nicht genug damit, er verehrt einen Götzen als Gott.

Nur der Christ weiß, was die Krankheit zum Tode bedeutet. Er bekam als Christ einen Mut, den der natürliche Mensch nicht kennt – diesen Mut bekam er dadurch, dass er das noch Schrecklichere fürchten lernte. Auf diese Weise bekommt ein Mensch immer Mut; wenn man eine größere Gefahr fürchtet, hat man immer Mut in eine geringere zu gehen; wenn man *eine* Gefahr unendlich fürchtet, ist es, als wären die andern gar nicht da. Das Schreckliche aber, was der Christ kennen lernte, ist »die Krankheit zum Tode«.

Erster Abschnitt

Die Krankheit zum Tode besteht in Verzweiflung

A Dass Verzweiflung die Krankheit zum Tode sei

A. Verzweiflung ist eine Krankheit im Geist, im Selbst, und kann so dreifach sein: dass man, in der Verzweiflung, sich nicht bewusst ist, ein Selbst zu haben (uneigentliche Verzweiflung); dass man verzweifelt nicht man selbst sein will; dass man verzweifelt man selbst sein will

Der Mensch ist Geist. Aber was ist Geist? Geist ist das Selbst. Aber was ist das Selbst? Das Selbst ist ein Verhältnis, das sich zu sich selbst verhält, oder ist das im Verhältnis, dass sich das Verhältnis zu sich selbst verhält; das Selbst ist nicht das Verhältnis, sondern dass sich das Verhältnis zu sich selbst verhält. Der Mensch ist eine Synthese von Unendlichkeit und Endlichkeit, vom Zeitlichen und Ewigen, von Freiheit und Notwendigkeit, kurz eine Synthese. Eine Synthese ist ein Verhältnis zwischen zweien. So betrachtet ist der Mensch noch kein Selbst.

In dem Verhältnis zwischen zweien ist als negative Einheit das Verhältnis das Dritte, und die zwei verhalten sich zum Verhältnis, und im Verhältnis zum Verhältnis; so ist unter der Bestimmung Seele das Verhältnis zwischen Seele und Leib ein Verhältnis. Verhält sich dagegen das Verhältnis zu sich selbst, so ist dieses Verhältnis das positive Dritte, und dies ist das Selbst.

Ein solches Verhältnis, das sich zu sich selbst verhält, ein Selbst, muss sich entweder selbst gesetzt haben oder durch ein anderes gesetzt sein.

Ist das Verhältnis, das sich zu sich selbst verhält, durch ein anderes gesetzt, so ist das Verhältnis freilich das Dritte, aber dieses Verhältnis, das Dritte, ist so doch wieder ein Verhältnis und verhält sich zu dem, was das ganze Verhältnis gesetzt hat.

Solch ein abgeleitetes, gesetztes Verhältnis ist das Selbst des Menschen, ein Verhältnis, das sich zu sich selbst verhält und sich in diesem Zusichselbstverhalten zu einem anderen verhält. Daher kommt es, dass es zwei Formen eigentlicher Verzweiflung geben kann. Hätte das Selbst des Menschen sich selbst gesetzt, so könnte nur von einer Form die Rede sein, von der, nicht man selbst sein, sich selbst los sein zu wollen, aber es könnte nicht davon die Rede sein, verzweifelt man selbst sein zu wollen. Diese Formel ist nämlich der Ausdruck für die Abhängigkeit des ganzen Verhältnisses (des Selbst), der Ausdruck dafür, dass das Selbst nicht durch sich selbst zum Gleichgewicht oder zur Ruhe kommen oder darin sein kann, sondern nur so, dass es sich im Verhalten zu sich selbst zu dem verhält, was das ganze Verhältnis gesetzt hat. Ja, so wenig bezeichnet diese zweite Form der Verzweiflung (verzweifelt man selbst sein zu wollen) bloß eine besondere Art von Verzweiflung, dass sich im Gegenteil zuletzt alle Verzweiflung in sie auflösen und auf die zurückführen lässt. Wenn ein Verzweifelnder, wie er meint, auf seine Verzweiflung aufmerksam ist, nicht sinnlos davon als von etwas redet, was ihm begegnet (umgekehrt wie wenn der, der an Schwindel leidet, infolge eines nervösen Betruges von einem Gewicht auf dem Kopfe redet, oder davon, dass es ihm sei, als falle etwas auf ihn herunter usw., ein Gewicht und ein Druck, der in nichts Äußerem besteht, sondern der sich umwendende Reflex des Inneren ist) – und nun mit aller Macht durch sich selbst und allein durch sich selbst die Verzweiflung heben will: dann ist er noch in der Verzweiflung und arbeitet sich mit allem seinem vermeintlichen Arbeiten nur um so tiefer in eine tiefere Verzweiflung hinein. Das Missverhältnis des Verzweifelns ist kein einfaches Missverhältnis, sondern ein Missverhältnis in einem Verhältnis, das sich zu sich selbst verhält und von etwas anderem gesetzt ist, so dass das Missverhältnis in jenem für sich seienden Verhältnis sich zugleich unendlich im Verhältnis zu der Macht reflektiert, die es setzte.

Dies ist nämlich die Formel, die den Zustand des Selbst beschreibt, wenn die Verzweiflung ganz ausgerottet ist: im Verhalten zu sich selbst, und indem es es selbst sein will, gründet sich das Selbst durchsichtig auf die Macht, die es setzte.

B. Möglichkeit und Wirklichkeit der Verzweiflung

Ist Verzweiflung ein Vorzug oder ein Mangel? Rein dialektisch ist sie beides. Wenn man den abstrakten Gedanken Verzweiflung festhalten wollte, ohne an einen Verzweifelten zu denken, so müsste man sagen: sie ist ein ungeheurer Vorzug. Die Möglichkeit dieser Krankheit ist des Menschen Vorzug vor dem Tiere, und dieser Vorzug zeichnet ihn ganz anders aus als der aufrechte Gang, denn er deutet auf die unendliche Aufgerichtetheit oder Erhabenheit hin, dass er Geist ist. Die Möglichkeit dieser Krankheit ist des Menschen Vorzug vor dem Tiere; auf diese Krankheit aufmerksam zu sein ist des Christen Vorzug vor dem natürlichen Menschen; von dieser Krankheit geheilt zu sein des Christen Seligkeit.

Es ist also ein unendlicher Vorzug, verzweifeln zu können, und doch ist es nicht bloß das größte Unglück und Elend, es zu sein, nein, es ist Verlorenheit. So ist das Verhältnis von Möglichkeit und Wirklichkeit sonst nicht; ist es ein Vorzug, das und das sein zu können, so ist es ein noch größerer Vorzug, es zu sein, das will heißen: das Sein verhält sich wie ein Steigen zum Seinkönnen. Was dagegen die Verzweiflung betrifft, so verhält sich das Sein wie ein Fallen zum Seinkönnen; wie unendlich der Vorzug der Möglichkeit ist, so tief ist der Fall. Was also in Bezug auf Verzweiflung das Steigende ist, ist, es nicht zu sein. Jedoch ist diese Bestimmung wieder zweideutig. Mit dem Nichtverzweifeltsein steht es nicht wie mit dem Nichtlahm-, Nichtblindsein und dergleichen. Wenn nicht verzweifelt sein weder mehr noch weniger als es nicht sein bedeutet, so heißt es, gerade es sein. Nichtverzweifeltsein muss die vernichtete Möglichkeit, es sein zu können, bedeuten; wenn es wahr sein soll, dass ein Mensch nicht verzweifelt ist, muss er in jedem Augenblick die Möglichkeit vernichten. So ist das Verhältnis zwischen Möglichkeit und Wirklichkeit sonst nicht. Denn zwar sagen die Denker, Wirklichkeit sei die vernichtete Möglichkeit, es ist aber nicht ganz wahr, sie ist die erfüllte, die tätige Möglichkeit. Hier dagegen ist die Wirklichkeit (nicht verzweifelt zu sein), die daher auch eine Verneinung ist, die ohnmächtige, vernichtete Möglichkeit; sonst ist Wirklichkeit in Bezug auf Möglichkeit eine Bekräftigung, hier eine Leugnung.

Verzweiflung ist das Missverhältnis in dem Verhältnis einer Synthese, das sich zu sich selbst verhält. Aber die Synthese ist nicht das Missverhältnis, sondern bloß die Möglichkeit, oder in der Synthese liegt die Möglichkeit des Missverhältnisses. Wäre die Synthese das Missverhältnis, so wäre gar keine Verzweiflung da, so würde Verzweiflung etwas sein, was in der Natur des Menschen als solcher läge, das heißt, so wäre es nicht Verzweiflung. Sie würde etwas sein, was dem Menschen begegnete, etwas, was er litte wie eine Krankheit, in die der Mensch fällt, oder wie der Tod, der das Los aller ist. Nein, das Verzweifeln liegt im Menschen selbst; wäre er aber keine Synthese, könnte er gar nicht verzweifeln, und wäre die Synthese nicht ursprünglich von Gottes Hand her im rechten Verhältnis, könnte er auch nicht verzweifeln.

Woher kommt nun die Verzweiflung? Von dem Verhältnis, worin sich die Synthese zu sich selbst verhält, indem Gott, der den Menschen zum Verhältnis machte, ihn gleichsam aus seiner Hand lässt, das heißt, indem sich das Verhältnis zu sich selbst verhält. Und darin, dass das Verhältnis Geist, das Selbst ist, darin liegt die Verantwortung, unter der alle Verzweiflung steht und jeden Augenblick, den sie dauert, steht, wie viel und wie sinnreich auch, sich und andere täuschend, der Verzweifelte von seiner

Verzweiflung als von einem Unglück redet – eine Verwechslung wie bei jenem vorhin angeführten Schwindelanfall, mit dem Verzweiflung, ob auch qualitativ verschieden, viel gemein hat, da er unter der Bestimmung Seele das ist, was Verzweiflung unter der Bestimmung Geist ist, zu welcher Verzweiflung er reichlich Analogien bietet.

Wenn so das Missverhältnis, die Verzweiflung, eingetreten ist, folgt damit von selbst, dass es andauert? Nein, das folgt nicht von selbst; wenn das Missverhältnis andauert, folgt es nicht aus dem Missverhältnis, sondern aus dem Verhältnis, das sich zu sich selbst verhält. Dies will heißen: so oft sich das Missverhältnis äußert, und in jedem Augenblick, wo es da ist, muss man auf das Verhältnis zurückgehen. Sieh, man redet davon, dass sich ein Mensch, z. B. durch Unvorsichtigkeit, eine Krankheit zuzieht. Die Krankheit tritt ein, und von dem Augenblick an macht sie sich geltend und ist nun eine *Wirklichkeit*, deren Ursprung immer mehr der *Vergangenheit* angehört. Es würde grausam und unmenschlich sein, wenn man immerzu sagen würde: »in diesem Augenblick ziehst du, Kranker, dir diese Krankheit zu«, das ist, wie wenn man in jedem Augenblick die Wirklichkeit der Krankheit in ihre Möglichkeit auflösen wollte. Es ist wahr, dass er sich die Krankheit zugezogen hat, aber das hat er nur einmal getan, die Fortdauer der Krankheit ist eine einfache Folge davon, dass er sie sich einmal zuzog, ihr Fortgang darf nicht in jedem Augenblick auf ihn als Ursache geschoben werden; er zog sie sich zu, aber man kann nicht sagen: er *zieht* sie sich zu.

Anders mit dem Verzweifeln; jeder wirkliche Augenblick der Verzweiflung ist zu ihrer Möglichkeit zurückzuführen, jeden Augenblick, wo er verzweifelt ist, *zieht* er es sich zu; es ist beständig die gegenwärtige Zeit, es entsteht nichts Vergangenes, was der Wirklichkeit gegenüber zurückgelegt wäre; in jedem wirklichen Augenblick der Verzweiflung trägt der Verzweifelte alles das Vorhergehende in der Möglichkeit als ein Gegenwärtiges. Dies stammt daher, dass zu verzweifeln eine Geistesbestimmung ist *und sich zum Ewigen im Menschen verhält*. Aber das Ewige kann er nicht loswerden, nein, in alle Ewigkeit nicht; er kann es nicht ein für allemal wegwerfen, nichts ist unmöglicher; er muss es in jedem Augenblick, wo er es nicht hat, von sich geworfen haben oder von sich werfen – aber es kommt wieder, das heißt, jeden Augenblick, wo er verzweifelt ist, zieht er sich das Verzweifeln zu. Denn die Verzweiflung folgt nicht aus dem Missverhältnis, sondern aus dem Verhältnis, das sich zu sich selbst verhält. Und das Verhältnis zu sich selbst kann ein Mensch nicht loswerden, so wenig wie sein Selbst, was übrigens ein und dasselbe ist, da ja das Selbst das Verhältnis zu sich selbst ist.

C. Verzweiflung ist: »die Krankheit zum Tode«

Dieser Begriff ist jedoch in besonderer Bedeutung zu nehmen. Sonst bedeutet er eine Krankheit, deren Ende und Ausgang der Tod ist. So redet man von einer tödlichen Krankheit als von einer Krankheit zum Tode. In dem Sinn kann Verzweiflung nicht die Krankheit zum Tode heißen. Vielmehr ist christlich verstanden der Tod selbst ein Übergang zum Leben. Insofern führt, christlich, keine irdische, leibliche Krankheit zum Tode. Denn freilich ist der Tod der letzte Abschnitt der Krankheit, aber der Tod ist nicht das Letzte. Soll im strengsten Sinn von einer Krankheit zum Tode die Rede sein, so muss es eine sein, bei der der Tod das Letzte und bei der das Letzte der Tod ist. Und dies ist eben Verzweiflung.

Jedoch ist Verzweiflung in einem andern Sinn noch bestimmter die Krankheit zum Tode. Es ist nämlich durchaus nicht der Fall, dass man an dieser Krankheit stirbt, was man sonst sterben nennt, oder dass diese Krankheit mit dem leiblichen Tode endet. Im Gegenteil, die Qual der Verzweiflung besteht gerade darin, dass man nicht sterben kann. Sie hat so mehr mit dem Zustand des Todkranken gemein, wenn er da liegt und sich mit dem Tode plagt und nicht sterben kann. So heißt zum Tode krank sein nicht sterben können, jedoch nicht, als ob das Lebenshoffnung wäre, nein die Hoffnungslosigkeit ist die, dass selbst die letzte Hoffnung, der Tod, nicht kommt. Wenn der Tod die größte Gefahr ist, so hofft man auf Leben, wenn man aber die noch schrecklichere Gefahr kennen lernt, hofft man auf den Tod. Wenn also die Gefahr so groß ist, dass der Tod zum Gegenstand der Hoffnung geworden ist, dann ist Verzweiflung die Hoffnungslosigkeit, nicht einmal sterben zu können.

In dieser letzten Bedeutung ist nun Verzweiflung die Krankheit zum Tode, dieser qualvolle Widerspruch, diese Krankheit im Selbst, ewig zu sterben, zu sterben und doch nicht zu sterben; des Todes zu sterben. Denn Sterben bedeutet, dass es vorbei ist, aber des Todes sterben bedeutet, dass man das Sterben erlebt, und lässt sich dieses einen einzigen Augenblick erleben, so erlebt man es damit für ewig. Würde ein Mensch an Verzweiflung sterben, wie man an einer Krankheit stirbt, dann müsste das Ewige in ihm, das Selbst, in demselben Sinne sterben können, wie der Leib an der Krankheit stirbt. Dies ist aber eine Unmöglichkeit; das Sterben der Verzweiflung setzt sich beständig in ein Leben um. Der Verzweifelte kann nicht sterben; »so wenig wie der Dolch Gedanken töten kann«, ebenso wenig kann die Verzweiflung das Ewige, das Selbst verzehren, das der Verzweiflung zugrunde liegt, deren Wurm nicht stirbt, und deren Feuer nicht erlischt. Jedoch ist Verzweiflung gerade eine *Selbst*verzehrung, aber eine ohnmächtige Selbstverzehrung, die nicht vermag, was sie selbst will. Was sie aber selbst will, ist, sich selbst zu verzehren, was sie nicht vermag, und diese Ohnmacht ist eine neue Form von Selbstverzehrung, in welcher doch die Verzweiflung wieder nicht vermag, was sie will, sich selbst zu verzehren, das heißt, sie ist eine Potenzierung oder das Gesetz für die Potenzierung. Dies ist das Erhitzende, oder es ist der kalte Brand in der Verzweiflung, dieses Nagen, dessen Richtung beständig nach innen geht, immer tiefer hinein in ohnmächtige Selbstverzehrung. Es ist für den Verzweifelten kein Trost, dass ihn die Verzweiflung nicht verzehrt, sondern gerade das Gegenteil, dieser Trost ist eben die Qual, ist eben das, was das Nagen lebendig und das Leben im Nagen erhält; denn eben darüber – nicht verzweifelte – sondern verzweifelt er: dass er sich nicht selbst verzehren, sich nicht selbst loswerden, nicht zu nichts werden kann. Dies ist die potenzierte Form der Verzweiflung, das Steigen des Fiebers in dieser Krankheit des Selbst.

Ein Verzweifelnder verzweifelt über *etwas*. So sieht es einen Augenblick aus, aber nur einen Augenblick; in demselben Augenblick zeigt sich die wahre Verzweiflung oder die Verzweiflung in ihrer Wahrheit. Indem er über etwas verzweifelte, verzweifelte er eigentlich über *sich selbst* und will sich nun selbst loswerden. Wenn so der Herrschsüchtige, dessen Losung heißt: »entweder Cäsar oder gar nichts«, nicht Cäsar wird, so verzweifelt er darüber. Dies bedeutet aber etwas anderes: dass er, eben weil er nicht Cäsar wurde, es nun nicht aushalten kann, er selbst zu sein. Also verzweifelt er eigentlich nicht darüber, dass er nicht Cäsar wurde, sondern über sich selbst, dass er nicht Cäsar wurde. Dieses Selbst, das, wenn es Cäsar geworden wäre, seine ganze Lust gewesen wäre (in einem andern Sinne übrigens ebenso verzweifelt), dieses Selbst ist ihm nun das Allerunerträglichste. In tieferem Sinne ist es ihm nicht unerträglich, dass er nicht Cäsar wurde, sondern dieses Selbst, das nicht Cäsar wurde, ist ihm das Unerträgliche, oder noch richtiger, was ihm das Unerträgliche ist, ist, dass er sich selbst nicht loswerden kann. Wenn er Cäsar geworden wäre, so wäre er sich verzweifelt losgeworden; nun ward er aber nicht Cäsar und kann sich nicht verzweifelt loswerden. Wesentlich ist er gleich verzweifelt, denn er hat sein Selbst nicht, er ist nicht er selbst. Wenn er Cäsar geworden wäre, wäre er doch nicht er selbst geworden, sondern sich selbst losgeworden; und weil er nicht Cäsar wird, verzweifelt er darüber, dass er sich selbst nicht loswerden kann. Es ist daher eine oberflächliche Betrachtungsweise (die vermutlich nie einen Verzweifelten und nicht einmal sich selbst gesehen hat), wenn man von einem Verzweifelten sagt, als wäre das seine Strafe: er verzehrt sich selbst. Denn gerade das ist es, woran er verzweifelt und gerade das ist es, was er zu seiner Qual nicht kann, da ja durch die Verzweiflung Feuer in etwas geraten ist, was nicht brennen oder nicht verbrennen kann – ins Selbst.

Über etwas verzweifeln ist also noch keine eigentliche Verzweiflung. Es ist der Anfang, oder ist wie wenn der Arzt von einer Krankheit sagt: sie hat sich noch nicht erklärt. Das Nächste ist die erklärte Verzweiflung, über sich selbst zu verzweifeln. Ein junges Mädchen verzweifelt aus Liebe, sie verzweifelt also über den Verlust des Geliebten, dass er starb, oder dass er ihr untreu wurde. Dies ist keine erklärte Verzweiflung, nein, sie verzweifelt über sich selbst. Dieses ihr Selbst, das sie, wenn es »seine« Geliebte geworden wäre, auf die holdseligste Weise losgeworden wäre oder verloren hätte, dies Selbst ist ihr nun eine Plage, wenn es ein Selbst ohne »ihn« sein soll; dieses Selbst, das ihr (übrigens in einem andern Sinn ebenso verzweifelt) ihr Reichtum geworden wäre, ist ihr nun, da »er« tot ist, eine widerwärtige Leere geworden oder zum Abscheu, da es sie daran erinnert, dass sie betrogen ist. Versuche es nun und sage zu einem solchen Mädchen: du verzehrst dich selbst, und du wirst sie antworten hören: »o nein, die Qual ist gerade, dass ich es nicht kann«.

Über sich verzweifeln, verzweifelt sich selbst los sein wollen, ist die Formel für jede Verzweiflung, so dass also die zweite Form der Verzweiflung, verzweifelt man selbst sein zu wollen, auf die erste, verzweifelt nicht man selbst sein zu wollen, zurückgeführt werden kann, wie wir im vorigen die Form, verzweifelt nicht man selbst sein zu wollen, in die Form, verzweifelt man selbst sein zu wollen, auflösten (vgl. A). Ein Verzweifelnder will verzweifelt er selbst sein. Ja, so scheint es; wenn man aber genauer zusieht, sieht man doch, dass der Widerspruch derselbe ist. Das Selbst, das er verzweifelt sein will, ist ein Selbst, das er nicht ist (denn das Selbst sein zu wollen, das er in Wahrheit ist, ist ja gerade das Gegenteil von Verzweiflung), er will sein Selbst nämlich von der Macht, die es setzte, losreißen. Dieses vermag er aber trotz allem Verzweifeln nicht; trotz aller Anstrengung der Verzweiflung ist jene Macht die stärkere und zwingt ihn, das Selbst zu sein, das er nicht sein will. Aber so will er ja doch sich selbst, das Selbst, das er ist, los sein, um das Selbst zu sein, das er selbst erfunden hat. Ein Selbst zu sein, wie er es will, das würde (wenn auch in einem andern Sinn ebenso verzweifelt) seine ganze Lust sein; dagegen gezwungen ein Selbst zu sein, wie er es nicht sein will, das ist seine Qual, die Qual, dass er sich selbst nicht loswerden kann.

Sokrates bewies die Unsterblichkeit der Seele damit, dass die Krankheit der Seele (die Sünde) diese nicht verzehrt, wie die Krankheit des Leibes den Leib verzehrt[1]. So kann man auch das Ewige in einem Menschen damit beweisen, dass die Verzweiflung sein Selbst nicht verzehren kann und dass darin gerade die Widerspruchsqual der Verzweiflung besteht. Gäbe es im Menschen nichts Ewiges, dann könnte er gar nicht verzweifeln, könnte aber die Verzweiflung sein Selbst verzehren, so wäre gleichwohl keine Verzweiflung vorhanden.

So ist Verzweiflung, diese Krankheit im Selbst, die Krankheit zum Tode. Der Verzweifelte ist todkrank. In ganz andrer Weise, als man es sonst von einer Krankheit sagen kann, hat die Krankheit die edelsten Teile angegriffen, und doch kann er nicht sterben. Der Tod ist nicht das Letzte der Krankheit, sondern der Tod ist fortwährend das Letzte. Von dieser Krankheit durch den Tod gerettet zu werden, ist eine Unmöglichkeit, denn die Krankheit und ihre Qual – und der Tod ist gerade, dass man nicht sterben kann.

Dies ist der Zustand der Verzweiflung. Ob es dem Verzweifelten auch noch so sehr entgeht, ob es ihm auch noch so gut gelingt (was besonders von der Art Verzweiflung gelten mag, die in Unwissenheit besteht, dass sie Verzweiflung ist), sein Selbst ganz verloren zu haben, und zwar so, dass man es nicht im geringsten Grade merkt: so wird es die Ewigkeit doch offenbaren, dass sein Zustand Verzweiflung war und ihm sein Selbst festnageln, so dass seine Qual doch wird, dass er sein Selbst nicht loswerden kann, und es offenbar wird, dass es eine Einbildung war, es sei ihm gelungen. Und so muss die Ewigkeit handeln, weil ein Selbst zu haben, ein Selbst zu sein, die größte, unendliche dem Menschen gemachte Einräumung, aber zugleich die Forderung der Ewigkeit an ihn ist.

B Die Allgemeinheit dieser Krankheit (der Verzweiflung)

Wie der Arzt wohl sagen mag, dass vielleicht nicht ein einziger Mensch leben, der ganz gesund sei, so müsste man, wenn man den Menschen recht kennte, sagen, dass nicht ein einziger Mensch lebe, der doch nicht etwas verzweifelt sei, in dessen Innerem nicht eine Unruhe, ein Unfriede, eine Disharmonie und eine Angst vor einem unbekannten Etwas wohne, oder vor einem Etwas, das er nicht einmal kennen zu lernen wagt, eine Angst vor der Möglichkeit eines Daseins oder eine Angst vor sich selbst, so dass er, wie der Arzt sagt, man trage in sich eine Krankheit, eine Geisteskrankheit in sich trägt, die ab und zu blitzartig in und mit einer ihm selbst unerklärlichen Angst merken lässt, dass sie darinnen ist. Und auf jeden Fall hat außerhalb der Christenheit kein Mensch gelebt und lebt kein Mensch, ohne verzweifelt zu sein, und in der Christenheit keiner, er sei denn ein wahrer Christ; und sofern er dies nicht ganz ist, ist er doch etwas verzweifelt.

Diese Betrachtung wird gewiss manchem wie ein Paradox und eine Übertreibung, dabei wie eine düstere und verstimmende Anschauung vorkommen. Doch ist sie nichts von alledem. Sie ist nicht düster, sie sucht im Gegenteil an das Licht zu bringen, was man allgemein in einer gewissen Dunkelheit lassen möchte; sie ist nicht verstimmend, im Gegenteil erhebend, da sie jeden unter die höchste Anforderung gestellt sieht, die an ihn gerichtet wird, dass er Geist sein soll; sie ist auch kein Paradox, im Gegenteil eine konsequent durchgeführte Grundanschauung, und insofern auch keine Übertreibung.

Die *gewöhnliche* Betrachtung der Verzweiflung bleibt dagegen beim Anschein stehen und ist so eine oberflächliche, das heißt gar keine Betrachtung. Sie nimmt an, dass jeder Mensch ja am besten bei sich selbst wissen müsse, ob er verzweifelt oder nicht verzweifelt sei. Wer von sich selbst sagt, dass er es sei, der gilt für verzweifelt, wer es aber nicht von sich meint, der gilt auch nicht dafür. Infolge davon wird Verzweiflung zu einer ziemlich seltenen Erscheinung, während sie das ganz Gewöhnliche ist. Es ist nicht das Seltene, dass einer verzweifelt ist; nein, das Seltene, das sehr Seltene ist, dass es einer in Wahrheit nicht ist.

Aber die *vulgäre* Betrachtung versteht sich sehr mangelhaft auf Verzweiflung. So übersieht sie unter anderem ganz (um bloß dies zu nennen, was doch richtig verstanden Tausende und abermals Tausende und Millionen unter die Bestimmung Verzweiflung bringt), dass es eben eine Form von Verzweiflung ist, nicht verzweifelt zu sein, sich nicht bewusst zu sein, dass man es ist. Es geht der vulgären Betrachtung bei ihrer Ansicht von der Verzweiflung in viel tieferem Sinne so, wie es ihr zuweilen bei ihrer Bestimmung geht, ob ein Mensch krank sei oder nicht – in viel tieferem Sinne; denn die vulgäre Betrachtung versteht sich noch viel weniger darauf, was Geist ist (und ohne das kann man sich auch nicht auf Verzweiflung verstehen), als auf Krankheit und Gesundheit. Gewöhnlich nimmt man an, dass ein Mensch, wenn er nicht selbst sagt, dass er krank sei, gesund ist, geschweige denn, wenn er selbst sagt, er sei gesund. Der Arzt dagegen betrachtet die Krankheit anders. Und warum? Weil der Arzt eine bestimmte und entwickelte Vorstellung davon hat, was Gesundsein heißt, und nach dieser den Zustand eines Menschen prüft. Der Arzt weiß, dass, wie es eine Krankheit gibt, die nur auf Einbildung beruht, so auch eine solche Gesundheit. Daher wendet er im letzteren Falle erst Mittel an, damit die Krankheit offenbar werde.

Überhaupt hat der Arzt, eben weil er Arzt (der Einsichtsvolle) ist, kein unbedingtes Zutrauen zu der eignen Aussage des Menschen über sein Befinden. Wenn es so wäre, dass man unbedingt darauf bauen könnte, was ein jeder von seinem Befinden sagt, davon, ob er gesund oder krank sei, wie sehr er leide usw., so wäre Arztsein eine Einbildung. Denn ein Arzt hat nicht nur Heilmittel vorzuschreiben, sondern vor allem die Krankheit zu erkennen und also vor allem wieder zu erkennen, ob der vermeintlich Kranke wirklich krank, oder ob der vermeintlich Gesunde vielleicht wirklich krank ist.

So steht auch der Seelenkundige der Verzweiflung gegenüber. Er weiß, was Verzweiflung ist, er kennt sie und begnügt sich daher weder mit der Aussage eines Menschen, dass er nicht verzweifelt sei, noch dass er es sei. Es muss nämlich bemerkt werden, dass in gewissem Sinn auch die nicht immer verzweifelt sind, die es von sich behaupten. Man kann ja Verzweiflung affektieren, und man kann sich irren und Verzweiflung, die ein Zustand des Geistes ist, mit allerhand transitorischer Verstimmtheit und Zerrissenheit verwechseln, die wieder vorübergeht, ohne es bis zur Verzweiflung zu bringen. Indes sieht der Seelenkundige freilich auch hierin Formen von Verzweiflung; er sieht ganz gut, dass es Affektation ist – aber eben diese Affektation ist Verzweiflung. Er sieht ganz gut, dass diese Verstimmung usw. nicht viel zu bedeuten hat – aber eben dies, dass sie nicht viel zu bedeuten hat und haben wird, ist Verzweiflung.

Die vulgäre Betrachtung übersieht ferner, dass Verzweiflung, mit einer Krankheit verglichen, anders dialektisch ist, als was man sonst Krankheit nennt, weil sie eine Krankheit des Geistes ist. Und dieses Dialektische bringt, richtig verstanden, wieder Tausende unter die Rubrik Verzweiflung. Wenn sich nämlich ein Arzt in einem gewissen Augenblick überzeugt hat, dass der und der gesund ist – und dieser dann in einem späteren Augenblick krank wird: so kann der Arzt darin recht haben, dass dieser Mensch damals gesund *war*, jetzt dagegen ist er krank. Anders mit Verzweiflung. Sobald sich Verzweiflung zeigt, zeigt es sich, dass der Mensch verzweifelt war. Insofern kann man in keinem Augenblick etwas Gewisses von einem Menschen aussagen, der nicht dadurch gerettet ist, dass er verzweifelt gewesen ist. Denn wenn und wann das eintritt, was ihn zur Verzweiflung bringt, dann wird es in demselben Augenblick offenbar, dass er sein ganzes vergangenes Leben hindurch verzweifelt gewesen ist. Dagegen kann man, wenn einer Fieber bekommt, keineswegs sagen, nun werde offenbar, dass er sein ganzes Leben hindurch Fieber gehabt habe. Aber Verzweiflung ist eine Geistesbestimmung, verhält sich zum Ewigen und hat daher in ihrer Dialektik etwas vom Ewigen.

Verzweiflung hat nicht nur eine andere Dialektik als eine Krankheit, sondern bei ihr sind alle Kennzeichen doppeldeutig, und darum täuscht sich die oberflächliche Betrachtung so leicht über ihr Vorhandensein. Nicht verzweifelt sein kann nämlich gerade bedeuten, dass man es ist, und es kann bedeuten, dass man von der Verzweiflung gerettet ist. Sicherheit und Beruhigung kann bedeuten, dass man verzweifelt ist, gerade diese Sicherheit, diese Beruhigung kann Verzweiflung sein, und sie kann bedeuten, dass man die Verzweiflung überwunden und Frieden gefunden hat. Mit dem Nichtverzweifeltsein steht es anders als mit dem Nichtkranksein. Denn dies kann nicht Kranksein bedeuten, aber Nichtverzweifeltsein kann gerade Verzweiflung bedeuten. Verzweiflung ist nicht wie eine Krankheit, wo das Übelbefinden die Krankheit ist. Keineswegs. Das Übelbefinden ist wieder doppeldeutig. Dass man dies Übelbefinden nie empfunden hat, bedeutet gerade, dass man verzweifelt ist.

Dies will sagen und hat seinen Grund darin, dass als Geist betrachtet (und will man von Verzweiflung reden, muss man den Menschen unter der Kategorie Geist betrachten) der Zustand des Menschen immer kritisch ist. Man redet bei Krankheit von einer Krisis, aber nicht bei Gesundheit. Und warum nicht? Weil leibliche Gesundheit eine unmittelbare Bestimmung ist, die erst im Zustand der Krankheit dialektisch wird, wo dann auch von der Krisis geredet wird.

Aber geistig oder wenn der Mensch als Geist betrachtet wird, ist sowohl Gesundheit als Krankheit kritisch; unmittelbare Gesundheit des Geistes gibt es nicht.

Sobald man den Menschen nicht unter der Kategorie Geist betrachtet (und wenn dies nicht, kann man auch nicht von Verzweiflung reden), sondern nur als seelisch-leibliche Synthese, ist Gesundheit eine unmittelbare Bestimmung und Krankheit der Seele oder des Leibes erst die dialektische Bestimmung. Aber das ist eben Verzweiflung, dass sich der Mensch nicht bewusst ist, als Geist bestimmt zu sein. Selbst was, menschlich gesprochen, das Schönste und Lieblichste von allem ist, weibliche Jugend, die eitel

Friede und Harmonie und Freude ist: das ist doch Verzweiflung. Dies ist nämlich Glück, aber Glück ist keine Bestimmung des Geistes, und weit, weit drinnen, innerst in der verstecktesten Verborgenheit des Glücks, da wohnt auch die Angst, d. h. die Verzweiflung. Sie will so gern die Erlaubnis haben, da drinnen zu bleiben, denn es ist der Verzweiflung die liebste, gesuchteste Stätte: mitten drin im Glück zu wohnen. Alle Unmittelbarkeit ist trotz ihrer eingebildeten Ruhe und Sicherheit Angst und darum ganz konsequent meist Angst vor nichts; man macht der Unmittelbarkeit mit der schauerlichsten Beschreibung der schrecklichsten Sache nicht so angst wie durch ein hinterlistig, fast nachlässig, aber doch mit Berechnung der sicher zielenden Reflexion hingeworfenes halbes Wort von etwas Unbestimmtem, ja man macht der Unmittelbarkeit am allermeisten angst, indem man ihr auf listige Weise andeutet, dass sie selbst schon wisse, wovon man rede. Denn freilich weiß es die Unmittelbarkeit nicht; aber nie fängt die Reflexion so sicher, wie wenn sie ihre Schlinge aus nichts dreht, und nie ist die Reflexion so sie selbst, wie wenn sie – nichts ist. Es gehört eine eminente Reflexion, oder richtiger, es gehört ein großer Glaube dazu, die Reflexion des Nichts, das ist die unendliche Reflexion, aushalten zu können. Also selbst das Schönste und Lieblichste von allem, weibliche Jugend, ist doch Verzweiflung, ist Glück. Daher glückt es wohl auch nicht, mit dieser Unmittelbarkeit durchs Leben zu schlüpfen. Und glückt es diesem Glück, hindurch zu schlüpfen, ja das hilft nur wenig, denn es ist Verzweiflung. Verzweiflung ist nämlich, gerade weil sie ganz doppeldeutig ist, die Krankheit, von der gilt, dass es das größte Unglück ist, sie nie gehabt zu haben – ein wahres Gottesglück, sie zu bekommen, ob sie auch die allergefährlichste Krankheit ist, wenn man von ihr nicht geheilt werden will. Sonst kann ja doch nur die Rede davon sei, dass es ein Glück ist, von einer Krankheit geheilt zu werden, während die Krankheit selbst das Unglück ist.

Daher irrt sich die vulgäre Betrachtung vollständig, wenn sie annimmt, Verzweiflung sei etwas Seltenes, sie ist im Gegenteil das ganz Allgemeine. Die vulgäre Betrachtung irrt sich ganz und gar, wenn sie annimmt, dass jeder, der nicht meint, er sei verzweifelt oder sich verzweifelt fühlt, es auch nicht sei, sondern nur der es sei, der es von sich aussagt. Im Gegenteil ist der, der es ohne Affektation von sich sagt, der Heilung ein wenig, einen Gedanken näher als alle, die nicht für verzweifelt gelten und sich selbst nicht dafür halten. Aber eben dies ist, worin mir gewiss der Seelenkundige recht geben wird, das Allgemeine, dass die meisten Menschen dahinleben, ohne sich recht bewusst zu werden, dass sie Geist sind und sein sollen, und dass daher alle die sogenannte Sicherheit, Zufriedenheit mit dem Leben usw. usw. kommt, was gerade Verzweiflung ist. Die sich dagegen verzweifelt nennen, sind in der Regel entweder solche, die eine so viel tiefere Natur haben, dass sie sich bewusst werden, Geist zu sein, oder solche, denen schwere Ereignisse oder furchtbare Entscheidungen zum Bewusstsein des Geistes verholfen haben – entweder diese oder jene; denn einer, der in Wahrheit nicht verzweifelt ist, findet sich gewiss sehr selten.

Man redet, ach, so viel von menschlicher Not und menschlichem Elend – ich suche es zu verstehen, habe auch manches davon näher kennen gelernt; man redet so viel davon, wie manche das Leben verscherzen: aber nur der Mensch hat sein Leben verscherzt, der, von den Freuden des Lebens oder seinen Sorgen betrogen, so dahinlebte, dass er sich seiner nie ewig entscheidend als Geist, als Selbst bewusst wurde, oder was dasselbe ist, nie darauf aufmerksam wurde und im tiefsten Sinn den Eindruck davon empfing, dass ein Gott da ist, und »er«, er selbst, sein Selbst vor diesem Gott da ist, welcher Gewinn der Unendlichkeit nie erreicht wird außer durch Verzweiflung hindurch. Ach, und dieses Elend, dass so viele so dahinleben, um den seligsten aller Gedanken betrogen, dieses Elend, dass man sich oder dass man die Menge der Menschen mit allem andern beschäftigt und sie als Kräfte im Schauspiel des Lebens gebraucht, aber sie nie an diese Seligkeit erinnert, dass man sie zusammenhäuft – und sie betrügt, anstatt sie auseinander zu bringen, damit jeder Einzelne das Höchste, das Einzige gewinne, wofür es sich zu leben verlohnt, und worin zu leben eine Ewigkeit nicht zu lang ist: mich dünkt, ich könnte eine Ewigkeit darüber weinen, dass dieses Elend da ist!

Und dies ist in meinen Gedanken, ach, ein neuer Grund des Erschreckens über diese allerfürchterlichste Krankheit und Not: ihre Verborgenheit! Nicht bloß, dass der, der daran leidet, sie zu verbergen wünschen kann und es vermag, dass sie so in einem Menschen wohnen kann, dass sie keiner, keiner entdeckt; nein, dass sie so versteckt in einem Menschen sein kann, dass er selbst nichts davon weiß! O, und wenn dann einmal das Stundenglas abgelaufen ist, das Stundenglas der Zeit; wenn der Lärm der Welt verstummt ist und die rastlose oder unwirksame Geschäftigkeit ein Ende fand; wenn alles um dich still ist, wie es in der Ewigkeit ist – ob du Mann oder Weib, reich oder arm, abhängig oder unabhängig, glücklich oder unglücklich warst; ob du in Hoheit den Glanz der Krone oder in geringer Unbemerktheit nur des Tages Last und Hitze trugst; ob dein Name in Erinnerung bleibt, so lange die Welt steht, und also in Erinnerung blieb, so lange sie stand, oder du ohne Namen, wie namenlos in der zahllosen Menge mitliefst; ob die Herrlichkeit, die dich umgab, alle menschliche Beschreibung übertraf, oder das strengste, entehrendste menschliche Urteil über dich erging: die Ewigkeit fragt dich und jeden Einzelnen unter diesen unzähligen Millionen nur nach Einem, ob du verzweifelt gelebt hast oder nicht, ob so verzweifelt, dass du von deiner Verzweiflung nichts wusstest, oder so, dass du diese Krankheit als dein nagendes Geheimnis versteckt in deinem Innersten trugst, wie die Frucht einer sündlichen Liebe unter deinem Herzen, oder so, dass du, für andere ein Schrecken, in Verzweiflung rastest. Und wenn es so ist, wenn du verzweifelt gelebt hast, was du auch sonst gewannst oder verlorst, dann ist für dich alles verloren, die Ewigkeit bekennt sich nicht zu dir, sie kannte dich nie, oder noch schrecklicher, sie kennt dich, wie du erkannt bist, sie setzt dich mit deinem Selbst in der Verzweiflung fest!

C Die Formen dieser Krankheit (der Verzweiflung)

Die Formen der Verzweiflung müssen sich abstrakt finden lassen, wenn man auf die Momente achtet, aus denen das Selbst als Synthese besteht. Das Selbst ist aus Unendlichkeit und Endlichkeit gebildete. Diese Synthese ist aber ein Verhältnis, und zwar ein solches, das, wenn auch abgeleitet, sich zu sich selbst verhält, was Freiheit bedeutet. Das Selbst ist Freiheit. Freiheit ist aber das Dialektische in den Bestimmungen Möglichkeit und Notwendigkeit.

Hauptsächlich muss Verzweiflung jedoch unter der Bestimmung: Bewusstsein betrachtet werden; ob sie bewusst oder unbewusst ist, bildet den qualitativen Unterschied zwischen Verzweiflung und Verzweiflung. Freilich ist alle Verzweiflung ihrem Begriff nach bewusst; daraus folgt aber nicht, dass der, in welchem sie vorgeht, auf den man den Begriff Verzweiflung anwenden muss, sich dessen bewusst ist. So ist das Bewusstsein das Entscheidende. Überhaupt ist Bewusstsein, d. h. Selbstbewusstsein, desto mehr Selbst; je mehr Bewusstsein, desto mehr Wille, je mehr Wille, desto mehr Selbst. Ein Mensch, der gar keinen Willen hat, ist kein Selbst; je mehr Willen er aber hat, desto mehr Selbstbewusstsein hat er auch.

A. Verzweiflung so betrachtet, dass man nicht darauf achtet, ob sie bewusst oder unbewusst ist so dass man also bloß auf die Momente der Synthese achtet

a. Verzweiflung unter der Bestimmung: Endlichkeit – Unendlichkeit

Das Selbst ist die bewusste Synthese von Unendlichkeit und Endlichkeit, die sich zu sich selbst verhält, deren Aufgabe ist, man selbst zu werden, was nur durch das Verhältnis zu Gott geschehen kann. Man selbst werden heißt aber konkret werden. Konkret werden heißt aber weder endlich noch unendlich werden, denn was konkret werden soll, ist ja eine Synthese. Also muss die Entwicklung darin bestehen, dass man in Verunendlichung des Selbst von sich selbst unendlich wegkommt und in der Verendlichung zu sich selbst unendlich zurückkommt. Wird dagegen das Selbst nicht es selbst, so ist es verzweifelt, ob es etwas davon weiß oder nicht. Jedoch ist ein Selbst in jedem Augenblick seines Vorhandenseins im Werden, denn das Selbst κατὰ δύναμιν ist nicht wirklich da, sondern bloß etwas, was entstehen soll. Insofern als das Selbst nun nicht es selbst wird, ist es nicht es selbst; aber nicht man selbst sein, ist eben Verzweiflung.

α. *Die Verzweiflung der Unendlichkeit besteht im Mangel der Endlichkeit*

Dass dieses so ist, liegt darin, dass das Selbst eine Synthese bildet, weshalb das Eine von beiden beständig sein Gegenteil ist. Keine Form der Verzweiflung lässt sich direkt (d. h. undialektisch) bestimmen, sondern nur dadurch, dass man an ihr Gegenteil denkt. Man kann den Zustand des Verzweifelten in seiner Verzweiflung wohl direkt beschreiben, wie es ja ein Dichter tut, wenn er dem Verzweifelten Sprache verleiht. Aber die Verzweiflung kann man nur durch ihr Gegenteil bestimmen, und soll ihr Ausdruck dichterischen Wert haben, muss er in seinem Kolorit den Reflex seines dialektischen Gegensatzes enthalten. Also ist jede menschliche Existenz, die vermeintlich unendlich geworden ist oder es auch nur sein will, ja jeden Augenblick, wo sie unendlich geworden ist oder es auch nur sein will, Verzweiflung. Denn das Selbst ist die Synthese, bei der das Endliche das Begrenzende und das Unendliche das Erweiternde bildet. Die Verzweiflung der Unendlichkeit ist daher das Fantastische, Grenzenlose; denn nur dann ist das Selbst gesund und frei von Verzweiflung, wenn es, gerade nach seiner Verzweiflung, sich selbst durchsichtig auf Gott gründet.

Freilich steht das Fantastische zunächst in Beziehung zur Fantasie, aber die Fantasie steht wieder in Beziehung zum Gefühl, zur Erkenntnis und zum Willen, so dass ein Mensch ein fantastisches Gefühl, eine fantastische Erkenntnis und einen fantastischen Willen haben kann. Die Fantasie ist überhaupt das Medium der Verunendlichung; sie ist keine Kraft wie die andern Kräfte – sie ist, wenn man so reden will, die Kraft *instar omnium*. Wie viel Gefühl, Erkenntnis oder Willen jemand hat, beruht doch zu guter Letzt darauf, wieviel Fantasie er hat, nämlich wie sich sein Fühlen, Erkennen und Wollen reflektiert, d. h. auf der Fantasie. Die Fantasie ist die unendlich machende Reflexion, weshalb der alte Fichte selbst in Bezug auf die Erkenntnis mit Recht annahm, dass die Fantasie der Ursprung der Kategorien sei. Das Selbst ist Reflexion, und die Fantasie ist Reflexion, ist Wiedergabe des Selbst, welche die Möglichkeit des Selbst ist. Die Fantasie ist die Möglichkeit aller Reflexion, und die Intensität dieses Mediums ist die Möglichkeit der Intensität des Selbst.

Das Fantastische ist überhaupt das, was einen Menschen so in das Unendliche hinausführt, dass es ihn nur von sich wegführt und dadurch abhält, zu sich selbst zurückzukommen.

Wenn so das Gefühl fantastisch wird, dann verflüchtigt sich das Selbst immer mehr; es wird zuletzt eine Art abstrakter Gefühligkeit, die unmenschlich keinem einzelnen Menschen angehört, sondern unmenschlich sozusagen am Schicksal irgendeines Abstraktums, z. B. an der Menschheit *in abstracto* gefühlvoll teilnimmt. Wie der Rheumatische über seine sinnlichen Empfindungen nicht Herr ist, sondern diese vom Wind und Wetter abhängen, so dass er es unwillkürlich an sich merkt, wenn eine Luftveränderung usw. eintritt, so bei dem, dessen Gefühl fantastisch geworden ist; er wird gewissermaßen unendlich, aber nicht so, dass er immer mehr er selbst wird, denn er verliert sich immer mehr selbst.

Ebenso bei der Erkenntnis, wenn sie fantastisch wird. Das Gesetz für die Entwicklung des Selbst in Hinsicht auf Erkenntnis, wenn das Selbst wirklich es selbst wird, ist, dass der steigende Grad der Erkenntnis dem Grad der Selbsterkenntnis entspricht, dass das Selbst, je mehr es erkennt, desto mehr sich selbst erkennt. Geschieht dies nicht, so wird die Erkenntnis, je mehr sie steigt, desto mehr eine Art unmenschliches Wissen, zu dessen Erwerbung das Selbst des Menschen verschwendet wird, ungefähr wie zum Bauen von Pyramiden Menschen verschwendet wurden oder wie in jener russischen Blechmusik dazu Menschen verschwendet wurden, dass sie nicht mehr oder weniger als ein Ton waren. Wenn der Wille fantastisch wird, so verflüchtigt sich gleichfalls das Selbst immer mehr. Der Wille wird dann nicht fortwährend in demselben Grade konkret wie abstrakt, so dass er, je mehr er im Vorsatz und Entschluss unendlich wird, desto mehr in dem kleinen Teil der Aufgabe, der sich jetzt sogleich ausführen lässt, sich selbst ganz gegenwärtig und gleichzeitig wird. Er kommt in seinem Unendlichwerden nicht im strengsten Sinn zu sich selbst zurück, so dass der von sich selbst *am weitesten Entfernte* (wenn er im Vorsatz und Entschluss ganz unendlich geworden ist) sich in demselben Augenblick am *allernächsten* ist, um den unendlich kleinen Teil der Arbeit auszuführen, der sich noch heute, noch in dieser Stunde, noch in diesem Augenblick ausführen lässt. Und wenn so das Gefühl oder die Erkenntnis oder der Wille fantastisch geworden ist, so kann es zuletzt das ganze Selbst werden, ob nun in einer mehr aktiven Form, so dass sich der Mensch in das Fantastische stürzt, oder einer mehr leidenden Form, dass er sich hinreißen lässt, wofür er aber in beiden Fällen die Verantwortung trägt. Das Selbst führt dann eine fantastische Existenz in abstrakter Unendlichkeit oder in abstrakter Vereinzelung, wobei beständig das Selbst fehlt, von dem der Mensch immer mehr wegkommt.

So z. B. auf religiösem Gebiet. Das Gottesverhältnis macht unendlich; aber dieses Unendlichwerden kann einen Menschen so fantastisch hinreißen, dass es bloß ein Rausch wird. Es kann einem Menschen sein, als wäre es nicht zum aushalten, dass man vor Gott da ist, weil dieser Mensch nämlich nicht zu sich zurückkommen, nicht er selbst werden kann. Solch ein fantastisch Religiöser würde sagen (um ihn mit einem Wort zu charakterisieren): »dass ein Sperling leben kann, ist begreiflich, der weiß nicht, dass er vor Gott da ist. Aber zu wissen, dass man vor Gott da ist und dann nicht in demselben Augenblick verrückt oder zu nichts zu werden!«

Wenn ein Mensch aber so fantastisch geworden ist und daher verzweifelt ist, kann er doch, obgleich es meist offenbar wird, ganz gut dahinleben, wie es scheint, ein Mensch sein, der sich mit dem Zeitlichen beschäftigt, sich verheiratet, Kinder zeugt, in Ehre und Ansehen steht – und man merkt es vielleicht nicht, dass ihm in tieferem Sinne ein Selbst fehlt. Von so etwas macht man in der Welt kein großes Aufheben; denn ein Selbst ist das, wonach in der Welt am wenigsten gefragt wird, und ist das, von dessen Besitz sich etwas merken zu lassen das Allergefährlichste ist. Das wirklich Gefährlichste und Schlimmste, sich selbst zu verlieren, kann in der Welt so still hingehen, als wäre es nichts, kein Verlust kann so still hingehen, jeden andern Verlust, wenn man einen Arm, ein Beim, fünf Taler, ein Weib usw. verliert, den merkt man doch!

β. Die Verzweiflung der Endlichkeit besteht im Mangel der Unendlichkeit

Dass sich dieses so verhält, liegt, wie wir unter a nachwiesen, darin, dass das Selbst eine Synthese ist, weshalb das Eine von beiden sein Gegenteil ist.

Mangel der Unendlichkeit ist verzweifelte Begrenztheit, Borniertheit. Dabei ist natürlich nur in ethischem Sinn von Borniertheit und Beschränktheit die Rede. In der Welt redet man eigentlich nur von intellektueller oder ästhetischer Beschränktheit oder von dem Gleichgültigen, von dem ja in der Welt immer am meisten die Rede ist, denn Weltlichkeit ist ja eben, dem Gleichgültigen unendlichen Wert beilegen. Die weltliche Betrachtung klammert sich immer an die Unterschiede zwischen Mensch und Mensch, hat ganz natürlich für das eine Notwendige kein Verständnis (denn das zu haben ist Geist), und daher auch kein Verständnis von der Beschränktheit und Borniertheit, sich selbst verloren zu haben, nicht durch Verflüchtigung ins Unendliche, sondern dadurch, dass man ganz endlich wird und, anstatt ein Selbst zu sein, eine Zahl, ein Mensch mehr, eine Wiederholung mehr in diesem ewigen Einerlei geworden ist.

Die verzweifelte Borniertheit ist Mangel an Ursprünglichkeit, oder dass man sich seiner Ursprünglichkeit beraubt hat, sich in geistigem Sinn selbst entmannt hat. Jeder Mensch ist nämlich ursprünglich als ein Selbst angelegt, mit der Bestimmung, er selbst zu werden, und freilich ist jedes Selbst als solches eckig, aber daraus folgt bloß, dass es zugeschliffen, nicht, dass es abgeschliffen werden soll, nicht, dass es aus Menschenfurcht ganz aufgeben soll, es selbst zu sein, oder auch nur aus Menschenfurcht nicht wagen darf, in seiner wesentlicheren Zufälligkeit (die gerade nicht abgeschliffen werden soll) es selbst zu sein, in welcher ein Mensch doch er selbst für sich selbst ist. Während sich aber eine Art von Verzweiflung in das Unendliche verirrt und sich selbst verliert, lässt sich eine andere Art Verzweiflung gleichsam ihr Selbst von »den andern« ablocken. Indem ein solcher Mensch die Menge Menschen um sich sieht und mit allerhand weltlichen Dingen zu tun bekommt, indem er sich darauf verstehen lernt, wie es in der Welt zugeht, vergisst er sich selbst, wie er, göttlich verstanden, heißt, darf sich nicht auf sich selbst verlassen, findet es gewagt, er selbst zu sein, und viel leichter und sicherer, wie die andern zu sein, eine Nachäffung, eine Nummer mit in der Menge zu werden.

Auf diese Form der Verzweiflung wird man in der Welt so gut wie gar nicht aufmerksam. Ein solcher Mensch hat gerade dadurch, dass er sich so selbst aufgab, Gewandtheit gewonnen, in Handel und Wandel recht mitzulaufen, ja Glück in der Welt zu machen. Hier bereitet ihm sein Selbst und dessen Streben nach Unendlichkeit keine Verzögerung, keine Schwierigkeit; er ist abgeschliffen wie ein Kieselstein, kurant wie eine gangbare Münze. So wenig hält ihn jemand für verzweifelt, dass er gerade für einen Menschen gilt, wie sich's gehört.

Die Welt hat überhaupt, wie natürlich ist, für das wahrhaft Schreckliche kein Verständnis. Die Verzweiflung, die nicht nur keine Ungelegenheit im Leben verursacht, sondern einem das Leben bequem und behaglich macht, wird natürlich durchaus nicht als Verzweiflung angesehen. Dass dies die Ansicht der Welt ist, sieht man unter anderem auch beinahe aus allen Sprichwörtern, die nur Klugheitsregeln sind. So sagt man, dass man zehnmal bereue geredet zu haben für einmal, wo man geschwiegen hat, und warum? Weil einen das Reden als ein äußeres Faktum in Unbehaglichkeiten verwickeln kann, da es eine Wirklichkeit ist. Aber geschwiegen zu haben! Und doch ist dies das Allergefährlichste. Denn beim Schweigen bleibt der Mensch allein sich selbst überlassen; hier kommt ihm die Wirklichkeit nicht zu Hilfe, indem sie ihn straft, indem sie die Folgen seiner Rede über ihn bringt. Nein, in dieser Hinsicht ist es leicht gemacht, wenn man schweigt. Aber darum fürchtet der, welcher weiß, was das Schreckliche ist, gerade am meisten jeden Missgriff, jede Sünde, die ihre Richtung nach innen nimmt und keine Spur im Äußeren hinterlässt.

So ist es in den Augen der Welt gefährlich zu wagen, und warum? Weil man dabei verlieren kann. Aber nicht wagen, das ist klug! Und doch kann man, wenn man nicht wagt, gerade so schrecklich leicht das verlieren, was man doch schwerlich verliert, wieviel man auch beim Wagen verlieren kann, und auf jeden Fall nie so, nie so leicht, so ganz als wäre es nichts, verliert – nämlich sich selbst. Denn habe ich verkehrt gewagt, nun wohl, so hilft mir das Leben mit seiner Strafe. Habe ich aber gar nicht gewagt, wer hilft mir dann? Und wenn ich dadurch, dass ich im höchsten Sinne gar nicht wage (und im höchsten Sinne wagen heißt gerade auf sich selbst aufmerksam werden), obendrein feige alle irdischen Vorteile gewinne – und mich selbst verliere?

Und so ist es gerade mit der Verzweiflung der Endlichkeit. Weil ein Mensch so verzweifelt ist, darum kann er ganz gut und eigentlich gerade desto besser in der Zeitlichkeit dahinleben und, wie es scheint, ein Mensch sein, von andern gepriesen, angesehen und geehrt, mit allen Aufgaben der Zeitlichkeit beschäftigt. Ja, was man eben die Welt nennt, besteht aus lauter solchen Menschen, die sich sozusagen der Welt verschreiben. Sie gebrauchen ihre Gaben, sammeln Geld, treiben weltliche Geschäfte, berechnen klug usw. usw., werden vielleicht in der Geschichte genannt, aber sie selbst sind sie nicht, sie haben im geistigen Sinn kein Selbst, kein Selbst, um dessentwillen sie alles wagen könnten, kein Selbst vor Gott – wie selbstisch sie auch sonst sein mögen.

b. Verzweiflung unter der Bestimmung: Möglichkeit – Notwendigkeit

Um zu werden (und das Selbst soll ja es selbst werden), sind Möglichkeit und Notwendigkeit gleich wesentlich. Wie zum Selbst Unendlichkeit und Endlichkeit (ἄπειρον – πέρας) gehört, so auch Möglichkeit und Notwendigkeit. Ein Selbst, das keine Möglichkeit hat, ist verzweifelt, und ebenso ein Selbst, das keine Notwendigkeit hat.

α. *Die Verzweiflung der Möglichkeit besteht im Mangel der Notwendigkeit*

Dass sich dieses so verhält, liegt, wie wir nachwiesen, am Dialektischen. Wie die Endlichkeit der Unendlichkeit gegenüber das Begrenzende ist, so ist die Notwendigkeit der Möglichkeit gegenüber das, was zurückhält. Indem das Selbst als Synthese von Endlichkeit und Unendlichkeit gegeben ist, κατὰ δύναμιν ist, um nun zu werden, reflektiert es sich im Medium der Fantasie, und damit zeigt sich die unendliche Möglichkeit. Das Selbst ist katà dúnamin ebensosehr möglich wie notwendig; denn es ist ja es selbst, soll aber es selbst werden. Soweit es es selbst ist, ist es notwendig, und soweit es es selbst werden soll, ist es eine Möglichkeit.

Läuft nun die Möglichkeit die Notwendigkeit über den Haufen, so dass das Selbst in der Möglichkeit von sich selbst wegläuft, so dass es keine Notwendigkeit hat, zu der es zurück soll: so ist dies die Verzweiflung der Möglichkeit. Das Selbst wird eine abstrakte Möglichkeit, es zappelt sich in Möglichkeit müde, kommt aber nicht von der Stelle und auch nicht zu einer Stelle, denn das Notwendige ist eben die Stelle; man selbst werden ist ja gerade eine Bewegung auf der Stelle. Werden ist eine Bewegung von der Stelle, aber man selbst werden ist eine Bewegung auf der Stelle.

Die Möglichkeit scheint dann dem Selbst größer und immer größer zu sein. Es wird mehr und mehr möglich, weil nichts wirklich wird. Zuletzt ist es, als wäre alles möglich, aber das geschieht gerade, wenn der Abgrund das Selbst verschlungen hat. Jede kleine Möglichkeit würde, um Wirklichkeit zu werden, schon etwas

Zeit gebrauchen. Aber zuletzt wird die Zeit, die zur Wirklichkeit gebraucht werden sollte, kürzer und kürzer, alles wird immer augenblicklicher. Die Möglichkeit wird immer intensiver, aber im Sinn der Möglichkeit, nicht im Sinn der Wirklichkeit ist das Intensive: dass doch etwas von dem, was möglich ist, wirklich wird. Im Augenblick zeigt sich etwas als möglich, und dann zeigt sich eine neue Möglichkeit; zuletzt folgen diese Fantasmagorien so hurtig aufeinander, dass es ist, als wäre alles möglich, und das ist gerade der letzte Augenblick, wo das Individuum selbst ganz und gar zu einer Lufterscheinung geworden ist.

Was dem Selbst nun fehlt, ist freilich Wirklichkeit; so wird man auch im allgemeinen reden, wie man ja davon spricht, dass ein Mensch unwirklich geworden sei. Aber bei genauerem Nachsehen fehlt ihm eigentlich die Notwendigkeit. Es ist nämlich nicht so, wie die Philosophen erklären, dass die Notwendigkeit die Einheit von Möglichkeit und Notwendigkeit wäre, nein, die Wirklichkeit ist die Einheit von Möglichkeit und Notwendigkeit.

Es ist auch nicht bloß ein Mangel an Kraft, wenn sich ein Selbst so in Möglichkeit verläuft, wenigstens ist es nicht so zu verstehen, wie man es gewöhnlich versteht. Was fehlt, ist eigentlich die Kraft zu gehorchen, sich unter die im eignen Selbst liegende Notwendigkeit zu beugen, was man die eigne Grenze nennen muss. Das Unglück ist daher auch nicht, dass ein solcher Mensch nichts in der Welt wurde, nein, das Unglück ist, dass er nicht auf sich selbst, d. h. darauf aufmerksam wurde, dass sein Selbst ein ganz bestimmtes Etwas und also das Notwendige ist. Dagegen verlor er sich selbst dadurch, dass sich dieses sein Selbst fantastisch in der Möglichkeit reflektierte. Schon wenn man sich *selbst* in einem Spiegel sieht, ist nötig, dass man sich selbst kenne, denn sonst sieht man nicht sich *selbst*, sondern nur einen Menschen. Aber der Spiegel der Möglichkeit ist kein gewöhnlicher Spiegel; er muss mit der äußersten Vorsicht gebraucht werden. Denn von diesem Spiegel gilt im höchsten Sinn, dass er unwahr ist. Dass ein Selbst in der Möglichkeit seiner selbst so und so aussieht, ist nur halbe Wahrheit; denn in der Möglichkeit seiner selbst ist das Selbst noch lange nicht oder nur halb es selbst. Es kommt darauf an, wie die Notwendigkeit dieses Selbst es näher bestimmt. Es geht mit der Möglichkeit, wie wenn man ein Kind zu einem Vergnügen einlädt; das Kind ist gleich bereit, aber nun kommt es darauf an, ob es die Eltern erlauben – und was hier die Eltern sind, das ist dort die Notwendigkeit.

Doch in der Möglichkeit ist alles möglich. Daher kann man sich in der Möglichkeit auf alle möglichen Weisen verlaufen, aber wesentlich auf zwei. Die eine Form ist die wünschende, verlangende, die andere die schwermütig-fantastische (Hoffnung oder Furcht und Angst). In Märchen und Sagen erzählt man oft von einem Ritter, der plötzlich einen seltenen Vogel erblickt, hinter dem er immerzu herläuft, da es anfangs so aussieht, als wäre er ihm ganz nahe – aber dann fliegt der Vogel wieder weiter, bis es darüber Nacht wird und der Mann von den Seinen weggekommen ist und den Weg in der Einöde, wo er sich nun befindet, nicht finden kann. Ebenso geht es mit der Möglichkeit des Wunsches. Statt die Möglichkeit zur Notwendigkeit zurückzuführen, läuft er der Möglichkeit nach – und zuletzt kann er sich nicht zu sich selbst zurückfinden.

Bei der Schwermut geschieht auf dieselbe Weise das Entgegengesetzte. Der Mensch verfolgt mit schwermütiger Liebe die Möglichkeit einer Angst, die ihn zuletzt von sich selbst wegführt, so dass er in der Angst umkommt, oder in dem umkommt, worin er umzukommen Angst hatte.

β. *Die Verzweiflung der Notwendigkeit besteht im Mangel der Möglichkeit*

Wenn man das sich in Möglichkeit Verlaufen mit den vokalischen Lauten eines Kindes vergleichen wollte, so gleicht das Fehlen der Möglichkeit dem Stummsein. Das Notwendige ist wie lauter Konsonanten, um sie aber auszusprechen, gehört Möglichkeit dazu. Wenn diese fehlt, wenn eine menschliche Existenz dahin gebracht ist, dass ihr Möglichkeit fehlt, so ist sie verzweifelt und ist es in jedem Augenblick, wo ihr Möglichkeit fehlt.

Gewöhnlich meint man nun, dass ein gewisses Alter besonders reich an Hoffnung sei, oder man redet davon, dass man zu einer gewissen Zeit, in einem einzelnen Augenblick seines Lebens so reich an Hoffnung und Möglichkeit sei oder gewesen sei. All dies ist doch bloß menschliche Rede, die nicht bis zur Wahrheit kommt; all dies Hoffen und all dies Verzweifeln ist weder das wahre Hoffen noch das wahre Verzweifeln.

Das Entscheidende ist: für Gott ist alles möglich. Dies ist ewig wahr und also in jedem Augenblick wahr. Man sagt es wohl so zum täglichen Brauch, und zum täglichen Brauch sagt man es so, aber die Entscheidung ist erst dann, wenn der Mensch bis zum Äußersten gebracht ist, so dass es menschlich gesprochen keine Möglichkeit mehr gibt. Da gilt es, ob er glauben will, dass für Gott alles möglich ist, das heißt, ob er *glauben* will. Dies ist aber ganz die Formel, den Verstand zu verlieren; glauben bedeutet eben den Verstand verlieren, um Gott zu gewinnen. Lass es so geschehen. Denke dir einen Menschen, der sich mit dem ganzen Grauen einer erschreckten Einbildungskraft irgend etwas Schreckliches als unbedingt nicht auszuhalten vorgestellt hat. Nun begegnet es ihm, gerade dies Schreckliche begegnet ihm. Menschlich gesprochen ist sein Untergang das Allergewisseste – und verzweifelt kämpft die Verzweiflung seiner Seele um die Erlaubnis zu verzweifeln, um Ruhe, wenn man so will, zum Verzweifeln, um die Zustimmung der ganzen Persönlichkeit zum und beim Verzweifeln, so dass er nichts und niemand mehr verwünschen würde, als was und wer ihn am Verzweifeln hindern wollte, wie es der Dichter der Dichter so vortrefflich und unvergleichlich ausdrückt (Richard II.: Verwünscht sei, Vetter, der mich ablenkt von dem bequemen Wege zur Verzweiflung). So ist also menschlich gesprochen Rettung das Unmöglichste von allem; aber für Gott ist alles möglich! Dies ist der Kampf des *Glaubens*, der, wenn man so will, unsinnig für Möglichkeit kämpft. Denn Möglichkeit ist das eine Rettende. Wenn einer ohnmächtig wird, so ruft man nach Wasser, Eau de Cologne oder Hoffmannstropfen; wenn aber einer verzweifeln will, so heißt es: schaff Möglichkeit, schaff Möglichkeit, Möglichkeit ist das einzige Rettende. Eine Möglichkeit! dann atmet der Verzweifelnde wieder, er lebt wieder auf; denn ohne Möglichkeit kann ein Mensch gleichsam keine Luft bekommen. Zuweilen kann da wohl die Erfindsamkeit menschlicher Fantasie ausreichen, Möglichkeit zu schaffen, aber zuletzt, d. h. wenn es sich um *Glauben* handelt, hilft nur dies, dass für Gott alles möglich ist.

So wird da gekämpft. Ob der so Kämpfende untergehen wird, beruht einzig und allein darauf, ob er Möglichkeit schaffen, d. h. ob er glauben wird. Und doch versteht er, dass menschlich gesprochen sein Untergang das Allergewisseste ist. Dies ist beim Glauben das Dialektische. Gewöhnlich weiß ein Mensch nichts andres, als dass ihm dies und das hoffentlich, vermutlich usw. nicht begegnen werde. Begegnet es ihm dann, so geht er unter. Der Dummdreiste stürzt sich in eine Gefahr, die auch die und die Möglichkeit hat, und trifft sie ein, so verzweifelt er und geht unter. Der *Gläubige* sieht und versteht, menschlich gesprochen, seinen Untergang (bei dem, was ihm zugestoßen ist, oder in dem, was er gewagt hat), aber er glaubt. Er stellt es ganz Gott anheim, wie ihm geholfen werden wird, aber er glaubt, dass für Gott alles möglich ist. Seinen *Untergang* zu *glauben* ist unmöglich. Verstehen, dass es menschlich sein Untergang ist, und dann doch an Möglichkeit glauben, das ist Glaube. Dann hilft ihm Gott auch, vielleicht indem er ihn dem Schrecklichen entgehen lässt, vielleicht im Schrecklichen selbst, dass sich hier unerwartete, wunderbare, göttliche Hilfe zeigt. Wunderbare; denn das ist doch eine sonderbare Ziererei, dass es nur vor 1800 Jahren geschehen sein sollte, dass einem Menschen wunderbar geholfen wurde. Ob einem Menschen wunderbar geholfen worden ist, beruht wesentlich darauf, mit welcher Leidenschaft des Verstandes er verstanden hat, dass die Hilfe unmöglich war, und weiter darauf, wie redlich er dann gegen die Macht ist, die ihm dennoch half. Aber in der Regel tun die Menschen weder das eine noch das andere; sie schreien, dass Hilfe unmöglich sei, ohne einmal ihren Verstand angestrengt zu haben, um die Hilfe zu finden, und hinterher lügen sie undankbar.

Der Glaubende besitzt das ewig sichere Gegengift gegen Verzweiflung: Möglichkeit; denn für Gott ist in jedem Augenblick alles möglich. Dies ist die Gesundheit des Glaubens, der Widersprüche löst. Hier ist der Widerspruch, dass, menschlich gesprochen, der Untergang gewiss ist, und dass dann doch Möglichkeit da ist. Gesundheit ist überhaupt das Vermögen, Widersprüche zu lösen. So leiblich oder physisch: Zug ist ein Widerspruch, denn Zug ist disparate oder undialektische Kälte und Wärme; aber ein gesunder Körper löst diesen Widerspruch und merkt keinen Zug. So auch mit dem Glauben.

Das Fehlen der Möglichkeit bedeutet entweder, dass einem alles notwendig, oder dass alles Trivialität geworden ist.

Der Determinist, der Fatalist ist verzweifelt und hat als Verzweifelter sein Selbst verloren, weil für ihn alles Notwendigkeit ist. Es geht ihm wie jenem Könige, der vor Hunger starb, weil sich alle Nahrung in Gold verwandelte. Die Persönlichkeit ist eine Synthese von Möglichkeit und Notwendigkeit. Ihr Bestehen gleicht daher dem Atmen (der Respiration), das ein Ein- und Ausatmen ist. Das Selbst des Deterministen kann nicht atmen, denn es ist unmöglich, einzig und allein das Notwendige zu atmen, welches das Selbst des Menschen nur erstickt. – Der Fatalist ist verzweifelt, hat Gott und so sein Selbst verloren; denn wer keinen Gott hat, hat auch kein Selbst. Aber der Fatalist hat keinen Gott, oder, was dasselbe ist, sein Gott ist Notwendigkeit, wie nämlich für Gott alles möglich ist, so bedeutet Gott das, dass alles möglich ist. Der Gottesdienst des Fatalisten ist daher höchstens eine Interjektion, und wesentlich ist er Stummheit, stumme Unterwerfung; er kann nicht beten. Beten ist auch ein Atmen, und die Möglichkeit ist für das Selbst, was der Sauerstoff für das Atmen ist. Aber so wenig wie ein Mensch nur Sauerstoff oder nur Stickstoff atmen kann, so wenig kann Möglichkeit allein oder Notwendigkeit allein den Atemzug des Gebets bewirken. Zum Beten gehört ein Gott, ein Selbst – und Möglichkeit, oder ein Selbst und Möglichkeit in prägnantem Sinn, denn Gott bedeutet, dass alles möglich ist, oder dass alles möglich ist, bedeutet Gott, und nur der, dessen Wesen so erschüttert wurde, dass er Geist wurde, indem er verstand, dass alles möglich ist, nur der hat sich mit Gott eingelassen. Dies, dass Gottes Wille das Mögliche ist, macht, dass ich beten kann; ist er nur das Notwendige, so ist der Mensch wesentlich ebenso sprachlos wie das Tier.

Mit der Spießbürgerlichkeit, der Trivialität, der auch wesentlich die Möglichkeit fehlt, steht es etwas anders. Spießbürgerlichkeit ist Geistlosigkeit, Determinismus und Fatalismus ist Geistes-Verzweiflung; aber Geistlosigkeit ist auch Verzweiflung. Der Spießbürgerlichkeit fehlt alles Geistige, sie geht im Wahrscheinlichen auf, in welchem das Mögliche sein bisschen Platz findet; so fehlt ihr die Möglichkeit, auf Gott aufmerksam zu werden. Ohne Fantasie, wie der Spießbürger immer ist, lebt er in einem gewissen trivialen Inbegriff von Erfahrungen, wie es zugehe, was möglich sei, was zu geschehen pflege, ob nun der Spießbürger übrigens Bierwirt oder Staatsminister ist. So hat der Spießbürger sich selbst und Gott verloren. Denn dass er auf sein Selbst und auf Gott aufmerksam werde, dazu muss die Fantasie einen Menschen höher als bis zum Dunstkreis des Wahrscheinlichen hinauftreiben, sie muss ihn aus diesem herausreißen und, indem sie möglich macht, was das *quantum satis* aller Erfahrung überschreitet, ihn hoffen und fürchten oder fürchten und hoffen lehren. Aber Fantasie hat der Spießbürger nicht, will sie nicht haben, verabscheut sie. Hier ist also keine Hilfe. Und hilft dann das Dasein zuweilen mit Schrecken, die die Papageienweisheit der trivialen Erfahrung überschreiten, so verzweifelt die Spießbürgerlichkeit, d. h. so wird offenbar, dass es Verzweiflung war; ihr fehlt dann die Möglichkeit des Glaubens, um durch Gott ein Selbst aus dem gewissen Untergang retten zu können.

Fatalismus und Determinismus haben doch Fantasie genug, an der Möglichkeit zu verzweifeln, Möglichkeit genug, die Unmöglichkeit zu entdecken; die Spießbürgerlichkeit beruhigt sich in dem Trivialen, gleich verzweifelt, ob es gut oder schlimm geht. Dem Fatalismus und Determinismus fehlt Möglichkeit zum Abspannen und Mildern, zum Temperieren der Notwendigkeit, also Möglichkeit als Milderung; der Spießbürgerlichkeit fehlt Möglichkeit als Aufweckung aus Geistlosigkeit. Denn die Spießbürgerlichkeit meint, über die Möglichkeit verfügen zu können und diese ungeheure Elastizität in die Falle oder das Irrenhaus der Wahrscheinlichkeit hineingelockt zu haben, meint sie gefangen zu halten; sie führt die Möglichkeit im Käfig der Wahrscheinlichkeit gefangen herum, zeigt sie vor, bildet sich ein der Herr zu sein, und sie merkt nicht, dass sie sich gerade dadurch selbst gefangen hat, um ein Sklave der Geistlosigkeit und das Erbärmlichste von allem zu sein: Denn mit der Dreistigkeit der Verzweiflung schwingt der sich auf, der sich in Möglichkeit verirrte; in Verzweiflung gepresst, verhebt sich der am Dasein, dem alles notwendig wurde: aber die Spießbürgerlichkeit triumphiert geistlos.

B. Verzweiflung unter der Bestimmung: Bewusstsein

Der Grad des Bewusstseins ist im Steigen, oder, je nachdem es steigt, die beständig steigende Potenzierung der Verzweiflung; je mehr Bewusstsein, desto intensiver die Verzweiflung. Dies zeigt sich überall, am deutlichsten beim Maximum und Minimum der Verzweiflung. Die Verzweiflung des Teufels ist die intensivste Verzweiflung, denn der Teufel ist nur Geist und insofern absolutes Bewusstsein und Durchsichtigkeit; in ihm ist keine Dunkelheit, die zu mildernder Entschuldigung dienen könnte, daher ist seine Verzweiflung der absoluteste Trotz. Dies ist das Maximum der Verzweiflung. Das Minimum der Verzweiflung ist ein Zustand, der, ja man könnte sich menschlich versucht fühlen, so zu reden: in einer Art Unschuld nicht einmal weiß, dass es Verzweiflung ist. Wo also die Bewusstlosigkeit auf ihrer höchsten Höhe steht, ist die Verzweiflung am geringsten; es ist ja fast, als ob es fraglich wäre, ob man recht hat, einen solchen Zustand Verzweiflung zu nennen.

a. Die Verzweiflung, die nicht weiß, dass sie Verzweiflung ist, oder die verzweifelte Unwissenheit davon, dass man ein Selbst und ein ewiges Selbst hat

Dass dieser Zustand gleichwohl Verzweiflung ist und mit Recht so genannt wird, ist ein Ausdruck dafür, was man in gutem Sinne die Rechthaberei der Wahrheit nennen kann. *Veritas est index sui et falsi.* Aber auf diese Rechthaberei der Wahrheit achtet man freilich nicht, wie ja auch die Menschen im allgemeinen das Verhältnis zum Wahren, dies, dass man sich zum Wahren verhält, durchaus nicht für das höchste Gut ansehen, so dass sie es sokratisch für das größte Unglück hielten, in einem Irrtum befangen zu sein. Das Sinnliche hat bei ihnen meistens weitaus das Übergewicht über ihre Intellektualität. Wenn so ein Mensch vermeintlich glücklich ist, sich glücklich zu sein einbildet, während er doch im Licht der Wahrheit betrachtet unglücklich ist, so wünscht er meistens durchaus nicht, aus diesem Irrtum gerissen zu werden. Er wird im Gegenteil erbittert, sieht den für seinen ärgsten Feind an, der es tut, er betrachtet es wie einen Überfall, beinahe wie einen Mord, auf diese Weise, wie man sagt, sein Glück zu morden. Und woher kommt das? Das kommt daher, dass ihn das Sinnliche und das Sinnlich-Seelische ganz beherrscht; es kommt daher, dass er in den Kategorien des Sinnlichen, dem Angenehmen und Unangenehmen, lebt und dem Geist, der Wahrheit und dergleichen Lebewohl sagt; es kommt daher, dass er zu sinnlich ist, es zu wagen und auszuhalten, Geist zu sein.

Wie eitel und eingebildet auch die Menschen sein können, so haben sie doch meist eine sehr geringe Vorstellung von sich selbst, d. h. sie haben keine Vorstellung davon, dass sie Geist oder das Absolute sind, wie es ein Mensch sein kann; sondern eitel und eingebildet sind sie – vergleichsweise. Wenn man sich ein Haus denken würde, bestehend aus Kellerwohnung, Parterre und erstem Stock, so bewohnt oder so eingerichtet, dass zwischen den Bewohnern jeder Etage ein Standesunterschied wäre oder sein sollte – und wenn man einen Menschen mit einem solchen Hause vergleichen würde, so trifft leider bei den meisten Menschen das Traurige oder Lächerliche zu, dass sie es in ihrem eigenen Hause vorziehen, im Keller zu wohnen. Jeder Mensch bildet die seelisch-leibliche Synthese, die darauf angelegt ist, Geist zu sein; dies ist der Bau; aber er zieht es vor, im Keller zu wohnen, d. h. in den Bestimmungen der Sinnlichkeit. Und er zieht es nicht bloß vor, im Keller zu wohnen, nein, er liebt es in dem Grade, dass er erbittert wird, wenn ihm jemand vorschlagen will, die Beletagenwohnung einzunehmen, die leer zu seiner Disposition steht – denn es ist ja sein eigenes Haus, in dem er wohnt.

Nein, in einem Irrtum zu sein, fürchten die Menschen, ganz unsokratisch, am wenigsten. Man kann davon erstaunliche Beispiele sehen, die dies in einem ungeheuren Maße zeigen. Ein Denker führt einen gewaltigen Bau auf, ein System, das das ganze Dasein und die Weltgeschichte usw. umfasst – und betrachtet man sein persönliches Leben, so entdeckt man zu seinem Erstaunen dies Schreckliche und Lächerliche, dass er selbst diesen ungeheuren, hochgewölbten Palast nicht persönlich bewohnt, sondern ein beiseite liegendes Wirtschaftsgebäude oder eine Hundehütte oder höchstens die Portierstube. Würde man sich erlauben, mit einem einzigen Wort auf diesen Widerspruch aufmerksam zu machen, so würde er beleidigt werden. Denn in einem Irrtum zu sein, fürchtet er nicht, wenn er bloß – mit Hilfe davon, dass er in einem Irrtum ist – das System fertig bekommt.

Dass also der Verzweifelte selbst nichts davon weiß, dass sein Zustand Verzweiflung ist, tut nichts zur Sache; er ist gleichwohl verzweifelt. Ist Verzweiflung Verirrung, so bringt der Umstand, dass man nichts davon weiß, nur das noch hinzu, dass man zugleich in einem Irrtum ist. Mit der Unwissenheit ist es bei der Verzweiflung wie bei der Angst (vgl. *Der Begriff Angst* von Vigilius Haufniensis), die Angst der Geistlosigkeit erkennt man gerade an der geistlosen Sicherheit. Aber die Angst liegt gleichwohl zugrunde, so liegt auch die Verzweiflung zugrunde, und wenn die Bezauberung des Sinnenbetruges aufhört, wenn das

Dasein zu wanken beginnt, so zeigt sich auch die Verzweiflung sogleich als die, die zugrunde lag.

Der Verzweifelte, der von seiner Verzweiflung nichts weiß, ist mit dem verglichen, der sich ihrer bewusst ist, nur um ein Negatives weiter weg von der Wahrheit und Rettung. Die Verzweiflung selbst ist eine Negativität, die Unwissenheit von ihr eine neue Negativität. Um aber zur Wahrheit zu kommen, muss man durch jede Negativität hindurch; denn hier gilt es, wovon die Sage erzählt, einen gewissen Zauber aufzuheben: das Stück muss rückwärts ganz durchgespielt werden, sonst wird der Zauber nicht gehoben. Jedoch ist der von seiner Verzweiflung nichts Wissende nur in *einem*, im rein dialektischen Sinne, von der Wahrheit und dem, was rettet, ferner als der Wissende, welcher dennoch in der Verzweiflung bleibt; denn in einem anderen Sinn, ethisch-dialektisch, ist der bewusst in der Verzweiflung bleibende Verzweifelte von der Rettung ferner, da seine Verzweiflung intensiver ist. Die Unwissenheit hebt aber so wenig die Verzweiflung auf oder macht sie zur Nichtverzweiflung, dass sie im Gegenteil die gefährlichste Form der Verzweiflung sein kann. In der Unwissenheit ist der Verzweifelte, aber zu seinem eignen Verderben, gewissermaßen dagegen gesichert, aufmerksam zu werden, d. h. er ist ganz sicher in der Gewalt der Verzweiflung.

In der Unwissenheit von seiner Verzweiflung ist der Mensch am weitesten davon entfernt, seiner als Geist bewusst zu sein. Aber eben das seiner nicht als Geist bewusst sein ist Verzweiflung, ist Geistlosigkeit, mag nun der Zustand im übrigen vollständige Ausgestorbenheit, ein bloß vegetierendes Leben oder ein potenziertes Leben sein, dessen Geheimnis doch Verzweiflung ist. Im ersteren Falle geht es dem Verzweifelten wie dem Auszehrenden: er befindet sich gerade dann am besten, kommt sich am allergesündesten vor und scheint vielleicht anderen vor Gesundheit zu blühen, gerade dann, wenn die Krankheit am gefährlichsten ist.

Diese Form der Verzweiflung (die Unwissenheit von ihr) ist in der Welt die allgemeinste, ja was man die Welt nennt, oder genauer, was das Christentum die Welt nennt, das Heidentum und der natürliche Mensch in der Christenheit, das Heidentum, wie es geschichtlich war und ist, und das Heidentum in der Christenheit, ist gerade eine derartige Verzweiflung, ist Verzweiflung, aber weiß nichts davon. Zwar macht nämlich auch das Heidentum wie der natürliche Mensch einen Unterschied zwischen verzweifelt und nicht verzweifelt, d. h. sie reden von Verzweiflung, als wären nur einige Einzelne verzweifelt. Aber diese Unterscheidung ist ebenso trügerisch wie die, die das Heidentum und der natürliche Mensch zwischen Liebe und Eigenliebe macht, als wäre nicht alle diese Liebe wesentlich Eigenliebe. Doch weiter als zu dieser trügerischen Unterscheidung konnte und kann das Heidentum und der natürliche Mensch unmöglich kommen, denn das Eigentümliche der Verzweiflung ist eben dies, dass man nicht weiß, dass es Verzweiflung ist.

Hieraus ersieht man nun leicht, dass der ästhetische Begriff von Geistlosigkeit keineswegs den Maßstab zur Beurteilung gibt, was Verzweiflung ist und was nicht. Dies ist übrigens ganz in der Ordnung; da es sich nämlich ästhetisch nicht bestimmen lässt, was in Wahrheit Geist ist, wie sollte da das Ästhetische eine Frage beantworten können, die für das Ästhetische gar nicht da ist!

Natürlich wäre es eine ungeheure Dummheit, wenn man leugnen wollte, dass sowohl heidnische Nationen en masse als auch einzelne Heiden erstaunliche Taten vollbracht haben, welche die Dichter begeistert haben und begeistern werden, wenn man leugnen wollte, dass das Heidentum Beispiele von dem aufweist, was man ästhetisch nicht genug bewundern kann. Auch wäre es eine Torheit, zu leugnen, dass im Heidentum ein am größten ästhetischen Genuss reiches Leben geführt worden ist und vom natürlichen Menschen geführt werden kann, ein Leben, das jede sich bietende Begünstigung auf die geschmackvollste Weise benutzt und sogar Kunst und Wissenschaft dazu dienen lässt, den Genuss zu erhöhen, zu verschönern und zu veredeln. Nein, nicht was in ästhetischem Sinne Geistlosigkeit heißt, gibt den Maßstab für das ab, was Verzweiflung ist und was nicht, sondern die Bestimmung, die gebraucht werden muss, ist die ethisch-religiöse: Geist, oder negativ: Mangel an Geist, Geistlosigkeit.

Jede menschliche Existenz, die sich nicht als Geist weiß oder sich vor Gott persönlich als Geist weiß, jede menschliche Existenz, die sich nicht so durchsichtig auf Gott gründet, sondern dunkel in etwas abstrakt Universellem (Staat, Nation usw.) ruht oder darin aufgeht oder in Dunkelheit über ihr Selbst ihre Gaben nur als Kräfte zum Wirken nimmt, ohne sich in tieferem Sinn bewusst zu werden, woher sie sie hat, und ihr Selbst als ein unerklärliches Etwas nimmt, während es nach innen verstanden werden sollte – jede solche Existenz, was sie auch ausrichten mag, das Allererstaunlichste, was sie auch erklären mag, das ganze Dasein, wie intensiv sie auch das Leben ästhetisch genießen mag, jede solche Existenz ist doch Verzweiflung. Dies meinten die alten Lehrer der Kirche, wenn sie davon sprachen, dass die Tugenden der Heiden glänzende Laster seien; sie meinten, dass das Innerste der Heiden Verzweiflung sei, dass der Heide sich nicht vor Gott als Geist wisse.

Daher kommt es auch (um dies als ein Beispiel anzuführen, während es doch daneben zugleich eine tiefere Beziehung zu dieser ganzen Untersuchung hat), dass der Heide so merkwürdig leichtsinnig über den Selbstmord urteilte, ja ihn anpries, während es doch die entschiedenste Sünde ist, so aus dem Dasein auszubrechen, der Aufruhr gegen Gott. Dem Heiden fehlte die geistige Bestimmung eines Selbst, darum urteilte er so über den *Selbst*mord, und das tat derselbe Heide, der doch über Diebstahl, Unzucht u. dergl. sittlich streng urteilte. Für Selbstmord fehlte ihm der Gesichtspunkt, ihm fehlte das Gottesverhältnis und das Selbst. Nein, heidnisch gedacht ist der Selbstmord etwas Gleichgültiges, etwas, was jeder tun kann, wie es ihm beliebt, weil es niemand etwas angeht. Sollte vom Standpunkt des Heidentums vor Selbstmord gewarnt werden, so müsste es auf dem weiten Umwege geschehen, dass man zeigte, es werde dadurch das Pflichtverhältnis gegen andere Menschen gebrochen. Die Pointe beim Selbstmord, dass er gerade ein Verbrechen gegen Gott ist, entgeht dem Heiden ganz. Daher kann man nicht sagen, dass der Selbstmord Verzweiflung gewesen sei, was ein gedankenloses

Hysteron-Proteron sein würde; man muss sagen: dass der Heide so, wie er tat, über den Selbstmord urteilte, war Verzweiflung.

Indessen ist und bleibt doch zwischen dem Heidentum im engeren Sinn und dem Heidentum in der Christenheit ein Unterschied, und zwar ein qualitativer, der Unterschied, auf den Vigilius Haufniensis beim Begriff der Angst aufmerksam gemacht hat, dass dem Heidentum wohl Geist fehlt, es aber auf Geist hin gerichtet ist, während dem Heidentum in der Christenheit Geist fehlt, weil es sich von ihm weggewendet hat, von ihm abgefallen ist und daher im strengsten Sinne Geistlosigkeit ist.

b. Die Verzweiflung, die weiß, dass sie Verzweiflung ist, wo man sich also bewusst ist, ein Selbst und damit doch etwas Ewiges zu haben, und nun entweder verzweifelt nicht man selbst sein oder verzweifelt man selbst sein will

Hier muss natürlich unterschieden werden, ob der, der von seiner Verzweiflung weiß, die wahre Vorstellung von Verzweiflung hat. So kann einer nach der Vorstellung, die er hat, sich mit Recht verzweifelt nennen, er kann auch darin recht haben, dass er verzweifelt ist, und doch ist damit noch nicht gesagt, dass er die wahre Vorstellung von Verzweiflung hat; es ist möglich, dass man, wenn man sein Leben unter dieser wahren Vorstellung von Verzweiflung betrachtet, sagen muss: du bist im Grunde noch viel mehr verzweifelt, als du meinst, die Verzweiflung steckt noch viel tiefer. So, um an das vorige zu erinnern, mit dem Heiden. Wenn er im Vergleich mit anderen Heiden sich selbst für verzweifelt ansah, so hatte er freilich darin recht, dass er verzweifelt sei, aber darin unrecht, dass es die anderen nicht seien, d. h. er hatte nicht die wahre Vorstellung von Verzweiflung.

Zu bewusster Verzweiflung gehört also einerseits die wahre Vorstellung davon, was Verzweiflung ist. Andererseits Klarheit über sich selbst, soweit nämlich Klarheit und Verzweiflung zusammengedacht werden können. Wie weit vollständige Klarheit über sich selbst, davon, dass man verzweifelt ist, sich mit Verzweiflung vereinigen lässt, d. h. ob diese Klarheit der Erkenntnis und Selbsterkenntnis einen Menschen nicht gerade aus der Verzweiflung herausreißen und ihn so vor sich erschrecken lassen muss, dass er aufhört, verzweifelt zu sein: wollen wir hier nicht entscheiden, wollen es auch nicht versuchen, da wir später einen Platz für diese ganze Untersuchung finden werden. Ohne aber den Gedanken bis zu dieser dialektischen Spitze zu verfolgen, machen wir hier bloß darauf aufmerksam, dass ebenso wie der Grad der Vorstellung von der Verzweiflung sehr verschieden sein kann, so auch der Grad des Bewusstseins vom eignen Zustande, dass er Verzweiflung ist. Das Leben ist zu mannigfaltig, bloß solche abstrakten Gegensätze aufzuweisen, wie den zwischen einer vollständig unbewussten und einer vollständig bewussten Verzweiflung. Sicher ist meistens der Zustand des Verzweifelten ein, jedoch wieder mannigfach nuanciertes Halbdunkel über seinen eigenen Zustand. Er weiß wohl bis zu einem gewissen Grade bei sich selbst, dass er verzweifelt ist, er merkt es an sich selbst, wie einer an sich merkt, dass er eine Krankheit in sich trägt, aber nicht recht zugeben will, was es für eine Krankheit ist. In dem einen Augenblick ist es ihm beinahe klar, dass er verzweifelt ist, aber dann in einem anderen Augenblick, ist es ihm doch, als hätte sein Übelbefinden einen anderen Grund, als läge dieser in etwas Äußerem, in etwas außer ihm, und wenn dies geändert würde, wäre er nicht verzweifelt.

Oder er sucht vielleicht durch Zerstreuungen oder auf andere Weise, z. B. durch Arbeit und Geschäftigkeit als Zerstreuungsmittel, für sich selbst eine Dunkelheit über seinen Zustand zu bewahren, jedoch wieder so, dass ihm nicht ganz deutlich wird, dass er es deshalb tut, dass er, was er tut, nur tut, um Dunkelheit zu schaffen. Oder er ist sich vielleicht sogar bewusst, dass er so arbeitet, um die Seele in Dunkelheit zu versenken, dass er dies mit einem gewissen Scharfsinn und kluger Berechnung, mit psychologischer Einsicht tut, ist sich aber in anderem Sinne nicht klar bewusst, was er tut, wie verzweifelt er sich benimmt usw. Es findet nämlich in aller Dunkelheit und Unwissenheit ein dialektisches Zusammenspiel von Erkenntnis und Willen statt, und man kann bei der Auffassung eines Menschen fehlgreifen, indem man nur die Erkenntnis oder nur den Willen betont.

Aber, wie früher bemerkt wurde, der Grad des Bewusstseins potenziert die Verzweiflung. Je wahrer jemandes Vorstellung von Verzweiflung ist, und er bleibt doch in ihr, und je klarer er sich bewusst ist, verzweifelt zu sein, und er bleibt doch in der Verzweiflung, genau desto intensiver ist sie. Wer mit Bewusstsein davon, dass Selbstmord Verzweiflung ist, und insofern mit der wahren Vorstellung von Verzweiflung, einen Selbstmord begeht, dessen Verzweiflung ist intensiver als wenn einer einen Selbstmord begeht, ohne die wahre Vorstellung davon zu haben, dass Selbstmord Verzweiflung ist. Seine unwahre Vorstellung vom Selbstmord bedingt eine weniger intensive Verzweiflung. Und mit je klarerem Bewusstsein von sich selbst (Selbstbewusstsein) jemand einen Selbstmord begeht, desto intensiver ist seine Verzweiflung, intensiver als des Menschen Verzweiflung, dessen Seele, mit seiner verglichen, in einem verwirrten und dunklen Zustande ist.

Im folgenden will ich nun die zwei Formen der bewussten Verzweiflung so durchgehen, dass zugleich ein Steigen des Bewusstseins von Verzweiflung und des Bewusstseins vom eigenen Zustande der Verzweiflung nachgewiesen wird, oder, was dasselbe oder das Entscheidende ist, ein Steigen des Bewusstseins vom eigenen Selbst. Aber der Gegensatz zur Verzweiflung ist der Glaube, daher ist die im Früheren aufgestellte Formel für den Zustand, in welchem gar nichts von Verzweiflung ist, ganz richtig auch die Formel für den Glauben: im Verhalten zu sich selbst und indem das Selbst es selbst sein will, gründet es sich durchsichtig auf die Macht, die es setzte (vgl. A, a).

α. Verzweifelt nicht man selbst sein zu wollen, die Verzweiflung der Schwachheit

Wenn diese Form der Verzweiflung die der Schwachheit genannt wird, so liegt darin schon eine Beziehung auf die andere Form (b), verzweifelt man selbst sein zu wollen. Also sind es nur relative

Gegensätze. Ganz ohne Trotz ist keine Verzweiflung. Schon im Ausdruck selbst, nicht sein zu wollen, liegt ja auch Trotz. Andererseits ist selbst der höchste Trotz der Verzweiflung doch nicht ohne alle Schwachheit. Also ist der Unterschied nur relativ. Die eine Form ist sozusagen die Verzweiflung der Weiblichkeit, die andere die der Männlichkeit[1].

1. Verzweiflung über das Irdische oder etwas Irdisches

Dies ist die reine Unmittelbarkeit, oder eine Unmittelbarkeit, die nur etwas Reflexion enthält. – Hier ist kein unendliches Bewusstsein vom Selbst, von der Verzweiflung oder davon, dass der eigne Zustand in Verzweiflung besteht; die Verzweiflung ist ein bloßes Leiden, ein Unterliegen unter dem äußeren Druck, sie kommt keineswegs als Handlung von innen. Dass in der Sprache der Unmittelbarkeit Worte wie das Selbst und Verzweiflung vorkommen, ist ein, wenn man so will, unschuldiger Missbrauch der Sprache, ein Spiel mit Worten, wie wenn die Kinder Soldaten spielen.

Der *Unmittelbare* (insoweit als es in der Wirklichkeit Unmittelbarkeit ohne alle Reflexion geben kann) ist bloß seelisch bestimmt, sein Selbst und er selbst ist eine Nebensache innerhalb des Umfangs der Zeitlichkeit und Weltlichkeit, steht in unmittelbarem Zusammenhange mit dem andern (τὸ ἕτερον) und hat nur einen illusorischen Schein, als wäre in ihm etwas Ewiges. So hängt das Selbst wünschend, begehrend, genießend usw. unmittelbar mit dem anderen zusammen, aber passiv; sogar beim Begehren ist dieses Selbst ein Dativ, wie wenn ein Kind »mir, mir« ruft. Seine Dialektik ist: das Angenehme und das Unangenehme; seine Begriffe: Glück, Unglück, Schicksal.

Nun *begegnet* diesem unmittelbaren Selbst etwas, es *stößt* ihm etwas *zu* (zu – stoßen), was es zur Verzweiflung bringt; auf andere Weise kann es hier nicht geschehen, da das Selbst keine Reflexion in sich hat; was zur Verzweiflung bringt, muss von außen kommen, und die Verzweiflung ist ein bloßes Erleiden.

Das, worin der Unmittelbare sein Leben hat oder insoweit er doch ein klein wenig Reflexion in sich hat, der Teil davon, an dem er besonders hängt, wird ihm durch einen »Schicksalsschlag« geraubt, kurz, er wird, wie man es nennt, unglücklich, d. h. die Unmittelbarkeit in ihm bekommt einen solchen Knack, dass sie sich selbst nicht reproduzieren kann: er verzweifelt. Oder, was man jedoch in der Wirklichkeit seltener sieht, was aber dialektisch ganz in der Ordnung ist, dieses Verzweifeln der Unmittelbarkeit tritt bei dem ein, was der Unmittelbare ein allzu großes Glück nennt. Die Unmittelbarkeit ist nämlich als solche etwas ungeheuer Zerbrechliches, und jedes *quid nimis*, das die Reflexion von ihr fordert, bringt sie zur Verzweiflung.

Er verzweifelt also, d. h. in sonderbarer Verkehrtheit und vollständiger Mystifikation seiner selbst nennt er es verzweifeln. Aber verzweifeln heißt das Ewige verlieren, und von diesem Verlust redet er ja nicht, das fällt ihm nicht im Traume ein. Das Irdische verlieren ist nicht ohne weiteres verzweifeln, und doch redet er davon und nennt es verzweifeln. Was er sagt, ist in einem gewissen Sinn wahr, nur nicht so, wie er es versteht.

Er ist verkehrt situiert, und was er sagt, muss umgekehrt verstanden werden: er steht da und deutet auf das, was nicht zum Verzweifeln ist, indem er erklärt, er sei verzweifelt, und währenddem geht ganz richtig hinter ihm die Verzweiflung vor sich, ohne dass er es weiß. Es ist, wie wenn einer mit dem Rücken gegen das Rathaus dastände, geradeaus zeigte und sagte: da liegt das Rathaus. Der Mann hat recht, da liegt es – wenn er sich umkehrt. Er ist nicht verzweifelt, das ist nicht wahr, und doch hat er, indem er es sagt, recht. Aber er nennt sich verzweifelt, er betrachtet sich als tot, als einen Schatten von sich selbst. Tot ist er jedoch nicht, es ist, wenn man so will, noch Leben in der Person. Wenn nun plötzlich alles sich veränderte, alles Äußere, und der Wunsch sich erfüllte, so kommt wieder Leben in ihn, so richtet sich die Unmittelbarkeit wieder auf oder fängt von frischem wieder zu leben an. Aber dies ist die einzige Weise, wie Unmittelbarkeit zu kämpfen weiß, das Einzige, was sie weiß: verzweifeln und ohnmächtig werden – und doch weiß sie am allerwenigsten, was Verzweiflung ist. Sie verzweifelt und wird ohnmächtig und dann liegt sie ganz still, als wäre sie tot, ein Kunststück, wie »tot daliegen«. Die Unmittelbarkeit macht es wie gewisse niedrige Tiere, die keine andere Waffe oder kein anderes Verteidigungsmittel haben, als ganz stille zu liegen und sich tot zu stellen. Inzwischen vergeht die Zeit. Kommt Hilfe von außen, so kommt auch in den Verzweifelten wieder neues Leben, und er beginnt, wo er aufhörte; ein Selbst war er nicht und ein Selbst wurde er nicht, sondern lebt nun bloß unmittelbar weiter fort. Kommt keine äußere Hilfe, so geschieht in der Wirklichkeit meist etwas anderes. Es kommt doch gleichwohl in die Person Leben, aber: »er selbst wird er nie wieder«, sagt er. Er bekommt nun ein bisschen Verstand vom Leben, er lernt die anderen Menschen nachäffen, wie die es im Leben machen – und so lebt er nun auch. In der Christenheit ist er zugleich Christ, geht jeden Sonntag zur Kirche, hört und versteht den Pfarrer, ja die verstehen einander; er stirbt; der Pfarrer führt ihn für 10 Taler in die Ewigkeit ein – aber ein Selbst war er nicht und ein Selbst wurde er nicht.

Diese Form der Verzweiflung ist: verzweifelt nicht man selbst sein zu wollen, oder noch niedriger: verzweifelt nicht ein Selbst sein zu wollen, oder am allerniedrigsten: verzweifelt ein anderer als man selbst sein zu wollen, sich ein neues Selbst zu wünschen. Die Unmittelbarkeit hat eigentlich kein Selbst, sie kennt sich selbst nicht und kann sich also auch nicht wiedererkennen; daher endet die Geschichte gern im Abenteuerlichen. Indem die Unmittelbarkeit verzweifelt, hat sie nicht einmal Selbst genug, zu wünschen oder davon zu träumen, dass sie doch das, was sie nicht wurde, geworden wäre. Der Unmittelbare hilft sich nun auf eine andere Weise, er wünscht, ein anderer zu sein. Davon wird man sich durch Beobachtung unmittelbarer Menschen leicht überzeugen. Im Augenblick der Verzweiflung liegt ihnen kein Wunsch so nahe als der, ein anderer geworden zu sein oder ein anderer zu werden. Jedenfalls kann man's nie lassen, über einen solchen Verzweifelten zu lächeln, der, obgleich verzweifelt, menschlich gesprochen so sehr unschuldig ist. Meist ist ein solcher Verzweifelter unendlich komisch. Man denke sich ein Selbst (und nächst Gott ist nichts so ewig wie ein Selbst) und dann, dass ein Selbst den Einfall bekommt, ob es nicht möglich wäre, dass es ein anderer – als es selbst würde. Und doch liebt ein solcher Verzweifelter, dessen einziger Wunsch diese unsinnigste von allen unsinnigen Verwandlungen ist, er liebt die Einbildung, dass dieses Changement so leicht vor sich gehen werde, wie man einen anderen Rock anzieht. Denn der Unmittelbare kennt sich selbst nicht, er kennt sich selbst ganz buchstäblich nur am Rock, er merkt (und das ist wieder die unendliche Komik) am Äußeren, dass er ein Selbst hat. Es gibt nicht leicht eine lächerlichere Verwechselung, denn ein Selbst ist vom Äußern gerade unendlich verschieden. Da sich nun alles Äußere für den Unmittelbaren veränderte und er verzweifelte, so geht er einen Schritt weiter; er denkt ungefähr so und das wird sein Wunsch: wie wäre es, wenn ich ein anderer würde und ein neues Selbst bekäme. Ja, würde er sich denn selbst wiedererkennen, wenn er ein anderer würde? Man erzählt von einem Bauern, der barfuß zur Stadt gekommen war und dort soviel Kleingeld bekommen hatte, dass er sich ein Paar Schuhe und Strümpfe kaufen konnte und doch soviel übrig behielt, dass er sich einen Rausch trinken konnte – man erzählt, dass er, als er berauscht den Heimweg suchte, mitten auf der Straße liegen blieb und einschlief. Da kam ein Wagen gefahren, und der Fuhrmann rief ihm zu, er solle sich davonmachen, sonst führe er ihm über die Beine.

Der betrunkene Bauer wurde wach, sah auf seine Beine, und da er sie der Schuhe und Strümpfe wegen nicht kannte, sagte er: »fahre nur zu, das sind nicht meine Beine.« Ebenso geht es dem Unmittelbaren, wenn er verzweifelt: man kann ihn unmöglich anders als komisch darstellen, es ist, dass ich es selbst sage, schon eine Art Kunststück, in *dem* Jargon von einem Selbst und der Verzweiflung zu reden.

Bei der Annahme, dass die Unmittelbarkeit etwas Reflexion enthalte, gestaltet sich die Verzweiflung etwas anders. Da entsteht etwas mehr Bewusstsein vom Selbst und damit wieder davon, was Verzweiflung ist und dass der eigene Zustand Verzweiflung ist. Es bekommt einen Sinn, dass ein solcher Mensch sagt, er sei verzweifelt, aber es ist wesentlich die Verzweiflung der Schwachheit, ein Leiden, und ihre Form: verzweifelt nicht man selbst sein zu wollen.

Der Fortschritt im Vergleich mit der reinen Unmittelbarkeit zeigt sich sogleich darin, dass die Verzweiflung nicht immer durch einen Anstoß, ein Ereignis entsteht, sondern durch die bloße Reflexion veranlasst werden kann, so dass die Verzweiflung, wenn es so ist, nicht in einem bloßen Leiden oder äußeren Unterliegen, sondern bis zu einem gewissen Grad in Selbsttätigkeit und Handlung besteht. Hier ist ja ein gewisser Grad von innerer Reflexion, also eine Besinnung auf sein Selbst; mit diesem gewissen Grade innerer Reflexion beginnt der Akt der Absonderung, worin das Selbst auf sich selbst als von der Umgebung und Außenwelt und ihrem Einfluss wesentlich verschieden aufmerksam wird. Dies geschieht aber nur bis zu einem gewissen Grade.

Wenn nun das Selbst mit einem gewissen Grade innerer Reflexion sich anschickt, das Selbst zu übernehmen, so stößt es vielleicht auf diese oder jene Schwierigkeit in der Zusammensetzung, der Notwendigkeit des Selbst. Vor dieser Schwierigkeit, sei sie auch, wie sie will, schrickt der Betreffende zurück. Oder es begegnet ihm etwas, was mit seiner Unmittelbarkeit tiefer bricht, als er es durch seine innere Reflexion getan hat; oder seine Fantasie entdeckt eine Möglichkeit, deren Eintritt den Bruch mit seiner Unmittelbarkeit bedeuten würde.

So verzweifelt er. Seine Verzweiflung ist eine Verzweiflung aus Schwachheit, ein Erleiden des Selbst im Gegensatz zu der Verzweiflung der Selbstbehauptung; aber mit Hilfe der relativen inneren Reflexion, die er hat, macht er, darin wieder vom rein Unmittelbaren verschieden, Versuche, sein Selbst zu schützen. Er versteht, dass es doch ein Umsatz ist, sein Selbst fahren zu lassen, er wird nicht so apoplektisch vom Schlage getroffen wie der Unmittelbare, sondern versteht mit Hilfe der Reflexion, dass er viel verlieren kann, ohne das Selbst zu verlieren; er macht Einräumungen, er ist imstande dazu, und warum? Weil er bis zu einem gewissen Grade sein Selbst von der Außenwelt abgesondert hat, weil er eine dunkle Vorstellung davon hat, dass doch etwas Ewiges im Selbst sein muss. Aber vergebens kämpft er so; die Schwierigkeit, auf die er gestoßen ist, fordert einen Bruch mit der ganzen Unmittelbarkeit, und dazu hat er keine Selbstreflexion oder ethische Reflexion, er hat nicht das Bewusstsein von einem Selbst, das durch die unendliche Abstraktion von allem äußeren gewonnen wird, von diesem Selbst, das im Gegensatz zum bekleideten Selbst der Unmittelbarkeit als das nackte, abstrakte Selbst die erste Form des unendlichen Selbst und das Vorwärtstreibende in dem ganzen Prozesse ist, wodurch ein Selbst sein wirkliches Selbst mit dessen Schwierigkeiten und Vorzügen unendlich übernimmt.

Er verzweifelt also, und seine Verzweiflung ist: nicht er selbst sein zu wollen. Dagegen fällt ihm freilich das Lächerliche, ein anderer sein zu wollen, nicht ein; er behält das Verhältnis zu seinem Selbst, so weit hat ihn die Reflexion an sein Selbst geknüpft. Es geht ihm mit seinem Selbst, wie es einem Mann mit seiner Wohnung gehen kann, dass sie ihm wegen des Rauches verleidet oder aus irgendeinem anderen Grunde gleichgültig wird. Das Komische ist nur, dass das Selbst freilich nicht in einem ganz so lockeren Verhältnis zu sich selbst steht wie ein Mann zu seiner Wohnung steht. Jener Mann verlässt also seine Wohnung, aber er wandert nicht aus, er gründet keinen neuen Wohnsitz, sondern betrachtet die alte Wohnung als seine und rechnet darauf, dass die Übelstände vorübergehen. Ebenso geht es dem Verzweifelnden. Solange als die Schwierigkeit besteht, darf er, wie es mit besonderer Prägnanz heißt, nicht zu sich selbst kommen, will er nicht er selbst sein; aber es geht wohl vorüber, es ändert sich vielleicht, die düstere Möglichkeit wird wohl vergessen. Währenddem kommt er daher sozusagen nur ab und zu zu sich selbst auf Besuch, um nachzusehen, ob die Veränderung nicht eingetreten ist. Und sobald sie eingetreten ist, zieht er wieder heim, »ist wieder er selbst«, wie er sagt, doch bewirkt dies nur, dass er wieder beginnt, wo er aufhörte; er war bis zu einem gewissen Grade ein Selbst und wurde auch nicht mehr.

Tritt aber keine Veränderung ein, so hilft er sich auf andere Weise. Er biegt von der Richtung nach innen, auf welchem Wege er hätte vorwärts gehen müssen, um in Wahrheit ein Selbst zu werden, ganz ab. Die ganze Frage nach dem Selbst in tieferem Sinne wird zu einer Art blinden Tür im Hintergrund seiner Seele, einer Tür, hinter der nichts ist. Er übernimmt, was er in seiner Sprache sein Selbst nennt; was ihm an Anlagen, Talenten usw. gegeben sein mag, alles das übernimmt er, jedoch mit der Richtung nach außen, ins Leben hinein, wie es heißt, ins wirkliche, tätige Leben. Mit dem bisschen Reflexion, das er in sich hat, geht er sehr vorsichtig um; er fürchtet, das da im Hintergrunde könne wieder aufkommen. So gelingt es ihm, es nach und nach zu vergessen; im Laufe der Jahre findet er es dann beinahe lächerlich, besonders, wenn er mit anderen brauchbaren und tätigen Menschen in guter Gesellschaft ist, die für das wirkliche Leben Sinn haben und dafür brauchbar sind. Charmant! Er ist nun, wie es im Roman steht, schon seit mehreren Jahren glücklich verheiratet, ein tätiger und unternehmender Mann, Vater und Bürger, vielleicht sogar ein großer Mann; daheim in seinem Hause nennen ihn die Dienstboten »Er selbst«; in der Stadt gehört er zu den Honoratioren; er tritt mit persönlichem Ansehen auf oder mit dem Ansehen einer Person; er ist nach allem Ansehen, das er genießt, eine Person. In der Christenheit ist er Christ (ganz in demselben Sinne, wie er im Heidentum Heide und in Holland Holländer sein würde), einer von den gebildeten Christen. Die Frage nach der Unsterblichkeit hat ihn oft beschäftigt, und mehr als einmal hat er den Pfarrer gefragt, ob es eine solche Unsterblichkeit gebe, ob man sich selbst wirklich wiedererkennen werde; was ja auch für ihn ein ganz besonderes Interesse haben muss, da er kein Selbst hat.

Es ist unmöglich, diese Art Verzweiflung ohne einen gewissen Zusatz von Satire wahr dazustellen. Das Komische ist, dass er davon reden mag, er sei verzweifelt gewesen; das Schreckliche ist, dass sein Zustand, nachdem er, wie er meint, die Verzweiflung überwunden hat, gerade in Verzweiflung besteht. Es ist äußerst komisch, dass der in der Welt so sehr gepriesenen Lebensklugheit, all der Kuckucksmenge von guten Ratschlägen und klugen Wendungen, all dem sich in die Zeit schicken und in sein Schicksal fügen und der Vergessenheit übergeben, ideell verstanden, eine vollkommene Dummheit zu Grunde liegt, in der man nicht weiß, wo die Gefahr eigentlich ist und worin sie eigentlich besteht. Aber diese ethische Dummheit ist wieder das Schreckliche.

Die Verzweiflung über das Irdische oder über etwas Irdisches ist die gewöhnlichste Art von Verzweiflung mit einem Quantum Reflexion. Je mehr die Verzweiflung durchreflektiert ist, desto seltener bekommt man sie zu sehen oder kommt sie in der Welt vor. Dies beweist aber, dass die meisten Menschen nicht einmal besonders tief in ihrem Verzweifeln gekommen sind, dagegen aber durchaus nicht, dass sie nicht verzweifelt sind. Es gibt sehr wenig Menschen, die auch nur einigermaßen ein Geistesleben führen; ja es gibt nicht einmal viel, die ein solches Leben bloß versuchen, und von denen, die es tun, springen die meisten bald ab. Sie haben das Fürchten und das Sollen nicht gelernt, so dass es ihnen gleichgültig, unendlich gleichgültig wäre, was auch sonst geschehen mag. Darum können sie es nicht vertragen, was ihnen selbst schon wie ein Widerspruch vorkommt, der sich im Reflex der Umgebung noch viel, viel greller zeigt, dass die Sorge für seine Seele und das Trachten nach geistigem Leben in der Welt wie Zeitverlust, ja wie unverantwortlicher Zeitverlust aussieht, der womöglich von den bürgerlichen Gesetzen bestraft werden müsste, und wie eine Art Verrat gegen die Menschen, wie eine trotzige Verrücktheit, die die Zeit unsinnig mit nichts ausfüllt, jedenfalls mit Spott und Verachtung bestraft werden müsste. So gibt es wohl einen Augenblick in ihrem Leben, dies ist ihre beste Zeit, wo sie doch die Richtung nach innen einschlagen. Sie kommen ungefähr bis zu den ersten Schwierigkeiten, da biegen sie ab; es ist ihnen, als führte dieser Weg in eine trostlose Wüste – »und ringsumher liegt schöne grüne Weide«. Da wenden sie sich hin und vergessen bald jene ihre beste Zeit auch, und vergessen sie, als wäre sie eine Kinderei gewesen. Sie sind zugleich Christen – von den Pfarrern über ihre Seligkeit beruhigt. Wie gesagt, diese Verzweiflung ist die gewöhnlichste, sie ist so gewöhnlich, dass man sich daraus die im Handel und Wandel ziemlich allgemeine Ansicht erklären kann, Verzweiflung sei etwas, was der Jugend angehöre, was in jungen Jahren vorkomme, aber nicht bei dem gesetzten Mann, der zum Alter der Mündigkeit gekommen sei. Das ist ein verzweifelter Irrtum oder vielmehr ein verzweifelter Fehlgriff, der übersieht – ja, und was noch schlimmer ist, der übersieht, dass das, was er übersieht, doch fast das Beste ist, was man von dem Menschen sagen kann, da öfter das viel Schlimmere geschieht. Es ist ein Fehlgriff, sage ich, der übersieht, dass es die meisten Menschen in ihrem ganzen Leben wesentlich nicht weiter bringen als bis dahin, wo sie in ihrer Kindheit und Jugend schon waren, zu Unmittelbarkeit mit dem Zusatz einer kleinen Dosis Reflexion. Nein, Verzweiflung ist wahrhaftig nicht etwas, was nur bei Jünglingen vorkommt, etwas, dem man ohne weiteres entwächst – »wie man einer Illusion entwächst«.

Aber auch dieses tut man ja nicht, obgleich man so töricht ist, es zu meinen. Im Gegenteil, man kann oft genug Männer und Frauen und Greise treffen, die ebenso kindische Illusionen haben, wie nur irgendein Jüngling. Man übersieht aber, dass es wesentlich zwei Formen der Illusion gibt, die der Hoffnung und die der Erinnerung. Die Jugend hat die Illusion der Hoffnung, der Ältere die der Erinnerung; aber weil er eben in Illusion ist, hat er von der Illusion die ganz einseitige Vorstellung, es gäbe nur eine Illusion der Hoffnung. Und das ist wahr, von der Illusion der Hoffnung wird der Ältere nicht geplagt, dagegen aber unter anderem wohl auch von der schnurrigen: dass er von einem vermeintlich höheren Standpunkt ohne Illusion auf die Illusion des Jünglings herabsehe. Der Junge ist in Illusion, er hofft vom Leben und von sich selbst das Außerordentliche. Zum Ersatz dafür findet man beim Älteren oft Illusion in der Art, wie er sich an seine Jugend erinnert. Bei einer älteren Frau, die nun vermeintlich ihre Illusion aufgegeben hat, findet man oft, dass sie fantastisch wie nur irgendein junges Mädchen in der Illusion lebt, wenn sie sich an sich selbst als junges Mädchen erinnert, wie glücklich sie damals gewesen sei, wie schön usw. Dieses *fuimus*, das man so oft bei Älteren hört, ist eine ebenso große Illusion wie das Futurische der Jugend, sie lügen oder dichten beide.

Aber ganz anders verzweifelt ist der Fehlgriff, dass Verzweiflung nur der Jugend angehöre. Es ist überhaupt eine große Torheit, Unverstand vom Wesen des Geistes und dazu Verkennung dessen, dass der Mensch Geist und nicht bloß eine Tierart ist, wenn man meint, mit Glauben und Weisheit gehe es so bequem, dass sie wirklich so ohne weiteres mit den Jahren kämen wie Zähne, Bart u. dergl. Nein, was einem Menschen auch so ohne weiteres kommen mag: eins bestimmt nicht, Glaube und Weisheit. Die Sache verhält sich vielmehr so, dass der Mensch im Geistigen mit den Jahren nicht ohne weiteres zu etwas kommt – diese Kategorie ist gerade der ärgste Gegensatz zum Geist – dass es dagegen sehr leicht geschieht, dass er mit den Jahren ohne weiteres etwas verliert. Mit den Jahren verliert man vielleicht das bisschen Leidenschaft, Gefühl und Fantasie, das bisschen Innerlichkeit, das man hatte, und geht ohne weiteres (denn so etwas geht ohne weiteres) auf die Trivialität ein, sich aufs Leben zu verstehen. Diesen verkehrten Zustand, der freilich mit den Jahren gekommen ist, sieht der Mensch nun verzweifelt für ein Gut an, er überzeugt sich leicht davon (und in einem gewissen satirischen Sinne gibt's nichts Gewisseres), dass es ihm nie einfallen könne, zu verzweifeln – nein, er hat sich gesichert, er ist verzweifelt, geistlos verzweifelt. Denn weshalb liebte wohl Sokrates Jünglinge, als weil er den Menschen kannte!

Und geschieht es nicht so, dass ein Mensch mit den Jahren in die trivialste Art von Verzweiflung versinkt, so folgt daraus doch wohl keineswegs, dass Verzweiflung nur der Jugend gehört. Entwickelt sich ein Mensch wirklich mit den Jahren, wird er in wesentlichem Bewusstsein von seinem Selbst reif, so verzweifelt er vielleicht in einer höheren Form. Und entwickelt er sich mit den Jahren nicht wesentlich, während er doch auch nicht ganz in Trivialität versinkt, d. h. bleibt er so ungefähr ein junger Mensch, ein Jüngling, obgleich er Mann, Vater und weißhaarig geworden ist, so dass er also doch etwas von dem Guten bewahrt, wie wir es beim Jüngling finden, dann wird er ja auch der Gefahr ausgesetzt sein, wie ein Jüngling über das Irdische oder über etwas Irdisches zu verzweifeln.

Ein Unterschied kann wohl zwischen der Verzweiflung eines solchen Älteren und der eines Jünglings sein, aber kein wesentlicher, sondern ein rein zufälliger. Der Jüngling verzweifelt über das Zukünftige wie über ein Präsens *in futuro*; da ist etwas Zukünftiges, das er nicht übernehmen, mit dem zusammen er nicht er selbst sein will. Der Ältere verzweifelt über das Vergangene wie über ein Präsens *in praeterito*, das nicht immer mehr vergangen werden will – denn so verzweifelt ist er ja nicht, dass ihm gelänge, es ganz zu vergessen. Vielleicht ist dieses Vergangene sogar etwas, womit eigentlich die Reue zu tun haben sollte. Sollte aber die Reue hervorkommen, so müsste das Geistesleben vom Grunde aus hervorbrechen. Aber verzweifelt, wie er ist, darf er es nicht zu einer solchen Entscheidung kommen lassen. Da bleibt er stehen und die Zeit geht hin – es sei denn, dass es ihm glückt, noch mehr verzweifelt, es durch Vergessen zu heilen, so dass er, anstatt zu bereuen, sein eigener Hehler wird. Aber wesentlich bleibt die Verzweiflung eines solchen Jünglings und eines solchen Älteren unverändert, es kommt zu keiner Metamorphose, in welcher das Bewusstsein vom Ewigen so durchbricht, dass der Kampf beginnen kann, der entweder die Verzweiflung zu einer noch höheren Form potenziert oder zum Glauben führt.

Ist aber nicht doch ein wesentlicher Unterschied zwischen den beiden bisher als identisch gebrauchten Ausdrücken:

über das Irdische (Totalitätsbestimmung) verzweifeln und über etwas Irdisches (das Einzelne) verzweifeln? Ja, gewiss. Indem das Selbst mit unendlicher Leidenschaft in der Fantasie über etwas Irdisches verzweifelt, macht die unendliche Leidenschaft dieses Einzelne, dieses Etwas zum Irdischen *in toto*, d. h. die

Totalitätsbestimmung liegt im Verzweifelnden und gehört ihm. Das Irdische und Zeitliche ist gerade das, was auseinanderfällt, in etwas, in das Einzelne zerfällt. Es ist unmöglich, wirklich alles Irdischen beraubt zu werden oder es zu verlieren, denn die Totalitätsbestimmung ist nur eine gedachte Bestimmung. Das Selbst vergrößert also erst den wirklichen Verlust ins Unendliche, und dann verzweifelt es über das Irdische *in toto*. Sobald man aber diesen Unterschied (zwischen dem Verzweifeln über das Irdische und über etwas Irdisches) wesentlich geltend macht, macht man auch in dem Bewusstsein vom Selbst einen wesentlichen Fortschritt. Diese Formel über das Irdische zu verzweifeln ist dann ein dialektisch erster Ausdruck für die nächste Form der Verzweiflung.

2. Verzweiflung am Ewigen oder über sich selbst

Verzweiflung über das Irdische oder über etwas Irdisches ist ja eigentlich auch Verzweiflung am Ewigen und über sich selbst, insofern sie Verzweiflung ist, denn das ist ja die Formel für alle Verzweiflung[2]. Aber der Verzweifelnde, wie er im Vorigen geschildert wurde, war nicht darauf aufmerksam, was sozusagen hinter ihm geschieht. Er meint über etwas Irdisches zu verzweifeln und redet beständig von dem, worüber er verzweifelt, und doch verzweifelt er am Ewigen; denn dass er dem Irdischen so großen Wert beilegt, oder genauer, dass er etwas Irdischem so großen Wert beilegt, dass er erst etwas Irdisches zu allem Irdischen macht und dem Irdischen dann so großen Wert beilegt, ist ja eben Verzweiflung am Ewigen. Diese Verzweiflung bezeichnet nun einen bedeutenden Fortschritt. War die vorige eine Verzweiflung der *Schwachheit*, so ist diese eine *Verzweiflung über seine Schwachheit*, während sie jedoch, als von β (Trotz) verschieden, noch innerhalb der Wesensbestimmung »Schwachheitsverzweiflung« bleibt. Der Unterschied ist also nur relativ: die vorige Form hat das Bewusstsein der Schwachheit zu ihrem letzten Bewusstsein, während hier das Bewusstsein nicht dabei stehen bleibt, sondern sich zu einem neuen Bewusstsein, dem von der eigenen Schwachheit, potenziert. Der Verzweifelnde sieht selbst ein, dass es Schwachheit ist, sich das Irdische so zu Herzen zu nehmen, Schwachheit, zu verzweifeln. Anstatt aber nun richtig von der Verzweiflung weg zum Glauben abzubiegen und sich in seiner Schwachheit vor Gott zu demütigen, vertieft er sich in die Verzweiflung und verzweifelt über seine Schwachheit. Damit wendet sich der ganze Gesichtspunkt; er wird sich nun seiner Verzweiflung deutlicher bewusst, dass er am Ewigen verzweifelt; er verzweifelt über sich selbst, dass er so schwach sein konnte, dem Irdischen so große Bedeutung beizulegen, was für ihn nun der verzweifelte Ausdruck dafür wird, dass er das Ewige und sich selbst verloren hat.

Hier ist die Steigerung. Erst im Bewusstsein vom Selbst; denn am Ewigen zu verzweifeln ist unmöglich, ohne vom Selbst eine Vorstellung zu haben, dass darin etwas Ewiges ist oder dass es etwas Ewiges in sich gehabt hat. Und wenn man über sich selbst verzweifelt, muss man sich ja auch bewusst sein, ein Selbst zu haben; darüber verzweifelt man, nicht über das Irdische oder etwas Irdisches, sondern über sich selbst. Ferner ist hier ein tieferes Bewusstsein vom Wesen der Verzweiflung, denn sie besteht ganz richtig darin, dass man das Ewige und sich selbst verloren hat. Selbstverständlich ist hier auch das Bewusstsein vom eigenen Zustand der Verzweiflung stärker. Auch ist hier die Verzweiflung nicht bloß ein Erleiden, sondern eine Handlung. Denn wenn dem Selbst das Irdische genommen wird und man verzweifelt, so ist es, als käme die Verzweiflung von außen, ob sie auch immer vom Selbst kommt; wenn aber das Selbst über diese seine Verzweiflung verzweifelt, so kommt diese neue Verzweiflung vom Selbst, indirekt-direkt vom Selbst, als Gegendruck (Reaktion); darin vom Trotz verschieden, der direkt vom Selbst kommt. Schließlich ist hier auch, wenn auch in anderem Sinne, noch ein Fortschritt. Denn gerade weil diese Verzweiflung intensiver ist, so ist sie in gewissem Sinn der Rettung näher. Eine solche Verzweiflung vergisst man schwerlich, dazu geht sie zu tief; aber in jedem Augenblick, wo die Verzweiflung offengehalten wird, ist auch die Möglichkeit der Rettung da. Doch gehört auch diese Verzweiflung unter die Form, dass man verzweifelt nicht man selbst sein will. Wie wenn ein Vater seinen Sohn enterbt, so will das Selbst sich selbst nicht anerkennen, nachdem es so schwach gewesen ist. Es kann, verzweifelt, diese Schwachheit nicht vergessen, es hasst sich gewissermaßen selbst, es will sich nicht gläubig unter seine Schwachheit demütigen, um sich so selbst wieder zu gewinnen, nein, es will sozusagen nichts von sich hören und nichts von sich wissen. Dass einem aber durch Vergessen geholfen werde, davon kann auch nicht die Rede sein, auch nicht, dass man mit Hilfe des Vergessens in die Geistlosigkeit einschlüpfe und dann Mann und Christ sei wie andere Männer und Christen; nein, dazu ist das Selbst zu sehr Selbst. Wie es wohl oft dem Vater ging, der seinen Sohn enterbte, dass ihm das äußere Faktum nur wenig half und er deshalb den Sohn, wenigstens in Gedanken, nicht loswurde; wie es so oft mit den Verwünschungen einer Liebenden über den Verhassten (d. h. den Geliebten) geht, dass sie nicht viel helfen, sondern fast noch mehr fesseln – so geht es dem verzweifelten Selbst mit sich selbst.

Diese Verzweiflung ist eine Qualität tiefer als die vorige und gehört zu denen, die seltener in der Welt vorkommen. Jene blinde Tür, von der vorhin die Rede war, hinter der sich nichts befand, ist hier eine wirkliche, aber freilich sorgfältig abgeschlossene Tür, und hinter ihr sitzt gleichsam das Selbst und gibt auf sich selbst acht, indem es damit beschäftigt ist oder die Zeit damit ausfüllt, dass es nicht es selbst sein will, und indem es doch genug Selbst ist, sich selbst zu lieben. Das nennt man *Verschlossenheit*. Und von nun an haben wir von der Verschlossenheit zu reden, die der gerade Gegensatz zur Unmittelbarkeit ist und unter anderem auch, wenn sie an diese denken sollte, eine große Verachtung für sie hat.

Aber ist ein solches Selbst in der Wirklichkeit da; ist ein solcher Mensch nicht aus der Wirklichkeit in die Einöde, ins Kloster oder ins Irrenhaus geflüchtet? Ist er ein wirklicher Mensch, der wie andere gekleidet ist oder wie andere den gewöhnlichen Überrock trägt? Ja, gewiss, warum nicht! Was es aber mit seinem Selbst auf sich hat, darin weiht er keine, keine einzige Seele ein; dazu fühlt er kein Bedürfnis oder hat gelernt, es zu bezwingen, höre nur, wie er selbst davon redet:

»Es sind auch nur die rein unmittelbaren Menschen – welche, was den Geist betrifft, ungefähr auf demselben Punkte stehen wie das Kind im ersten Abschnitt der ersten Kindheit, wo es mit einer durch und durch liebenswürdigen Ungeniertheit alles von sich gehen lässt – es sind nur die rein unmittelbaren Menschen, die gar nichts bei sich behalten können. Das ist diese Art von Unmittelbarkeit, die sich oft mit großer Prätension Wahrheit nennt, man sei wahr, ein wahrer Mensch und ganz wie man ist, was gerade ebenso wahr ist wie es eine Unwahrheit sein soll, wenn ein Älterer nicht sogleich nachgibt, wenn er ein leibliches Bedürfnis empfindet. Jedes bloß ein kleines bisschen reflektierte Selbst hat doch eine Ahnung davon, wie man das Selbst bezwingt«.

Und unser Verzweifelter ist wirklich entschlossen genug, jeden, den es nichts angeht, also jeden, von den Angelegenheiten des Selbst fernzuhalten, während er nach außen ganz »ein wirklicher Mensch« ist. Er ist ein studierter Herr, ist Mann, Vater, sogar ein besonders tüchtiger Beamter, ein respektabler Vater, angenehm im Verkehr, sehr freundlich gegen seine Frau, die Fürsorge selbst gegen seine Kinder. Und ein Christ? – nun ja, das ist er ja auch, jedoch vermeidet er am liebsten davon zu reden, wenn er es auch gern und mit einer gewissen wehmütigen Freude sieht, dass sich seine Frau zu ihrer Erbauung mit Frömmigkeit beschäftigt. Zur Kirche geht er sehr selten, weil es ihm vorkommt, als ob die meisten Pfarrer eigentlich nicht wüssten, wovon sie redeten. Er macht eine Ausnahme mit einem ganz einzelnen Pfarrer, von dem er zugibt, dass er wisse, wovon er rede, aber den mag er aus einem anderen Grunde nicht hören, weil er eine Furcht hat, das könnte ihn zu weit führen.

Dagegen empfindet er nicht selten ein Verlangen nach Einsamkeit, sie ist ihm ein Lebensbedürfnis, zuweilen wie das Atmen, zu anderen Zeiten wie das Schlafen. Dass er dies Lebensbedürfnis mehr als die meisten Leute hat, ist auch ein Zeichen davon, dass er eine tiefere Natur ist. Überhaupt ist der Drang nach Einsamkeit ein Zeichen davon, dass doch Geist in einem Menschen ist, und der Maßstab dafür, was von Geist in ihm ist. »Die nur schwatzenden Un- und Mitmenschen« fühlen so wenig Drang zur Einsamkeit, dass sie wie Gesellschaftsvögel sogleich sterben, wenn sie bloß einen Augenblick allein sein sollen. Wie die kleinen Kinder in den Schlaf gelullt werden müssen, so brauchen diese Leute das beruhigende Einlullen der Geselligkeit, um essen, trinken, schlafen, beten, sich verlieben usw. zu können. Aber sowohl im Altertum wie im Mittelalter war man doch auf diesen Drang zur Einsamkeit aufmerksam und hatte Respekt vor dem, was er bedeutet; in der beständigen Gesellschaft unserer Zeit hat man einen solchen Schauder vor der Einsamkeit, dass man (o vortreffliches Epigramm!) sie zu nichts anderem zu gebrauchen weiß als zur Strafe für Verbrecher. Doch es ist wahr, in unserer Zeit ist es ja ein Verbrechen, Geist zu haben, so ist es ja auch in der Ordnung, dass solche Leute, die Liebhaber der Einsamkeit, mit Verbrechern in eine Klasse kommen.

Der verschlossene Verzweifelte lebt nun *horis successivis* dahin, in Stunden, die, wenn auch nicht für die Ewigkeit gelebt, so doch etwas mit dem Ewigen zu tun haben; er ist mit dem Verhältnis seines Selbst zu sich selbst beschäftigt; aber er kommt eigentlich nicht weiter. Wenn es dann getan ist, wenn das Bedürfnis nach Einsamkeit befriedigt ist, so geht er gleichsam aus – selbst wenn er heimgeht und sich mit seiner Frau und seinen Kindern einlässt. Was ihn als Ehemann so freundlich und als Vater so fürsorglich macht, ist außer seiner natürlichen Gutmütigkeit und seinem Pflichtgefühl das Eingeständnis seiner Schwachheit, das er sich selbst in seinem verschlossenen Innern gemacht hat.

Wäre es für jemand möglich, Mitwisser seiner Verschlossenheit zu werden, und dieser würde zu ihm sagen: »das ist ja Stolz, du bist ja eigentlich auf dein Selbst stolz«, so würde er dies wohl kaum einem anderen eingestehen. Wenn er dann mit sich selbst allein wäre, würde er wohl zugeben, dass etwas daran sei, aber die

Leidenschaft, mit der sein Selbst seine Schwachheit aufgefasst hat, würde ihm bald wieder einbilden, dass es unmöglich Stolz sein könne, da er ja gerade über seine Schwachheit verzweifle – ganz als wäre es nicht sein Stolz, der ein so ungeheures Gewicht auf die Schwachheit legt, ganz als wäre es nicht so, dass er nur darum dieses Bewusstsein von Schwachheit nicht aushalten kann, weil er auf sein Selbst stolz sein möchte. – Würde man zu ihm sagen:

»Das ist eine sonderbare Verwicklung, ein sonderbarer Knoten; denn das ganze Unglück liegt eigentlich in der Weise, wie sich der Gedanke verschlingt; sonst ist es ja sogar normal, das ist ja eben der Weg, den du gehen sollst, du sollst durch die Verzweiflung am Selbst hindurch zum Selbst kommen. Mit der Schwachheit hast du ganz recht, aber darüber sollst du nicht verzweifeln; das Selbst muss gebrochen werden, um zu sich selbst zu kommen, höre nur auf, darüber zu verzweifeln« – würde man so zu ihm sagen, so würde er es in einem leidenschaftslosen Augenblick verstehen, aber bald würde die Leidenschaft wieder falsch sehen, und dann macht er die Wendung wieder verkehrt, in die Verzweiflung hinein.

Eine solche Verzweiflung ist, wie gesagt, in der Welt ziemlich selten. Bleibt sie nun nicht auf diesem Punkte stehen, bloß auf der Stelle marschierend, und tritt andererseits bei dem Verzweifelnden keine Änderung ein, so dass er auf den richtigen Weg kommt, der zum Glauben führt: so wird sich eine solche Verzweiflung entweder zu einer höheren Form der Verzweiflung potenzieren, wobei sie Verschlossenheit bleibt, oder sie bricht nach außen durch und vernichtet die äußere Umkleidung, in der ein solcher Verzweifelnder wie in einem Inkognito gelebt hat. In letzterem Falle wird er sich ins Leben, vielleicht in die Zerstreuung großer Unternehmungen stürzen, er wird ein unruhiger Geist werden, dessen Dasein Spuren genug hinterlässt, ein unruhiger Geist, der vergessen will, und da es da drinnen so stark lärmt, gehören starke Mittel dazu, wenn auch von anderer Art als die, die Richard III. gebraucht, um die Verwünschungen seiner Mutter nicht zu hören. Oder er wird das Vergessen in der Sinnlichkeit, vielleicht in Ausschweifungen suchen; er will verzweifelt zur Unmittelbarkeit zurück, aber beständig mit dem Bewusstsein von dem Selbst, das er nicht sein will. Im ersten Falle, wenn sich die Verzweiflung potenziert, wird sie Trotz, und es zeigt sich dann, wieviel Unwahrheit in dem Gerede von Schwachheit lag, es zeigt sich, wie dialektisch richtig es ist, dass der erste Ausdruck für Trotz gerade in Verzweiflung über die eigene Schwachheit besteht.

Doch blicken wir zum Schluss noch einmal ein bisschen in den Verschlossenen hinein, der in seiner Verschlossenheit auf der Stelle marschiert. Wird diese Verschlossenheit absolut bewahrt, *omnibus numeris absoluta*, so wird Selbstmord die Gefahr sein, die ihm am nächsten liegt. Die Menschen, wie sie meist sind, haben natürlich keine Ahnung davon, was ein solcher Verschlossener zu tragen vermag; bekämen sie es zu wissen, so würden sie erstaunen. Aber dann ist der Selbstmord wieder die Gefahr für den absolut Verschlossenen. Redet er dagegen zu jemand, öffnet er sich einem einzigen Menschen, so ist er aller Wahrscheinlichkeit nach soweit abgespannt oder soweit herabgespannt, dass aus der Verschlossenheit nicht der Selbstmord folgt. Eine solche Verschlossenheit mit *einem* Mitwisser ist einen ganzen Ton milder als die absolute. Er wird also wahrscheinlich dem Selbstmord entgehen. Doch kann es geschehen, dass er gerade, indem er sich einem anderen geöffnet hat, darüber verzweifelt; dass es ihm so vorkommt, als wäre es doch unendlich viel besser gewesen, wenn er in Verschwiegenheit ausgehalten hätte, als dass er nun einen Mitwisser habe. Man hat davon Beispiele, dass ein Verschlossener gerade dadurch zur Verzweiflung gebracht wurde, dass er einen Vertrauten bekommen hatte. Also kann doch ein Selbstmord die Folge sein. Dichterisch könnte man, wenn man *poetice* annähme, er sei König oder Kaiser, die Katastrophe auch so bilden, dass er den Vertrauten töten ließe. Man könnte sich einen solchen dämonischen Tyrannen denken, der den Drang empfindet, mit einem Menschen von seiner Qual zu reden, und so sukzessive eine Menge Menschen verbraucht; denn sein Vertrauter zu werden, war der gewisse Tod: sobald sich der Tyrann gegen ihn ausgesprochen hatte, wurde er getötet. – Es würde eine Aufgabe für einen Dichter sein, diesen qualvollen Selbstwiderspruch in einem Dämonischen, einen Vertrauten nicht entbehren und nicht haben zu können, auf diese Weise gelöst dazustellen.

b. Die Verzweiflung, verzweifelt man selbst sein zu wollen, Trotz

Wie gezeigt wurde, dass man a die Verzweiflung der Weiblichkeit nennen kann, so kann man diese die der Männlichkeit nennen. Daher ist sie auch der vorigen gegenüber Verzweiflung unter der Bestimmung Geist. Unter diese Bestimmung gehört ja aber auch wesentlich die Männlichkeit, während Weiblichkeit eine niedrigere Synthese ist.

Die unter a2 beschriebene Verzweiflung war die über die eigne Schwachheit, der Verzweifelte will nicht er selbst sein. Geht man aber dialektisch einen einzigen Schritt weiter, kommt der so Verzweifelte zum Bewusstsein davon, warum er nicht er selbst sein will, so schlägt es um, so ist der Trotz da, denn dann ist es gerade, weil er verzweifelt er selbst sein will.

Zuerst kommt die Verzweiflung über das Irdische oder etwas Irdisches, dann die Verzweiflung über sich selbst am Ewigen. Dann kommt der Trotz, der eigentlich Verzweiflung vermöge des Ewigen oder der verzweifelte Missbrauch des Ewigen in dem Selbst ist, das verzweifelt es selbst sein will. Aber gerade weil er Verzweiflung vermöge des Ewigen ist, liegt ihm in gewissem Sinne das Wahre sehr nahe; und eben weil ihm das Wahre sehr nahe liegt, ist er unendlich weit davon entfernt. Die Verzweiflung, die den Durchgang zum Glauben bildet, geschieht auch vermöge des Ewigen; vermöge des Ewigen hat das Selbst Mut dazu, sich selbst zu verlieren, um sich selbst zu gewinnen; hier will es dagegen nicht damit beginnen, dass es sich selbst aufgibt, sondern will sich selbst behaupten.

In dieser Form der Verzweiflung findet nun ein Steigen des Bewusstseins vom Selbst statt, dass also das Bewusstsein von dem, was Verzweiflung ist, und von der eigenen Verzweiflung wächst; hier ist sich die Verzweiflung bewusst, dass sie eine Tat ist, sie kommt nicht von außen wie ein Leiden unter dem Druck der Außenwelt, sondern kommt direkt vom Selbst. Und so ist doch Trotz im Vergleich mit der Verzweiflung über die Schwachheit eine neue Qualifikation.

Dazu, verzweifelt man selbst sein zu wollen, gehört Bewusstsein von einem unendlichen Selbst. Dieses unendliche Selbst ist indessen eigentlich nur die abstrakteste Form, die abstrakteste Möglichkeit des Selbst. Und dieses Selbst will der Mensch verzweifelt sein, indem er das Selbst von jedem Verhältnis zu einer Macht losreißt, die es gesetzt hat, oder es von der Vorstellung davon losreißt, dass eine solche Macht da sei. Vermöge dieser unendlichen Form will das Selbst verzweifelt über sich selbst schalten und walten oder sich selbst schaffen, der Mensch will sein Selbst zu dem Selbst machen, das er sein will, und bestimmen, was er in seinem konkreten Selbst mit haben will und was nicht. Sein konkretes Selbst oder seine Konkretion hat ja Notwendigkeit und Grenzen, ist etwas ganz Bestimmtes, mit diesen Kräften, Anlagen usw. in dieser Konkretion der Verhältnisse usw. Aber vermöge der unendlichen Form, des negativen Selbst, unternimmt er erst, dieses Ganze umzubilden, um dann ein Selbst, wie er will, heraus zu bekommen, das vermöge der unendlichen Form des negativen Selbst hervorgebracht ist – und dann will er er selbst sein. D. h. er will etwas früher als andere Menschen beginnen, nicht durch und mit dem Anfang, sondern »im Anfang«; er will sein Selbst nicht anziehen, in dem ihm gegebenen Selbst nicht seine Aufgabe sehen, er will es vermöge der unendlichen Form, die es ist, selbst konstruieren.

Wollte man einen gemeinsamen Namen für diese Verzweiflung haben, so könnte man sie Stoizismus nennen, jedoch so, dass man nicht bloß an jene Sekte dächte. Und um diese Art Verzweiflung näher zu beleuchten, unterscheidet man am besten zwischen einem handelnden und einem leidenden Selbst und zeigt, wie das Selbst, wenn es handelnd ist, sich zu sich selbst verhält, und wie das Selbst, wenn es leidend ist, sich im Leiden zu sich selbst verhält, dass nämlich beständig die Formel lautet: dass es verzweifelt es selbst sein will.

Ist das verzweifelte Selbst ein *handelndes*, so verhält es sich eigentlich beständig bloß experimentierend zu sich selbst, was es auch vornehmen mag, wie Großes und Erstaunliches, und mit welcher Ausdauer es auch handeln mag. Es kennt keine Macht über sich, daher fehlt ihm im Grunde der Ernst, und es kann nur einen Schein von Ernst vorspiegeln, wenn es seinen Experimenten seine allerhöchste Aufmerksamkeit selbst schenkt. Dies ist nun ein erlogener Ernst; wie das Feuer, das Prometheus den Göttern stahl – so heißt dies Gott den Gedanken stehlen, in welchem der Ernst liegt, den Gedanken, dass Gott auf einen sieht, wofür das verzweifelte Selbst sich damit begnügt, auf sich selbst zu sehen, was nun seinen Unternehmungen unendliches Interesse und Bedeutung verleihen soll, während sie doch eben dies zu bloßen Experimenten macht. Denn wenn dieses Selbst auch nicht so weit in Verzweiflung geht, dass es zu einem experimentierten Gott wird, so kann sich doch kein abgeleitetes Selbst, indem es auf sich selbst sieht, mehr geben, als es selbst ist; es bleibt doch vom Anfang bis zum Ende das Selbst und wird in der Selbstverdopplung weder mehr noch weniger als das Selbst. Insofern arbeitet sich das Selbst in seinem verzweifelten Bestreben, es selbst zu sein, gerade in das Entgegengesetzte hinein, es wird eigentlich kein Selbst. In der ganzen Dialektik, innerhalb deren es handelt, ist nichts Festes; was das Selbst ist, steht in keinem Augenblick, d. h. ewig, fest. Die negative Form des Selbst übt ebensosehr eine lösende als bindende Macht aus; ganz unwillkürlich kann es jeden Augenblick von vorn anfangen, und die ganze Handlung, wie lange auch *ein* Gedanke verfolgt wird, bleibt innerhalb einer Hypothese. So wenig glückt es dem Selbst, immer mehr es selbst zu werden, dass es sich nur immer klarer als ein hypothetisches Selbst zeigt. Das Selbst ist sein eigener Herr, absolut, wie es heißt, sein eigener Herr, und ebendies ist die Verzweiflung, aber auch, was es für seine Lust, seinen Genuss hält. Doch überzeugt man sich bei näherem Zusehen leicht davon, dass dieser absolute

Herrscher ein König ohne Land ist, er regiert eigentlich über nichts; sein Zustand, seine Herrschaft ist derart, dass der Aufruhr in jedem Augenblick legitim ist. Dieser hängt nämlich zu guter Letzt von der Willkür des Selbst selbst ab.

Das verzweifelte Selbst baut also beständig nur Luftschlösser und ficht beständig in die Luft. Alle diese experimentierten Tugenden sehen brillant aus; sie bezaubern einen Augenblick wie eine morgenländische Dichtung; eine solche Selbstbeherrschung, eine solche Unerschütterlichkeit, eine solche Ataraxie usw. grenzt fast ans Fabelhafte. Ja, das tut sie freilich, und zu Grunde für das Ganze liegt auch nichts. Das Selbst will verzweifelt die ganze Befriedigung genießen, dass es sich zu sich selbst macht, sich selbst entwickelt, es selbst ist, es will von dieser dichterischen, meisterhaften Anlage, wie es sich selbst verstanden hat, die Ehre haben. Und doch bleibt im Grunde ein Rätsel, was es unter sich selbst versteht; gerade in dem Augenblick, wo es der Vollendung seines Baues ganz nahe zu sein scheint, kann es das Ganze willkürlich in nichts auflösen.

Ist das verzweifelnde Selbst ein *leidendes*, so ist die Verzweiflung doch die, dass es verzweifelt es selbst sein will. Solch ein experimentierendes Selbst, das verzweifelt es selbst sein will, stößt vielleicht, indem es sich vorläufig in seinem konkreten Selbst orientiert, auf diese oder jene Schwierigkeit, auf etwas, was der Christ ein Kreuz nennen würde, auf irgendeinen Grundschaden. Das negative Selbst, die unendliche Form des Selbst, wird dies vielleicht zuerst ganz wegwerfen, so tun, als wäre es nicht da, als wüsste es nichts davon. Aber es gelingt ihm nicht, so weit reicht seine Fertigkeit im Experimentieren nicht, nicht einmal seine Fertigkeit im Abstrahieren reicht so weit; das unendliche, negative Selbst fühlt sich prometheisch an diese Servitut geschmiedet. Es ist also hier ein leidendes Selbst. Wie zeigt sich nun die Verzweiflung, in der es verzweifelt es selbst sein will?

Sieh, im Vorhergehenden wurde die Form der Verzweiflung, dass man über das Irdische oder etwas Irdisches verzweifelt, so dargestellt, dass dies im Grunde, wie es sich dann auch zeigt, ein Verzweifeln am Ewigen ist, d. h. dass man sich vom Ewigen nicht trösten und heilen lassen will, weil man das Irdische so hoch geschätzt, dass das Ewige kein Trost sein kann. Es ist aber auch eine Form der Verzweiflung, dass man nicht auf die Möglichkeit hoffen will, dass eine irdische Not, ein zeitliches Kreuz gehoben werde. Das will nun dieser Verzweifelte, der verzweifelt er selbst sein will, nicht. Er hat sich davon überzeugt – ob es nun wirklich so ist, oder ihm in seiner Leidenschaft es so vorkommt – dass dieser Pfahl im Fleisch so tief nagt, dass er nicht davon abstrahieren kann[3]; darum will er ihn gleichsam ewig übernehmen. Er nimmt dann Ärgernis daran, oder richtiger, er nimmt von ihm den Anlass, sich am ganzen Dasein zu ärgern, und will nun zum Trotz er selbst sein, nicht ihm zum Trotz ohne ihn er selbst sein – das hieße ja von dem Pfahl abstrahieren, und das kann er nicht, oder das wäre eine Bewegung zur Resignation hin; nein, er will dem ganzen Dasein zum Trotz oder im Trotz gegen das ganze Dasein mit ihm er selbst sein, will ihn, fast auf seine Qual trotzend, mitnehmen; denn auf die Möglichkeit der Hilfe hoffen, besonders kraft des Absurden, dass für Gott alles möglich ist, nein, das will er nicht. Und bei einem anderen Hilfe suchen, nein, das will er um alles in der Welt nicht; lieber will er, wenn es so sein soll, mit allen Höllenqualen er selbst sein, als Hilfe suchen.

Und sicherlich ist es doch nicht gerade so ganz wahr, was man sagt, »dass es von selbst folge, dass der Leidende so gerne Hilfe haben wolle, wenn ihm bloß jemand helfen könne« – das ist durchaus nicht so, wenn auch das Gegenteil nicht immer so verzweifelt wie hier ist. Die Sache ist diese. Ein Leidender hat gern ein oder mehrere Weisen, wie er sich Hilfe wünscht. Wird ihm so geholfen, ja, dann lässt er sich gern helfen. Wenn es aber in tieferem Sinne Ernst wird, dass geholfen werden soll, besonders von einem Höheren oder dem Höchsten – diese Demütigung, die Hilfe auf jede Weise unbedingt annehmen zu müssen, wie ein Nichts in der Hand des »Helfers«, dem alles möglich ist, werden zu müssen oder sich auch nur vor einem anderen Menschen beugen und, solange man die Hilfe sucht, aufgeben zu müssen, man selbst zu sein: o, da gibt es gewiss viel, sogar langwieriges und qualvolles Leiden, vor welchem sich das Selbst doch nicht so sträubt und das es daher im Grunde vorzieht, wenn es damit nur weiter es selbst sein darf.

Aber je mehr Bewusstsein in einem solchen Leidenden ist, der verzweifelt er selbst sein will, desto mehr potenziert sich auch die Verzweiflung und wird zum Dämonischen. Dessen Ursprung ist gern so. Ein Selbst, das verzweifelt es selbst sein will, quält sich in irgendeiner Pein, die sich nun einmal von seinem konkreten Selbst nicht wegnehmen oder trennen lässt. Gerade auf diese Qual wirft der Betreffende nun seine ganze Leidenschaft, die zuletzt zu einem dämonischen Rasen wird. Ob dann auch Gott im Himmel und alle Engel ihm ihre Hilfe davon anböten, nein, nun will er nicht, nun ist es zu spät; einst hätte er gern alles hingegeben, um diese Qual loszuwerden, da ließ man ihn warten, nun ist es vorbei, nun will er lieber gegen alles rasen, will der von der ganzen Welt, vom Dasein unrecht Behandelte sein, dem es gerade von Wichtigkeit ist, dass er dafür sorgt, seine Qual zur Hand zu haben, damit sie ihm keiner nimmt – denn dann kann er es ja nicht beweisen und sich selbst davon überzeugen, dass er recht hat. Dies setzt sich ihm zuletzt so fest in den Kopf, dass er aus einem ganz eignen Grunde Angst vor der Ewigkeit hat, sie möchte ihn nämlich von seinem in dämonischem Sinne unendlichen Vorzuge, den er vor anderen Menschen hat, scheiden, von seiner dämonischen Berechtigung, der zu sein, der er ist. – Er selbst will er sein; er begann mit der unendlichen Abstraktion vom Selbst, und nun ist er zuletzt so konkret geworden, dass es eine Unmöglichkeit sein würde, in der Weise ewig zu werden, und doch will er verzweifelt er selbst sein. O dämonischer Wahnsinn, er wird bei dem Gedanken am wütendsten, dass es der Ewigkeit einfallen könne, sein Elend von ihm zu nehmen.

Diese Art Verzweiflung sieht man in der Welt selten, solche Gestalten kommen eigentlich nur bei Dichtern vor, d. h. bei den wirklichen Dichtern, die ihren Schöpfungen immer »dämonische« Idealität verleihen; dies Wort in rein griechischem Sinne genommen. Doch findet man solche Verzweiflung auch in der Wirklichkeit. Welches ist dann das entsprechende Äußere? Ja, es gibt kein »entsprechendes«, wie ja ein der Verschlossenheit entsprechendes Äußere ein Selbstwiderspruch sein würde, denn was entspricht, offenbart ja. Vielmehr ist hier das Äußere ganz gleichgültig, hier, wo man ganz überwiegend auf die Verschlossenheit achten muss, oder wie man eine Innerlichkeit nennen könnte, deren Verschluss übergeschnappt ist. Die niedrigsten Formen der Verzweiflung, bei denen es eigentlich keine Innerlichkeit gibt und bei denen jedenfalls nichts von dieser zu sagen ist, die niedrigsten Formen der Verzweiflung muss man durch Beschreibung darstellen und dadurch, dass man vom Äußeren eines solchen Verzweifelten redet. Aber je geistiger die Verzweiflung wird, je mehr die Innerlichkeit in ihrer Verschlossenheit eine eigne Welt für sich wird, desto gleichgültiger ist das Äußere, worunter sich die Verzweiflung verbirgt. Aber gerade je geistiger die Verzweiflung wird, desto mehr achtet sie selbst darauf, wie sie die Verzweiflung mit dämonischer Klugheit in ihrer Verschlossenheit verschlossen halte und daher desto mehr darauf, wie sie das Äußere in Indifferenz bringe, es so bedeutungslos und gleichgültig wie möglich mache.

Wie der Kobold im Märchen durch einen Spalt verschwindet, den niemand sehen kann, so liegt der Verzweiflung, gerade je geistiger sie ist, um so mehr daran, in einer Äußerlichkeit zu wohnen, hinter der es gewöhnlich keinem einfällt, sie zu suchen. Dies Versteckte ist gerade etwas Geistiges und ein Mittel, mit dem man sich gleichsam hinter der Wirklichkeit einen Verschluss, eine Welt ausschließlich für sich selbst sichert, wo das verzweifelte Selbst sich rastlos und tantalisch damit beschäftigt, es selbst sein zu wollen.

Wir begannen (α1) mit der niedrigsten Form der Verzweiflung, wo man verzweifelt nicht man selbst sein will. Die dämonische Verzweiflung ist die potenzierteste Form der Verzweiflung, wo man verzweifelt man selbst sein will. In dieser Verzweiflung will man nicht einmal in stoischer Vergaffung in sich selbst und Selbstvergötterung man selbst sein, will nicht wie sie, freilich lügnerisch, aber doch in gewissem Sinn nach seiner Vollkommenheit man selbst sein; nein, man will in Hass gegen das Dasein man selbst sein, man selbst nach seiner Jämmerlichkeit sein; man will nicht einmal im Trotz oder trotzig, sondern zum Trotz man selbst sein; man will nicht einmal im Trotz sein Selbst von der Macht losreißen, die es setzte, man will sich ihr zum Trotz aufdrängen, sich ihr auftrotzen, will sich aus Malice zu ihr halten – und das versteht sich, ein boshafter Einwand muss sich ja auch vor allem an das halten, wogegen er gerichtet ist. Man meint, indem man sich gegen das ganze Dasein empört, einen Beweis gegen dieses, gegen dessen Güte zu haben. Dieser Beweis meint der Verzweifelte selbst zu sein, und der will er sein, darum will er er selbst sein, er selbst in seiner Qual, um mit dieser Qual gegen das ganze Dasein zu protestieren.

Während der in Schwäche Verzweifelnde nichts davon hören will, was für einen Trost die Ewigkeit für ihn hat, will ein solcher Verzweifelter auch nichts davon hören, aber aus einem anderen Grunde; eben dieser Trost würde ja sein Untergang sein – weil der Verzweifelte ein Einwand gegen das ganze Dasein sein will. Es ist so, um bildlich zu reden, wie wenn sich bei einem Schriftsteller ein Schreibfehler einschliche und dieser sich bewusst würde, ein Schreibfehler zu sein – vielleicht ist es jedoch eigentlich kein Fehler, sondern gehört in einem viel höheren Sinne wesentlich mit zur ganzen Darstellung – es ist, wie wenn sich dieser Schreibfehler nun gegen den Schriftsteller empören, ihm aus Hass gegen ihn verbieten würde, ihn zu verbessern, und in wahnsinnigem Trotz zu ihm sagte: nein, ich will nicht ausgelöscht werden, ich will als ein Zeuge gegen dich dastehen, als ein Zeuge dafür, dass du ein geringer Schriftsteller bist.

Zweiter Abschnitt

Verzweiflung ist die Sünde

A Verzweiflung ist die Sünde

Sünde ist, *dass man vor Gott oder mit der Vorstellung von Gott verzweifelt nicht man selbst oder verzweifelt man selbst sein will.* Sünde ist also die potenzierte Schwachheit oder der potenzierte Trotz: Sünde ist die Potenzierung der Verzweiflung. Worauf der Nachdruck liegt, ist: *vor Gott*, oder dass die Gottesvorstellung dabei ist; was die Sünde dialektisch, ethisch, religiös zu dem macht, was die Juristen »qualifizierte« Verzweiflung nennen würden, ist die Gottesvorstellung.

Obgleich in diesem Abschnitt, besonders unter A, kein Raum für psychologische Beschreibungen oder die rechte Stelle dafür ist, mag doch hier als das dialektische Konfinium zwischen Verzweiflung und Sünde das angeführt werden, was man eine Dichterexistenz mit Richtung auf das Religiöse nennen kann, eine Existenz, die mit der Verzweiflung der Resignation etwas gemein hat, nur dass die Gottesvorstellung dabei ist. Eine solche Dichterexistenz wird, was man aus der Konjunktion und Stellung der Kategorien sieht, die eminenteste Dichterexistenz sein. Christlich betrachtet ist (trotz aller Ästhetik) jede Dichterexistenz Sünde, die Sünde: dass man dichtet anstatt zu sein, dass man sich nur in der Fantasie mit dem Guten und Wahren beschäftigt anstatt es zu sein, d. h. existenziell danach zu streben, es zu sein. Die Dichterexistenz, von der wir hier reden, ist darin von Verzweiflung verschieden, dass sie die Gottesvorstellung bei sich hat oder vor Gott ist; sie ist aber ungeheuer dialektisch, und es liegt ein undurchdringlicher dialektischer Wirrwarr darüber, wieweit sie sich dunkel bewusst ist, dass sie Sünde ist. Ein solcher Dichter kann sehr tiefen religiösen Drang haben, und die Vorstellung von Gott ist in seine Verzweiflung mit aufgenommen. Er liebt Gott über alles, Gott ist ihm in seiner heimlichen Qual sein einziger Trost, und doch liebt er die Qual und will sie nicht aufgeben. Er will so gern vor Gott er selbst sein, jedoch nicht in Bezug auf diesen festen Punkt, worin sein Selbst leidet, da will er verzweifelt nicht er selbst sein; er hofft, dass die Ewigkeit ihn wegnehmen werde, aber hier in der Zeitlichkeit kann er sich, wie sehr er auch darunter leidet, nicht entschließen, diesen Punkt anzunehmen und sich gläubig darunter zu demütigen. Und doch bleibt er im Verhältnis zu Gott, und dies ist seine einzige Seligkeit; es würde ihm das Schrecklichste sein, Gott entbehren zu sollen, »das wäre zum Verzweifeln«. Und doch erlaubt er sich eigentlich, aber vielleicht unbewusst, Gott ein wenig anders zu dichten, als er ist, etwas mehr wie einen zärtlichen Vater, der dem – einzigen Wunsche des Kindes allzu sehr nachgibt.

Wie einer, der in der Liebe unglücklich war und dadurch Dichter wurde, das Glück der Liebe holdselig preist: so wird er der Dichter der Religiosität. Er wurde in der Religiosität unglücklich, er versteht dunkel, dass von ihm gefordert wird, er solle diese Qual aufgeben, d. h. sich gläubig unter sie demütigen und sie als mit zu seinem Selbst gehörig auf sich nehmen – denn er will sie von sich fernhalten und hält sie gerade damit fest, obgleich er freilich (was ja, wie jedes Wort eines Verzweifelten, verkehrt richtig, und also umgekehrt zu verstehen ist) meint, dies bedeute, dass er sich so gut wie möglich von der Qual trenne, dass er sie aufgebe, so gut es einem Menschen möglich ist. Aber sie gläubig auf sich nehmen, das kann er nicht, d. h. das will er schließlich nicht, oder hier endet sein Selbst in Dunkelheit.

Doch wie die Schilderung jenes Dichters von der Liebe, so hat die Schilderung dieses Dichters vom Religiösen einen Zauber, einen lyrischen Schwung, wie ihn die Schilderung keines Ehemannes und keines hochehrwürdigen Herrn hat. Was er sagt, ist auch nicht unwahr, durchaus nicht, was er schildert, ist gerade sein glücklicheres, sein besseres Ich. Er ist in seinem Verhältnis zum Religiösen ein unglücklicher Liebhaber, d. h. er ist kein in strengem Sinne Gläubiger; er hat nur das dem Glauben Vorangehende, die Verzweiflung, und in ihr ein brennendes Verlangen nach dem Religiösen. Seine Kollision ist eigentlich diese: ist er der Berufene, ist der Pfahl im Fleisch ein Zeichen davon, dass er zu etwas Außerordentlichem gebraucht werden soll, ist das mit dem Außerordentlichen, was er geworden ist, vor Gott ganz in der Ordnung? Oder ist der Pfahl im Fleisch das, worunter er sich demütigen soll, um das allgemein Menschliche zu erreichen?

Doch genug hiervon; ich kann mit dem Nachdruck der Wahrheit sagen: zu wem rede ich? Um solche psychologischen Untersuchungen in n-ter Potenz, wer kümmert sich darum? Die »Nürnberger Bilderbogen«, die die Pfarrer malen, kann man besser verstehen, die gleichen täuschend allen und jedem, Leuten, wie sie meist sind, und haben geistig verstanden mit nichts eine Ähnlichkeit.

Erstes Kapitel

Stufen des Selbstbewusstseins (unter der Bestimmung vor Gott)

Im vorigen Abschnitt wurde eine beständige Steigerung im Selbstbewusstsein nachgewiesen; erst kam die Unwissenheit davon, dass man ein ewiges Selbst hat (C, B, a), dann ein Wissen davon, dass man ein Selbst hat, worin doch etwas Ewiges liegt (C, B, b), und innerhalb dieses Wissens wurden wieder Steigerungen nachgewiesen. Diese ganze Betrachtung muss nun eine neue dialektische Wendung bekommen. Die Sache verhält sich so. Die Steigerung des Selbstbewusstseins, mit der wir uns bis jetzt beschäftigt haben, findet innerhalb der Bestimmung »das menschliche Selbst« statt, oder »das Selbst, dessen Maßstab der Mensch ist«. Aber eine neue Qualität und Qualifikation bekommt dieses Selbst dadurch, dass es das Selbst Gott gegenüber ist. Dieses Selbst ist nicht mehr das bloß menschliche Selbst, sondern ist, was ich in der Hoffnung, nicht missverstanden zu werden, das theologische Selbst, das Selbst Gott gegenüber nennen möchte. Und welche unendliche Realität bekommt doch das Selbst nicht, wenn es sich bewusst wird, dass es vor Gott da ist, wenn es ein menschliches Selbst wird, dessen Maßstab Gott ist!

Ein Viehknecht, der (wenn es möglich wäre) Kühen gegenüber ein Selbst ist, ist ein sehr niedriges Selbst; ein Herrscher, der Sklaven gegenüber ein Selbst ist, gleichfalls, und eigentlich kein Selbst – denn in beiden Fällen fehlt der Maßstab. Das Kind, das bisher nur die Eltern zum Maßstab hatte, wird ein Selbst, indem es als Mann den Staat zum Maßstab bekommt; aber welcher unendliche Akzent fällt auf das Selbst, wenn es Gott zum Maßstab bekommt! Den Maßstab für das Selbst bildet immer: was das ist, demgegenüber es ein Selbst ist, dieses ist aber wieder die Definition von »Maßstab«. Wie man nur gleichartige Größen addieren kann, so ist jedes Ding qualitativ das, womit es gemessen wird; und was qualitativ sein Maßstab ist, ist ethisch sein Ziel; und der Maßstab und das Ziel ist qualitativ das, was etwas ist, außer in der Welt der Freiheit, wo einer jedoch, wenn er qualitativ nicht das ist, was sein Ziel und sein Maßstab ist, diese Disqualifikation selbst verschuldet haben muss. Dabei bleibt das Ziel und der Maßstab derselbe, indem sie nun verurteilen und offenbar machen, was jener Mensch nicht ist, nämlich das, was sein Ziel und Maßstab ist.

Es war ein sehr richtiger Gedanke, auf den eine ältere Dogmatik so oft zurückkam, während sich eine spätere Dogmatik so oft darüber aufhielt, weil ihr Verständnis und Sinn dafür fehlte – es war ein sehr richtiger Gedanke, ob er auch zuweilen verkehrte Anwendung fand: dass die Sünde dadurch etwas so Furchtbares werde, dass sie vor Gott sei. Damit bewies man dann die Ewigkeit der Höllenstrafen. Später wurde man klug und sagte: Sünde ist Sünde; die Sünde ist nicht größer, weil sie gegen Gott oder vor Gott ist. Sonderbar! Selbst die Juristen reden von qualifizierten Verbrechen, selbst die Juristen machen einen Unterschied, ob ein Verbrechen z. B. gegen einen Beamten oder gegen einen Privatmann verübt wird, machen einen Unterschied in der Strafe für einen Vatermord und einen gewöhnlichen Mord.

Nein, darin hatte die ältere Dogmatik recht, dass es die Sünde unendlich potenziert, dass sie gegen Gott geschieht. Der Fehler lag darin, dass man Gott wie etwas Äußeres betrachtete und dass man anzunehmen schien, man sündige gegen Gott nur zuweilen. Aber Gott ist nicht etwas Äußeres wie etwa ein Polizeibeamter. Worauf man zu achten hat, ist, dass das Selbst eine Vorstellung von Gott hat und dann doch nicht will, wie er will, dann doch ungehorsam ist. Auch sündigt man vor Gott nicht nur zuweilen; denn jede Sünde geschieht vor Gott, oder besser, was die menschliche Schuld eigentlich zur Sünde macht, ist, dass der Schuldige das Bewusstsein hat, dass er sich vor Gott befindet.

Die Verzweiflung potenziert sich je nach dem Selbstbewusstsein; aber das Selbst potenziert sich je nach dem Maßstab für das Selbst, und unendlich, wenn Gott der Maßstab ist. Je mehr Vorstellung von Gott, um so mehr Selbst; je mehr Selbst, um so mehr Vorstellung von Gott. Erst wenn ein Selbst, als dieses bestimmte einzelne Selbst, sich bewusst ist, dass es sich vor Gott befindet, erst dann ist es das unendliche Selbst; und dieses Selbst sündigt dann vor Gott. Darum ist die Selbstsucht des Heidentums trotz alledem, was man von ihr sagen kann, doch lange nicht so qualifiziert wie die der Christenheit, wenn sich auch da Selbstsucht findet; denn der Heide hat sein Selbst nicht Gott gegenüber. Der Heide und der natürliche Mensch haben das nur menschliche Selbst zum Maßstab. Daher kann man wohl recht haben, wenn man von einem höheren Gesichtspunkte aus das Heidentum in Sünde liegen sieht, aber die Sünde des Heidentums war eigentlich die verzweifelte Unwissenheit über Gott, darüber, dass man sich vor Gott befindet: »sie waren in der Welt ohne Gott«. Daher ist es auf der anderen Seite wahr, dass der Heide nicht im strengsten Sinne sündigte, denn er sündigte nicht vor Gott; und alle Sünde geschieht vor Gott. Es ist gewiss auch manchmal einem Heiden gelungen, irgendwie untadelig durch die Welt zu kommen, gerade weil seine pelagianisch leichtsinnige Anschauung ihn rettete; aber dann ist seine Sünde eine andere: eben diese pelagianisch leichtsinnige Auffassung. Dagegen ist es auf der anderen Seite auch ganz gewiss, dass manchmal ein Mensch, gerade wegen strenger Erziehung im Christentum, in gewissem Sinne in Sünde gefallen ist, weil ihm die ganze christliche Anschauung, besonders in der früheren Zeit seines Lebens, zu ernst war; aber dann ist doch wieder diese tiefere Vorstellung von dem, was Sünde ist, eine Hilfe für ihn.

Sünde ist: dass man vor Gott verzweifelt nicht man selbst sein will, oder dass man vor Gott verzweifelt man selbst sein will. Aber ist diese Definition nicht zu geistig? Mag sie auch sonst ihre Vorzüge haben, und darunter den allerwichtigsten, dass sie die einzige schriftgemäße ist; denn die Schrift bestimmt die Sünde immer als Ungehorsam. Aber ist sie nicht zu geistig? Darauf ist zunächst zu antworten: eine Definition der Sünde kann nie zu geistig sein (wenn sie nicht so geistig wird, dass sie die Sünde abschafft); denn Sünde ist eben eine Bestimmung des Geistes. Und dann: weshalb sollte sie zu geistig sein? Weil sie nicht von Mord, Diebstahl, Unzucht und dergleichen redet? Aber redet sie denn nicht davon? Ist das nicht auch eine Eigenwilligkeit gegen Gott, ein Ungehorsam, der seinem Gebot trotzt? Aber wenn man bei der Rede von Sünde nur von solchen Sünden redet, vergisst man so leicht, dass solches alles bis zu einem gewissen Grade, menschlich geredet, in Ordnung und doch das ganze Leben Sünde sein kann, die bekannte Sünde: die glänzenden Laster, die Eigenwilligkeit, die entweder geistlos unwissend darüber bleibt oder frech unwissend darüber sein will, in welch unendlich tieferem Sinne ein menschliches Selbst hinsichtlich jedes seiner geheimsten Wünsche und Gedanken Gott in Gehorsam verpflichtet ist, hinsichtlich der Feinhörigkeit im Auffassen und der Willigkeit im Befolgen jedes geringsten Winkes Gottes davon, was sein Wille mit diesem Selbst ist. Die Sünden des Fleisches sind Eigenwilligkeit des niederen Selbst; aber wie oft wird nicht ein Teufel mit Hilfe eines anderen ausgetrieben, so dass das Letzte schlimmer als das Erste wird. Denn so geht es ja gerade in der Welt zu: erst sündigt ein Mensch aus Schwachheit und Gebrechlichkeit, und dann – ja dann lernt er vielleicht seine Zuflucht bei Gott suchen, so dass ihm zum Glauben verholfen wird, der von aller Sünde rettet; aber davon reden wir hier jetzt nicht – dann verzweifelt er über seine Schwachheit und wird entweder ein Pharisäer, der es verzweifelt zu einer gewissen legalen Gerechtigkeit bringt, oder er stürzt sich verzweifelt wieder in die Sünde.

Die Definition umfasst daher gewiss jede denkbare und jede wirkliche Form der Sünde; sie hebt doch gewiss richtig das Entscheidende hervor, dass Sünde Verzweiflung ist (denn Sünde ist nicht die Wildheit des Fleisches und Blutes, sondern die Zustimmung des Geistes dazu) und dass sie vor Gott ist. Als Definition ist sie eine Rechnung mit unbekannten Zahlen. In dieser kleinen Schrift wäre es nicht an seiner Stelle und wäre außerdem ein Versuch, der misslingen müsste, wenn ich die einzelnen Sünden beschreiben wollte. Die Hauptsache ist hier bloß, dass die Definition wie ein Netz alle Formen umfasse. Und dass sie dies tut, kann man auch sehen, wenn man sie durch Aufstellung des Gegensatzes, der Definition des Glaubens erprobt, auf welchen ich in dieser ganzen Schrift wie auf ein sicheres Seezeichen hinsteuere. Glaube ist, dass sich das Selbst, indem es es selbst ist und sein will, durchsichtig auf Gott gründet.

Es ist aber oft genug übersehen worden, dass der Gegensatz zur Sünde keineswegs die Tugend ist. Das ist eine zum Teil heidnische Anschauungsweise, die sich mit einem bloß menschlichen Maßstabe begnügt, die gerade nicht weiß, was Sünde ist, dass alle Sünde vor Gott ist. Nein, *der Gegensatz zur Sünde ist der Glaube*, wie es daher Röm. 14, 23 heißt: alles, was nicht aus dem Glauben kommt, ist Sünde. Und dies gehört zu den entscheidendsten Bestimmungen des ganzen Christentums, dass der Gegensatz zur Sünde nicht Tugend, sondern Glaube ist.

Beilage

Dass die Definition der Sünde die Möglichkeit des Ärgernisses enthalte; eine allgemeine Bemerkung vom Ärgernis

Der Gegensatz Sünde – Glaube ist der christliche, ist der, der alle ethischen Begriffsbestimmungen christlich umbildet und ihnen einen Auszug des Perspektivs mehr gibt. Dem Gegensatz liegt das entscheidend christliche »vor Gott« zu Grunde, welche Bestimmung wieder das entscheidende Kriterium des Christlichen: das Absurde, das Paradox und die Möglichkeit des Ärgernisses enthält. Und dass dies bei jeder Bestimmung des Christlichen nachgewiesen werde, ist von äußerster Wichtigkeit, da das Ärgernis die Schutzwehr des Christlichen gegen alle Spekulation bildet. Wo liegt nun hier die Möglichkeit des Ärgernisses? Darin, dass ein Mensch die Realität haben soll, dass er als *einzelner* Mensch vor Gott da ist, und dass also wieder, was daraus folgt, die Sünde des Menschen Gott beschäftigt. Dies »der einzelne Mensch vor Gott« bekommt die Spekulation nie in ihren Kopf, sie verallgemeinert bloß die einzelnen Menschen fantastisch zum Geschlecht. Eben darum erfand auch ein ungläubiges Christentum, dass Sünde Sünde sei; ob sie vor Gott sei oder nicht, tue ja nichts zur Sache. Das will sagen: man wollte die Bestimmung »vor Gott« weghaben, und dazu erfand man eine höhere Weisheit, die jedoch sonderbarerweise weder mehr noch weniger als das alte Heidentum war, was die höhere Weisheit freilich meist ist.

Es ist nun so oft davon geredet worden, dass man sich am Christentum ärgere, weil es so dunkel und düster sei, dass man sich an ihm ärgere, weil es so streng sei usw.; so ist es doch wohl am wichtigsten, wenn man einmal zeigt, dass man sich eigentlich darum am Christentum ärgert, weil es zu hoch, weil sein Ziel nicht das Ziel des Menschen ist, weil es den Menschen zu etwas so Außerordentlichem machen will, dass er es nicht fassen kann. Dies wird auch eine ganz einfache psychologische Entwicklung, was unter Ärgernis zu verstehen sei, erklären und zugleich zeigen, wie unendlich töricht man sich benahm, wenn man das Christentum so verteidigte, dass man das Ärgernis entfernte; wie dumm und frech man Christi eigene Anweisung ignorierte, der oft und so bekümmert vor dem Ärgernis warnt, d. h. selbst darauf hinweist, dass dessen Möglichkeit da ist und da sein soll; denn soll sie nicht da sein, gehört sie nicht wesentlich mit zum Christlichen, so ist es ja menschlicher Unsinn von Christus, dass er, anstatt sie wegzunehmen, bekümmert vor ihr warnt.

Wenn ich mir einen armen Tagelöhner denke und den mächtigsten Kaiser, der je gelebt hat, und dieser mächtigste Kaiser bekäme plötzlich den Einfall, einen Boten zu dem Tagelöhner zu schicken, der nie davon geträumt hatte und in dessen Herz nie der Gedanke aufgestiegen war, dass der Kaiser von seinem Dasein wisse, und der sich unbeschreiblich glücklich preisen würde, wenn er den Kaiser bloß einmal sehen dürfte, was er dann Kindern und Kindeskindern als die wichtigste Begebenheit seines Lebens erzählen würde – wenn der Kaiser zu diesem Tagelöhner einen Boten schickte und ihn wissen ließe, dass er ihn zum Schwiegersohn haben wolle: was dann? Dann würde der Tagelöhner menschlicherweise etwas oder sehr verlegen werden und sich geniert fühlen, es würde (und das ist menschlich) ihm, menschlich, wie etwas höchst Sonderbares, etwas Verrücktes vorkommen, worüber man am allerwenigsten zu einem anderen Menschen reden dürfe, da er selbst schon in seinem stillen Sinn nicht weit von der Erklärung ist, auf die alle Nachbarn und Bekannten möglichst bald lebhaft verfallen würden, nämlich: dass der Kaiser ihn zum Narren halten wolle, so dass er zum Gelächter für die ganze Stadt würde, in die Witzblätter käme und die Geschichte von seiner Vermählung mit des Kaisers Tochter auf dem Jahrmarkt verkauft würde. Doch soll er Schwiegersohn des Kaisers werden, so muss es wohl bald eine äußere Tatsache werden, so dass sich der Tagelöhner mit seinen Sinnen davon überzeugen kann, wieweit es dem Kaiser Ernst damit ist, oder ob er den armen Menschen bloß zum besten haben, für sein ganzes

Leben unglücklich machen und ihm zum Irrenhaus verhelfen will; denn das *quid nimis* ist zur Stelle, das so schrecklich leicht in sein Gegenteil umschlagen kann. Eine kleine Gunsterweisung würde der Tagelöhner fassen können, die würde in der Kleinstadt, von dem hoch geehrten gebildeten Publikum, von allen alten Weibern, kurz von den 500 000 Menschen verstanden werden, die in jener Kleinstadt wohnen, die freilich hinsichtlich der Volksmenge sogar eine sehr große Stadt, dagegen in Hinsicht auf Sinn und Verstand für das Außerordentliche eine sehr kleine Kleinstadt ist – aber das mit dem Schwiegersohn werden, das ist viel zu viel. Und gesetzt nun, es wäre nicht von einer äußeren Tatsache die Rede, sondern von einer inneren, so dass also kein Faktum dem Tagelöhner zur Gewissheit verhelfen kann, sondern der Glaube selbst das einzige Faktum ist, so dass also alles dem Glauben überlassen wird, ob jener Mann genug demütigen Glauben hat, es glauben zu dürfen, denn frecher Mut kann zum *Glauben* nicht helfen; wie viele Tagelöhner gäbe es dann wohl, die diesen Mut hätten? Wer aber diesen Mut nicht hätte, würde sich ärgern; das Außerordentliche würde ihm fast wie ein Spott über ihn klingen. Er würde dann vielleicht offen und ehrlich eingestehen: so etwas ist mir zu hoch, ich kann es nicht fassen, d. h., dass ich es gerade heraus sage, es ist eine Torheit.

Und nun das Christentum! Das Christentum lehrt, dass dieser einzelne Mensch und so jeder einzelne Mensch, was er sonst auch sein mag, Mann, Frau, Dienstmädchen, Minister, Kaufmann, Barbier, Student usw., dass dieser einzelne Mensch *vor Gott* da ist – dieser einzelne Mensch, der vielleicht stolz darauf sein würde, wenn er in seinem Leben *einmal* mit dem Könige geredet hätte, dieser Mensch, der sich nicht wenig darauf einbildet, dass er mit diesem und jenem auf vertrautem Fuße steht, dieser Mensch ist vor Gott da, kann jeden Augenblick, wann er will, mit Gott reden und sicher sein, von ihm gehört zu werden, kurz, diesem Menschen wird angeboten, mit Gott auf dem vertrautesten Fuße zu leben! Und weiter, um dieses, auch um dieses Menschen willen kommt Gott zur Welt, lässt sich gebären, leidet, stirbt; und dieser leidende Gott bittet und fleht beinahe diesen Menschen an, doch die Hilfe anzunehmen, die ihm angeboten wird! Wahrhaftig, gibt es etwas, worüber man den Verstand verlieren kann, so ist es dies! Jeder, der nicht den demütigen Mut hat, dass er es zu glauben wagt, ärgert sich daran. Weshalb ärgert er sich aber? Weil es ihm zu hoch ist, weil er es nicht fassen kann, weil er demgegenüber keine Freimütigkeit gewinnen kann und es deshalb weghaben, vernichten, in Verrücktheit und Unsinn verwandeln muss, denn es ist, als erstickte es ihn.

Denn was ist Ärgernis? Ärgernis ist unglückliche Verwunderung. Es ist daher mit Missgunst verwandt, aber es ist eine Missgunst, die sich gegen einen selbst wendet, in der man, noch genauer genommen, gegen sich selbst am schlimmsten ist. In seiner Engherzigkeit kann sich der natürliche Mensch das Außerordentliche nicht gönnen, das Gott ihm zugedacht hat, da ärgert er sich.

Der Grad des Ärgernisses hängt nun davon ab, welche Leidenschaft jemand zum Bewundern hat. Prosaischere Menschen ohne Fantasie und Leidenschaft, die also auch nicht recht zum Bewundern taugen, ärgern sich wohl auch, aber sie beschränken sich darauf zu sagen: so etwas kann ich nicht begreifen, darauf lasse ich mich nicht ein. Das sind die Skeptiker. Aber je mehr Leidenschaft und Fantasie ein Mensch hat, je näher er also in gewissem Sinne, nämlich in der Möglichkeit, daran ist, ein Gläubiger zu werden, NB. sich anbetend unter das Außerordentliche zu demütigen, desto leidenschaftlicher wird das Ärgernis, das sich zuletzt nur mit Ausrotten, Vernichten, in den Kot Treten begnügen kann.

Will man das Ärgernis verstehen lernen, so studiere man die menschliche Missgunst, ein Studium, das ich als ein Extrapensum aufgebe und das ich mir einbilde gründlich getrieben zu haben. Missgunst ist versteckte Bewunderung. Ein Bewundernder, der fühlt, dass er durch Hingebung nicht glücklich werden kann, greift zur Missgunst gegen das, was er bewundert. Nun redet er eine andere Sprache; in seiner Sprache heißt es nun, das, was er eigentlich bewundert, sei gar nichts, sei etwas Dummes, Fades,

Sonderbares und Überspanntes. Bewunderung ist glückliche Selbsthingabe, Missgunst unglückliche Selbstbehauptung.

So auch mit dem Ärgernis; denn was im Verhältnis zwischen Mensch und Mensch Bewunderung und Missgunst ist, das ist im Verhältnis zwischen Gott und Mensch Anbetung und Ärgernis. *Summa summarum* aller menschlichen Weisheit ist dies »goldene« oder vielleicht richtiger neusilberne *ne quid nimis*, zu wenig und zu viel verdirbt alles. Dies gilt im Verkehr zwischen Mann und Mann als Weisheit und wird mit Bewunderung honoriert. Sein Kurs schwankt nie, seinen Wert garantiert die ganze Menschheit. Ab und zu lebt einmal ein Geist, der ein wenig darüber hinausgeht, der wird – von den Klugen – für töricht erklärt. Aber das Christentum macht über dieses *ne quid nimis* hinaus einen ungeheuren Riesenschritt in das Absurde hinein; da beginnt das Christentum – und das Ärgernis.

Man sieht nun, wie außerordentlich (damit doch etwas Außerordentliches zurückbleibe), wie außerordentlich dumm es ist, das Christentum zu verteidigen, wie wenig Menschenkenntnis es verrät, wie man, ob auch unbewusst, mit dem Ärgernis unter einer Decke steckt, wenn man das Christliche zu etwas so Kümmerlichem macht, das am Ende durch eine Verteidigung gerettet werden könnte. Darum ist es gewiss und wahr, dass, wer zuerst erfand, das Christentum in der Christenheit zu verteidigen, *de facto* ein Judas Numero 2 ist; auch er verrät mit einem Kuss, nur dass sein Verrat aus Dummheit geschieht. Etwas verteidigen heißt immer, es disrekommandieren. Lass einen ein ganzes Haus voll Gold haben, lass ihn bereit sein, jeden einzelnen Dukaten den Armen zu geben – aber lass ihn dabei so dumm sein, dieses sein wohltätiges Vorhaben mit einer Verteidigung zu beginnen, worin er seine Erlaubnis dazu mit drei Gründen nachweist: und es wird nicht viel daran fehlen, dass die Leute es beinahe zweifelhaft finden, ob er wirklich etwas Gutes tue. Aber nun das Christliche! Ja, wer es verteidigt, hat nie daran geglaubt. Glaubt er, so ist die Begeisterung seines Glaubens – nicht eine Verteidigung, nein, sie ist Angriff und Sieg; ein Glaubender ist ein Sieger.

So verhält es sich mit dem Christlichen und dem Ärgernis. Dessen Möglichkeit ist bei der christlichen Definition der Sünde ganz richtig zur Stelle und liegt in dem »vor Gott«. Der Heide, der natürliche Mensch, ist ganz bereit einzuräumen, dass es Sünde gibt, aber dieses »vor Gott«, was doch eigentlich die Sünde zur Sünde macht, das ist ihm viel zu viel. Das heißt ihm – wenn auch auf andere als auf die hier angeführte Weise – viel zu viel aus dem Menschen machen; etwas weniger, so ist er bereit, darauf einzugehen – »aber zu viel ist zu viel«.

Zweites Kapitel

Die sokratische Definition der Sünde

Sünde ist Unwissenheit. Dies ist, wie bekannt, die sokratische Definition, die wie alles Sokratische immer eine beachtenswerte Instanz ist. Jedoch ist es diesem Sokratischen wie so manch anderem Sokratischen gegangen, man hat das Bedürfnis empfunden, weiter zu gehen. Wie unzählig viele haben nicht das Bedürfnis empfunden, weiter als die sokratische Unwissenheit zu gehen – vermutlich, weil sie fühlten, dass es ihnen eine Unmöglichkeit war, bei ihr stehen zu bleiben; denn wie viele gibt es wohl in jeder Generation, die imstande wären, auch nur einen Monat Unwissenheit von allen Dingen auszuhalten und existenziell auszudrücken.

Ich will daher die sokratische Definition keineswegs damit abfertigen, dass man bei ihr nicht stehen bleiben könne; sondern ich will sie mit dem Christlichen *in mente* dazu benutzen, dieses in seiner Schärfe darzustellen – eben weil die sokratische Definition so echt griechisch ist, so dass sich hier wie immer jede andere Definition, die nicht im strengsten Sinne streng christlich ist, d. h. jede Zwischendefinition, in ihrer Leere zeigt.

Das Missliche bei der sokratischen Definition ist nun, dass sie unbestimmt lässt, wie die Unwissenheit selbst, ihr Ursprung usw. näher zu verstehen ist. Dies will sagen, selbst wenn Sünde Unwissenheit ist (oder was das Christentum vielleicht lieber Dummheit nennen würde), was sich in gewissem Sinne gar nicht leugnen lässt: ist dieses eine ursprüngliche Unwissenheit, so dass der Betreffende von der Wahrheit nichts gewusst hat und bisher nichts hat wissen können; oder ist es eine hervorgebrachte, eine spätere Unwissenheit? Ist das letztere der Fall, so muss ja die Sünde eigentlich in etwas anderem als der Unwissenheit stecken, nämlich in der Tätigkeit des Menschen, mit der er daran gearbeitet hat, seine Erkenntnis zu verdunkeln. Aber auch, wenn dies angenommen wird, kommt die hartnäckige und sehr zählebige Misslichkeit wieder, indem die Frage bleibt, ob der Mensch in dem Augenblick, wo er seine Erkenntnis zu verdunkeln begann, sich dessen deutlich bewusst war. Ist er sich dessen nicht deutlich bewusst, so ist ja die Erkenntnis schon etwas verdunkelt, ehe er mit dem Verdunkeln begann; und die Frage kommt bloß wieder. Nimmt man dagegen an, dass er, als er seine Erkenntnis zu verdunkeln begann, sich dessen deutlich bewusst war, so liegt ja die Sünde (ob sie gleich Unwissenheit ist, insofern als diese das Resultat bildet) nicht in der Erkenntnis, sondern im Willen, und die dann auftretende Frage ist, wie sich Erkenntnis und Wille zu einander verhalten. Auf solches alles (und man könnte tagelang so weiter fragen) lässt sich die sokratische Definition eigentlich nicht ein. Sokrates war allerdings ein Ethiker (was ihm ja das Altertum unbedingt zugesteht, der Erfinder der Ethik), der erste, wie er in seiner Art der erste ist und bleibt; aber er beginnt mit der Unwissenheit. Intellektuell tendiert er nach der Unwissenheit, dass man nichts wisse. Ethisch versteht er unter Unwissenheit etwas ganz anderes und beginnt dann mit ihr. Aber dagegen ist Sokrates natürlich kein wesentlich religiöser Ethiker, geschweige denn, was das Christliche ist, ein Dogmatiker. Daher kommt er eigentlich in die ganze Untersuchung, mit der das Christentum beginnt, gar nicht hinein, kommt in das Prius nicht hinein, in welchem sich die Sünde selbst voraussetzt, und das im Dogma von der Erbsünde christlich erklärt wird, zu welchem Dogma wir jedoch in dieser Untersuchung nur wie zu einer Grenze kommen.

Sokrates kommt daher eigentlich nicht dazu, die Sünde zu bestimmen, was freilich bei einer Definition der Sünde eine Misslichkeit ist. Wieso? Ist nämlich die Sünde Unwissenheit, so ist ja eigentlich gar keine Sünde da, denn Sünde ist ja gerade Bewusstsein. Ist es Sünde, dass man vom Richtigen nichts weiß, so dass man daher das Unrichtige tut, so ist keine Sünde da. Ist dies Sünde, so wird ja angenommen, was Sokrates auch annahm, dass der Fall nicht eintrete, dass einer, der das Rechte wisse, das Unrechte tue, oder wenn er wisse, dass es unrecht ist, dieses Unrechte tue. Ist also die sokratische Definition richtig, so gibt es gar keine Sünde. Aber sieh, dies, gerade dies ist christlich ganz in der Ordnung und in tieferem Sinne ganz richtig, ist in christlichem Interesse das *quod erat demonstrandum.* Gerade der Begriff, durch den sich das Christentum am entscheidendsten qualitativ vom Heidentum unterscheidet, ist die Sünde, die Lehre von der Sünde; und deshalb nimmt das Christentum auch ganz konsequent an, dass weder das Heidentum noch der natürliche Mensch weiß, was Sünde ist, ja, es nimmt an, dass eine Offenbarung von Gott nötig ist, um offenbar zu machen, was Sünde ist. Nicht bildet nämlich, wie eine oberflächliche Betrachtung annimmt, die Lehre von der Versöhnung den qualitativen Unterschied zwischen Heidentum und Christentum, nein, der Anfang muss viel tiefer gemacht werden, mit der Sünde, mit der Lehre von der Sünde, wie es das Christentum auch tut. Was für ein gefährlicher Einwand wäre es daher gegen das Christentum, wenn das Heidentum eine Definition der Sünde hätte, die das Christentum als richtig anerkennen müsste.

Welche Bestimmung fehlt nun Sokrates, wenn er die Sünde bestimmt? Der Wille, der Trotz! Die griechische Intellektualität war zu glücklich, zu naiv, zu ästhetisch, zu ironisch, zu witzig – zu sündig, fassen zu können, dass jemand mit Bewusstsein das Gute zu tun unterlassen kann oder mit Bewusstsein, mit dem Wissen vom Rechten, das Unrechte tut. Die Gräzität stellt einen intellektuellen kategorischen Imperativ auf.

Die hierin enthaltene Wahrheit darf man durchaus nicht übersehen, sondern muss sie in Zeiten, wie unsere sind, einschärfen. Da sich diese in sehr viel leeraufblasendes und unfruchtbares Wissen verlaufen haben, ist es freilich jetzt, ganz wie zu Sokrates' Zeit und nur noch mehr nötig, dass die Menschen ein klein wenig sokratisch ausgehungert werden. Alle diese Beteuerungen, dass man das Höchste verstanden und begriffen habe, sind zum Lachen und zum Weinen, wie auch die Virtuosität, mit der viele, und in gewissem Sinne ganz richtig, es *in abstracto* darzustellen wissen – es ist zum Lachen und Weinen, wenn man sieht, dass all dieses Wissen und Verstehen gar keine Macht über das Leben der Menschen ausübt, dass dieses nicht in entferntester Weise ausdrückt, was sie verstanden haben, sondern eher das Gegenteil. Beim Anblick dieses ebenso traurigen wie lächerlichen Missverhältnisses ruft man unwillkürlich aus: aber wie in aller Welt ist es doch möglich, dass sie es verstanden haben; ist es auch wahr, dass sie es verstanden haben? Hier antwortet jener alte Ironiker und Ethiker: o, mein Lieber, glaube das niemals; sie haben es nicht verstanden, denn hätten sie es in Wahrheit verstanden, so drückte ihr Leben es auch aus, so täten sie, was sie verstanden hätten.

Also ist Verstehen und Verstehen zweierlei? Ganz gewiss; und wer dies verstanden hat – jedoch, wohl zu merken, nicht in der Bedeutung des ersten Verstehens, der ist *eo ipso* in alle Geheimnisse der Ironie eingeweiht. Gerade dieser Widerspruch beschäftigt eigentlich die Ironie. Das komisch zu nehmen, dass ein Mensch wirklich von etwas nichts weiß, ist eine sehr niedrige Art Komik und unter der Würde der Ironie. Darin liegt doch eigentlich nichts Komisches, dass es Menschen gegeben hat, die annahmen, die Erde steht still – wenn sie es nicht besser wussten. Vermutlich wird es unserer Zeit einer physikalisch besser unterrichteten Zeit gegenüber wieder ähnlich gehen. Der Widerspruch ist der zwischen zwei verschiedenen Zeiten, bei denen ein tieferer Koinzidenzpunkt fehlt; ein solcher Widerspruch ist nicht wesentlich und also auch nicht wesentlich komisch.

Nein, aber dass ein Mensch dasteht und das Richtige sagt – und es also verstanden hat; und wenn er dann handeln soll, das Unrichtige tut – und also zeigt, dass er es nicht verstanden hat: ja, das ist unendlich komisch. Es ist unendlich komisch, wenn ein Mensch bis zu Tränen gerührt, so dass also nicht bloß der Schweiß, sondern die Tränen heruntertropfen, dasitzen und eine Schilderung von Selbstverleugnung lesen oder hören kann, von dem Edelmut, sein Leben für die Wahrheit hinzugeben – und dann im nächsten Augenblick, eins, zwei, drei, wupti, fast noch mit Tränen in den Augen, im vollen Gange ist, so gut er kann, im Schweiße seines Angesichts der Unwahrheit zum Siege zu verhelfen. Es ist unendlich komisch, dass ein Redner mit Wahrheit in Stimme und Mimik, tief ergriffen und tief ergreifend das Wahre erschütternd darstellen, allem Bösen und allen Mächten der Hölle unter die Augen treten kann, mit einem Aplomb in der Haltung, einer Unerschrockenheit im Blick, einer Unfehlbarkeit in den Schritten, die bewundernswürdig ist – es ist unendlich komisch, dass er in demselben Augenblick, beinahe noch in der »Adrienne« der geringsten Unannehmlichkeit feig und furchtsam aus dem Wege laufen kann. Es ist unendlich komisch, dass einer die ganze Wahrheit davon verstehen kann, wie kleinlich und erbärmlich usw. die Welt ist – dass er das verstehen kann und dann nicht wiedererkennt, was er verstanden hat; denn fast in demselben Augenblick geht er selbst hin und tut in derselben Kleinlichkeit und Erbärmlichkeit mit, nimmt Ehre von ihr und lässt sich von ihr ehren, d. h. erkennt sie an.

O, wenn man einen sieht, der versichert, er habe vollständig verstanden, wie Christus in der Gestalt eines geringen Knechtes einherging, arm, verachtet, verspottet, wie die Schrift sagt: angespuckt – wenn ich dann denselben Menschen sich so sorgsam dahin wenden sehe, wo es einem weltlich wohl geht, und sich dort aufs sicherste einrichten, wenn ich ihn sehe, wie er so ängstlich, als handelte sich's ums Leben, jedem ungünstigen Windhauch von rechts oder links ausweicht, wenn ich ihn darüber, dass er bei allen, ja bei allen in Ehre und Ansehen steht, so glücklich, so glückselig sehe, ja, um es vollständig zu machen, so heilfroh, dass er dafür sogar Gott gerührt dankt, dann habe ich oft zu mir selbst und bei mir selbst gesagt: »Sokrates, Sokrates, Sokrates, sollte es möglich sein, dass dieser Mensch verstanden hat, was er verstanden zu haben behauptet?« So habe ich gesagt und habe zugleich gewünscht, Sokrates möge recht haben. Denn es ist mir doch, als wäre das Christentum zu streng, und ich kann es auch nicht in Einklang mit meiner Erfahrung bringen, einen solchen Menschen als einen Heuchler hinzustellen. Nein, Sokrates, dich kann ich verstehen; du machst ihn zu einem Spaßvogel, zu einem lustigen Bruder, du machst ihn zu einer Beute für das Gelächter, du hast nichts dagegen, es findet sogar deinen Beifall, dass ich ihn komisch anrichte und serviere – vorausgesetzt nämlich, dass ich es gut mache.

Sokrates, Sokrates, Sokrates! Ja, man muss deinen Namen schon dreimal nennen, es wäre nicht zu viel, ihn zehnmal zu nennen, wenn es etwas helfen könnte. Man meint, die Welt brauche eine Republik, und man meint eine neue Gesellschaftsordnung und eine neue Religion zu brauchen; aber niemand denkt daran, dass diese gerade durch das viele Wissen verwirrte Welt einen Sokrates braucht. Doch freilich, dächte einer daran oder dächten gar viele daran, dann wäre er weniger nötig. Was eine Verirrung am meisten braucht, ist immer das, woran sie am wenigsten denkt – natürlich, denn sonst wäre es ja keine Verirrung.

Also eine solche ironisch-ethische Korrektion könnte unsere Zeit sehr gut brauchen, sie ist eigentlich vielleicht das einzige, was ihr not tut – denn sie ist offenbar das, woran sie am wenigsten denkt. Es täte uns ungemein not, dass wir, anstatt weiter als Sokrates zu gehen, bloß auf dieses Sokratische zurückkämen, dass verstehen und verstehen zweierlei ist – nicht als zu einem Resultat, das die Menschen schließlich ins tiefste Elend bringt, da es den Unterschied zwischen Verstehen und Verstehen gerade aufhebt, sondern als zu der ethischen Auffassung des täglichen Lebens.

Die sokratische Definition hilft sich also so. Wenn einer das Rechte nicht tut, so hat er es auch nicht verstanden; sein Verständnis ist eine Einbildung; seine Versicherung, dass er es verstanden habe, zeigt, dass er eine verkehrte Richtung einschlägt; seine wiederholte Versicherung, dass er es zum Kuckuck verstanden habe, zeigt, dass er sich auf dem größten Umwege in ungeheurer Entfernung befindet. Aber dann ist ja die Definition richtig. Tut einer das Rechte, so sündigt er doch wohl nicht; und tut er das Rechte nicht, so hat er es auch nicht verstanden; hätte er es in Wahrheit verstanden, so würde es ihn bald bewegen, es zu tun, würde ihn zu einer Klangfigur seines Verstehens machen: *ergo* ist Sünde Unwissenheit.

Wo steckt da aber die Misslichkeit? Sie steckt in dem Punkte, worauf das Sokratische, aber nur bis zu einem gewissen Grade, selbst aufmerksam ist, und dem es abzuhelfen sucht, darin, dass eine dialektische Bestimmung des Übergangs vom Verstandenhaben zum Tun fehlt. Bei diesem Übergange fängt das Christliche an, zeigt beim Betreten dieses Weges, dass die Sünde im Willen liegt, und kommt zum Begriff des Trotzes; und um dann das Ende richtig festzumachen, fügt es das Dogma von der Erbsünde hinzu – denn das Geheimnis der Spekulation mit ihrem Begreifen besteht eben darin, dass sie näht, ohne das Ende zu befestigen und ohne in den Faden einen Knoten zu machen; darum kann sie, wunderbar, immerfort nähen, d. h. den Faden durchziehen. Das Christentum befestigt dagegen das Ende durch das Paradox.

In der reinen Idealität, wo vom einzelnen wirklichen Menschen keine Rede ist, ist der Übergang notwendig (im System geht ja auch alles mit Notwendigkeit vor sich) oder ist mit dem Übergang vom Verstehen zum Tun gar keine Schwierigkeit verbunden. Dies ist die Gräzität (doch nicht das Sokratische, denn dazu ist Sokrates zu sehr Ethiker). Und ganz dasselbe ist eigentlich das Geheimnis der ganzen neueren Philosophie; denn dies ist jenes *cogito ergo sum*, das Denken ist das Sein. Christlich heißt es dagegen: dir geschehe, wie du glaubst, oder wie du glaubst, so bist du, das Glauben ist das Sein. So sieht man, dass die neuere Philosophie weder mehr noch weniger als Heidentum ist. Dies ist nun jedoch nicht das Schlimmste; mit Sokrates verwandt zu sein, ist nicht das Geringste. Aber das ganz Unsokratische in der neueren Philosophie ist, dass sie sich und uns einbilden will, dies sei Christentum.

Dagegen in der Welt der Wirklichkeit, wo von einzelnen Menschen die Rede ist, geht dieser winzige Übergang vom Verstandenhaben zum Tun nicht immer *cito citissime* vor sich, nicht, um statt philosophisch deutsch zu reden: geschwind wie der Wind. Im Gegenteil, hier beginnt eine sehr weitläufige Geschichte.

Im Geistesleben ist kein Stillstand – eigentlich auch kein Zustand, da alles Aktualität ist. Wenn also ein Mensch nicht in derselben Sekunde, wo er das Rechte erkannt hat, es tut – ja so kommt nun fürs erste die Erkenntnis aus dem Kochen. Und dann ist die Frage, was der Wille zum Erkannten meint. Der Wille ist etwas Dialektisches und hat wieder die ganze niedere Natur des Menschen unter sich. Gefällt dieser nun das Erkannte nicht, so folgt daraus zwar nicht, dass der Wille hingeht und das Gegenteil von dem tut, was die Erkenntnis verstand; so starke Gegensätze kommen wohl ziemlich selten vor; aber dann lässt der Wille einige Zeit hingehen, es entsteht ein Interim, es heißt: wir wollen es doch noch bis morgen mit ansehen. Darüber wird die Erkenntnis immer dunkler, und das Niedere siegt immer mehr; ach, denn das Gute muss sogleich getan werden, sogleich, wenn es erkannt ist (und darum geht es in der reinen Idealität mit dem Übergange vom Denken zum Sein so leicht, denn da geschieht alles sogleich), aber das Niedere hat seine Stärke im Hinziehen. Der Wille hat nicht gerade etwas dagegen, dass dies geschieht, er sieht dabei fast durch die Finger. Und wenn dann die Erkenntnis gehörig dunkel geworden ist, so können Erkenntnis und Wille einander besser verstehen; zuletzt stimmen sie ganz zusammen, denn nun ist die Erkenntnis auf die Seite des Willens übergegangen und erkennt, dass es ganz richtig ist, wie er will. Und so lebt vielleicht eine große Menge Menschen; sie arbeiten so ein wenig daran, ihre ethische und ethisch-religiöse Erkenntnis zu verdunkeln, die sie in Entscheidungen und Konsequenzen hinausführen will, welche das Niedere in ihnen nicht liebt. Dagegen erweitern sie ihre ästhetische und metaphysische Erkenntnis, was ethisch Zerstreuung ist.

Doch mit all dem sind wir noch nicht weiter als bis zum Sokratischen gekommen; denn, würde Sokrates sagen, geschieht dies, so zeigt es ja, dass ein solcher Mensch das Rechte doch nicht verstanden hat. Das will sagen, das Griechentum hat nicht den Mut auszusprechen, dass einer mit seinem Wissen, mit dem Wissen vom Rechten, das Unrechte tue; da hilft es sich und sagt: wenn einer das Unrechte tut, hat er das Rechte nicht verstanden.

Ganz richtig, und weiter kann auch kein *Mensch* kommen; kein Mensch kann durch sich selbst und von sich selbst sagen, was Sünde ist, gerade weil er in der Sünde ist. Sein ganzes Reden von der Sünde ist im Grunde Beschönigung der Sünde, eine Entschuldigung und sündige Abschwächung. Darum fängt das Christentum auch auf eine andere Weise damit an, dass eine Offenbarung von Gott dazu gehört, den Menschen darüber aufzuklären, was Sünde ist; dass die Sünde doch nicht darin liegt, dass der Mensch das Rechte nicht verstanden hat, sondern darin, dass er es nicht verstehen will, und darin, dass er es nicht will.

Schon über den Unterschied von nicht verstehen *können* und nicht verstehen *wollen* erklärt Sokrates eigentlich nichts, dagegen ist er durch sein Operieren mit dem Unterschied zwischen Verstehen und Verstehen der Großmeister für alle Ironiker. Er erklärt, wer das Rechte nicht tut, der hat es auch nicht verstanden; aber das Christentum geht etwas weiter zurück: das kommt daher, weil er es nicht verstehen will, und dies wieder daher, weil er das Rechte nicht will. Und dann lehrt es, dass ein Mensch das Unrechte tue (der eigentliche Trotz), obgleich er das Rechte verstanden habe, oder das Rechte zu tun unterlasse, obgleich er es verstanden habe; kurz, die christliche Lehre von der Sünde ist für den Menschen lauter Anzüglichkeit, Beschuldigung über Beschuldigung, sie ist die Anklage, die sich das Göttliche als Sachwalter gegen den Menschen zu erheben erlaubt.

Aber kann ein Mensch dieses Christliche begreifen? Keineswegs, es ist ja auch das Christliche, also zum Ärgernis. Es muss geglaubt werden. Begreifen ist bei einem Menschen sein Umfassen des Menschlichen; aber Glauben ist sein Verhältnis zum Göttlichen. Wie erklärt da das Christentum dies Unbegreifliche? Ganz konsequent auf eine ebenso unbegreifliche Weise, nämlich damit, dass es geoffenbart ist.

Christlich verstanden liegt also die Sünde im Willen, nicht in der Erkenntnis; und diese Verderbtheit des Willens geht über das Bewusstsein des Einzelnen hinaus. Dies ist das ganz Konsequente, denn sonst müsste sich ja bei jeder einzelnen Tat die Frage erheben, wie die Sünde begonnen habe.

Hier ist dann wieder das Merkmal des Ärgernisses. Die Möglichkeit des Ärgernisses liegt darin, dass eine von Gott kommende Offenbarung nötig sein soll, den Menschen darüber aufzuklären, was Sünde ist und wie tief sie steckt. Der natürliche Mensch, der Heide, denkt etwa so: »Es mag wohl sein, dass ich nicht alle Dinge im Himmel und auf Erden verstanden habe; muss es eine Offenbarung geben, so mag sie uns über das Himmlische Aufschluss geben; dass aber eine Offenbarung nötig wäre, um uns über die Sünde aufzuklären, hat doch gar keinen Sinn. Ich gebe mich nicht für einen vollkommenen Menschen aus, durchaus nicht, aber das weiß ich doch und bin bereit, es einzugestehen, wie weit ich von der Vollkommenheit entfernt bin: sollte ich also nicht wissen, was Sünde ist?« Aber das Christentum antwortet: »Nein, gerade das weißt du am allerwenigsten, wie weit du von der Vollkommenheit entfernt bist, und was Sünde ist.« – Sieh, in dem Sinne ist freilich die Sünde, christlich verstanden, Unwissenheit; sie ist Unwissenheit darüber, was Sünde ist.

Die Definition der Sünde, die im vorigen Kapitel gegeben wurde, muss daher noch so vervollständigt werden: Sünde ist, dass man, nachdem man durch eine Offenbarung Gottes darüber aufgeklärt worden ist, worin Sünde besteht, vor Gott verzweifelt nicht man selbst sein will oder verzweifelt man selbst sein will.

Drittes Kapitel

Dass die Sünde keine Negation, sondern eine Position sei

Dass dies so sei, dafür hat die orthodoxe Dogmatik und die Orthodoxie überhaupt beständig gekämpft und jede Definition der Sünde, die diese zu etwas bloß Negativem, zu Schwachheit, Sinnlichkeit, Endlichkeit, Unwissenheit und dergleichen machte, als pantheistisch abgewiesen. Die Orthodoxie hat sehr richtig gesehen, dass die Schlacht hier geliefert werden muss, oder, um an das Vorhergehende zu erinnern, dass hier das Ende befestigt werden und Widerstand geleistet werden muss. Die Orthodoxie hat richtig gesehen, dass das ganze Christentum haltungslos ist, wenn die Sünde negativ bestimmt wird. Deshalb schärft die Orthodoxie ein, dass eine Offenbarung von Gott nötig ist, um den gefallenen Menschen zu lehren, was Sünde ist, und dass dann diese Mitteilung, ganz konsequent, geglaubt werden muss, da sie ein Dogma ist. Und das versteht sich, das Paradox, der Glaube und das Dogma, diese drei Bestimmungen bilden eine Allianz und Übereinstimmung, die der sicherste Halt und das festeste Bollwerk gegen alle heidnische Weisheit ist.

So die Orthodoxie. Durch ein sonderbares Missverständnis hat dann eine sogenannte spekulative Dogmatik, die sich freilich in bedenklicher Weise mit der Philosophie einlässt, diese Bestimmung, dass die Sünde eine Position sei, *begreifen* zu können gemeint. Ist das aber richtig, so ist die Sünde eine Negation. Das Geheimnis bei allem Begreifen ist, dass dieses Begreifen selbst höher als alle Position ist, die es aufstellt. Der Begriff stellt eine Position auf, dass sie aber begriffen wird, sagt eben, dass sie negiert wird. Hierauf jedoch selbst bis zu einem gewissen Grade aufmerksam, hat die spekulative Dogmatik dann keine andere Hilfe gewusst, als dass sie, was sich freilich für eine philosophische Wissenschaft wenig schickt, ein Detachement von Versicherungen auf den Punkt warf, wo die Bewegung vor sich ging. Man versichert das eine Mal feierlicher als das andere und schwört und flucht immer mehr, dass die Sünde eine Position sei, und dass es Pantheismus und Nationalismus und Gott weiß was, aber alles zusammen etwas sei, was die spekulative Dogmatik abschwöre und verabscheue, wenn man nämlich sage, die Sünde sei bloß eine Negation – und dann geht man dazu über, zu begreifen, dass die Sünde eine Position ist. Das will sagen, sie ist doch nur bis zu einem gewissen Grade Position, nicht mehr, als dass man es doch noch begreifen kann.

Und dieselbe Zweizüngigkeit der Spekulation zeigt sich dann auch an einem anderen sich damit berührenden Punkte. Die Bestimmung der Sünde, oder wie die Sünde bestimmt wird, ist für die Bestimmung der Reue entscheidend. Da es nun so spekulativ ist, von der Negation der Negation zu reden, so geht es nicht anders, so muss die Reue die Negation der Negation sein – und so wird ja die Sünde die Negation. – Es wäre übrigens zu wünschen, dass einmal ein nüchterner Denker deutlich machte, wie weit das rein Logische, das an das erste Verhältnis der Logik zur Grammatik erinnert, wo zwei Verneinungen bejahen, und an die Mathematik, wie weit dieses Logische in der Welt der Wirklichkeit, der Qualitäten gilt; ob die Dialektik der Qualitäten überhaupt nicht eine andere ist; ob der »Übergang« hier nicht eine andere Rolle spielt.

Sub specie aeterni, aeterno modo usw. ist ja das Spatiierende gar nicht da, darum *ist* da alles, und es gibt gar keinen Übergang. In diesem abstrakten Medium ist darum das *Aufstellen eo ipso* dasselbe wie das *Aufheben*. Aber die Wirklichkeit auf dieselbe Weise zu betrachten, ist doch beinahe Wahnsinn. Man kann auch ganz *in abstracto* sagen: auf das Imperfektum folgt das Perfektum. Wenn aber ein Mann in der Welt der Wirklichkeit daraus schließen würde, es folge von selbst und folge sogleich, dass ein Werk, das er nicht vollendete (imperfectum), vollendet worden sei, so wäre er doch wohl verrückt. Aber so steht es auch mit der sogenannten Position der Sünde, wenn das Medium, worin sie poniert wird, das reine Denken ist; dies Medium ist viel zu flüchtig, als dass es mit der Position Ernst werden kann.

Doch solches alles beschäftigt mich hier nicht. Ich halte beständig nur an dem Christlichen fest, dass die Sünde eine Position ist – doch nicht, als ob es sich begreifen ließe, sondern als an einem Paradox, das geglaubt werden muss. Dies ist in meinen Gedanken das Richtige. Wenn man bloß alle Versuche zu begreifen als sich selbst widersprechend aufzeigen kann, so bekommt die Sache ihre rechte Stellung; es wird so klar, dass es dem Glauben überlassen werden muss, ob einer glauben will oder nicht. – Ich kann gut begreifen (was auch durchaus nicht zu göttlich ist, als dass es begriffen würde), dass einer, der nun einmal durchaus begreifen muss, und nur von dem etwas hält, was sich für begreifbar ausgibt, dies sehr ärmlich findet. Wenn aber das ganze Christentum daran hängt, dass es geglaubt und nicht begriffen werden soll, dass man es *entweder* glauben *oder* sich daran ärgern soll: ist es dann so verdienstlich, begreifen zu wollen?

Ist es verdienstlich oder ist es nicht eher Unverschämtheit oder Gedankenlosigkeit, das begreifen zu wollen, was nicht begriffen werden will? Wenn ein König die Idee bekommt, ganz inkognito sein, ganz wie ein einfacher Mann behandelt werden zu wollen, ist es dann auch das Richtige, ihm königliche Huldigung zu erweisen, weil dies den Leuten im allgemeinen mehr Auszeichnung zu sein scheint? Oder heißt es nicht gerade seine eigene Meinung gegenüber dem Willen des Königs behaupten und tun, wie man selbst will, anstatt sich zu beugen? Oder ob es wohl dem Könige um so mehr gefiele, je erfinderischer solch ein Mensch darin sein könnte, ihm untertänige Ehrerbietung zu erweisen, wenn der König nicht so behandelt werden will, d. h. je erfinderischer solch ein Mensch wäre, gegen den Willen des Königs zu handeln? Mögen denn andere den bewundern und preisen, der das Christliche begreifen zu können behauptet; ich betrachte es als eine geradezu ethische Aufgabe, die vielleicht nicht so wenig Selbstverleugnung erfordert, in so spekulativen Zeiten, wo alle »die anderen« geschäftig sind zu begreifen, da einzugestehen, dass man es weder begreifen kann noch soll. Doch dies ist freilich gerade das, was die Zeit, was die Christenheit braucht, nämlich etwas sokratische Unwissenheit gegenüber dem Christlichen; aber wohl zu merken, etwas »sokratische« Unwissenheit. Lass uns nie vergessen – doch wie viele sind es wohl, die es jemals recht gewusst oder bedacht haben –, dass Sokrates' Unwissenheit eine Art Gottesfurcht und Gottesdienst war, dass seine Unwissenheit auf griechisch das Jüdische ausdrückte, dass Gottesfurcht der Anfang der Weisheit ist. Lass uns nie vergessen, dass er gerade aus Ehrerbietung vor der Gottheit unwissend war, dass er, soweit ein Heide das konnte, als *Richter* auf der Markscheide zwischen Gott und Mensch Wache hielt, darüber wachend, dass die Kluft der Qualitätsverschiedenheit zwischen Gott und Mensch befestigt bliebe, damit Gott und Mensch nicht so *philosophice*, *poetice* usw. auf eins hinausliefe. Sieh, darum war Sokrates der Unwissende, und darum kannte ihn die Gottheit als den, der am meisten wusste. – Aber das Christentum lehrt, dass all das Christliche nur für den Glauben da ist; darum wird es gerade eine sokratische, gottesfürchtige Unwissenheit sein, die den Glauben durch ihr Nichtwissen vor der Spekulation schützt, darüber wachend, dass die Kluft der Qualitätsverschiedenheit zwischen Gott und Mensch befestigt bleibe, wie sie es im Paradox und Glauben ist, damit Gott und Mensch – im System nicht noch schrecklicher als je im Heidentum so *philosophice*, *poetice* usw. auf eins hinauslaufe.

Nur von einer Seite betrachtet kann hier davon die Rede sein, dass die Sünde eine Position ist. Im vorhergehenden Abschnitt ist in der Darstellung der Verzweiflung beständig eine Steigerung nachgewiesen. Der Ausdruck für diese Steigerung war teils die Potenzierung des Selbstbewusstseins, teils die Potenzierung vom Erleiden zur bewussten Handlung. Beides ist wieder in seiner Vereinigung der Ausdruck dafür, dass die Verzweiflung nicht von außen, sondern von innen kommt. Und in demselben Grade ist sie ja auch mehr und mehr ponierend. Aber nach der aufgestellten Definition der Sünde gehört zur Sünde das durch die Vorstellung von Gott unendlich potenzierte Selbst und also wieder das größtmögliche Bewusstsein von der Sünde als einer Tat. – Dies ist der

Ausdruck dafür, dass die Sünde eine Position ist; dass sie *vor Gott* ist, ist gerade das Positive an ihr.

Übrigens hat die Bestimmung, dass die Sünde eine Position ist, auch in einem ganz anderen Sinne die Möglichkeit des Ärgernisses, das Paradoxe, in sich. Das Paradoxe ist nämlich die Konsequenz für die Lehre von der Versöhnung. Erst geht das Christentum hin und setzt die Sünde als Position so fest, dass es der menschliche Verstand nie begreifen kann; und dann ist es wieder dieselbe christliche Lehre, die es auf sich nimmt, diese Position so wegzuschaffen, dass es der menschliche Verstand nie begreifen kann. Die Spekulation, die die Paradoxe wegschwatzt, lässt auf beiden Seiten etwas ab, so geht es leichter; sie macht die Sünde nicht ganz so positiv – und trotzdem kann sie es doch nicht begreifen, dass die Sünde ganz vergessen sein soll. Aber das Christentum, das der erste Erfinder des Paradoxen ist, zeigt sich auch hier so paradox wie möglich; es arbeitet sich gleichsam selbst entgegen, indem es die Sünde als Position so festsetzt, dass es nun als eine vollständige Unmöglichkeit erscheint, sie wieder wegzubringen – und dann ist es gerade das Christentum, das die Sünde wieder, durch die Versöhnung, so ganz wegschaffen will, als wäre sie ins Meer versenkt.

Beilage zu A

Wird die Sünde aber so nicht in gewissem Sinne zu einer großen Seltenheit? (Die Moral)

Im ersten Abschnitt wurde daran erinnert, dass die Verzweiflung um so seltener in der Welt vorkommt, je intensiver sie ist. Aber nun ist ja die Sünde die noch einmal qualitativ potenzierte Verzweiflung, so muss diese wohl ganz selten sein? Sonderbare Schwierigkeit! Das Christentum stellt alles unter die Sünde; wir haben das Christliche so streng wie möglich darzustellen gesucht: und dann ergibt sich dies eigentümliche Resultat, dies eigentümliche Resultat, dass sich ja die Sünde im Heidentum gar nicht findet, sondern nur im Judentum und Christentum, und da wohl wieder sehr selten.

Doch ist dies, aber nur in einem Sinne, so ganz richtig.

»Nachdem man durch eine Offenbarung Gottes erfahren hat, was Sünde ist, da, vor Gott, verzweifelt nicht man selbst, oder verzweifelt man selbst sein zu wollen«, das heißt Sündigen – und ganz gewiss, es ist selten, dass ein Mensch so entwickelt, sich selbst so durchsichtig ist, dass dies auf ihn passt. Was folgt dann aber daraus? Ja, darauf muss man wohl achten, denn hier ist eine eigene dialektische Wendung. Daraus, dass ein Mensch nicht in intensiverem Sinne verzweifelt ist, folgt ja nicht, dass er nicht verzweifelt ist. Im Gegenteil, es wurde ja gezeigt, dass die meisten, bei weitem die meisten Menschen verzweifelt sind, aber in einem niedrigeren Grade der Verzweiflung. Es ist ja auch kein Verdienst, in höherem Grade verzweifelt zu sein. Ästhetisch ist es ein Vorzug, denn ästhetisch sieht man nur auf die Kraft; aber ethisch ist die intensivere Verzweiflung weiter weg von der Rettung als die geringere.

Und so ist es auch mit der Sünde. Das Leben der meisten Menschen ist, indifferent-dialektisch bestimmt, so weit vom Guten (vom Glauben) entfernt, dass dies fast zu geistlos ist, Sünde genannt zu werden, ja fast zu geistlos, Verzweiflung genannt zu werden.

Im strengsten Sinne ein Sünder zu sein, ist nun freilich durchaus nichts Verdienstliches. Aber auf der anderen Seite, wie soll sich denn in aller Welt ein wesentliches Sündenbewusstsein (und sieh, das will das Christentum gerade haben) in einem Leben finden, das so in Trivialität versunken, so die schwatzhafte Nachäffung »der andern« ist, dass es zu geistlos ist, Sünde genannt zu werden, nur wert, wie die Schrift sagt, »ausgespien zu werden«?

Doch hiermit ist die Sache nicht fertig, denn die Dialektik der Sünde fängt ihn dann nur auf eine andere Weise. Wie geht es nämlich zu, dass das Leben eines Menschen so geistlos wird, dass es ist, als könnte das Christentum bei ihm gar nicht ankommen, wie wenn sich eine Hebelkraft (und das Erhebende, was das Christentum hat, gleicht einer Hebelkraft) nicht anbringen lässt, weil kein fester Grund, sondern nur Sumpf und Moorboden da ist? Ist es etwas, was dem Menschen widerfährt? Nein, es ist seine eigne Schuld. Mit Geistlosigkeit wird kein Mensch geboren; und wie viele sie auch im Tode als die einzige Ausbeute des Lebens mit sich bringen – es ist nicht die Schuld des Lebens.

Aber gesagt muss es werden und so rückhaltlos wie möglich, dass die sogenannte Christenheit (in der so alle millionenweise ohne weiteres Christen sind, so dass es da ebenso viele, gerade ebenso viele Christen wie Menschen gibt) nicht bloß eine klägliche Ausgabe des Christlichen ist, voll von sinnstörenden Druckfehlern und gedankenlosen Auslassungen und Zusätzen, sondern dass sie ein Missbrauch desselben ist, dass sie mit dem Christentum ihr Spiel getrieben hat. In einem kleinen Lande werden wohl in jeder Generation kaum drei Dichter geboren, aber Pfarrer gibt es genug, viel mehr als befördert werden können. Bei einem Dichter redet man davon, ob er Beruf hat; um Pfarrer zu werden, genügt es in der Meinung der Leute (also der Christen), dass man das Examen gemacht hat. Und doch ist ein wahrer Pfarrer etwas noch Selteneres als ein wahrer Dichter, und doch gehört das Wort »Beruf« ursprünglich dem Göttlichen an. Aber ein Dichter zu sein, davon hat man doch in der Christenheit noch eine Vorstellung bewahrt, dass es etwas sei und dass es Sinn habe, dabei von einem Beruf zu reden. Dagegen ist Pfarrer zu sein in den Augen der Menschen (also der Christen) von jeder erhebenden Vorstellung verlassen, ein Lebensberuf *in puris naturalibus*, ohne das geringste Mysteriöse. »Ruf« bedeutet eine Stelle, man redet davon, einen Ruf zu bekommen; ob aber jemand einen Beruf hat – ja, auch davon wird geredet, davon, dass jemand einen zu »berufen« habe.

Ach, und das Schicksal dieses Wortes in der Christenheit ist wie ein Motto für das ganze Christliche. Das Unglück ist nicht, dass das Christliche nicht gesagt würde (so besteht ja auch das Unglück nicht darin, dass nicht genug Pfarrer da wären), aber es wird so gesagt, dass die Menge der Menschen schließlich gar nichts dabei denkt (gleichwie diese Menge bei einem Pfarrer an nichts anderes als an das Alltägliche denkt, dass einer Pfarrer sei, wie ein anderer Kaufmann, Advokat, Buchbinder, Tierarzt usw. ist), so dass das Höchste und Heiligste gar keinen Eindruck macht, sondern in ihren Ohren wie etwas klingt, was nun einmal, Gott weiß warum, wie so vieles andere Brauch und Sitte geworden ist. Was wunder da, dass man, anstatt sein eigenes Verhalten unverantwortlich zu finden, es für nötig findet, das Christentum zu verteidigen. –

Ein Pfarrer sollte doch wohl ein Glaubender sein. Und ein Glaubender! Ein Glaubender ist doch wohl ein Verliebter; ja, der von allen Verliebten am meisten Verliebte ist doch eigentlich in Bezug auf Begeisterung nur wie ein Jüngling in Vergleich mit einem Glaubenden. Denke dir nun einen Verliebten. Nicht wahr, er würde doch imstande sein, tagaus, tagein, so lang der Tag ist und die Nacht dazu, von seiner Liebe zu reden. Aber glaubst du, es könnte ihm einfallen, glaubst du, es wäre ihm möglich, glaubst du nicht, es käme ihm abscheulich vor, so davon zu reden, dass er aus drei Gründen zu beweisen suchte, dass Verliebtsein doch etwas bedeute – ungefähr wie wenn der Pfarrer aus drei Gründen beweist, dass beten nützlich sei, dass das Beten also so tief im Preise gesunken ist, dass drei Gründe nötig sind, um ihm ein klein wenig zu Ansehen zu verhelfen. Oder wie wenn der Pfarrer, was dasselbe und nur noch lächerlicher ist, aus drei Gründen beweist, dass Beten eine Seligkeit ist, die allen Verstand übersteigt. O unschätzbare Antiklimax, dass etwas allen Verstand übersteigt, wird aus drei Gründen bewiesen, die, wenn sie sonst etwas taugen, doch wohl nicht allen Verstand übersteigen, und es gerade im Gegenteil dem Verstande einleuchtend machen müssen, dass diese Seligkeit keineswegs allen Verstand übersteigt; denn »Gründe« liegen ja doch wohl im Gebiet des Verstandes. Nein, für das, was allen Verstand übersteigt – und für den, der daran glaubt, bedeuten drei Gründe nicht mehr als drei Flaschen oder drei Hirsche. – Und nun weiter, glaubst du, es werde einem Verliebten einfallen, seine Liebe zu verteidigen, d. h. einzuräumen, dass sie ihm nicht das Absolute, unbedingt das Absolute ist, sondern er sie mit Einwänden zusammendenkt, aus denen dann die Verteidigung hervorgeht, d. h. glaubst du, er könne oder wolle einräumen, dass er nicht verliebt sei, sich verraten, dass er nicht verliebt sei? Und wenn man einem Verliebten so zu reden vorschlagen würde, glaubst du nicht, dass er einen für verrückt halten würde; und wenn er neben seiner Liebe zugleich etwas von einem Beobachter hätte, glaubst du nicht, er würde den Verdacht fassen, dass der, der ihm diesen Vorschlag machte, nie gewusst habe, was Liebe ist, oder ihn verleiten wolle, seine Liebe dadurch zu verraten und verleugnen – dass er sie verteidigt? – Ist es denn nicht einleuchtend: wer wirklich verliebt ist, dem kann es nie einfallen, dies aus drei Gründen beweisen oder verteidigen zu wollen; denn er ist, was mehr als alle Gründe und jede Verteidigung ist: er ist verliebt. Und wer es tut, der ist nicht verliebt; der gibt sich bloß für einen Verliebten aus, und unglücklicher- – oder glücklicherweise so dumm, dass er sich selbst verrät, dass er es nicht ist.

Und gerade so wird von – gläubigen Pfarrern vom Christentum gesprochen; entweder »verteidigt« man das Christentum, oder »begründet« es, wenn man nicht zugleich darin pfuscht, es spekulativ zu »begreifen«. Das nennt man predigen, und man hält es in der Christenheit schon für etwas Großes, dass so gepredigt wird, und dass man es anhört. Und eben darum ist die Christenheit (dies ist der Beweis dafür) so weit davon entfernt, dass zu sein, was ihr Name sagt, dass das Leben der meisten Menschen, christlich verstanden, sogar zu geistlos ist, im christlichen Sinne Sünde genannt zu werden.

B Die Fortsetzung der Sünde

Jeder Zustand in Sünde ist neue Sünde; oder wie es genauer ausgedrückt werden müsste und im folgenden ausgedrückt werden wird, der Zustand in Sünde ist die neue Sünde, ist die Sünde. Dies erscheint dem Sünder vielleicht als eine Übertreibung; er erkennt höchstens jede neue Tatsünde als eine neue Sünde an. Aber die Ewigkeit, die sein Konto führt, muss den Zustand in der Sünde als neue Sünde aufführen. Sie hat nur zwei Rubriken, und »alles, was nicht aus dem Glauben kommt, ist Sünde«; jede unbereute Sünde ist eine neue Sünde und ist in jedem Augenblick, in welchem sie unbereut ist, eine neue Sünde.

Aber wie selten ist ein Mensch, der ein zusammenhängendes Bewusstsein von sich selbst hat! Meistens haben die Menschen nur momentweise, nur bei größeren Entscheidungen ein Bewusstsein von sich selbst, aber das Alltägliche kommt nicht in Betracht; einmal in der Woche eine Stunde lang fühlen sie sich so als Geist – freilich eine ziemlich bestialische Weise, Geist zu sein. Aber die Ewigkeit ist die wesentliche Kontinuität und fordert diese auch vom Menschen, oder fordert, dass er sich als Geist wisse und Glauben habe. Der Sünder dagegen ist so in der Macht der Sünde, dass er keine Vorstellung von ihrer totalen Bedeutung hat und nicht merkt, dass er sich auf dem Abwege der Verlorenheit befindet. Er bringt bloß jede einzelne neue Sünde in Anschlag, durch die er gleichsam auf dem Wege der Verlorenheit von neuem in Gang kommt, ganz als ginge er nicht auch im vorhergehenden Augenblick auf diesem Wege mit der Triebkraft aller der vorhergehenden Sünden. Die Sünde ist ihm so natürlich oder zur zweiten Natur geworden, dass er das Alltägliche ganz in der Ordnung findet und nur jedesmal einen Augenblick stutzt, wenn er durch neue Sünde sozusagen von neuem in Gang kommt. Er ist in Verlorenheit blind dafür, dass sein Leben, anstatt die wesentliche Kontinuität des Ewigen zu haben, indem es im Glauben vor Gott ist, in der Kontinuität der Sünde verläuft.

Doch »Kontinuität der Sünde«, ist die Sünde nicht gerade das Nicht-Kontinuierliche? Sieh, hier kommt die alte Rede wieder, dass die Sünde nur eine Negation sei, auf die man keinen Besitztitel erwerben könne, wie man auf gestohlenes Gut keinen Besitztitel erwerben könne, eine Negation, ein ohnmächtiger Versuch sich zu konstituieren, was sie doch, indem sie in verzweifeltem Trotz alle Qual der Ohnmacht leide, nicht vermöge. Ja, so sieht es spekulativ aus; aber christlich ist die Sünde (was geglaubt werden muss, da es ja das Paradoxe ist, das kein Mensch begreifen kann) eine Position, die aus sich eine immer mehr ponierende Kontinuität entwickelt.

Und das Gesetz für das Anwachsen dieser Kontinuität ist auch ein andres als für das einer Schuld oder einer negativen Größe. Denn eine Schuld wächst nicht, weil sie nicht bezahlt wird, sie wächst nur, so oft sie vergrößert wird. Aber die Sünde wächst mit jedem Augenblick, wo man nicht aus ihr herauskommt. So wenig hat der Sünder recht, nur jede neue Sünde für eine Vermehrung der Sünde zu halten, dass vielmehr, christlich verstanden, der Zustand in der Sünde eigentlich größere Sünde, die neue Sünde ist. Schon ein Sprichwort sagt, sündigen sei menschlich, aber in der Sünde bleiben teuflisch! Freilich muss dies Sprichwort christlich etwas anders verstanden werden. Die bloß desultorische Betrachtungsweise, die nur auf die neue Sünde sieht und das dazwischen, zwischen den einzelnen Sünden Liegende übersieht, ist eine ebenso oberflächliche Betrachtungsweise, wie wenn einer annähme, ein Eisenbahnzug bewege sich nur, so oft die Lokomotive schnaufe. Nein, auf dieses Schnaufen und den darauf folgenden Stoß nach vorwärts soll man eigentlich nicht achten, sondern auf die gleichmäßige Fahrt, mit der die Lokomotive geht und die jenes Schnaufen hervorbringt. Ebenso ist es mit der Sünde. Der Zustand in der Sünde ist im tiefsten Sinne die Sünde, und die einzelnen Sünden sind nicht die Fortsetzung der Sünde, sondern der Ausdruck für die Fortsetzung der Sünde; in der einzelnen neuen Sünde wird die Fahrt der Sünde nur für die Sinne bemerkbarer.

Der Zustand in der Sünde ist die schlimmere Sünde, schlimmer als die einzelnen Sünden, ist die Sünde. Und so verstanden ist der Zustand in der Sünde die Fortsetzung der Sünde, ist neue Sünde. Gewöhnlich versteht man es anders und meint, die eine Sünde gebäre aus sich neue Sünde. Aber das hat einen viel tieferen Grund, nämlich den, dass der Zustand in der Sünde neue Sünde ist. Es ist psychologisch meisterhaft, was Shakespeare Macbeth sagen lässt: Sündentsprossne Werke erlangen nur durch Sünde Kraft und Stärke. Das will sagen, die Sünde ist in sich selbst eine Konsequenz, und in dieser Konsequenz des Bösen hat sie auch eine gewisse Kraft. Aber zu einer solchen Betrachtungsweise kommt man nie, wenn man nur auf die einzelnen Sünden sieht.

Die meisten Menschen leben freilich mit allzu wenig Bewusstsein von sich selbst, um eine Vorstellung von dem haben zu können, was Konsequenz ist; das will sagen, sie existieren nicht qua Geist. Ihr Leben besteht entweder in einer gewissen kindlichen, liebenswürdigen Naivität oder in Geschwätz, aus so etwas Handlung, etwas Erlebnis, aus dem und jenem; jetzt tun sie etwas Gutes und dann wieder etwas Verkehrtes, und dann fangen sie wieder von vorn an; einen Nachmittag sind sie verzweifelt oder vielleicht drei Wochen lang, aber dann sind sie wieder guten Muts und dann wieder einen Tag lang verzweifelt. Sie spielen sozusagen im Leben mit, aber sie erleben es nie, alles auf eine Nummer zu setzen, sie kommen nie zur Vorstellung von einer unendlichen Konsequenz in sich selbst, daher ist bei ihnen beständig nur von dem Einzelnen die Rede, von einzelnen guten Taten, einzelnen Sünden.

Jede Existenz, die unter der Bestimmung Geist steht, wenn auch nur auf eigne Verantwortung hin, hat wesentlich Konsequenz in sich und Konsequenz in etwas Höherem, wenigstens in einer Idee. Aber ein solcher fürchtet wieder unendlich jede Inkonsequenz, weil er eine unendliche Vorstellung von den etwaigen Folgen hat, dass er aus dem Ganzen, worin er sein Leben hat, herausgerissen werden könne. Die geringste Inkonsequenz ist ein ungeheurer Verlust, denn er verliert ja die Konsequenz;

in demselben Augenblick ist vielleicht der Zauber gelöst, die geheimnisvolle Macht, die alle Kräfte in Harmonie zusammenhielt, matt, die Sprungfeder schlaff geworden, das Ganze vielleicht ein Chaos, wo die Kräfte in Aufruhr gegeneinander kämpfen, dem Selbst zur Pein, in welchem jedoch gar keine Übereinstimmung mit sich selbst herrscht, kein Zug und kein Impetus ist. Die ungeheure Maschine, die trotz ihrer Eisenstärke in der Konsequenz so gefügig, trotz aller ihrer Kraft so geschmeidig war, ist in Unordnung; und je vortrefflicher, je großartiger die Maschine war, desto schrecklicher ist der Wirrwarr. – Der Glaubende, der also in der Konsequenz des Guten ruht und sein Leben darin hat, fürchtet auch die geringste Sünde unendlich; denn er hat unendlich viel zu verlieren. Die unmittelbaren, die kindlichen oder kindischen Menschen haben nichts Totales zu verlieren, sie verlieren und gewinnen beständig bloß im Einzelnen oder das Einzelne.

Wie es aber mit der Konsequenz der Sünde in sich bei dem Glaubenden steht, so auch bei seinem Widerspiel, dem Dämonischen. Wie der Trinker beständig, Tag für Tag den Rausch unterhält aus Furcht vor der Unterbrechung, der Mattigkeit, die eintreten würde, und ihren möglichen Folgen, wenn er *einen* Tag ganz nüchtern bliebe: so der Dämonische. Ja, wie der Gute, wenn einer versuchend zu ihm träte und ihm die Sünde in dieser oder jener lockenden Gestalt darstellte, ihn bitten würde: »Versuche mich nicht«: so hat man wohl Beispiele von ganz demselben bei einem Dämonischen. Gegenüber einem, der ihm im Guten überlegen ist, kann der Dämonische, wenn jener ihm das Gute in seiner seligen Erhabenheit darstellen will, für sich bitten, er kann mit Tränen für sich bitten, dass er nicht zu ihm rede, dass er ihn nicht, wie er sich ausdrückt, schwach mache. Gerade weil der Dämonische in sich konsequent ist und in der Konsequenz des Bösen steht, gerade darum hat er auch eine Totalität zu verlieren. Ein einziger Augenblick außer seiner Konsequenz, eine einzige diätetische Unvorsichtigkeit, ein einziger Seitenblick, nur einen Augenblick das Ganze oder bloß einen Teil davon auf eine andere Weise angesehen und verstanden: und er wird, wie er sagt, vielleicht nie wieder er selbst. Das will heißen, er hat das Gute verzweifelt aufgegeben, es kann ihm ja doch nicht helfen; aber wohl könnte es ihn stören, es ihm unmöglich machen, je wieder in die volle Fahrt der Konsequenz zu kommen, könnte ihn schwach machen. Nur in der Fortsetzung der Sünde ist er er selbst, nur in ihr lebt er, hat er den Eindruck, er selber zu sein. Aber was will das sagen? Das will sagen, der Zustand in der Sünde ist das, was ihn tief unten, wohin er gesunken ist, zusammenhält, und ihn durch die Konsequenz gottlos stärkt; es ist nicht die einzelne Sünde, die (ja, das ist schrecklich wahnsinnig) ihm hilft, sondern die einzelne neue Sünde ist bloß der Ausdruck für den Zustand in der Sünde, der eigentlich die Sünde ist.

Bei der »Fortsetzung der Sünde«, wovon wir nun handeln wollen, ist also nicht so sehr an die einzelnen neuen Sünden zu denken als an den Zustand in der Sünde, der wieder die Potenzierung der Sünde in sich selbst wird, ein Bleiben im Zustand der Sünde mit Bewusstsein, so dass das Gesetz für die Bewegung in der Potenzierung hier wie überall nach innen geht, in immer intensiveres Bewusstsein hinein.

A. Die Sünde, über seine Sünde zu verzweifeln

Sünde ist Verzweiflung; ihre Potenzierung ist die neue Sünde, über seine Sünde zu verzweifeln. Man sieht auch leicht, dass dies eine Potenzierung ist; es ist keine neue Sünde, wie wenn einer, der einmal 100 Taler stahl, ein anderes Mal 1000

Taler stiehlt. Nein, hier wird nicht von den einzelnen Sünden geredet; der Zustand in der Sünde ist die Sünde, und diese potenziert sich in einem neuen Bewusstsein.

Verzweiflung über seine Sünde ist der Ausdruck dafür, dass die Sünde in sich konsequent geworden ist oder sein will. Sie will nichts mit dem Guten zu schaffen haben, nicht so schwach sein, dass sie ab und zu einmal auf eine andre Rede lauschte. Nein, sie will nur auf sich selbst hören, nur mit sich selbst zu schaffen haben, sich mit sich selbst einschließen, ja in noch einen Verschluss mehr, indem sie sich durch die Verzweiflung über die Sünde vor jedem Überfall oder Angriff des Guten sichert. Sie ist sich bewusst, die Brücke hinter sich abgebrochen zu haben und nun ebenso unzugänglich für das Gute zu sein, wie das Gute für sie ist, so dass es unmöglich ist, auch wenn sie es in einem schwachen Augenblick selbst wünschen würde. Die Sünde selbst ist Losreißung vom Guten, aber Verzweiflung über die Sünde ist zum zweitenmal Losreißung. Dieses presst natürlich die äußersten Kräfte des Dämonischen aus der Sünde heraus und gibt die gottlose Abhärtung oder Verstockung, dass man konsequent alles, was Reue heißt, und alles, was Gnade heißt, nicht bloß für leer und nichtig, sondern für seinen Feind und für das ansieht, wogegen man sich am allermeisten zu wehren hat, ganz wie sich der Gute gegen die Versuchung wehrt. So verstanden ist es ein richtiges Wort von Mephistopheles (im Faust), dass es nichts Elenderes gebe als einen Teufel, der verzweifelt; denn unter verzweifeln muss hier verstanden werden, dass er schwach genug sei, etwas von Reue und Gnade hören zu wollen. Um die Steigerung von Sünde zur Verzweiflung über die Sünde zu bezeichnen, könnte man sagen, die eine sei der Bruch mit dem Guten, die andere der Bruch mit der Reue.

Verzweiflung über die Sünde ist ein Versuch, sich dadurch zu halten, dass man noch tiefer sinkt. Wie man mit einem Luftballon steigt, indem man Gewichte von sich wirft, so sinkt der Verzweifelte, indem er immer bestimmter das Gute von sich wirft (denn das Gewicht des Guten ist Erhebung); er sinkt, selbst meint er freilich zu steigen – er wird ja auch leichter. Die Sünde selbst ist der Kampf der Verzweiflung; aber wenn dann die Kräfte erschöpft sind, braucht man eine neue Potenzierung, eine neue dämonische Geschlossenheit in sich selbst, das ist die Verzweiflung über die Sünde. Das ist ein Fortschritt, ein Steigen im Dämonischen, was natürlich eine Vertiefung in die Sünde bedeutet. Es ist ein Versuch der Sünde als einer Macht dadurch Haltung und Interesse zu geben, dass es nun eine für ewig abgemachte Sache sein soll, dass man nichts von Reue und nichts von Gnade wissen will. Und doch ist sich die Verzweiflung über die Sünde gerade ihrer eignen

Leere bewusst, dass sie nicht das Geringste hat, wovon sie leben kann, nicht einmal ihr eignes Selbst, es sich vorzustellen. Es ist eine meisterhafte Äußerung von Macbeth (2. Akt, 2. Szene): von jetzt (nachdem er den König ermordet hat – und nun über seine Sünde verzweifelt) gibt es nichts Ernstes mehr im Leben; alles ist Tand, gestorben Ruhm und Gnade. Das Meisterhafte ist der Doppelton in den letzten Worten (*Ruhm* und *Gnade*). Durch die Sünde, d. h. durch die Verzweiflung über die Sünde, hat er jedes Verhältnis zur Gnade – und zugleich zu sich selbst verloren. Sein selbstisches Selbst steht im Ehrgeiz auf seiner Höhe. Nun ist er ja König geworden, und doch, indem er über seine Sünde und an der Realität der Reue, an der Gnade verzweifelt, hat er auch sich selbst verloren, er kann sein Selbst nicht einmal für sich selbst oben halten, und er kann sein Selbst ebenso wenig in Ehrgeiz genießen als die Gnade ergreifen.

Im Leben aber (soweit die Verzweiflung über die Sünde im Leben vorkommt; in jedem Fall kommt etwas vor, was die Menschen so nennen) sieht man diese Verzweiflung über die Sünde meist falsch an, vermutlich weil man in der Welt gewöhnlich nur mit Leichtsinn, Gedankenlosigkeit und bloßem Geschwätz zu tun hat und daher bei jeder Äußerung von etwas Tieferem ordentlich feierlich wird und ehrerbietig den Hut davor abnimmt. In verwirrter Unklarheit über sich selbst und seine Bedeutung oder mit einem Anstrich von Heuchelei oder mit Hilfe jener Schlauheit und Sophistik, die alle Verzweiflung mit sich führt, ist die Verzweiflung über die Sünde nicht abgeneigt, sich den Schein zu geben, dass sie etwas Gutes sei. Sie soll dann ein Ausdruck dafür sein, dass man eine tiefe Natur sei und sich darum seine Sünde so zu Herzen nehme.

Ich will ein Beispiel anführen. Wenn ein Mensch, der irgendeiner Sünde ergeben war, dann aber längere Zeit der Versuchung Widerstand leistete und siegte – wenn er einen Rückfall bekommt und der Versuchung wieder erliegt: so ist die Verstimmung, die eintritt, keineswegs immer Kummer über die Sünde. Es kann manches andere sein; es kann z. B. auch eine Verbitterung gegen das Schicksal sein, als hätte dieses ihn der Versuchung erliegen lassen, als hätte es gegen ihn nicht so hart sein dürfen, da er nun seit längerer Zeit der Versuchung siegreich widerstanden habe. Aber jedenfalls ist es ganz Weiberart, diese Trauer ohne weiteres für gut zu nehmen und gar nicht auf die Doppelzüngigkeit aufmerksam zu werden, die in aller Leidenschaftlichkeit ist, was wieder so ominös wirken kann, dass der Leidenschaftliche hinterher zuweilen fast bis zum Wahnsinn einsieht, dass er das Gegenteil von dem gesagt hat, was er zu sagen meinte.

Solch ein Mensch versichert vielleicht in immer stärkeren Ausdrücken, wie es ihn peinige und plage, wie ihn dieser Rückfall zur Verzweiflung bringe, »ich vergebe es mir nie«, sagt er. Und all dies soll der Ausdruck dafür sein, wie viel Gutes in ihm wohne, was für eine tiefe Natur er sei. Das ist eine Mystifikation. Ich ließ mit Absicht ein Stichwort einfließen: »ich vergebe es mir nie«, ein Wort, das man eben in solcher Verbindung gewöhnlich zu hören bekommt. Und gerade an diesem Wort kann man sich auch sogleich dialektisch zurechtfinden. Er vergibt es sich nie – wenn es nun aber Gott ihm vergeben wollte, so könnte er ja doch wohl die Güte haben, sich selbst zu vergeben. Nein, seine Verzweiflung über die Sünde und je mehr er gerade in der Leidenschaft des Ausdruckes wütet, womit er (woran er am wenigsten denkt) sich selbst verrät, wenn er »es sich nie vergeben will«, dass er so sündigen konnte (ungefähr das Gegenteil von bußfertiger Zerknirschung, die Gott um Vergebung bittet), ist weit davon entfernt, etwas Gutes zu sein, sie ist eine intensivere Sünde, deren Intensität Vertiefung in Sünde ist. Die Sache ist die: er ist in der Zeit, wo er der Versuchung siegreich Widerstand leistete, in seinen Augen besser geworden, als er wirklich ist, er ist auf sich selbst stolz geworden. Das Interesse dieses Stolzes ist nun, dass das Vergangene etwas ganz Zurückgelegtes sein sollte. Aber im Rückfall wird das Vergangene plötzlich wieder ganz gegenwärtig. Diese Erinnerung kann sein Stolz nicht ertragen, und daher diese tiefe Betrübnis usw. Aber die Richtung der Betrübnis geht offenbar von Gott weg und ist eine versteckte

Selbstliebe und Hoffart, statt dass er demütig damit anfinge, Gott demütig zu danken, dass er ihm doch so lange geholfen habe, der Versuchung zu widerstehen, statt dass er vor Gott und sich selbst eingestünde, dass dies schon viel mehr sei, als er verdient habe, und statt dass er sich dann unter die Erinnerung davon, wie er gewesen war, demütigte.

Hier wie überall ist, was die alten Erbauungsschriften erklären, so tief, zeugt von so viel Erfahrung und weist den richtigen Weg. Sie lehren, dass Gott zuweilen zulässt, dass der Glaubende in einer Versuchung strauchle und falle – gerade um ihn zu demütigen und dadurch im Guten mehr zu befestigen; der Gegensatz des Rückfalls zu dem vielleicht bedeutenden Fortschritt im Guten ist so demütigend, die Identität mit sich selbst so schmerzlich. Je besser ein Mensch ist, desto tiefer schmerzt natürlich die einzelne Sünde, und desto gefährlicher ist, wenn er die Wendung nicht richtig macht, auch nur die allergeringste Ungeduld. Er kann vielleicht aus Trauer in die finsterste Schwermut versinken – und ein Narr von Seelsorger bewundert beinah gar seine tiefe Seele, und welche Macht das Gute in ihm habe – als ob dies vom Guten wäre. Und seine Frau, ja sie fühlt sich in Vergleich mit einem solchen ernsten und heiligen Manne, der über die Sünde so trauern kann, tief gedemütigt. Vielleicht ist auch seine Rede noch mehr täuschend, er sagt vielleicht nicht: »ich kann es mir nie vergeben« (als hätte er sich vielleicht früher selbst Sünden vergeben; eine Gotteslästerung), nein, er spricht davon, dass es ihm Gott nie vergeben könne. Ach, und dies ist nur eine Mystifikation. Seine Trauer, sein Kummer, seine Verzweiflung ist selbstisch (gleich der Angst vor der Sünde, die einen Menschen zuweilen fast in Sünde hineinängstigt, weil sie Selbstliebe ist, die darauf stolz sein möchte, ohne Sünde zu sein) – und Trost ist das, was er am wenigsten braucht, weshalb auch die ungeheuren Quantitäten von Trostgründen, die die Seelsorger verordnen, die Krankheit bloß schlimmer machen.

B. Die Sünde, an der Sündenvergebung zu verzweifeln (Ärgernis)

Die Potenzierung des Selbstbewusstseins ist hier das Wissen von Christo, dass man Christo gegenüber ein Selbst ist. Erst kam (im vorigen Abschnitt) die Unwissenheit darüber, dass man ein ewiges Selbst hat; dann das Wissen davon, dass man ein Selbst hat, worin schon etwas Ewiges liegt. Darauf, beim Übergang zum zweiten Abschnitt, wurde gezeigt, dass dieser Unterschied in dem enthalten sei zwischen einem Selbst, das eine menschliche Vorstellung von sich selbst hat, oder dessen Maß der Mensch ist, und einem Selbst Gott gegenüber, und dieses wurde der Definition der Sünde zu Grunde gelegt.

Nun kommt ein Selbst gegenüber Christo – ein Selbst, das doch verzweifelt nicht es selbst sein will oder verzweifelt es selbst sein will. Denn die Verzweiflung an der Vergebung der Sünden muss sich entweder auf die eine oder auf die andere Formel für Verzweiflung, auf die der Schwachheit oder die des Trotzes zurückführen lassen; der Schwachheit, die geärgert sich nicht zu glauben getraut, des Trotzes, der geärgert nicht glauben will. Nur gilt hier, wo nicht davon die Rede ist, ob man ohne weiteres man selbst sein will, sondern ob man es als Sünder, also in seiner Unvollkommenheit sein will, gerade das Umgekehrte. Sonst ist es Schwachheit, wenn man verzweifelt nicht man selbst sein will. Hier ist dies Trotz; denn hier ist es ja Trotz, wenn man das, was man ist, ein Sünder, nicht sein und darum von Sündenvergebung nichts wissen will. Sonst ist es Trotz, wenn man verzweifelt man selbst sein will. Hier ist es Schwachheit, wenn man verzweifelt man selbst, ein Sünder, sein will, so dass es keine Vergebung gibt.

Ein Selbst Christo gegenüber ist ein Selbst, das durch das ungeheure Zugeständnis Gottes, durch den ungeheuren Nachdruck potenziert ist, der dadurch auf dasselbe fällt, dass sich Gott auch um dieses Selbstes willen gebären ließ, Mensch wurde, litt und starb. Wie es im Vorhergehenden hieß: je mehr Vorstellung von Gott, desto mehr Selbst, so gilt hier: je mehr Vorstellung von Christo, desto mehr Selbst. Ein Selbst ist qualitativ das, was sein

Maßstab ist. Dass Christus der Maßstab ist, drückt von Gottes Seite die nachdrücklichste Bekräftigung aus, welche ungeheure Realität ein Selbst hat; denn erst in Christo ist es wahr, dass Gott des Menschen Ziel oder Maßstab oder Maßstab und Ziel ist. – Aber je mehr Selbst, desto intensivere Sünde.

Auch von einer andern Seite lässt sich bei der Sünde die Potenzierung nachweisen. Sünde war Verzweiflung; ihre Potenzierung war Verzweiflung über die Sünde. Nun bietet aber Gott in der Sündenvergebung die Versöhnung an. Doch der Sünder verzweifelt, und die Verzweiflung erhält einen noch tieferen Ausdruck; sie verhält sich nun gewissermaßen zu Gott, und doch gerade weil sie noch weiter weg, noch intensiver in die Sünde vertieft ist. Indem der Sünder an der Sündenvergebung verzweifelt, sieht es ja beinahe so aus, als ob er auf Gott gerade los ginge. Es klingt ja dialogisch, wenn wir Worte hören wie: »nein, es gibt keine Vergebung der Sünden, das ist eine Unmöglichkeit«, es gleicht einem Handgemenge. Aber doch muss sich der Mensch eine weite qualitative Strecke von Gott entfernen, um das sagen zu können und damit es gehört werde, und um so *comminus* zu kämpfen, muss er *eminus* sein; so sonderbar akustisch ist die Welt des Geistes konstruiert, so sonderbar sind ihre Entfernungen bestimmt. So weit wie möglich muss ein Mensch von Gott entfernt sein, dass das Nein gehört werde, das doch sozusagen Gott auf den Leib rückt; die größte Zudringlichkeit gegen Gott ist am weitesten entfernt; um gegen Gott zudringlich zu sein, muss man weit weg gehen; ist man ihm näher, kann man ihm nicht zu nahe kommen, und kommt man ihm zu nahe, so ist man *eo ipso* weit weg. O menschliche Ohnmacht Gott gegenüber! Wenn man einem hochgestellten Menschen zu nahe kommt, kann man vielleicht zur Strafe weit weg von ihm geschafft werden; um aber Gott zu nahe zu kommen, muss man weit von ihm weg gehen.

Im Leben sieht man diese Sünde (an der Sündenvergebung zu verzweifeln) meist verkehrt an, besonders seit der Zeit, wo man das Ethische abgeschafft hat, so dass man selten oder nie ein gesundes ethisches Wort hört. Ästhetisch-metaphysisch wird es als Zeichen einer tieferen Natur geschätzt, wenn man an der Vergebung der Sünden verzweifelt, ungefähr, wie wenn man es bei einem Kinde für das Zeichen einer tieferen Natur ansehen würde, dass es unartig ist. Es ist überhaupt nicht zu glauben, welche Konfusion seit der Zeit in das Religiöse gekommen ist, wo man im Verhältnis des Menschen zu Gott das »du sollst« abgeschafft hat, das das einzige Regulativ ist. Dieses »du sollst« soll bei jeder religiösen Bestimmung sein. Statt dessen hat man die Gottesvorstellung oder die Vorstellung von Gott abenteuerlich als eine Ingredienz in der menschlichen Wichtigkeit dazu gebraucht, Gott gegenüber sich selbst wichtig zu werden. Wie man im Staatsleben damit sich selbst wichtig wird, dass man zur Opposition gehört und wohl zuletzt schon deshalb eine Regierung wünscht, um ihr opponieren zu können: so will man zuletzt Gott nicht abschaffen – bloß um sich selbst dadurch noch wichtiger zu werden, dass man die Opposition bildet.

Und alles, was in alten Tagen mit Schauder für Äußerungen gottloser Widersetzlichkeit betrachtet wurde, das ist nun genial und Zeichen einer tieferen Natur. »Du sollst *glauben*«, hieß es kurz und gut in alten Tagen, so nüchtern wie möglich – nun ist es genial und Zeichen einer tieferen Natur: es nicht zu können. »Du sollst an die Vergebung der Sünden glauben«, hieß es, und der einzige Kommentar zu diesem Text lautete: »es soll dir übel gehen, wenn du es nicht kannst; denn was man soll, das kann man« – nun ist es genial und Zeichen einer tiefen Natur, wenn man es nicht glauben kann. Vortreffliches Resultat, zu dem es die Christenheit gebracht hat! Wenn man vom Christentum kein Wort hörte, dann würden die Menschen doch nicht so eingebildet sein, wie es das Heidentum auch nie gewesen ist; da aber die christlichen Vorstellungen so unchristlich in der Luft liegen, werden diese zu der potenziertesten Naseweisheit benutzt, insoweit sie nicht auf eine andre, aber ebenso freche Weise missbraucht werden.

Denn ist es nicht ein starkes Epigramm, dass das Fluchen im Heidentum doch noch nicht Sitte war, in der Christenheit dagegen recht eigentlich zu Hause ist; dass das Heidentum mit einem gewissen Schauder, mit Scheu vor dem Mysteriösen, meist mit großer Feierlichkeit den Namen Gottes nannte, während in der Christenheit der Name Gottes wohl das Wort ist, das in der alltäglichen Rede am meisten vorkommt, und unbedingt das Wort, bei dem man sich am wenigsten denkt und das man am fahrlässigsten gebraucht, weil der arme offenbare Gott (der so unvorsichtig und unklug war, offenbar zu werden anstatt sich verborgen zu halten, wie die Vornehmheit sonst immer tut) eine bei der ganzen Bevölkerung nur allzu bekannte Personage geworden ist, der man schon einen übermäßig großen Dienst erweist, wenn man ab und zu einmal in die Kirche geht, wo man dafür auch vom Pfarrer gelobt wird, der einem in Gottes Namen für die Ehre des Besuches dankt, einen mit dem Titel »fromm« beehrt, und dagegen etwas auf die stichelt, die Gott nie die Ehre erweisen, zur Kirche zu gehen.

Die Sünde, an der Sündenvergebung zu verzweifeln ist *Ärgernis*. Darin hatten die Juden vollkommen recht, dass sie sich über Christum ärgerten, weil er Sünden vergeben wollte. Es gehört ein besonders hoher Grad von Geistlosigkeit (nämlich der, den man in der Christenheit gewöhnlich findet) dazu, wenn man kein Glaubender ist (und in diesem Falle glaubt man ja, dass Christus Gott war), sich darüber nicht zu ärgern, dass ein Mensch Sünden vergeben will. Und dann gehört eine ebenso sonderbare Geistlosigkeit dazu, sich darüber nicht zu ärgern, dass Sünde vergeben werden kann. Das ist für den menschlichen Verstand das Allerunmöglichste – ohne dass ich es darum als Genialität anpriese, es nicht glauben zu können; denn es *soll* geglaubt werden.

Im Heidentum konnte es diese Sünde natürlich nicht geben. Hätte der Heide die wahre Vorstellung von der Sünde haben können (was auch nicht der Fall war, da ihm die Gottesvorstellung fehlte): weiter als zur Verzweiflung über seine Sünde wäre er nicht gekommen. Ja, was mehr ist (und hierin liegt alles Zugeständnis, das man menschlichem Verstand und Denken machen kann), man müsste den Heiden preisen, der es wirklich so weit brachte, nicht über die Welt, nicht über sich selbst im allgemeinen, sondern über seine Sünde zu verzweifeln[5]. Dazu gehört, menschlich gesprochen, Tiefsinn und ethische Bestimmungen. Weiter kann kein Mensch als solcher kommen, und sehr selten kam einer so weit. Aber christlich ist alles verändert; denn du sollst an Sündenvergebung glauben.

Und wo befindet sich die Christenheit hinsichtlich der Vergebung der Sünden? Ja, der Zustand der Christenheit ist eigentlich Verzweiflung an der Vergebung der Sünden; dies ist jedoch so zu verstehen, dass sie so weit zurück ist, dass sich dieser Zustand nicht einmal als solcher offenbart. Man ist nicht einmal zum Bewusstsein der Sünde gekommen; man kennt nur die Art Sünde, die das Heidentum auch kannte, und lebt wohl und glücklich in heidnischer Sicherheit. Da man aber in der Christenheit lebt, geht man weiter als das Heidentum, man geht hin und bildet sich ein, dass diese Sicherheit – ja, das kann in der Christenheit nicht anders sein – das Bewusstsein von der Vergebung der Sünden sei, worin die Pfarrer die Gemeinde bestärken.

Das Grundunglück der Christenheit ist eigentlich das Christentum, dass die Lehre vom Gottmenschen (die, wohl zu bemerken, christlich verstanden durch das Paradox und die Möglichkeit des Ärgernisses gesichert ist), indem fortwährend darüber gepredigt wird, ins Eitle gezogen, dass die Wesensverschiedenheit zwischen Gott und Mensch pantheistisch aufgehoben ist, erst vornehm spekulativ, dann pöbelhaft auf Straßen und Gassen. Nie hat je eine Lehre auf Erden Gott und den Menschen wirklich so nahe zusammengebracht wie das Christentum; das konnte auch keiner, nur Gott selbst kann es tun, jede menschliche Erfindung bleibt doch ein Traum, eine unsichere Einbildung. Aber nie hat sich auch eine Lehre so vorsichtig gegen die gräulichste aller Gotteslästerungen geschützt, dass man, nachdem Gott diesen Schritt getan hat, ihn so ins Eitle zöge, als liefe Gott und Mensch doch auf eins hinaus – nie hat sich eine Lehre so dagegen geschützt wie das Christentum, das sich mit Hilfe des Ärgernisses schützt. Wehe den schlaffen Rednern, wehe den leichtfertigen Denkern, und wehe, wehe dem ganzen Anhang, der von ihnen gelernt und sie gepriesen hat!

Soll Ordnung im Dasein gehalten werden – und das will doch Gott, denn er ist kein Gott der Verwirrung, dann muss vor allem darauf geachtet werden, dass jeder Mensch ein einzelner Mensch und sich bewusst werde, ein einzelner Mensch zu sein. Erhalten die Menschen erst die Erlaubnis, in das, was Aristoteles die Tierbestimmung nennt, in die Menge zusammenzulaufen, und wird dann dieses Abstraktum (anstatt dass es weniger als nichts, weniger als der geringste einzelne Mensch ist) für etwas angesehen: so dauert es nicht lange, bis dieses Abstraktum Gott wird. Und dann, dann stimmt es ja *philosophice* mit der Lehre vom Gott-Menschen. Wie man ja in den Staaten gelehrt hat, dass die Menge dem König imponiere und die Zeitungen den Regierungsräten, so entdeckt man nun zuletzt, dass die *summa summarum* aller Menschen Gott imponiere. Dies nennt man dann die Lehre vom Gott-Menschen, oder dass Gott und Mensch *idem per idem* sei. Manche der Philosophen, die diese Lehre vom Übergewicht der Generation über das Individuum mit verbreiten halfen, wenden sich natürlich mit Ekel ab, wenn ihre Lehre so tief gesunken ist, dass der Pöbel zum Gott-Menschen wird. Aber diese Philosophen vergessen, dass es doch ihre Lehre ist, sie übersehen, dass sie nicht wahrer war, als die Vornehmen sie annahmen, als die Elite der Vornehmen oder ein auserwählter Kreis von Philosophen die Inkarnation war.

Das will heißen, die Lehre vom Gott-Menschen hat die Christenheit frech gemacht. Es sieht fast aus, als wäre Gott zu schwach gewesen. Es ist, als wäre es ihm wie dem Gutmütigen gegangen, der zu große Zugeständnisse macht und dann mit Undank belohnt wird. Gott erfand die Lehre vom Gott-Menschen, und nun hat die Christenheit sie frech umgedreht und bürdet Gott die Verwandtschaft auf, so dass das Zugeständnis, das Gott gemacht hat, ungefähr dieselbe Bedeutung hat, wie wenn in diesen Zeiten ein König eine freiere Verfassung gibt – und man weiß wohl, was das bedeutet:

»Dazu war er ja gezwungen«. Es ist, als wäre Gott in Verlegenheit gekommen; als hätte der Kluge recht, wenn er zu Gott sagen würde: Du bist selbst schuld daran, warum hast du dich mit dem Menschen eingelassen. Es wäre doch nie einem Menschen eingefallen, nie in eines Menschen Herzen aufgekommen, dass zwischen Gott und Mensch diese Gleichheit sein sollte. Du warst es selbst, der es verkündigen ließ, nun erntest du die Frucht davon.

Doch hat sich das Christentum von Anfang an gesichert. Es beginnt mit der Lehre von der Sünde. Die Kategorie der Sünde ist die Kategorie der Einzelheit. Spekulativ lässt sich die Sünde gar nicht denken. Der einzelne Mensch liegt nämlich unter dem Begriff; man kann einen einzelnen Menschen nicht denken, sondern nur den Begriff Mensch. Deshalb ist die Spekulation sogleich auf die Lehre von der *Übermacht* der Generation über das Individuum verfallen; denn dass die Spekulation die *Ohnmacht* des Begriffes gegenüber der Wirklichkeit anerkennen sollte, das ist nicht zu verlangen. – Wie man aber einen einzelnen Menschen nicht denken kann, so auch nicht einen einzelnen Sünder; man kann die Sünde denken (dann wird sie die Negation), aber nicht einen einzelnen Sünder. Doch eben darum kann es auch mit der Sünde kein Ernst werden, wenn sie bloß gedacht werden soll. Denn der Ernst ist gerade, dass du und ich Sünder sind; der Ernst ist nicht die Sünde überhaupt, sondern der Nachdruck des Ernstes liegt auf dem Sünder, d. h. dem Einzelnen. Was »den einzelnen Menschen« betrifft, so muss die Spekulation eigentlich, wenn sie konsequent ist, verächtlich darauf herabsehen, dass einer ein einzelner Mensch oder etwas ist, was nicht gedacht werden kann; sie muss, wenn sie etwas darin tun will, zum Einzelnen sagen: Ist das etwas, womit man seine Zeit verlieren soll, suche es vor allem zu vergessen, ein einzelner Mensch sein heißt nichts sein, denke – dann bist du die ganze Menschheit, *cogito ergo sum*. Vielleicht könnte jedoch auch dies Lüge und ein einzelner Mensch, wenn man ein einzelner Mensch ist, das Höchste sein. Doch mag das nun so sein. Aber ganz konsequent müsste die Spekulation auch sagen: Ein einzelner Sünder sein, das ist nichts, das liegt unter dem Begriff, verliere deine Zeit nicht damit usw. Und wie dann weiter? Soll man dann vielleicht, statt ein einzelner Sünder zu sein, (wie man aufgefordert wurde, statt ein einzelner Mensch zu sein, den Begriff Mensch zu denken) die Sünde denken? Und wie dann weiter? Wird man dann vielleicht durch das Denken der Sünde selbst »Sünde« – *cogito ergo sum*? Ein vortrefflicher Vorschlag! Indes braucht man nicht einmal zu fürchten, so zur Sünde, zur – reinen Sünde zu werden; denn die Sünde lässt sich gerade nicht denken. Das müsste doch wohl die Spekulation selbst einräumen, da die Sünde ja der Abfall vom Begriff ist. Hauptsächlich ist aber, um nicht länger *e concessis* zu disputieren, die Schwierigkeit eine andere. Die Spekulation gibt nicht acht darauf, dass bei der Sünde das Ethische mitspielt, das immer umgekehrt wie die Spekulation pointiert und gerade die entgegengesetzten Schritte macht; denn das Ethische abstrahiert nicht von der Wirklichkeit, sondern vertieft in die Wirklichkeit und operiert wesentlich mit der von der Spekulation übersehenen und verachteten Kategorie: Einzelheit. Sünde ist eine Bestimmung des Einzelnen; es ist Leichtfertigkeit und neue Sünde, zu tun, als habe ein einzelner Sünder nichts zu bedeuten – wenn man selbst dieser einzelne Sünder ist. Hier kommt das Christentum und schlägt vor der Spekulation ein Kreuz; es ist der Spekulation ebenso unmöglich, aus dieser Schwierigkeit herauszukommen, wie für ein Segelschiff gerade gegen den Wind zu fahren. Der Ernst der Sünde ist ihre Wirklichkeit im Einzelnen, dass es sich um dich und mich handelt; spekulativ soll man vom Einzelnen absehen; also kann man spekulativ nur leichtsinnig von der Sünde reden. Die Dialektik der Sünde geht der Dialektik der Spekulation gerade entgegen.

Hier beginnt das Christentum mit der Lehre von der Sünde und also mit dem Einzelnen[6]. Denn freilich hat das Christentum das vom Gott-Menschen, von der Gleichheit zwischen Gott und Mensch gelehrt, aber es ist ein großer Hasser von übermütiger oder naseweiser Zudringlichkeit. Durch die Lehre von der Sünde und dem einzelnen Sünder hat sich Gott und Christus ein für allemal ganz anders als irgendein König gegen Volk und Menge und Publikum usw. usw., *item* gegen jede Forderung einer freieren Verfassung gesichert. Alle jene Abstrakta sind vor Gott gar nicht da; es leben vor Gott in Christo lauter einzelne Menschen (Sünder) – doch kann Gott das Ganze gut übersehen, er kann sich obendrein der Sperlinge annehmen. Gott ist überhaupt ein Freund der Ordnung; und zu dem Zweck ist er selbst an jedem Punkt, in jedem Augenblick zur Stelle, er ist allgegenwärtig – was im Lehrbuch als einer der Titel aufgeführt wird, mit denen man Gott nennt, und wobei sich die Menschen ab und zu etwas denken, woran sie aber wohl nie den Versuch machen, in jedem Augenblick zu denken. Sein Begriff ist nicht wie der des Menschen, unter den das Einzelne als das fällt, was nicht im Begriff aufgehen kann, sein Begriff umfasst alles, und in anderem Sinn hat er keinen Begriff. Gott hilft sich nicht mit einer Abbreviatur, er begreift *(comprehendit)* die Wirklichkeit selbst, all das Einzelne; für ihn liegt der Einzelne nicht unter dem Begriffe.

Die Lehre von der Sünde, dass du und ich Sünder sind, welche Lehre die Menge unbedingt zersplittert, befestigt nun einen so tiefen Wesensunterschied zwischen Gott und Mensch, wie er nie dagewesen ist – denn dies kann wieder nur Gott; die Sünde ist ja: *vor Gott* usw. In nichts ist ein Mensch von Gott so verschieden, wie darin, dass er (was jeden Menschen trifft) ein Sünder und zwar »vor Gott« ein Sünder ist, wodurch ja die Gegensätze in doppeltem Sinne zusammengehalten werden; sie werden so zusammengehalten *(continentur)*, dass sie nicht voneinander weggehen dürfen, wenn sie aber so zusammengehalten werden, zeigt sich die Verschiedenheit um so stärker, wie wenn man davon redet, zwei Farben zusammenzuhalten: *opposita juxta se posita magis illucescunt*. Sünde ist das einzige von dem, was sonst von einem Menschen ausgesagt wird, was auf keine Weise, weder *via negationis* noch *via eminentiae*, von Gott ausgesagt werden kann. Wenn man in demselben Sinne wie man von ihm sagt, dass er nicht endlich, also *via negationis*, dass er unendlich sei, wenn man so von Gott aussagen würde, dass er nicht ein Sünder sei, so wäre das Gotteslästerung.

Als Sünder ist der Mensch durch die klaffendste Tiefe der Qualität von Gott getrennt. Und selbstverständlich ist Gott, wenn er Sünden vergibt, wieder durch dieselbe klaffende Tiefe der Qualität vom Menschen getrennt. Wenn es sich nämlich auch sonst tun ließe, durch eine umgekehrte Art der Akkommodation, das Göttliche auf das Menschliche zu übertragen: in einem kommt er ewig nicht dazu, Gott zu gleichen, im Vergeben der Sünden.

So liegt hier die äußerste Konzentrierung des Ärgernisses, was die Lehre für nötig gehalten hat, die gerade die Gleichheit zwischen Gott und dem Menschen gelehrt hat.

Ärgernis ist aber die entscheidendste Bestimmung der Subjektivität, des einzelnen Menschen. Ärgernis ohne einen Geärgerten zu denken, ist freilich nicht ebenso unmöglich, wie ein Flötenspiel ohne einen Flötenspieler zu denken; aber selbst das Denken muss doch gewiss einräumen, dass Ärgernis noch mehr als Verliebtsein ein unwirklicher Begriff ist, der erst wirklich wird, so oft einer, ein Einzelner, da ist, der sich ärgert.

Ärgernis bezieht sich also auf einen Einzelnen. Und damit beginnt das Christentum, damit, dass es jeden Menschen zu einem einzelnen, zu einem einzelnen Sünder macht; und nun konzentriert es alles, was Himmel und Erde von Möglichkeit des Ärgernisses auftreiben kann (dafür sorgt Gott): und das ist Christentum. Dann sagt es zu jedem Einzelnen: du sollst glauben, d. h. du sollst dich entweder ärgern, oder du sollst glauben. Kein Wort weiter; da ist nichts weiter hinzuzufügen.

»Nun habe ich gesprochen«, sagt Gott im Himmel, »in der Ewigkeit sprechen wir uns wieder. Du kannst in der Zwischenzeit tun, was du willst, aber das Gericht steht bevor.«

Ein Gericht! Ja, wir Menschen haben ja gelernt und die Erfahrung lehrt ja, dass, wenn es auf einem Schiffe oder in einer Armee Meuterei gibt, so viele schuldig sind, dass man die Bestrafung aufgeben muss; und wenn das Publikum, das hochgeehrte gebildete Publikum oder das Volk schuldig ist, dann ist es nicht bloß kein Verbrechen, dann ist es den Zeitungen zufolge, auf die man wie auf das Evangelium und die Offenbarung bauen darf,

Gottes Wille. Woher kommt das? Das kommt daher, dass sich ein Gericht auf den Einzelnen bezieht. Man richtet nicht en masse; man kann Leute en masse totschlagen, en masse auf sie spritzen, ihnen en masse schmeicheln, kurz auf mancherlei Weise Leute wie Vieh behandeln, aber Leute wie Vieh richten kann man nicht, denn Vieh kann man nicht richten; ob auch noch so viele gerichtet werden, so wird, wenn das Richten Ernst und Wahrheit enthalten soll, jeder Einzelne gerichtet[7]. Wenn nun der Schuldigen so viele sind, so lässt es sich menschlicherseits nicht durchführen; darum gibt man das Ganze auf, man sieht ein, dass da von einem Gericht keine Rede sein kann, es sind ihrer zu viele, als dass man sie richten könnte, man kann sie nicht als einzelne haben oder zu einzelnen machen, darum muss man das *Richten* aufgeben.

Und da man nun in unserer aufgeklärten Zeit, wo man alle anthropomorphistischen und anthropopathischen Vorstellungen von Gott unpassend findet, es doch nicht unpassend findet, Gott als Richter in der Art eines gewöhnlichen Amtsrichters oder General-Auditors zu denken, der eine so weitläufige Sache nicht schnell abmachen kann – so schließt man: es wird in der Ewigkeit akkurat so gehen. Lasst uns daher nur zusammenhalten und dafür sorgen, dass die Pfarrer auf diese Weise predigen. Und sollte es einen Einzelnen geben, der anders zu reden wagte, einen Einzelnen, der so töricht wäre, sich sein Leben bekümmert und in Furcht und Zittern verantwortungsvoll zu machen und dann auch andere plagen zu wollen: dann wollen wir uns dadurch sicherstellen, dass wir ihn als verrückt ansehen, oder ihn, wenn es nötig ist, totschlagen. Wenn wir nur unser viele sind, so ist es kein Unrecht. Es ist Unsinn und veraltet, dass viele Unrecht tun können; was die Menge tut, ist Gottes Wille. Vor dieser Weisheit, das wissen wir aus Erfahrung – denn wir sind keine unerfahrenen Jünglinge, wir werfen keine losen Worte hin, wir reden als Männer aus Erfahrung – haben sich bisher alle Menschen gebeugt, Könige und Kaiser und Exzellenzen; durch diese Weisheit ist bisher allen unsern Kreaturen aufgeholfen worden: so wird sich wahrhaftig auch Gott beugen lernen. Es kommt bloß darauf an, dass wir viele, recht viele werden, die zusammenhalten; wenn wir das tun, dann sind wir gegen das Gericht der Ewigkeit gesichert.

Ja, freilich wären sie gesichert, wenn sie erst in der Ewigkeit Einzelne werden sollten. Aber sie waren und sind vor Gott beständig Einzelne. Wer in einem Glasschrank sitzt, ist nicht so geniert, wie jeder Mensch vor Gott, für den er durchsichtig ist. Dies zeigt das Gewissen. Mit seiner Hilfe ist es so eingerichtet, dass der Rapport sofort jede Schuld begleitet und der Schuldige der ist, der ihn selbst schreiben muss. Er wird aber mit sympathetischer Tinte geschrieben und wird daher erst recht deutlich, wenn er in der Ewigkeit ans Licht gehalten wird, während die Ewigkeit die Gewissen revidiert. Im Grunde kommt jeder in der Ewigkeit so an, dass er die genaueste Anzeige auch von jeder geringsten Kleinigkeit, die er verübte oder unterließ, selbst mitbringt und abliefert. Daher könnte ein Kind das Gericht in der Ewigkeit besorgen; für einen Dritten ist da eigentlich nichts zu tun, alles, bis zu dem unbedeutendsten Worte, das gesprochen wurde, ist in Ordnung. Dem Schuldigen, der auf der Reise durchs Leben zur Ewigkeit ist, geht es, wie es jenem Mörder ging, der auf der Eisenbahn mit deren Schnelligkeit von dem Ort seiner Tat – und von seinem Verbrechen floh. Ach, gerade neben dem Wagen, in dem er saß, lief der elektromagnetische Telegraf mit seinem Signalement und der Order, ihn auf der ersten Station zu verhaften. Als er auf der Station ankam und aus dem Wagen stieg, war er verhaftet – er hatte, sozusagen, die Anzeige selbst mitgebracht.

Also die Verzweiflung an der Vergebung der Sünden ist Ärgernis. Und Ärgernis ist Potenzierung der Sünde. Daran denkt man gewöhnlich gar nicht; man rechnet das Ärgernis wohl gewöhnlich kaum zur Sünde, da man von dieser überhaupt nicht redet, sondern nur von Sünden, unter denen das Ärgernis keinen Platz findet. Noch weniger versteht man das Ärgernis als die Potenzierung der Sünde. Das kommt daher, dass man nicht, christlich, den Gegensatz zwischen Sünde und Glauben bildet, sondern Sünde und Tugend die Gegensätze sein lässt.

C. Die Sünde, das Christentum *modo ponendo* aufzugeben, es für Unwahrheit zu erklären

Dies ist Sünde gegen den heiligen Geist. Hier ist das Selbst am verzweifeltsten potenziert; es wirft nicht nur das ganze Christentum von sich, sondern macht es zur Lüge und Unwahrheit – welche ungeheuer verzweifelte Vorstellung von sich selbst muss das Selbst haben!

Die Potenzierung der Sünde zeigt sich deutlich, wenn man sie wie einen Krieg zwischen dem Menschen und Gott auffasst, wo die Taktik verändert wird; die Potenzierung ist die Steigerung von der Defensive zur Offensive. Sünde ist Verzweiflung; hier wird evitierend gekämpft. Dann kam Verzweiflung über seine Sünde; hier wird noch einmal evitierend gekämpft, oder indem man sich in seiner zurückgezogenen Stellung befestigt, aber beständig *pedem referens*. Nun wird die Taktik verändert; obgleich sich die Sünde immer mehr in sich selbst vertieft und so entfernt, kommt sie doch in anderem Sinne näher und wird immer entschiedener sie selbst. Verzweiflung an der Vergebung der Sünden ist eine bestimmte Position gegenüber einem Angebot von Barmherzigkeit Gottes; die Sünde flieht nicht nur, hält sich nicht nur defensiv. Aber das Christentum als Unwahrheit und Lüge aufzugeben, ist offensiver Krieg. Alles Vorangehende macht seinem Gegner doch gewissermaßen das Zugeständnis, dass er der Stärkere ist. Aber nun verhält sich die Sünde angreifend.

Sünde gegen den heiligen Geist ist die positive Form des Geärgertseins.

Die Lehre des Christentums ist die Lehre vom Gott-Menschen, von der Verwandtschaft zwischen Gott und Mensch, aber wohl zu merken so, dass die Möglichkeit des Ärgernisses, wenn ich so sagen darf, die Garantie ist, wodurch sich Gott dagegen sichert, dass ihm der Mensch zu nahe komme. Die Möglichkeit des Ärgernisses ist in all dem Christlichen das dialektische Moment. Wird dies weggenommen, so ist das Christentum nicht bloß Heidentum, sondern etwas so Fantastisches, dass das Heidentum es für Geschwätz erklären müsste. Gott so nahe zu sein, wie ihm der Mensch nach der Lehre des Christentums in Christo kommen kann, darf und soll, ist nie einem Menschen eingefallen. Soll dies nun geradezu gelten, so ganz ohne weiteres, ohne die geringste Reservation, ganz ungeniert und unverfroren: so ist das Christentum, wenn man die Dichtung des Heidentums von den Göttern menschliche Verrücktheit nennen will, eine verrückte Erfindung Gottes; auf eine solche Lehre konnte nur ein Gott verfallen, der den Verstand verloren hat – so muss ein Mensch urteilen, der seinen Verstand noch behalten hat. Der inkarnierte Gott würde, wenn der Mensch so ohne weiteres sein Kamerad sein sollte, ein Seitenstück zu Prinz Heinrich bei Shakespeare werden.

Gott und Mensch sind zwei Qualitäten, zwischen denen ein unendlicher Qualitätsunterschied besteht. Jede Lehre, die diesen Unterschied übersieht, ist menschlich gesprochen verrückt, göttlich beurteilt Gotteslästerung. Im Heidentum machte der Mensch Gott zu einem Menschen (der Menschgott); im Christentum macht sich Gott zu einem Menschen (der Gottmensch) – aber in der unendlichen Liebe dieser seiner erbarmenden Gnade macht er doch eine Bedingung, er kann es nicht anders. Gerade dies ist das Traurige für Christum, »er kann nicht anders«; er kann sich selbst erniedrigen, Knechtsgestalt annehmen, für die Menschen leiden und sterben, er kann alle zu sich einladen, jeden Tag seines Lebens opfern und jede Stunde des Tages und das Leben opfern – aber die Möglichkeit des Ärgernisses kann er nicht wegnehmen. O, einzige Tat der Liebe, o unergründliche Trauer der Liebe, dass es Gott selbst nicht unmöglich machen kann – was er freilich auch nicht will, nicht wollen kann – aber selbst wenn er es wollte, es doch nicht unmöglich machen kann, dass diese Liebestat einem Menschen gerade zum Gegenteil, zum äußersten Elend werde! Denn das größte menschliche Elend, größer noch als die Sünde, ist, sich an Christo zu ärgern und in dem Ärgernis zu bleiben. Und dies kann Christus, dies kann »die Liebe« nicht unmöglich machen. Sieh, darum sagt er: »selig, wer sich nicht an mir ärgert«. Mehr kann er nicht tun. Er kann also, es ist möglich, dass es dazu kommt, er kann mit seiner Liebe einen Menschen so elend machen, wie ein Mensch sonst nie werden könnte. O, unergründlicher Widerspruch in der Liebe! Aber doch kann er es – aus Liebe nicht über sein Herz bringen, das Werk der Liebe nicht auszuführen; ach, wenn es dann doch einen Menschen so elend machte, wie er sonst nie geworden wäre!

Lass uns recht menschlich davon reden. O, ein erbärmlicher Mensch, der nie den Drang gefühlt hat, aus Liebe alles zu opfern, der es also nicht gekonnt hat! Aber wenn er dann entdeckte, dass gerade diese seine liebevolle Aufopferung dem andern Menschen, dem Geliebten zum größten Unglück werden könnte: was dann? Dann verlor entweder die Liebe bei ihm ihre Spannkraft, sie sank aus einem machtvollen Leben zu dem verschlossenen Grübeln eines wehmütigen Gefühls zusammen; er verließ und verlor die Liebe, er wagte diese Tat der Liebe nicht zu tun, selbst niedersinkend, nicht unter der Tat, aber unter dem Gewicht jener Möglichkeit. Denn gleichwie ein Gewicht sehr viel schwerer wird, wenn es am Ende einer Stange angebracht wird und, der es aufhebt, am entgegengesetzten Ende anfassen soll, so wird jedes Werk sehr viel schwerer, wenn es dialektisch wird, und am schwersten, wenn es sympathetisch-dialektisch wird, so dass, während die Liebe antreibt, für den Geliebten etwas zu tun, die Sorge für den Geliebten wiederum davon abrät.

Oder die Liebe siegte, und er wagte es aus Liebe. O aber in der Freude der Liebe (wie ja Liebe immer froh ist, besonders, wenn sie alles opfert) war doch ein tiefer Kummer – denn es war ja möglich! Sieh, darum tat er dieses sein Liebeswerk, brachte er das Opfer (bei dem er, was ihn betraf, jubelte) nicht ohne Tränen: es schwebt über diesem, wie soll ich es nennen? diesem geschichtlichen Bilde der Innerlichkeit jene düstere Möglichkeit. Und doch, wenn diese nicht darüber geschwebt hätte, wäre seine Tat kein Werk wahrer Liebe gewesen.

O mein Freund, was hast du wohl im Leben durchgemacht! Strenge dein Gehirn an, reiße jede Hülle beiseite und entblöße die *viscera* des Gefühls in deiner Brust, schleife jede Befestigung, die dich von dem trennt, über den du liest, und lies dann Shakespeare – und du wirst vor Kollisionen erschrecken. Aber vor den eigentlichen religiösen Kollisionen scheint selbst Shakespeare zurückgeschreckt zu sein. Sie lassen sich vielleicht auch nur in der Sprache der Götter ausdrücken. Und diese Sprache kann kein Mensch reden; denn wie schon ein Grieche so schön gesagt hat: von Menschen lernt der Mensch reden, von den Göttern schweigen.

Dass der unendliche Qualitätsunterschied zwischen Gott und Mensch besteht, darin liegt die Möglichkeit des Ärgernisses, die sich nicht entfernen lässt. Aus Liebe wird Gott Mensch; er sagt: Sieh hier, was es heißt, Mensch sein, aber, fügt er hinzu, o nimm dich in acht, denn ich bin zugleich Gott – selig, wer sich nicht an mir ärgert. Er nimmt als Mensch geringe Knechtsgestalt an, er stellt dar, was es heißt, ein geringer Mensch sein, damit sich keiner für ausgeschlossen halte oder meine, dass einen menschliches Ansehen oder Ansehen bei Menschen näher zu Gott bringe. Nein, er ist der geringe Mensch. Sieh hierher, sagt er, und überzeuge dich, was es heißt ein Mensch sein, o, aber nimm dich in acht; denn ich bin zugleich Gott – selig, wer sich nicht an mir ärgert. Oder umgekehrt: der Vater und ich sind eins, doch bin ich dieser einzelne geringe Mensch, arm und verlassen und in die Hand der Menschen gegeben – selig, wer sich nicht an mir ärgert. Ich, dieser geringe Mensch, bin es, der macht, dass Taube hören, Blinde sehen, Lahme gehen, Aussätzige rein werden, Tote auferstehen – selig, wer sich nicht an mir ärgert.

Unter Verantwortung an höchster Stelle erkühne ich mich daher zu sagen, dass dieses Wort: selig, wer sich nicht an mir ärgert, mit zur Verkündigung von Christo gehört, wenn nicht in derselben Weise wie die Einsetzungsworte beim Abendmahl, so doch wie die Worte: jeder prüfe sich selbst. Es sind Christi eigne Worte, und sie müssen, besonders in der Christenheit, immer wieder eingeschärft, wiederholt und zu jedem besonders gesagt werden. Überall, wo diese Worte nicht mitklingen[8], oder in jedem Falle, wo die Darstellung des Christlichen nicht auf jedem Punkte von diesem Gedanken durchdrungen ist: Da ist das Christentum Blasphemie. Denn ohne Leibwache und ohne Diener, die ihm den Weg bereiten und die Menschen darauf aufmerksam machen konnten, wer es war, der da kam: ging Christus hier auf Erden in geringer Knechtsgestalt. Aber die Möglichkeit des Ärgernisses (o, wie war sie ihm in seiner Liebe seine Sorge!) schützte und schützt ihn und befestigt eine klaffende Tiefe zwischen ihm und dem, der ihm am nächsten war und am nächsten stand. Wer sich nämlich nicht ärgert, der *betet* glaubend *an*. Aber die Anbetung, die der Ausdruck des Glaubens ist, drückt aus, dass zwischen ihnen die unendlich klaffende Tiefe der Qualität befestigt ist. Denn im Glauben ist wieder die Möglichkeit des Ärgernisses das dialektische Moment[9].

Aber die Art des Ärgernisses, von der wir hier reden, ist *modo ponendo*, sie sagt vom Christentum aus, dass es Unwahrheit und Lüge sei, und damit auch dasselbe von Christo.

Um diese Art des Ärgernisses zu beleuchten, ist es am besten, wenn wir die verschiedenen Formen des Ärgernisses durchgehen, das ein prinzipielles Verhältnis zum Paradox (zu Christo) einnimmt und dann bei jeder Bestimmung des Christlichen wiederkehrt, weil jede solche sich auf Christum bezieht, ihn *in mente* hat.

Die niedrigste Form des Ärgernisses, die, menschlich geredet, unschuldigste, ist, wenn man die ganze Sache mit Christo unentschieden sein lässt und so urteilt: ich erlaube mir darüber kein Urteil; ich glaube nicht, aber ich urteile nicht. Dass dies eine Form des Ärgernisses ist, entgeht den meisten. Die Sache ist, man hat das christliche »du sollst« rein vergessen. Daher sieht man nicht, dass es Ärgernis ist, wenn man Christum in Indifferenz setzt. Dass dir das Christentum verkündigt ist, bedeutet, dass du über Christum eine Meinung haben sollst. Er ist, oder dass er da ist und dass er da gewesen ist, bildet die Entscheidung des ganzen Daseins. Ist dir Christus verkündigt, so ist es ein Ärgernis zu sagen: ich will darüber keine Meinung haben.

Doch muss dies in unseren Zeiten, wo das Christentum so dürftig verkündigt wird, wie es geschieht, mit einer gewissen Einschränkung verstanden werden. Es leben gewiss viele Tausende, die das Christentum haben verkündigen hören, aber nie etwas von diesem »du sollst« gehört haben. Wer es aber gehört hat und dann sagt: ich will darüber keine Meinung haben, der ist geärgert. Er leugnet nämlich die Gottheit Christi, da er ihm das Recht, eine Meinung von dem Menschen zu verlangen, abspricht. Es hilft nichts, dass ein solcher Mensch spricht: »ich sage ja von Christo nichts, weder ja noch nein«; denn dann fragt man ihn bloß: hast du auch keine Meinung darüber, wie weit du über ihn eine Meinung haben sollst oder nicht? Antwortet er darauf: doch, so fängt er sich selbst; und antwortet er: nein, so verurteilt ihn das Christentum gleichwohl, da er darüber und also wieder über Christum eine Meinung haben soll, weil kein Mensch sich vermessen darf, Christi Leben wie eine Kuriosität dahingestellt sein zu lassen. Wenn sich Gott gebären lässt und Mensch wird, so ist das nicht ein müßiger Einfall, etwas, worauf er verfällt, um doch etwas vorzunehmen, vielleicht um der Langeweile ein Ende zu machen, die, wie man frech gesagt hat, mit dem Gottsein verbunden sein soll. Nein, wenn Gott dies tut, so ist dies Faktum der Ernst des Daseins. Und der Ernst in diesem Ernst ist wieder: dass darüber jeder eine Meinung haben *soll*.

Wenn ein König eine Provinzialstadt besucht, sieht er es für eine Beleidigung an, wenn es ein Beamter, falls er keinen gültigen Abhaltungsgrund hat, unterlässt, sich am Empfang zu beteiligen; wie würde er aber wohl urteilen, wenn einer das ganze Faktum, dass der König in der Stadt ist, ignorieren und den Privatmann spielen wollte, der in dieser Hinsicht »auf Seine Majestät und auf das königliche Gesetz« pfeift? Und so auch, wenn es Gott gefällt, Mensch zu werden – und es dann einem Menschen gefällt (und was der Beamte vor dem König ist, das ist jeder Mensch vor Gott), davon zu sagen: ja, das ist etwas, worüber ich keine Meinung zu haben wünsche. So redet man vornehm von dem, was man im Grunde vornehm übersieht: also übersieht man vornehm Gott.

Die nächste Form des Ärgernisses ist die negative, aber leidende. Sie fühlt wohl, dass sie Christum nicht zu ignorieren vermag und nicht imstande ist, das mit Christo auf sich beruhen zu lassen und dann im übrigen ein tätiges Leben zu führen. Aber glauben kann sie auch nicht; fortwährend blickt sie starr auf einen und denselben Punkt, auf das Paradox. Insofern ehrt sie doch das Christentum, sie drückt aus, dass diese Frage: was dünkt dich um Christus? wirklich das Entscheidendste ist. Ein solcher Geärgerter lebt dahin wie ein Schatten; sein Leben verzehrt sich, weil er in seinem Innersten beständig mit dieser Entscheidung beschäftigt ist. Und so drückt er aus, welche Realität das Christentum hat, gerade wie das Leiden der unglücklichen Liebe die Realität der Liebe zeigt.

Die letzte Form des Ärgernisses ist die, von der wir hier reden, die positive. Sie erklärt das Christentum für Unwahrheit und Lüge, sie leugnet Christum (dass er da war, und dass er der war, der er zu sein behauptete) entweder doketisch oder rationalistisch, so dass Christus entweder kein einzelner ein einzelner Mensch wird; so dass er entweder doketisch zu Poesie oder Mythologie wird, die keinen Anspruch auf Wirklichkeit macht, oder rationalistisch zu einer Wirklichkeit wird, die keinen Anspruch auf Göttlichkeit macht. In dieser Leugnung Christi als des Paradoxes liegt natürlich auch die Leugnung alles Christlichen: der Sünde, der Sündenvergebung usw.

Diese Form des Ärgernisses ist Sünde gegen den heiligen Geist. Wie die Juden von Christo sagten, er treibe die Teufel mit Hilfe des Teufels aus, so macht dieses Ärgernis Christum zu einer Erfindung des Teufels.

Dieses Ärgernis ist die höchste Potenzierung der Sünde, was man meist übersieht, da man nicht, christlich, den Gegensatz »Sünde – Glaube« aufstellt.

Dagegen ist dieser Gegensatz in dieser ganzen Schrift geltend gemacht worden, die sogleich im ersten Abschnitt A, A für den Zustand, in welchem gar keine Verzweiflung ist, die Formel bildete: im Verhalten zu sich selbst, und indem das Selbst es selbst sein will, gründet es sich durchsichtig auf die Macht, die es setzte. Und diese Formel ist wieder, woran öfter erinnert wurde, die Definition des Glaubens.

Anmerkungen

1 Und wenn man sich psychologisch in der Wirklichkeit umsehen will, wird man zuweilen Gelegenheit haben, sich zu überzeugen, dass dies, wie es denkrichtig ist und also zutreffen muss, auch zutrifft und dass diese Einteilung die ganze Wirklichkeit der Verzweiflung umfasst. Denn bei einem Kinde redet man ja nicht von Verzweiflung, sondern nur von Außersichsein, weil man nur voraussetzen darf, dass das Ewige bei ihm katà dúnamin vorhanden ist, während man es vom Älteren fordern darf, dass er es habe. Doch will ich durchaus nicht leugnen, dass Formen männlicher Verzweiflung auch bei Frauen vorkommen können und umgekehrt Formen weiblicher Verzweiflung bei Männern, aber das sind Ausnahmen. Und es versteht sich, das Ideale ist auch nur selten, und dieser Unterschied von männlicher und weiblicher Verzweiflung ist doch nur rein ideal ganz wahr. Das Weib hat weder die selbstisch entwickelte Vorstellung vom Selbst noch in entscheidendem Sinne Intellektualität, wie viel zart- und feinfühlender sie auch sein mag als der Mann. Dagegen ist das Wesen des Weibes Hingebung, und es ist unweiblich, wenn es nicht so ist. Wunderlich genug, niemand kann so schnippisch sein (und dieses Wort ist ja von der Sprache aufs Weib gemünzt), so fast grausam wählerisch wie ein Weib – und doch ist ihr Wesen Hingebung, und doch (eben das Wunderliche) ist dieses alles eigentlich der Ausdruck dafür, dass ihr Wesen Hingebung ist. Denn gerade, weil sie in ihrem Wesen die ganze weibliche Hingebung trägt, hat die Natur sie liebreich mit einem Instinkt ausgestattet, gegen dessen Feinheit die allerentwickeltste männliche Reflexion wie nichts ist. Diese Hingebung eines Weibes, diese, griechisch geredet, göttliche Gabe und Reichtumsfülle, ist ein zu großes Gut, als dass es blindlings weggeworfen werden dürfte; und doch würde keine sehende menschliche Reflexion scharf genug zu sehen vermögen, sie richtig anzubringen. Darum hat sich die Natur des Weibes angenommen: instinktmäßig sieht diese blindlings klarer als die scharfsichtigste Reflexion, instinktmäßig sieht diese, was sie bewundern soll, wo sie sich hingeben soll. Hingebung ist das Einzige, was das Weib hat, darum nahm sich die Natur ihrer an und wurde ihr Hüter. Daher kommt es auch, dass die Weiblichkeit erst in einer Metamorphose entsteht; sie entsteht, indem sich die unendliche Sprödigkeit zu weiblicher Hingebung verklärt.
Dass aber Hingebung das Wesen des Weibes ist, kehrt dann in der Verzweiflung wieder und bildet den Modus der Verzweiflung. In der Hingebung hat sie sich selbst verloren, und nur so ist sie glücklich, nur so ist sie sie selbst. Ein Weib, das ohne Hingebung, d. h. ohne ihr Selbst hinzugeben, glücklich ist – woran sie es auch übrigens hingeben mag – ist vollständig unweiblich. Ein Mann gibt sich auch hin, und wer es nicht tut, ist ein törichter Mann; aber sein Selbst ist nicht Hingebung (dies ist der Ausdruck für die weibliche substanzielle Hingebung), auch bekommt er sein Selbst nicht durch Hingebung, wie es beim Weibe in einem anderen Sinne geschieht, er hat sich selbst. Er gibt sich hin, aber sein Selbst bleibt noch als ein nüchternes Bewusstsein von der Hingebung zurück, wogegen das Weib echt weiblich sich, ihr Selbst, in das stürzt, woran sie sich hingibt. Wird dies nun weggenommen, so ist auch ihr Selbst weg und ihre Verzweiflung ist, dass sie nicht sie selbst sein will. – So gibt der Mann sich nicht hin; sondern die andere Form der Verzweiflung drückt auch das Männliche aus: verzweifelt man selbst sein zu wollen.
So viel über das Verhältnis zwischen der Verzweiflung der Männlichkeit und der Weiblichkeit. Jedoch erinnere man sich daran, dass hier nicht von Hingebung an Gott oder vom Gottesverhältnis die Rede ist, was erst im zweiten Abschnitt kommt. Im Verhältnis zu Gott, wo solch ein Unterschied wie Mann und Weib verschwindet,

gilt für den Mann ebenso wie für das Weib, dass Hingebung das Selbst ist und dass man durch Hingebung das Selbst bekommt. Dies gilt in gleicher Weise für Mann und Weib, obgleich sich wohl meist in Wirklichkeit das Weib nur durch den Mann zu Gott verhält.

2 Und deshalb ist es sprachlich richtig, zu sagen: *über* das Irdische (den Anlass) verzweifeln, *am* Ewigen, aber *über* sich selbst verzweifeln, weil dieses wieder ein anderer Ausdruck für den Anlass zu der Verzweiflung ist, die im Begriff immer *am* Ewigen geschieht, während das, *worüber* man verzweifelt, das Verschiedenste sein kann. Man verzweifelt *über* das, was einen in Verzweiflung bringt: über sein Unglück, über das Irdische, über den Verlust seines Vermögens usw., aber *an* dem, was einen, richtig verstanden, von der Verzweiflung befreit: am Ewigen, an seiner Rettung, an eigner Kraft usw. Beim Selbst sagt man beides: *über* und *an* sich selbst verzweifeln, weil das Selbst doppelt dialektisch ist. Und dies ist die Dunkelheit, die sich besonders in allen niedrigern Formen der Verzweiflung und fast bei jedem Verzweifelnden findet, dass er so leidenschaftlich deutlich sieht und weiß, *worüber* er verzweifelt, es ihm aber entgeht, *woran* er verzweifelt. Dies *Woran* zu erkennen, ist immer die Bedingung für die Heilung; und rein philosophisch könnte es eine spitzfindige Frage werden, ob es möglich sei, dass einer mit dem vollkommenen Bewusstsein von dem, woran er verzweifelt, verzweifle.

3 Übrigens wird man hier, woran ich erinnern möchte, gerade von diesem Gesichtspunkt aus sehen, dass vieles von dem, was in der Welt unter dem Namen »Resignation« aufgeputzt wird, eine Art Verzweiflung ist, dass man verzweifelt sein abstraktes Selbst sein, verzweifelt am Ewigen genug haben will, um damit dem Leiden im Irdischen und Zeitlichen trotzen oder es ignorieren zu können. Die Dialektik der Resignation besteht darin, dass man sein ewiges Selbst sein und in Bezug auf etwas Bestimmtes, worin das Selbst leidet, nicht man selbst sein will, indem man sich damit tröstet, dass es doch in der Ewigkeit wegfallen müsse, und sich daher für berechtigt hält, es nicht in der Zeitlichkeit auf sich zu nehmen. Das Selbst will, obgleich es darunter leidet, ihm doch nicht zugestehen, dass es mit zum Selbst gehöre, d. h. es will sich nicht gläubig darunter demütigen. So ist die Resignation als Verzweiflung betrachtet wesentlich davon verschieden, dass man verzweifelt nicht man selbst sein will, denn man will ja verzweifelt man selbst sein, jedoch mit Ausnahme von etwas Einzelnem, mit dem man verzweifelt nicht man selbst sein will.

4 Man beachte den Unterschied: *über* seine Sünde verzweifeln und *an* der Sündenvergebung verzweifeln.

5 Man wird bemerken, dass die Verzweiflung über die Sünde hier dialektisch in der Richtung zum Glauben hin gefasst ist. Dass dies Dialektische existiert (ob auch diese Schrift die Verzweiflung nur als Krankheit behandelt), darf nie vergessen werden; es liegt ja darin, dass die Verzweiflung auch das erste Moment im Glauben ist. Wenn die Richtung dagegen vom Glauben, vom Gottesverhältnis wegführt, so ist die Verzweiflung über die Sünde die neue Sünde. Im Geistesleben ist alles dialektisch. Ärgernis ist ja so, als aufgehobene Möglichkeit, ein Moment im Glauben; aber Ärgernis mit der Richtung vom Glauben weg ist Sünde. Man kann einem Menschen zur Last legen, dass er sich am Christentum nicht einmal ärgern kann. Dann redet man ja so, als ob es etwas Gutes wäre, sich zu ärgern. Und dagegen muss man ja sagen, dass sich zu ärgern Sünde ist.

6 Die Lehre von der Sünde des Menschengeschlechts ist oft missbraucht worden, weil man nicht darauf aufmerksam gewesen ist, dass die Sünde, obgleich sie allen gemeinsam ist, die Menschen nicht in einen gemeinsamen Begriff, in Gesellschaft oder Kompagnie zusammenfasst (»so wenig, wie draußen auf dem Kirchhofe die Menge der Toten eine Gesellschaft bildet«), sondern die Menschen in Einzelne zersplittert

und jeden Einzelnen als Sünder festhält, eine Zersplitterung, die in einem anderen Sinne mit der Vollkommenheit des Daseins in Übereinstimmung steht und teleologisch auf sie hinzielt. Darauf ist man nicht aufmerksam gewesen und hat dann das gefallene Geschlecht ein für allemal durch Christum wieder gut werden lassen. Und so ist man doch Gott wieder mit einem Abstraktum gekommen, das, als Abstraktum, in näherer Verwandtschaft mit ihm stehen will. Das ist aber ein Schelmenmantel, der die Menschen nur frech macht. Wenn sich nämlich »der Einzelne« mit Gott verwandt fühlen soll (und dies ist die Lehre des Christentums), so bekommt er auch den ganzen Druck dieser Verwandtschaft in Furcht und Zittern zu fühlen, er muss, wenn es nicht eine alte Entdeckung wäre, die Möglichkeit des Ärgernisses entdecken. Soll der Einzelne aber durch ein Abstraktum zu dieser Herrlichkeit kommen, so wird die Sache viel zu leicht und ist im Grunde eitel genommen. Der Einzelne erfährt dann nicht jenen ungeheuren Druck Gottes, welcher Druck in Demütigung ebenso tief drückt wie er erhebt, der Einzelne bildet sich ein, alles ohne weiteres dadurch zu haben, dass er an jenem Abstraktum partizipiert.
Beim Menschen ist es nicht wie beim Tier, dass das Exemplar immer weniger als die Art ist. Der Mensch unterscheidet sich von anderen Tier-Arten nicht nur durch die Vorzüge, die man gewöhnlich aufzählt, sondern qualitativ dadurch, dass das Individuum, der Einzelne, mehr als die Art ist. Und diese Bestimmung ist wieder dialektisch und bedeutet, dass der Einzelne ein Sünder ist, aber dann wieder, dass der Einzelne zu sein die Vollkommenheit ist.

7 Sieh, darum ist Gott »der Richter«, weil vor ihm keine Menge ist, sondern nur Einzelne.

8 Und das ist nun fast überall in der Christenheit der Fall, wo man, wie es scheint, *entweder* ganz ignoriert, dass Christus selbst so wiederholt, so aus dem innersten Herzen vor dem Ärgernis warnte, noch gegen den Abschluss seines Lebens sogar seine treuen Apostel, die ihm vom Anfang an gefolgt waren und um seinetwillen alles verlassen hatten; *oder* es sogar im stillen für eine überspannte Ängstlichkeit bei Christo hält, da die Erfahrung von Tausenden und Abertausenden beweise, dass man Glauben an Christum haben könne, ohne das mindeste von der Möglichkeit des Ärgernisses zu merken. Dieses dürfte aber ein Irrtum sein, der wohl offenbar werden wird, wenn die Möglichkeit des Ärgernisses die Christenheit zu richten kommt.

9 Hier eine kleine Aufgabe für Beobachter. Wenn man annimmt, dass alle die vielen Pfarrer hier und im Auslande, die Predigten halten und schreiben, gläubige Christen sind, wie lässt es sich da erklären, dass man nie das Gebet hört oder liest, das besonders in unserer Zeit so naheliegt: Gott im Himmel, ich danke Dir, dass Du von dem Menschen nicht gefordert hast, dass er das Christentum begreife; denn wenn dies gefordert würde, dann wäre ich der Elendeste von allen. Je mehr ich es zu begreifen suche, um so unbegreiflicher kommt es mir vor, um so mehr entdecke ich nur die Möglichkeit des Ärgernisses. Darum danke ich Dir, dass Du allein Glauben forderst, und ich bitte Dich, dass Du ihn mir weiter mehren wollest. Dies Gebet würde orthodox ganz korrekt sein, und angenommen, dass es bei dem Betenden wahr wäre, würde es zugleich korrekte Ironie über die ganze Spekulation sein. Ob sich aber Glauben auf Erden findet!

Anhang

Nachwort des Herausgebers

Erläuternde Worte zu Kierkegaard können kaum einen anderen als den Charakter des engagierten Hinweises haben. Kierkegaard ist in besonderem Maße ein Denker, den man nicht dann verstanden, wenn man ihn »objektiv« kommentiert und unter allgemeine Begriffe gebracht hat. Er hat keine »Richtung« vertreten, aus der er im letzten verständlich wäre, kein »System« hinterlassen, das der Fortschreibung harrte. Kierkegaard fordert vielmehr, ein eigenes Verhältnis zu ihm und seinem Werk je zu gewinnen, was ohne eigene Bemühung niemand zu tun in der Lage sein wird. Die folgenden Ausführungen wollen entsprechend Hilfen zu einer eigenen Aneignung geben, nicht ihren Gegenstand in irgendeiner Hinsicht »erschöpfen«. Wir geben so, in Kürze, zuerst einen biografischen Abriss. Es folgen eine allgemeine Übersicht zu Kierkegaards Werk und auch der Art seines Schriftstellertums, dann eine Einführung zu den hier vorgelegten Texten, schließlich die nötigen Auskünfte zur Textgestaltung in dieser Edition; einige Anregungen zur weiteren Lektüre sowie Sacherklärungen zu den Texten machen den Schluss.

Kierkegaards Lebensabriss

Sören Aabye Kierkegaard wurde am 5. Mai 1813 in Kopenhagen geboren: als das jüngste von sieben Kindern eines damals bereits 56jährigen Vaters und einer Mutter von 45. Der Vater, Michael Pedersen Kierkegaard, stammte aus sehr armen Verhältnissen in Jütland, hatte unter harten Bedingungen als Hirtenjunge gearbeitet, es aber in Kopenhagen in kürzester Zeit zu einem so großen Vermögen, darunter mehreren Häusern, gebracht, dass er sich bereits mit 40 Jahren als wohlversehener Privatier zur Ruhe zu setzen vermochte. Die Mutter Ane Kierkegaard, geb. Lund, hat, anders als der grüblerisch-religiöse Vater, offenbar wenig prägenden Einfluss auf ihre Kinder ausgeübt; in Kierkegaards Tagebüchern erscheint sie im Gegensatz zu dem Vater jedenfalls nicht. 1830 entschloss sich Kierkegaard, wie zuvor schon sein älterer Bruder Peter Christian, ein späterer Bischof von Aalborg, zum Studium der Theologie. Allerdings begegnete ihm dabei etwas, was seit der schleichenden Abdankung zumindest der evangelischen Theologie als im eigentlichen Sinne erkennender Wissenschaft von Gott nicht gerade wenigen ihrer Adepten widerfuhr: er distanzierte sich zusehends vom christlichen Glauben, ohne in der gelehrten Gefühlsfrömmigkeit oder dem Rationalismus der Universitätstheologen einen akzeptablen Ersatz für das Verlorene zu finden. Es setzten so Jahre ein, in denen Kierkegaards Interesse ganz anderen als den theologischen Dingen galt. Er verkehrte in literarischen und anderen gebildeten Zirkeln, reüssierte als Rezensent der dänischen Größen des Tages, z. B. Hans Christian Andersens, verbrachte einen großen Teil des Tages mit der Zigarre im Mund durch die Stadt flanierend oder im Kaffeehaus, war geistreicher Gesellschafter wie auch guter Kunde des Schneiders und fast schon der Lebemann, wie er im Buche steht. Im Spiegel der *Krankheit zum Tode* konnte Kierkegaard diese Phase später als sehr konkrete Gestalt von Verzweiflung, etwa im Sinne des Trotzes, verzweifelt ein Selbst sein zu wollen, verstehen. Der definitive Ausbruch aus jener Periode, die er tatsächlich zunehmend als innerlich leer und entleerend erlebte, erfolgte im Mai 1838. Kierkegaard hat am 19. Mai 1838, ohne dass wir die näheren Umstände kennten, ein einschneidendes Bekehrungserlebnis gehabt, das in manchem dem eines Pascal oder Hamann gleicht – besonders der letztere übrigens ein Autor, an dem sich Kierkegaard selbst immer wieder orientierte. Er berichtet in seinem Tagebuch von einer »*unbeschreiblichen Freude*, die uns ebenso unerklärbar durchglüht, wie des Apostels Ausbruch unbegründet hervorbricht: ›Freuet euch, und abermals sage ich: Freuet euch‹. – Nicht eine Freude über dies und jenes, sondern der Seele vollgültiger Ausruf ›mit Zung und Mund und von Herzens Grund‹: ›Ich freue mich an meiner Freude, aus, in, mit, bei, an, durch und mit meiner Freude‹ – ein himmlischer Kehrreim, der gleichsam plötzlich unseren übrigen Gesang abschneidet; eine Freude, die gleich einem Windhauch kühlt und erfrischt, ein Stoß des Passats, der vom Hain Mamre zu den ewigen Hütten weht.

Den 19. Mai, vormittags, 10 ½ Uhr«[1]. Das volle, das wahrhafte Selbst ist jetzt das auf Jesus Christus, den »Gottmenschen« hin offene Selbst, wie Kierkegaard unter Verwendung eines alten dogmatischen Ausdrucks, den zuletzt Hegel wieder zu Ehren gebracht hatte, sagt. Kierkegaard geht nun wieder zum Abendmahl und wird, was er lange Zeit bleibt, ein eifriger, frommer, freilich auch kritischer Predigthörer. Seine theologischen Studien, die er 1835 eingestellt hatte, nimmt er jetzt wieder auf; im Juli 1840 legt er die theologische Prüfung ab, die Fernperspektive ist eine Anstellung in der dänischen Staatskirche, mit welcher sich Kierkegaard, der nach dem Tode des Vaters im August 1838 ein relativ großes Vermögen geerbt hat, gleichwohl Zeit lassen kann. Er vertieft inzwischen seine philosophischen Studien, promoviert 1841 an der philosophischen Fakultät mit einer Arbeit *Über die Ironie, mit ständiger Rücksicht auf Sokrates* und reist darauf nach Berlin, wo er bei Schelling Zeuge des letzten Stadiums der großen idealistischen Philosophie wird. Zugleich aber ist er auch mit sehr persönlichen Fragen befasst, die um das Mädchen Regine Olsen (geb. 1822) kreisen, mit der sich Kierkegaard 1840 verlobt hatte, von der er aber auch nach der Entlobung vom Oktober 1841 noch lange innerlich nicht loskommt. Was sich bei Kierkegaard auf dem Grunde eines hochkomplexen Prozesses der Selbstreflexion hier vollzog, kann man als die lebensentscheidende Beantwortung

1 Tagebücher, hg. von H. Gerdes, Düsseldorf – Köln 1962 ff., Bd. I, 154.

der Frage verstehen, ob er, Kierkegaard, gänzlich und ohne jede Einschränkung seiner Berufung als christlicher Schriftsteller nachkommen oder sich durch eine Beziehung binden sollte, in der nach Auskunft seines Gewissens das Missverhältnis und Missverständnis zwischen sehr ungleichen Charakteren wohl überwogen hätte. Die Entscheidung fiel, und jetzt, vom Jahre 1842/43 an, wird der Sturm von Kierkegaards Schriften entfesselt, der auch über die Zeitgenossen und die Umgebung als etwas ganz Unerwartetes und Unerhörtes hereinbrach. Das heißt nicht, dass man Kierkegaard umstandslos nur bestaunt hätte; eine üble Kampagne der satirischen Zeitschrift »Corsar« entbrannte im Jahre 1846 (Kierkegaard fühlte sich durch einen entsittlichten Journalismus hier gleichsam »Insekten vorgeworfen«, wobei seine »Berühmtheit der Honig« sei, »der den Insekten recht Appetit macht«[2]), und Kierkegaard hat durch diese Erfahrungen seinen Blick für die zweifelhafte Rolle der »Medien« im Massenzeitalter so sehr geschärft, dass wir aus seinem Munde mehrere recht prophetische Worte über das besitzen, was in erheblich potenzierter Form später in Gestalt der »Kulturindustrie« und Medienideologie die Bühne betreten sollte. Persönlich aber wurde er durch diese Erfahrungen nur in der Berufung bestärkt, heute ein Zeuge nicht etwa der Zeit, sondern der Ewigkeit in der Zeit zu sein und in die »Geistlosigkeit« des Tages hinein den Ton und die Stimmung des »Ernstes« zu tragen.

Aus dem äußeren Leben Kierkegaards nennen wir nur noch eine weitere Etappe. Diese Etappe beginnt mit der sich befestigenden Erkenntnis, dass, um es kurz zu machen, die »Christenheit« als Masse gewordenes Christentum, als neue Gestalt des Heidentums ein ungeheurer Betrug, eine »Lüge« sein könnte, von der kein heidnischer Ethiker je sich hätte einen Begriff bilden können. Einen entscheidenden Auslöser dafür lieferte die Trauerfeier für den Kierkegaard persönlich wohlbekannten Bischof von Seeland Jakob Pier Mynster, einen Kirchenpolitiker und »Kanzelvirtuosen« im Sinne der heraufziehenden Stickluft des »Kul-

2 *Tagebücher* Bd. V, S. 253.

turprotestantismus«, der von seinem Nachfolger Hans Lassen Martensen in nicht weniger als den Rang der »Wahrheitszeugen« (also »Märtyrer«) und »Apostel« gehoben wurde – so, als wäre kein Unterschied mehr zwischen einem, der sein Leben verliert, es zu gewinnen, und einem klug-konformen Prälaten, der nie in die Lage kommt, sich anders, als die Zeit es befiehlt, entscheiden zu müssen. Wenn nach Kierkegaard allein durch das Christentum, allein durch die christlichen Kategorien des Ärgernisses, des Glaubens, der Ewigkeit und des Einzelnen, der Mensch wahrhaft Geist zu sein vermag, ist die institutionelle Leugnung des Paradoxes und des Einzelnen, die das Wesen des Neuprotestantismus ist, die eigentliche Sünde wider den Geist – und muss als solche auch von den Dächern noch ausgeschrien werden. Wir treffen Kierkegaard jetzt mit Flugblättern auf der Straße, auf denen er den Besuch des evangelischen Gottesdienstes als schwere Sünde bezeichnet. Mit dem letzten Geld aus dem väterlichen Erbe bezahlt er eine eigene Zeitschrift, den »Augenblick«, in der mit bis dahin ungesehener Wucht der Widerspruch einer durch Religionsbeamte verwalteten und auf Lüge gebauten Christlichkeit bloßgelegt wird. Kierkegaard will im Namen des Geistes »Brandstifter« sein, ein Arrangement gibt es nicht mehr. Als er sein letztes Geld für die letzte Nummer des »Augenblicks« aufgewandt hat, bricht er Ende September 1855 auf der Straße zusammen. Am 2. Oktober kommt er darauf in das Kopenhagener Frederiks-Hospital, das er nicht mehr verlassen sollte. Eine Nichte, die ihn hier besucht, berichtet ergriffen, sie habe an dem Kranken »den Geist die irdische Hülle durchbrechen und ihr einen Glanz mitteilen« sehen, als »sei diese selbst schon ins Morgenrot der Auferstehung« getaucht. Kierkegaard hat, dem Kampf seiner letzten Monate getreu, im Krankenhaus den Empfang des Abendmahls durch den evangelischen Pfarrer verweigert – »denn Pfarrer sind staatliche Beamte, und staatliche Beamte haben kein Verhältnis zum Christentum«, wie er die Frage beschied; nur ein Laie sollte ihm das Sakrament reichen. Dem treusten Freund, den Kierkegaard zeitlebens wohl hatte, Emil Boesen, hat er auf dessen Frage, ob er an die Gnade in Jesus

Christus glaube, geantwortet: »Ja, natürlich, was denn sonst!« Am 11. November 1855 starb Kierkegaard dann im Koma einen Erstickungstod – zur unverhohlenen Freude der staatskirchlichen Theologie, die etwa in Gestalt des bekannten Theologen Nikolaj Grundtvig öffentlich das Erfreuliche daran pries, dass »ein Eiszapfen vom Dach der Kirche gestürzt« sei. Noch bei Kierkegaards Beerdigung, zu der sich eine große Menge auch einfachster Leute einfand, kam es zu tumultuarischen Szenen, und einer der Redner am Grab prangerte den letzten Versuch der Vereinnahmung »dieses armen Mannes« durch »das offizielle Christentum« an. Das letztere hat in Gestalt des älteren Bruders zu allem Überfluss dann noch versucht, die Grabstätte für die Öffentlichkeit unkenntlich zu halten. Erst 1874 wird Sören Aabye Kierkegaard ein Grabstein gesetzt. Wichtiger freilich als dieser ist ein gewaltiges Werk, das in der aktuellen dänischen Gesamtausgabe 55 Bände umfasst – eine Hinterlassenschaft, die freilich nicht nur dem Umfang nach die gewöhnlichen Maßstäbe sprengt.

Zu Kierkegaards Denken und Schriftstellertum

Kierkegaard-Interpreten sind leider nicht selten der Gefahr erlegen, das äußere Leben ihres Helden, das auch wir soeben haben Revue passieren lassen, für den Hauptschlüssel zu seinem Werk zu nehmen. Man ist auf diesem Wege so weit gegangen, noch Anleihen bei den Ärzten und Psychiatern zu machen und Kierkegaard nach (»leptosomer«) Leibes- und (»zyklothymer«) Seelenbeschaffenheit gleichsam für das anthropologische Museum zu klassifizieren; man hat die kleinsten Details seines Lebens teilnahmsvoll oder ironisch, gemütlich zwinkernd oder mit hochgezogenen Augenbrauen nachzuerzählen und auch auszumalen nicht unterlassen: bis dahin, dass sich gestandene Männer vom Fach unversehens in dem Falle befanden, sagen wir: mit Kierkegaards Braut (von ihrer Seite übrigens ungebeten) per Du zu kommunizieren und sich etwa über »den Menschen Kierkegaard«

und das diesen in »einsame Verzweiflung« stürzende »Verhängnis mit Regine« zu verbreiten[3] – dabei vergessend, dass man längst dabei sein könnte, statt Wissenschaft Klatsch oder, in Kierkegaardscher Bestimmung zu reden, statt der »Stimmung des Ernstes« die der geschäftigen »Geistlosigkeit« zu promulgieren. Das Groteske, dass man auf dem Wege des Biographismus am Ende dazu gelangt, den Denker der »Alltäglichkeit als Verzweiflung« zu einem aus alltäglichen Gründen »Verzweifelten« zu machen, ja dass man unter dem Anspruch, ein literarisch gezeigtes Selbst womöglich besonders »konkret« zu »erklären«, dieses doch nur zu einer Funktion von Umständen und »Bedingungen« macht, die für Tausende ebenso hätten gelten können, scheint in vielen Fällen doch nicht kräftig genug, vor diesem Irrweg zu warnen.

Wir bestreiten dabei nicht, dass es in Kierkegaards Werk immer wieder intensive biografische Reflexe gibt – so wenig, wie wir bestreiten, dass Kierkegaard ein individuell gefärbtes Dänisch gebraucht, dass er im Lichte eines besonderen Bildungshorizonts schreibt oder in sein Werk zahlreiche Anspielungen auf das Geistesleben seiner Zeit einstreut.

Aber den Geist, etwa den eines literarischen Werkes, für eine Folge der Umstände halten, heißt ihn schon nicht als Geist, sondern als – Umstand verstehen; genauer: es heißt, hier eigentlich gar nichts verstehen, auch nicht die Fakten, die uns der Geist erst geistig zu zeigen vermag. Kierkegaard liebt es, in sein Werk Anekdotisches einzustreuen – denken wir nur etwa an den trunkenen Bauern in der *Krankheit zum Tode*, dem die eigenen Beine, neu beschuht, zu etwas Fremdem wurden. Es ist klar, dass die Anekdote hier weder den Zielbegriff (das in der Äußerlichkeit entfremdete Selbst) noch die normative Aussage (ein solcher Verlust ist Verzweiflung) liefert, sondern beide nur zu sinnlicher Deutlichkeit bringt. Nicht anders aber sind biografische Reflexe im Werk nicht für dessen Substanz zu nehmen, die im Geistigen

3 Vgl. Hayo Gerdes: *Sören Kierkegaard*, 2. Aufl. Berlin – New York 1993, S. 48 (das Beispiel steht nicht minder für viele andere Autoren).

liegt, sondern Exempel der Konstellationen, aus denen Geist sich gewinnt und die er selbst in sein Licht taucht. Gerade, wenn es zu einem »Denker der Einzelheit« gehört, sich selbst für sich selbst als Exempel ins Spiel zu bringen, heißt dies nicht, dass man aufhören dürfte, in diesem Denker den *Gedanken*, die konkrete Vernunft zu suchen. Das will zugespitzt heißen: Kierkegaards Werk hätte dann nicht weniger Sinn und Bedeutung, wenn wir über die Biografie seines Verfassers absolut nichts wüssten – vorausgesetzt nämlich, dass es einen Gedanken nicht nur enthält, sondern in und aus *diesem* sein wahrhaftes Leben lebt. –

Der im übrigen nicht nur lebendigste, sondern auch bedeutendste Denker des Nordens hat, wie eingangs erwähnt, kein »System«, sondern Bezeugungen eines Denkens zurückgelassen, die gerade als Einspruch gegen »das System«, gegen den Anspruch, den Denkenden auf den Begriff, »den Paragrafen« zu bringen, verstanden sein wollen. Wie haben wir das zu verstehen? Historisch ist, wie man weiß und oft unterstrichen hat, Kierkegaards Widersacher die Hegelsche Philosophie, die zu seinen Lebzeiten zwar längst nicht mehr überall unumstritten in Geltung stand, in Dänemark aber lange Zeit eine durchaus dominierende Stellung behaupten konnte. Kierkegaard hat seinerseits Hegel mehr zu verdanken, als aus seiner Frontstellung unmittelbar deutlich wird; schon der Begriff des Dialektischen, aber noch manches andere gehört unmittelbar zu dieser Erbschaft. Gleichzeitig ist Kierkegaard (was ebenfalls festgehalten werden muss) in vielem der Riesengestalt Hegels nicht wirklich gewachsen, soweit, dass er auch den ein oder anderen groben Fehler begeht – so etwa, wenn er zu Eingang des *Begriffs Angst* behauptet, Hegel (denn dieser ist hier gemeint) habe »den letzten Abschnitt der Logik ›die Wirklichkeit‹« überschrieben und damit »den Schein erregen« wollen, »als sei man in der Logik schon zu dem Höchsten, oder wenn man so will, zu dem Niedrigsten gekommen«[4]. Das Missverständnis erstreckt

4 Vgl. *Der Begriff Angst*, S. 16. In Wahrheit hat Hegel nicht »den letzten Abschnitt der Logik«, sondern den letzten der Wesenslogik, also des mittleren Teils seiner *Wissenschaft der Logik*, »Die Wirklichkeit« überschrieben, einen Teil, in welchem

sich indes nicht nur auf Äußerlichkeiten; gerade auch Hegels kategorienkritisches Programm – zu Bewusstsein zu bringen, was wir denn denken, wenn wir z. B. »Wirklichkeit« denken und was nicht – bleibt Kierkegaard in der Sache verschlossen. Aber wie dem auch sei: Hegel und der bei ihm gesehene Anspruch der Totalitätsphilosophie ist für Kierkegaard Folie, gegen die er eine neue denkerische Sprache erproben, ein neues Thema anschlagen will: das Thema, was es denn heißt, Einzelner zu sein auf die Weise des Geistes, des lebendigen Selbst, des konkreten Selbstverhältnisses – und dabei nicht der Meinung zu sein, die Antwort auf diese Frage selbst zu geben könne einem eine zu Ende gebrachte, eine geschlossene und sich selbst genügende Systemwissenschaft ersparen. Es könnte ja sein, dass ganze Systeme nichts anderes sind als die Verschanzung des modernen Menschen, des Menschen im beginnenden Massenzeitalter etwa, die es ihm gestattet, eben nicht als Einzelner ins Spiel zu kommen. Es mag zwar sein, dass der Mensch, insofern er ein »verzweifeltes« Interesse daran hat, kein Einzelner zu sein und das geistige Selbstsein zu vermeiden, auch ein Interesse daran hat, andere, seien es andere Köpfe, seien es Institutionen wie etwa die Wissenschaft, für sich denken zu lassen, so wie er dann auch den Zeitungen und dem »Musterkoffer« der Journalisten seine »Meinung« entnimmt[5]. Systeme und herrschende Meinungen sind so am Ende die öffentlichen Alibis aller Geist-, Gedanken- und Gewissenlosigkeit, lauter Alibis, hinter denen sich eben die genannte Verschanzung in der Menge, die Reduktion des Individuums auf die Nummer oder statistische Größe, vollzieht.

Kierkegaards eigenes Werk will gerade dagegen, wie der Untertitel der Schrift *Einübung im Christentum* lautet, »zur Erweckung und Verinnerlichung« geschrieben sein; es will im einzelnen das Feuer des mit Ernst ergriffenen Gedankens, der Innerlichkeit,

die Kategorien des Absoluten, der Modalität und des absoluten Verhältnisses abgehandelt und der Übergang zur Logik des Begriffs vorbereitet wird; erst im dritten Buch wird dann die »höchste« (und keineswegs zugleich »niedrigste«) Bestimmung der Logik erreicht, die absolute Idee, so wie in ihm unter anderem auch Kierkegaards Kategorie der Einzelheit zur Sprache kommt.

5 Vgl. für das letztere Kierkegaards Tagebücher Bd. V, S. 306.

zuletzt des gelebten Glaubens entfachen: was nach Kierkegaard nur an den etablierten Sprachspielen des Meinens und Denkens, des »Geschwätzes« vorbei, in das hinein heute schon »die Kinder geboren werden«, geschehen kann[6]. Man kann in bestimmtem Sinne auch sagen: Kierkegaards Denken will immer auch Predigt sein, und Predigt ist nach Kierkegaard da, »wo der Einzelne als Einzelner zum Einzelnen spricht«[7], wo die »Stimmung« – ein für Kierkegaard sehr zentraler Begriff – »der Ernst« ist, ja, wo der Einzelne eben seine ganze Existenz ins Spiel wirft und deshalb nicht mehr spielt, sondern sehr genau weiß, dass er nicht mit Redensarten, auch den etabliertesten nicht, abgespeist werden kann.

Aus diesem Ansatz heraus, aus dieser Orientierung an Ernst und Innerlichkeit, aus dieser Ausrichtung auf den Einzelnen ergeben sich für Kierkegaard unmittelbar Folgen für seine Schriftstellerei. Kierkegaard wirkt und schreibt als ein Berufener, als ein Zeuge, nicht als Gelehrter oder in besonderer Weise der Muße ergebener Literat. Sein Beruf hat gleichwohl viele Gesichter: durchaus literarische, durchaus gelehrte, er kennt die spitze Feder der Tagespolemik ebenso wie den philosophischen Eros oder den theologischen Ernst. Aber die Vielgestalt darf nicht darüber täuschen, dass hier stets ein und derselbe Zeuge ein und derselben Sache am Werke ist. Die theologischen Schriften Kierkegaards sind in der Hauptsache geradezu als – übrigens alles andere als konventionelle – Predigten, als »Erbauliche Reden« verfasst. Kierkegaard zeichnet diese Schriften in der Regel mit seinem wirklichen Namen, bekennt sich in gewisser Weise also am meisten in ihnen; hierher gehören so große und schöne Werke wie etwa *Der Liebe Tun* von 1847 oder die *Erbaulichen Reden* von 1844 bzw. 1847. Die anderen, insgesamt wohl mehr gelesenen Schriften wie *Entweder – Oder* (1843), die *Wiederholung* (1843), die *Philosophischen Brocken* (1844), die *Abschließende unwissenschaftliche Nachschrift* (1846) oder auch die beiden hier vorgelegten Werke *Der Begriff Angst*

6 Vgl. ebd. S. 166.
7 Der Begriff Angst, S. 22.

(1844) oder *Die Krankheit zum Tode* (1849) heben sich davon schon dadurch ab, dass sie unter Pseudonymen, meist sprechenden Verfassernamen, erschienen sind. Mit Hilfe des Pseudonyms entfaltet Kierkegaard dabei auf höchst kunstvolle Weise das, was er selbst »indirekte Mitteilung« nennt: er ist entlastet davon, sich mit allem, was seine Schriften enthalten, unmittelbar identifizieren zu müssen und kann, anders als der Denker der Tradition, denkend und schreibend gleichsam experimentieren; er kann – wie den »Anti-Climacus« der *Krankheit zum Tode* auf den »Johannes Climacus« der *Philosophischen Brocken* oder der *Abschließenden unwissenschaftlichen Nachschrift* – seine »Masken« einander antworten lassen; er kann schreibend aufweisen statt beweisen, hinführen statt »zum Verstehen zwingen«, anstoßen statt zu Ende bringen, um so, im Sinne der »Hebammenkunst« des Sokrates, der Maieutik, den Leser erst aus der Festung seiner Alltagsbegriffe zu locken, ihn zunächst einmal damit zu konfrontieren, dass er als in seinen Redensarten und geliehenen Meinungen so sicherer Mensch über sich selbst und über das, was den tragenden Grund seines Lebens ausmacht, in keiner Weise schon wirklich orientiert sein muss. Sokrates hatte es sich zum Verdienst angerechnet, dass er, im Unterschied zu den anderen, »wisse, dass er nichts weiß«: die anderen »wissen noch nicht einmal dies«. Kierkegaard nimmt das Motiv seines philosophiegeschichtlichen Lieblings auf und entfaltet eine große Meisterschaft in der Kritik des scheinbar so »unumstößlich Gewissen«, der »Meinung« der Vielen. Weiß jemand etwa wirklich, was »Angst« bedeutet, was ihr Begriff ist? Kant oder Hegel erklären es nicht – doch wohl, weil jeder es weiß und diese Selbstverständlichkeit nicht zum Thema der Philosophie taugt. Was aber, wenn Angst mitten im wirklichen Leben wohnt, ja mit dem wirklichen Selbstsein etwas zu tun hat und deshalb auch den Unterschied zwischen Denken und Leben betrifft? Wenn Angst die »Zwischenbestimmung« zwischen Möglichkeitsprojektion und existentiellem Freiheitsakt, dem Ergreifen des Wirklichen, ist?

Kierkegaard will, wie gesagt, mit seiner Schriftstellerei »erwecken« und muss dazu beunruhigen; tatsächlich erweckt werden kann jedoch immer nur der Einzelne, niemals ein Kollektiv. Das Kollektiv, auch das religiöse oder sich religiös gebärdende Kollektiv, ist immer nur »die Menge«, die nach Kierkegaard keine »Idealität«, nicht die Spannung auf das Unendliche kennt, keinen wirklichen Gedanken festzuhalten vermag und jederzeit dem bloßen Anschein ins Netz geht. Eben darum ist es nötig, beim Einzelnen anzusetzen: nur dass dieser kein Abstraktum, sondern immer ein Mensch ist, dem man Auge in Auge gegenübertreten kann und – wo es denn irgend geht – auch so gegenübertreten muss. In all seinen harten Auseinandersetzungen, in der bereits erwähnten mit dem »Corsaren« ebenso wie in denen mit der Kirche (in welcher er zunehmend eine Anstalt des öffentlichen Geschwätzes ausmachte) hat Kierkegaard immer seine Gegner persönlich aufgesucht und in Gesprächen unter vier Augen das Gewissen des Gegenüber zu erreichen oder zu wecken versucht – was auch heißt, dass es für Kierkegaard den »einfachen« und sonst nur zu gerne beschrittenen Weg der abstrakt-moralischen Verfemung des Gegners nicht gibt. Kierkegaard hat freilich gerade auch so erfahren, dass es nicht immer leicht ist, es tatsächlich mit einem anderen Einzelnen, mit dem anderen Gewissen zu tun zu bekommen und dass man eher schon auf Gegenüber trifft, die je auf bestimmte Weise »besetzte«, nicht freie Subjekte sind. Im *Begriff Angst*, aber mehr noch in der *Krankheit zum Tode* begegnen wir, worauf noch einzugehen sein wird, einer regelrechten Phänomenologie des »besetzten Bewusstseins« in seinen diversen Gestalten und Dynamiken. Der Atheist z. B. spricht über den Gegenstand »Gott« so, als behandle er ein gleichgültiges Thema auf theoretische Weise – so, wie jedes andere theoretische Thema auch. Dahinter kann aber stehen, dass hier nichts anderes als die Verzweiflung der in die Endlichkeit eingehausten Existenz am Werke ist, damit aber die Weigerung, ein im Angesichte des Unendlichen geistiges Selbst zu sein. Geist und schon der Appell, Geist zu sein, ist, theologisch gesprochen, immer das »Ärgernis«, philosophisch gesprochen das »Paradox«, dass sich inkommensurabel gegen die gängige Weltausgelegtheit verhält. Kierkegaard will und kann hier nichts zum Schleuderpreis abgeben. *Furcht und Zittern* beginnt mit den Worten: »Nicht bloß in der Welt des Handels, sondern auch in der der Ideen veranstaltet unsere Zeit einen wirklichen Ausverkauf. Alles ist für solch einen Spottpreis zu haben, dass es eine Frage wird, ob am Ende überhaupt noch einer bieten will«[8]. Dahinter steht auch eine Zeitdiagnose, welche auf »Nihilismus« lautet und, wie man schon öfters festgehalten hat, Kierkegaard insoweit mit einem anderen Denker vergleichbar macht, der bei der Idealität seinen Ausgang nahm und den »Preis« wieder hochtreiben wollte – mit Nietzsche. Aber Kierkegaards Punkt ist am Ende doch ein anderer als der Nietzsches. Kierkegaard will dies lernen und lehren: auf ursprüngliche Weise Geist und ein geistiges Selbst zu sein, er will nicht sich das Selbst bald ertrotzen, bald um den Preis einer unerhörten »Lehre« erwerben, bald auch daran verzweifeln, Geist sein zu können. Dazu aber ist nötig, den Weg zu einem Empfangen des Selbst, den Weg zum wahrhaft »Einfältigen«, zum Religiösen, der Vergewisserung im absoluten Ur-Sprung zu finden.

Wie aber sieht der Weg zur Existenzform des »Religiösen« aus? Kierkegaard hat in diesem Zusammenhang ein recht eingängiges und fast »aszetisch« zu nennendes Schema entwickelt, das sogenannte »Drei-Stadien-Schema«. Dieses Schema benennt drei grundsätzliche Lebensentwürfe, in denen sich Menschen bewegen und aus denen heraus sie jeweils die Welt verstehen[9]. Das erste Stadium ist das »Ästhetische«. Hier handelt es sich gleichsam um das Leben des natürlichen, sinnlichen, dabei durchaus nicht notwendig unkultivierten Menschen, der sich dem unmittelbaren Eindruck und Genuss ergibt, damit aber an die sinnlich unmittelbare Gegenwart gebunden bleibt. Kierkegaard hat in *Entweder – Oder* in einem »Tagebuch des Verführers« einen solchen Menschen plastisch gezeichnet, für den dann z. B. die Frau nichts anderes als ein Reiz- und Genussmittel ist und der um der Möglichkeit eben des

---

8 Kierkegaard, *Furcht und Zittern. Dialektische Lyrik von Johannes de Silentio*, hg. E. Hirsch, Düsseldorf – Köln 1950, 3 (Ges. Werke, IV. Abteilung).

9 Vgl. dazu vor allem *Entweder – Oder* sowie die Schrift *Stadien auf dem Lebensweg* von 1845.

Genusses willen jede ernste und feste Bindung scheut. Allerdings ist es nicht möglich, dieses Stadium anders als in Verzweiflung, anders als in fortgesetzter Jagd nach dem äußeren Selbst zu Ende zu leben; eine Jagd, welche die Stimme des Gewissens, d. h. die Mahnung zum Selbst, nicht dauernd betäuben kann. Das nächste, aus dem ersten »geklärt« heraustretende Stadium ist dann das ethische. Um bei dem Beispiel von Mann und Frau zu bleiben, so wissen jetzt beide, dass sie mehr als nur reizende Naturerscheinungen sind, vielmehr einander als Freiheitswesen nur dann sich erschließen, wenn sie den Boden der Idealität, der Verpflichtung und sittlichen Festlegung aufeinander betreten; in den *Stadien* plädiert in diesem Sinne eine der beteiligten Personen für die Ehe. Aber je höher entwickelt das sittliche Bewusstsein eines Menschen ist, je mehr er in der ethischen Forderung die *unendliche* Forderung vernimmt, desto schärfer weiß er auch, dass das Unbedingte, das Ewige durch ihn nicht wirklich in die Welt kommt, ja dass die eigenen Schritte auf dieses Unbedingte zu ihn gerade in Schuld verstricken können; das Beispiel ist hier, an Kierkegaards eigene Geschichte gemahnend, die Geschichte einer aus Gewissensgründen gelösten Verlobung, bei der der ethisch möglicherweise richtige Wille des Lösenden doch eine Schuld und Intransparenz produziert, die ein ungelöstes Problem der Schwebe zwischen Schuld und Nichtschuld zurücklässt. Insoweit führt auch das ethische Stadium wie das ästhetische in die Verzweiflung. Der Mangel des ethischen Stadiums ist es, dass die Gesamtwirklichkeit der Sünde nicht gesehen und eingesehen ist, wie, theologisch gesprochen, das »ideale« Gesetz zwar »heilig, gerecht und gut« (Röm. 7, 12) ist, aber es doch den Menschen, der es vernimmt, nicht schon heilig, gerecht und gut zu machen vermag. Dagegen baut das nächste, das religiöse Stadium, auf das Wissen auf, dass die Wirklichkeit des Menschen die Sünde ist und der Mensch nicht von sich aus diese Wirklichkeit zerbrechen kann. Was hier jetzt eintritt, ist das »sola fide«, das »allein aus Glauben« der lutherschen Reformation: es ist das gläubige Gewisswerden der Liebe Gottes in Jesus Christus, das sich hier in der Zeit, aber als Gewissheit der Ewigkeit ereignet;

diese Krisis der Zeit, die transparent wird auf die Ewigkeit hin, ist der wahrhafte »Augenblick«, wie Kierkegaard sagt, die Öffnung aus der Endlichkeit für die Unendlichkeit, die eine ganz neue Qualität, eine neue Geistigkeit und auch eine »neue« Ethik zeigt, in der der Mensch seine ihm in Jesus Christus offenbare Bestimmung tatsächlich lebt. Die »neue Ethik« ist die des Christuszeugen, die der Apostel und Märtyrer, die, herkommend von der »Fülle der Zeit«, die in Christus offenbar wurde, alle Dinge in das Licht der Ewigkeit stellt. Es ist das Leben derer, die mit Christus »gleichzeitig« sind, die sich deshalb in der Zeit nicht verlieren, ohne sie doch zu überspringen, die zu gelebter Geistigkeit gelangen und eben darin Einzelne sind.

Zum Verständnis der psychologischen Schriften Kierkegaards

Die vorliegende Ausgabe bietet die beiden wichtigsten Schriften Kierkegaards zur »Psychologie« – in dem Sinne nämlich, wie er selbst dieses Wort verstand. Wir kennen Kierkegaard heute unter dem Etikett des »Existenzphilosophen«, vielleicht gar als den Begründer einer entsprechenden »Schule«. Er selbst hat davon gesprochen, Denker der Kategorie Einzelheit zu sein[10] – und ist, wie wir bereits gesehen haben, genau dies als entschieden Einzelner auch gewesen. Auch Kierkegaards »Psychologie« ist in diesem Sinne zunächst immer eins: konkretes Denken der Einzelheit, Lehre vom Einzelner-Sein des Einzelnen – denkerische Annäherung an die faktisch gelebte, nicht nur gedachte oder zum denkerischen Prinzip gemachte Subjektivität. Subjektivität indes hat – die Philosophie weiß dies seit Kant und noch mehr seit Fichte – schon als solche ihre eminente Dialektik. Was, wenn sie in ihrer Verwicklung ins Konkrete, als Vollzugsform des einzelnen Lebens gedacht werden soll?

10 Vgl. z. B. *Der Einzelne. Zwei Noten betreffs meiner Wirksamkeit als Schriftsteller*, hg. von E. Hirsch, Düsseldorf–Köln 1964 (Ges. Werke, XXXIII. Abteilung), 96–120.

Der Begriff Angst (im Original: *Begrebet Angest*) ist am 17. Juni 1844 in Kopenhagen im Druck erschienen. Die Schrift mit dem aufhorchen lassenden Titel, die als Verfasser »Vigilius Haufniensis« (will sagen den »Kopenhagener Wächter«) nennt, handelt auf den ersten Blick von einem Thema der Theologie: von der Erbsünde. Was mit der Erbsünde aber im Thema steht, ist die durchaus grundsätzliche Frage, wie überhaupt denn Sünde in die Welt kommt, wie der »Übergang« von der Unschuld zur Schuld erfolgt – eine Frage, die auch in der Philosophie unter dem Titel »Unde malum?« – »Woher kommt das Böse?« Karriere gemacht hat und dabei ganz unterschiedlich beantwortet wurde. Vor Kierkegaard hatten zuletzt Kant und Schelling auf die *Freiheit* als den Ursprung des Bösen hingewiesen; denn Freiheit ist nur dann wirklich Freiheit, wenn sie *auch* die Freiheit zur Schuld, Freiheit zum Bösen ist. Kierkegaard fragt indes nicht so sehr nach der allgemeinen (transzendentalen) Struktur und Möglichkeit der Entschließung der Freiheit zum Bösen, sein Gegenstand ist vielmehr der konkrete »Sprung« des Individuums aus dem Stande »träumender« Unschuld in den Stand realen Schuldigseins; es ist dieser Kontext, in dem die Angst ihren Ort hat, in dem sie die »Zwischenbestimmung« schuldig werdender Freiheitsverwirklichung ist. Kierkegaard nimmt das Thema Freiheit insofern sofort in die Dialektik der Existenz hinein: die Sünde, die nicht aus anderem »abgeleitet« werden kann, sondern ihre »eigene Voraussetzung« ist[11], kommt durchaus ursprünglich durch den Einzelnen – *jeden* Einzelnen, der sich zu ihr entschließt – in die Welt. Der Einzelne kann qualitativ nur als Einzelner schuldig werden, nicht etwa unmittelbar als Nachfahre Adams, als »Exemplar« eines Geschlechts. Dennoch »verbindet« die Sünde auch die Geschlechter, und es ist nicht dasselbe, der (quantitativ) erste Sünder zu sein oder aber in einen Kontext bereits gesetzter Sünde hinein geboren zu werden; Sünde, die das Individuum außer sich schon gesetzt sieht, ist immer eine reflektiertere Gestalt von Sünde als ihre (historisch) erste Instanz. *Der Begriff Angst* entwickelt dann eine

11 Vgl. Der Begriff Angst, S. 130 u. ö.

Phänomenologie historisch auftretender Konstellationen von Sünde wie ebenso eine Phänomenologie unterschiedlicher Gestalten der Angst als der »Zwischenbestimmung« der Freiheitsrealisierung innerhalb dieser Konstellationen. Es ist zum Beispiel etwas grundlegend anderes, wenn die Angst des Heiden eine Angst vor dem Schicksal ist, eine Angst, einer undurchsichtigen Notwendigkeit ausgeliefert zu sein, oder wenn im Judentum eine Angst vor der Schuld das eigene Selbstverhältnis lähmend bestimmt; es ist ebenso etwas anderes, ob eine Angst vor dem Bösen das Handeln determiniert oder eine befangene oder besetzte (Kierkegaard sagt »dämonische«) Gestalt des Bewusstseins, die sich zur Angst vor dem Guten, damit auch zur Angst vor der Befreiung zu einem geistigen Selbstsein gesteigert hat, den Geist in sinnlich-seelische Ketten legt. Die Wirklichkeit Sünde taucht auch die Natur in ein neues Licht, sie lässt sie als »objektive Angst« erscheinen, wie sie den Raum der Geschichte, der eben auch als Schuld verwirklichten Freiheit, öffnet. Und da Geschichte nicht ohne Geschlechterfolge zu denken ist, fällt jetzt auch auf das Geschlechtliche der Schatten der Angst und der Schuld: nicht, wie Kierkegaard immer wieder betont, weil die Sinnlichkeit als solche mit Schuld oder Sünde behaftet wäre, wohl aber, weil das Geschlechtliche sozusagen der Knotenpunkt des wirklich Geschichtlichen, damit aber auch der Knotenpunkt des Freiheitsverlustes an das Endliche ist. Grundsätzlich bleibt in dem allen die Angst als solche immer ambivalent: Angst ist stets Reflex der Freiheit, ist Eröffnung des Horizonts der Möglichkeit innerhalb des nur Gegebenen und insofern immer das Pendant, die Entsprechung und Forderung des Geistes, des ideellen Selbst, als welches der Mensch mehr ist als Leib und Seele und deren unmittelbare Synthese; Angst ist aber zugleich der Aufruf des Nichts, der Schuld und der Verfehlung des Selbst als einer Möglichkeit. Deshalb ist die Beziehung des Individuums auf die Angst auch eine gedoppelte: eine Beziehung der »sympathetischen Antipathie« wie auch »der antipathetischen Sympathie«[12]; das Individuum fühlt

12 Vgl. *Der Begriff Angst*, S. 50.

sich durch die Angst ebenso zu dem »Sprung« in die Ergreifung des Wirklichen gezogen wie gerade von dieser Möglichkeit auch zurückgestoßen. Aber gerade mit dieser ihrer Dialektik bleibt die Angst eigentlich das, was alleine den Menschen zu einem geistigen Sein zu bilden vermag. Sie ist das Gegengift gegen alle Festlegungen im Endlichen, die Erinnerung des Menschen an seine unendliche Bestimmung. Der Mensch wird dieser gewiss, indem er die Unendlichkeit seiner Schuld gewahrt, die schon im Ursprung der Schuld in der Freiheit, also jenseits der Endlichkeit, liegt. Er wird ihrer aber um so mehr gewiss, wenn er im Glauben sein Selbst aus dem ewigen Ursprung oder von Gott her empfängt. Es ist ein zentraler, wiederum in der Tradition der Reformation stehender Gedanke, wenn Kierkegaard das menschliche Selbst als ein empfangenes statt erwirktes, geschenktes statt erarbeitetes thematisiert. Das letzte Wort im Kontext der Problematik von Angst und Sünde, Geist und Selbstverlust an das Endliche ist so wiederum nicht eine theoretische Aussage. Es ist der Glaube als Lebensform mitten in allen Zerrissenheiten der Welt.

Die Krankheit zum Tode (im Original: *Sygdommen til Døden*), am 30. Juli 1849 mit der Verfasserangabe »Anti-Climacus« herausgekommen[13], enthält eine Reihe thematischer Berührungen mit dem *Begriff Angst*, entfaltet ihr Thema – die Verzweiflung als umfassende Lebenswirklichkeit – aber in durchaus eigenständiger Weise. »Verzweiflung« ist bei Kierkegaard nicht etwa ein bestimmter Gefühlszustand, ein subjektiv-zufälliger Affekt oder gar ein Objekt der »Normalität« wiederherstellenden Psychotherapien. »Verzweiflung« ist, wie man hier in der Sprache Heideggers sagen könnte, ein »Existential«, ein »Seinscharakter« des sich zu sich selbst verhaltenden Menschen, an dem wir in keiner

13 Es wurde bereits erwähnt, dass dieses Pseudonym »dialektisch« auf den »Verfasser« der *Philosophischen Brocken*, Johannes Climacus, antwortet. Beide Namen spielen auf den Sinai-Abt Johannes Climacus (579–649) an, der seinen Beinamen nach der »Paradiesesleiter«, seinem aszetischen Hauptwerk, welches die 30 Stufen der Vervollkommnung darstellt, erhalten hat. *Die Krankheit zum Tode* ist als Phänomenologie sich potenzierender Verzweiflung auch im Sinne einer »Anti-Klimax«, eines Abstiegs bis auf den äußersten Punkt des Selbstverlustes, zu nehmen.

Weise vorbeikönnen, wenn wir die Frage nach der Option des wahrhaften Selbstseins, nach der gelingenden Existenz überhaupt stellen. Das auch dieses Thema unmittelbar in den Bereich einer *Dialektik* der Existenz gehört, wird schon dann deutlich, wenn wir bei dem Wort »Verzweiflung« die »Zwei« des »Zweifels« und der »Zweiheit« mit im Ohr haben, die beide auf das ur-dialektische Problem der Herstellung einer »haltbaren« Einheit oder auch eines Selbst führen. Uns selbst finden wir ursprünglich in der Zweiheit, nämlich vor der Aufgabe, eine »Synthese« zu leben, eine Einheit aus Endlichkeit und Unendlichkeit, aus Zeitlichem und Ewigem, aus Leib und Seele, auch aus Wirklichkeit und Möglichkeit: denn als Geistwesen, die niemals auf eine bestimmte »positive« Wirklichkeit festgelegt sind, sondern diese immer schon transzendieren, sind wir (was schon die Lektion des *Begriffs Angst* war) ganz elementar Möglichkeitswesen, auf Möglichkeiten hin entworfen und uns viel mehr von Möglichkeiten als von der Wirklichkeit her verstehend. Wir sind also überhaupt ein Verhältnis (eine Zweiheit, die zugleich eine Einheit ist), aber dies nicht einfach nur faktisch, sondern in bewusstem Vollzug: wir sind ein Verhältnis, das sich zu sich selbst verhält; wir *sind* im geistigen Sinne eigentlich überhaupt nur dies: *Selbstverhältnis* und fragen nach der Möglichkeit eines solchen, wenn wir nach der möglichen *Einheit* unseres Lebens in einem geistigen Selbst fragen. Schon diese Frage schärft den Blick dafür, dass tatsächlich das nicht defekte, das nicht-verzweifelte Selbstverhältnis zu den seltensten Erscheinungen zählt. Und noch mehr Kierkegaards Erinnerung, dass das geistige Selbst »nicht durch sich selbst zum Gleichgewicht oder zur Ruhe kommen oder darin sein kann, sondern nur so, dass es sich im Verhalten zu sich selbst zu dem verhält, was das ganze Verhältnis gesetzt hat«, dass es zuletzt ein auf das andere Selbst hin geöffnetes Selbst ist[14], gibt hier ein kritisches Maß vor – allenthalben sehen wir eher das Scheitern: da sind solche, die sich der Aufgabe, ein Selbst zu werden, gar nicht

14 *Die Krankheit zum Tode*, S. 215.

erst stellen, indem sie sich noch nicht einmal ihrer Verzweiflung bewusst werden, sondern diese nach Möglichkeit nur betäuben. Oder da sind solche, die um ihre Verzweiflung zwar wissen, dann aber versuchen, »verzweifelt gerade kein Selbst zu sein« – etwa indem sie, wie noch einmal Heidegger sagen würde, dem »Man« verfallen, selbst nur Funktionen des Zeitgeistes sind oder auch sich ein Idol schaffen, das für sie die Stelle des Selbst vertritt: man »exportiert« dann sozusagen das eigene Selbst auf das Idol und ist davon entlastet, an der eigenen Stelle, dort, wo man *nur selbst* ein Selbst sein könnte, eines zu sein oder sein zu wollen – womit man gerade aus Verzweiflung darauf verzichtet, ein *Einzelner* zu sein und in diesem Sinne überhaupt geistig zu existieren. Und da sind drittens wiederum solche, die verzweifelt gerade ein Selbst zu sein versuchen, die sich ein Selbst ertrotzen wollen, etwa indem sie sich selbst, unheilbar »romantisch«, eine fantastische Bedeutung geben, sich in den Vordergrund drängen oder partout auch dort individuell sein wollen, wo es nun eben *nicht* darauf ankäme, »nicht verwechselt« zu werden; hier nämlich wird überspielt, dass in allem Selbstverhältnis notwendig ein Verhältnis auf das andere Selbst liegt, das nicht einfach der Claqueur, der Zuschauer egomaner »Selbstverwirklichung« (man darf, auch um die entscheidende Differenz zu Kierkegaards Kategorie des Einzelnen präzise zu verstehen, hier an Max Stirner, den Philosophen der verzweifelten Egoität, denken), sondern ursprüngliches Gegenüber ist. In allen diesen Fällen ist Verzweiflung Form des entfremdeten oder verlorenen, des nicht zu seiner Bestimmung, der wahrhaft geistigen Existenz, gelangten Selbst.

Für die Erweckung aus der Verzweiflung ist es nach Kierkegaard dann entscheidend, überhaupt erst auf sie aufmerksam zu werden, also etwa zu registrieren, dass die allermeisten Lebensformen, auch die normalsten, Gestalten der Verzweiflung, wenn nicht gar der potenzierten Verzweiflung, also des verzweifelten Versuchs, Verzweiflung verzweifelt zu überwinden, sind. Kierkegaard liefert mit seiner Phänomenologie der Verzweiflung eine Ideologiekritik und Entlarvung der Herrschaft der Verzweiflung mitten im »normalen Leben«. Seine eigene Lösung und positive Antwort ist in letzter Instanz die religiöse: so wie die Steigerung der Verzweiflung den Anderen aus dem Blick verliert und sich am Ende auch gegen die Urbeziehung der menschlichen Selbstfindung – die Beziehung auf Gott – wendet, so kann auch das Durchbrechen des Banns der Verzweiflung, kann der Gewinn eines freien und geistigen Selbst nur von Gott her geschenkt, nur vor Gott (*coram Deo*) gelebt, nur aus der Ewigkeit kommend sein. Wiederum gilt, analog dem Ende des *Begriffs Angst*: Wir können uns dieses Selbst nicht erarbeiten oder verdienen, was immer hieße, es gegen irgend etwas Endliches eintauschen und verrechnen zu wollen. Die Weise, ein Selbst zu sein, die einem endlichen Wesen alleine offensteht, ist auch hier alleine der Glaube: ein Glaube, in welchem dann auch alle Angst erlischt, da er mehr als der Herr der Wirklichkeit, da er selbst der Herr der Möglichkeiten schon ist.

Zur Textgestaltung

Der vorliegenden Ausgabe liegt die Übersetzung der »Gesammelten Werke« Kierkegaards zugrunde, die von 1909 an als erste deutsche Gesamtausgabe bei Eugen Diederichs in Jena erschien. Es ist diese und keine andere Version gewesen, die nicht nur die erste große Kierkegaard-Rezeption in Deutschland eingeleitet hat, sondern auch, wie Hans-Georg Gadamer gelegentlich zu Protokoll gab, mit ihrem Erscheinen ihr »gut Teil zu der neuen Bewegung bei[trug], die später Existenzphilosophie genannt wurde«[15]. Der Kierkegaard Heideggers und Jaspers', der Kierkegaard Adornos und Sartres, der Kierkegaard der »Dialektischen Theologie«, Kafkas und Hesses (um nur diese Beispiele zu nennen) ist *der* Kierkegaard gewesen, den wir hier erneut vorlegen. Zur Ausgabe indes einige weitere Hinweise!

15 Hans-Georg Gadamer, »Existenzialismus und Existenzphilosophie«, in: *Gesammelte Werke* Bd. 3, Tübingen 1987, S. 176.

Der wichtigste Mitarbeiter, in späteren Auflagen dann auch der Alleinverantwortliche der Jenaer Ausgabe war Christoph Schrempf (1860-1944), ein württembergischer Pfarrer, der aus Gewissensgründen mit der evangelischen Kirche gebrochen, sich in Philosophie habilitiert und schließlich eine eigene religiös-liberale Weltanschauung entwickelt hat, für die er in Vorträgen und zahlreichen Schriften zu werben nicht müde wurde. Von Schrempf stammt in unserem Fall die Übersetzung des *Begriffs Angst*, den er bereits 1890 übersetzt und für Band V der Gesamtausgabe, der 1912 erschien, leicht revidiert hat. Als Übersetzer hat Schrempf mit Gründen viel Lob, aber auch Tadel geerntet: Lob für die (aufs ganze gesehen) später nicht wieder erreichte sprachliche Qualität seiner Arbeiten, Tadel jedoch für eine ausgesprochene Neigung zur Willkür bei der Textgestaltung, die ihn weit über jene Freiheit hinaustrieb, die man jedem Übersetzer, der mit einigem Geist und nicht nur mechanisch verfahren will, zuzugestehen bereit sein muss. Immerhin sind wir im Falle des *Begriffs Angst* in der glücklichen Lage, dass der Übersetzer hier zwar seine Tugenden voll entfaltet, aber dem Text doch wesentlich treu bleibt; wir haben uns entsprechend darauf beschränken können, einige wenige Auslassungen (so die Widmung an Poul Martin Möller oder die Anmerkung 45) wiederherzustellen, haben sonst aber nur minimal in den Wortlaut der Übersetzung eingegriffen.

Nicht möglich gewesen wäre es dagegen, im Falle der *Krankheit zum Tode* jenen Text zugrunde zu legen, den Schrempf für die zweite Auflage des Jenaer Kierkegaard zubereitet hat: die Eingriffe in das Original, die von umfangreichen Auslassungen wichtigster Stellen über Textumstellungen bis zur Eintragung eigener Gedanken an Stelle derjenigen Kierkegaards reichen, machen das Ergebnis wertlos, ja zu einer groben Irreführung des Lesers. Die vorliegende Ausgabe bietet deshalb die weit zuverlässigere Textfassung, welche Hermann Gottsched, ein anderer Mitarbeiter der ersten Diederichs-Ausgabe, 1911 als deren Band VIII vorgelegt hat. Selbstverständlich wurde auch dieser Text sorgfältig durchgesehen; er konnte jedoch im großen und ganzen unverändert wieder abgedruckt werden. Auch ohne eigentlich historisch-kritische Ansprüche der vorliegenden Edition kann dem Publikum so in jedem Fall nicht nur eine – um noch einmal Gadamer zu zitieren – »außerordentlich gut lesbare Übersetzung«[16], sondern auch ein insgesamt zuverlässiger Lesetext vorgelegt werden, von dem zu hoffen ist, dass er zu möglichst intensiver Auseinandersetzung mit dem Kopenhagener Denker inspiriert.

Thomas Sören Hoffmann

16 Gadamer ebd.

Bibliografische Hinweise

1. Gesamtausgaben

Søren Kierkegaards Skrifter. Hg. von N. J. Cappelörn, J. Garff, J. Knudsen, J. Kondrup A. McKinnon und F. Hauberg Mortensen, Kopenhagen 1997 ff. (55 Bände).
Søren Kierkegaards Samlede Værker. Hg. von A. B. Drachmann, J. L. Heiberg, H. O. Lange und P. P. Rohde, 3. Aufl. Kopenhagen 1962 (20 Bände).
Søren Kierkegaards Papirer. Hg. von P. A. Heiberg, V. Kuhr und E. Torsting, Kopenhagen 1909–1948 (20 Bände).
Sören Kierkegaard, *Gesammelte Werke*. Übersetzt und kommentiert von Emanuel Hirsch, Hayo Gerdes und Hans Martin Junghans, Düsseldorf – Köln 1950–1966 (26 Bände).
Sören Kierkegaard, *Die Tagebücher*. Übersetzt und kommentiert von Hayo Gerdes, Düsseldorf – Köln 1962–1974 (5 Bände, nicht komplett).

2. Literatur

Adorno, Theodor W.: *Kierkegaard. Konstruktion des Ästhetischen*, Tübingen 1933 (jetzt in: *Gesammelte Schriften*, Frankfurt/Main 1970–1986, Bd. 2).
Anz, Heinrich – Lübcke, Poul – Schmöe, Friedrich (Hrsg.): *Die Rezeption Søren Kierkegaards in der deutschen und dänischen Philosophie und Theologie*, Kopenhagen – München 1983.
Diem, Hermann: *Die Existenzdialektik von Sören Kierkegaard*, Zollikon – Zürich 1950.
Deuser, Hermann: *Kierkegaard. Die Philosophie des religiösen Schriftstellers*, Darmstadt 1985.
Figal, Günther: *Die Freiheit der Verzweiflung und die Freiheit im Glauben. Zu Kierkegaards Konzeption des Selbstseins und Selbstwerdens in der »Krankheit zum Tode«*, in: Kierkegaardiana 13 (1984), 11–23.
Fischer, Friedrich C.: *Existenz und Innerlichkeit. Eine Einführung in die Gedankenwelt Sören Kierkegaards*, München 1969.
Garff, Joakim: *Sören Kierkegaard. Biografie*, Darmstadt 2000.
Grøn, Arne: *Angst bei Søren Kierkegaard. Eine Einführung in sein Denken*, Stuttgart 1999.

Heimbüchel, Bernd: *Verzweiflung als Grundphänomen der menschlichen Existenz. Kierkegaards Analyse der existierenden Subjektivität*, Frankfurt – Bern – New York 1983.

Hennigfeld, Jochem: *Die Wesensbestimmung des Menschen in Kierkegaards »Der Begriff Angst«*, in: Philosophisches Jahrbuch 94 (1987), 269–284. Holl, Jann: *Kierkegaards Konzeption des Selbst. Eine Untersuchung über die Voraussetzungen seines Denkens*, Meisenheim/Glan 1972.

Lapointe, François H.: *Sören Kierkegaard and his Critics. An International Bibliography of Criticism*, Westport, Conn. 1980.

Ricoeur, Paul: *Kierkegaard et le mal*, in: Revue de théologie et philosophie 3 s. 13 (1963), 292–302.

Ringleben, Joachim: *Die Krankheit zum Tode von Sören Kierkegaard. Erklärung und Kommentar*, Göttingen 1995.

Schrey, Heinz-Horst (Hrsg.): *Sören Kierkegaard* (Wege der Forschung CLXXIX), Darmstadt 1971.

Theunissen, Michael: *Der Begriff Ernst bei Søren Kierkegaard*, Freiburg – München 1958.

Theunissen, Michael: *Das Selbst auf dem Grund der Verzweiflung. Kierkegaards negativistische Methode*, Frankfurt/Main 1991.

Theunissen, Michael – Greve, Wilfried (Hrsg.): *Materialien zur Philosophie Søren Kierkegaards*, Frankfurt/Main 1979.

Vetter, Helmuth: *Stadien der Existenz. Eine Untersuchung zum Existenzbegriff Sören Kierkegaards*, Wien 1979.

Sacherläuterungen

Im Folgenden werden die wichtigsten Hinweise zum äußeren Verständnis des Kierkegaardschen Textes gegeben. Dazu werden auch fremdsprachige Wendungen und Zitate übersetzt, was bei stehenden Wendungen indes jeweils nur bei der ersten Erwähnung im Text geschieht.

1. Zum Begriff Angst

S. 9 *Motto*: Kierkegaard bezieht sich auf eine Stelle in Johann Georg Hamanns (1788–1830) kurzem Sendschreiben *An die Zween* (vgl. Hamann, Sämtliche Werke, hg. von J. Nadler, Bd. 2, Wien 1950, S. 61).

S. 10 *Widmung*: Poul Martin Møller (1794–1838), dänischer Philosoph und Dichter, bei dem Kierkegaard Vorlesungen gehört hatte und der ihm nahestand; die in Anführungszeichen gesetzten Worte zitieren sein Gedicht »Freude über Dänemark«.

S. 11 »Des Bräutigams Freund«: vgl. Joh. 3, 29.

S. 14 πρῶτον φεῦδος: »Fehler in den Prämissen«, »Grundfehler«.

S. 21 κατ' ἐξοχήν: »schlechthin«, »par excellence«.

S. 27 *donum divinitus datum supernaturale et admirabile:* »eine übernatürliche und bewundernswürdige, von Gott verliehene Gabe.«

S. 27 »föderale Dogmatik«: Typus der (reformierten) theologischen Dogmatik, die sich an den »Bundesschlüssen« *(foedera)* der Heilsgeschichte orientiert.

S. 28 *peccatum hereditarium ... credenda sit:* »Solche Erbsünde ist so gar ein tief böse Verderbung der Natur, dass sie kein Vernunft nicht kennet, sondern muss aus der Schrift Offenbarung gegläubt werden« (Luthers *Schmalkaldische Artikel* [1537] III, 1, 3, hier zitiert nach dem originalen deutschen Wortlaut).

S. 29 ἁμάρτημα προπατορικόν: »die vorväterliche Sünde«.

S. 29 *vitium originis:* »Ursprungsfehler«.

S. 29 *peccatum originale, quia originaliter tradatur:* »ursprüngliche Sünde, weil sie im Ursprung weitergegeben wird« (vgl. dazu Augustinus, *De peccato originali* 36).

S. 29 *peccatum originans / originatum:* »den Ursprung bildende / aus dem Ursprung folgende Sünde«.

S. 29 *carentia imaginis Dei, defectus justitiae originalis:* »Fehlen der Gottebenbildlichkeit, Mangel der Ursprungsgerechtigkeit«

S. 29 *concupiscentiam poenam esse, non peccatum, disputant adversarii:* »Aber weiter disputieren die Widersacher, dass die böse Lust eine Strafe sei und nicht eine Sünde« (Melanchthons *Apologie des Augsburger Bekenntnisses* [1531], II, 38).

S. 29 *vitium, peccatum, reatus, culpa:* »Fehler, Sünde, Schuld, Verschuldung«.

S. 29 *nunc quoque … exempli Adami peccarunt:* »nun auch jenen den Zorn Gottes zuziehend, die nach dem Beispiel *Adams* gesündigt haben«.

S. 29 *quo fit … apud Deum simus:* »wodurch es geschieht, dass wir alle wegen des Ungehorsams Adams und Evas verhasst sind bei Gott« (*Konkordienformel* [1579/80], *Solida declaratio* 1, 9).

S. 30 pelagianisch, sozinianisch, philanthropisch: gemeint sind »humanistische« Häresien älterer und neuerer Zeit, die die menschliche Selbsterlösung lehren.

S. 31 *caput generis humani naturale, seminale, foederale:* »das natürliche Haupt des Menschengeschlechts im Blick auf Abstammung und [göttlichen] Bund«.

S. 33 *generatio aequivoca:* eine uneigentlich so genannte Zeugung, wie sie die ältere Biologie vor allem als »Urzeugung« kannte.

S. 34 *alopex … Fuchs:* Schrempf versucht mit der »lustigen Etymologie« einen dänischen Kindervers, der auf eine phonetische Vertauschung gegründet ist (»Pole en Mester, Pole to Mester, …, Politi Mester«), wiederzugeben.

S. 42 »Usteri«: Leonhard Usteri (1799–1833), Entwickelung des Paulinischen Lehrbegriffs in seinem Verhältnis zur biblischen Dogmatik des NT, 1829.

S. 43 *omnes homines … cum concupiscentia:* »alle Menschen, so natürlich geboren werden, werden in Sünden empfangen und geboren, das ist, dass sie alle voll böser Lust und Neigung sind und kein wahre Gottesfurcht, keinen wahren Glauben an Gott von Natur haben können« (*Augsburger Bekenntnis* [1530], Art. II, hier in Anlehnung an den deutschen Wortlaut).

S. 47 ὕστερον πρότερον »das Letzte als Erstes« (Bezeichnung eines Beweisfehlers durch Vertauschung der Glieder).

S. 50 *volente Deo:* »sofern Gott es will«.

S. 52 *liberum arbitrium:* der freie Wille im Sinne einer ursprünglichen Wahlfreiheit und Indifferenz.

S. 53 *discrimen rerum:* »Entscheidungspunkt der Dinge«.

S. 54 *Soldin / Rebekka:* Der Buchhändler Soldin, ein Kopenhagener Original.

S. 63 ἀποκαραδοκία: »das ängstliche Harren der Kreatur« (Luther).

S. 67 *stricte sic dicta:* »im strengen Sinne«.

S. 69 *in pleno:* »in Gesamtheit«

S. 73 *toto coelo:* »himmelweit«, »gänzlich«.

S. 75 τέλος: »Ziel«.

S. 75 *genus:* »Gattung«.

S. 79 *de te fabula narratur:* »die Geschichte handelt von dir« (Horaz, *Saturae* I, 1, 69 f.).

S. 82 *rana paradoxa:* »der paradoxe [d. h. nicht in die wissenschaftliche Systematik passende] Frosch« (in Anknüpfung an die ältere Zoologie).

S. 82 *in mente:* »im Geiste«.

S. 85 γνῶθι ἀργός: »erkenne dich selbst«.

S. 91 *praesentes dii:* »die gegenwärtigen Götter«.

S. 92 τὸ exaífnhv: zum »Augenblick« bei Platon vgl. besonders den Dialog *Parmenides,* 156 d.

S. 94 *discrimen:* »Scheidepunkt«.

S. 98 *plebs:* »Pöbel«.

S. 98 ἀπηλγηκότες: »Abgestumpfte«.

S. 103,113 *sensu eminentiori:* »in herausragenderem Sinne«.

S. 118 lógov argóv, *ignava ratio, sophisma pigrum, la raison paresseuse:* »die faule Vernunft« (so z. B. von Kant genannt).
S. 119 *in succum et sanguinem:* »in Saft und Blut«.
S. 121 König Lear: Kierkegaard zitiert die Shakespeare-Übersetzung von Wolf Graf Baudissin (IV. Akt, 6. Szene).
S. 128 *in specie:* »insbesondere«.
S. 128 Hoffmann: ein direkter Beleg ist bei E.T.A. Hoffmann wohl nicht zu finden; man kann jedoch etwa den Beginn der Novelle *Das Sanctus* aus den *Nachtstücken* vergleichen: »Der Doktor schüttelte bedenklich den Kopf. – ›Wie,‹ rief der Kapellmeister heftig, indem er von dem Stuhle aufsprang, ›wie! So sollte Bettinas Katarrh wirklich etwas zu bedeuten haben? ... das Leben wird es ihr doch nicht kosten, der Kleinen.‹ ›Mitnichten,‹ sprach der Doktor, indem er nochmals die Dose herausnahm, jetzt aber wirklich schnupfte, ›mitnichten, aber höchstwahrscheinlich wird sie in ihrem ganzen Leben keine Note mehr singen!«
S. 131 τί ἐμοὶ καὶ σοί: »Was habe ich mit dir zu schaffen?« (Mark. 5, 7 / Luk. 8, 28; vgl. Matth. 8, 29).
S. 138 Ballett »Faust«: ein Faustballett wurde in Kopenhagen unter dem Ballettmeister Bournonville bereits 1832 gegeben.
S. 141 Professor in der Quergasse: »Professor« für »Provisor« (E. Hirsch); Schrempf übersetzt »Krämer«.
S. 144 Parent-Duchatelet: Kierkegaard bezieht sich mit diesem Beispiel für die Folgewirkung somatisch-psychisch verlorener Freiheit auf die Studie von Alexandre Parent-Duchatelet, *De la prostitution dans la ville de Paris,* Paris 1836, auf welche der von Kierkegaard benutzte Hegelianer Karl Rosenkranz in seiner Psychologie (2. Aufl. Königsberg 1843, S. 355) mit den folgenden Worten verweist: »z. B. die unnatürliche Wollust, welche Huren, besonders in Gefängnissen, miteinander treiben, kettet sie aufs innigste, auf Leben und Tod zusammen«.
S. 153 Macbeth: Shakespeare, *Macbeth,* II. Akt, 3. Szene (Kierkegaard zitiert die Übersetzung von Dorothea Tieck).
S. 153 »der Brunn des Wassers, der in ein ewiges Leben quillt«: vgl. Joh. 4, 14.
S. 167 Sokrates im »Kratylus«: Platon, *Kratylos,* 428 d.
S. 169 αὐτοῦργός τις τῆς φιλοσοφίας / θεοῦργος: hier im Sinne von »Autodidakt / Theodidakt der Weisheitsliebe«.
S. 173 (Anm. 19) τὸ ἕτερον: »das Andere« im Sinne der dialektischen Negation (im Anschluss an Platon, *Sophistes,* und Hegel).
S. 173 (Anm. 20) *adulterare:* wörtlich »ehebrechen«, übertragen »fälschen«, auch »die Gestalt ändern« (so bei Ovid).
S. 173 (Anm. 22) *nesciunt nostrae virgines ... vestrae sciunt:* »Unsere Jungfrauen wissen nichts davon, dass Blicken und Küssen die Anfangsgründe der Lust einwohnen, und genießen sie darum; eure wissen es«.
S. 174 (Anm. 23) *mulieres subintroductae:* »geistliche Bräute«.
S. 174 (Anm. 25) *unum noris omnes:* »Kennst du einen, kennst du alle« (nach Terenz, *Phormio,* V. 265).
S. 174 (Anm. 26) κίνησις: »Bewegung« (im weitesten Sinne).
S. 174 (Anm. 27) τὸ μὴ ὄν / τὸ κενόν: »das Nichts« / »das Leere«.
S. 174 (Anm. 27) all' ei o estin en ... ὡσαύτως: »Aber wird er beweisen, dass das, was Eins ist, ebenso auch Vieles ist, und so auch, dass das Viele Eins sei, so werde ich dies gewiss bewundern. Und ebenso auch im Blick auf alles andere«.
S. 174 (Anm. 27) ἄτπον: wörtlich »ortlos«.
S. 174 (Anm. 27) μεταβολή: »Umschlag«.

S. 175 (Anm. 27) ἕν / πολλά: »Eines« / »Vieles«.
S. 175 (Anm. 27): οὔτε διακρίνεται / οὔτε ξυγκρίνεται: »es wird weder getrennt noch gemischt«.
S. 176 (Anm. 27): τὸ δὲ εἶναι ... τοῦ παρόντος: »Ist denn das Sein etwas anderes als Teilhabe an einem Wesen in der gegenwärtigen Zeit?«
S. 176 (Anm. 30) ἐν ἀτόμω καὶ ἐν ῥιπῆ ὀφθαλμοῦ: »in einem Nu und Augenblick« (vgl. 1. Kor. 15, 52).
S. 177 (Anm. 32) *si placet:* »wenn's beliebt«.
S. 178 (Anm. 36) οἵτινες δίκην τίσουσιν ... ἰσχύος αὐτοῦ: »Solche werden Strafe leiden, das ewige Verderben, fern vom Angesicht des Herrn und von seiner herrlichen Macht«.
S. 179 (Anm. 45) »Die Unzertrennlichen«: Kierkegaard hat Aufführungen des Stücks »Die Unzertrennlichen« von Johann Ludwig Heiberg (1791–1860) mit dem Schauspieler C. Winslöv zu Beginn der 30er Jahre in Kopenhagen sehen können.
S. 179 (Anm. 47) σοφία δαιμονιώδις / καὶ τὰ δαιμόνια πιστεύουσι καὶ φρίσσουσι: »dämonische Weisheit« / »die Dämonen glauben auch und zittern«.
S. 180 (Anm. 49) *Cartesius, De affectionibus:* Descartes' Schrift *Les passions de l'âme* von 1649.
S. 180 (Anm. 49) *omnis affirmatio est negatio:* »jede Bejahung ist eine Verneinung« – ein Prinzip aus der dialektischen Philosophie, das klassisch von Spinoza, Epistula L, in: *Opera,* hrsg. C. Gebhardt, Bd. 4, 240 formuliert wurde *(»omnis determinatio est negatio«).*
S. 181 (Anm. 52) *Albertus repente ... ex philosopho asinus:* »Albert wurde plötzlich aus einem Esel in einen Philosophen und aus einem Philosophen in einen Esel verwandelt«.
S. 181 (Anm. 52) *profecto, si malignando ... et deprimendo improbare:* »In der Tat, wenn ich es, übelwollend und aus Feindschaft wollte, so könnte ich sie mit stärkeren Argumenten entkräften und herabsetzend widerlegen«.
S. 181 (Anm. 54) Hamannzitat: Hamann an Herder, 3. Juni 1781 (in: J. G. Hamann, *Briefwechsel,* hg. von Arthur Henkel, Bd. 4, Wiesbaden 1959, S. 301 f.).

2. Zur Krankheit zum Tode

S. 184 *Motto*: von Nikolaus Graf von Zinzendorf (1700–1760).
S. 197 »so wenig wie der Dolch ...«: Zitat aus dem Gedicht »Warnung wider den Selbstmord« des dänischen Dichters Johannes Ewald (1743–1781) (Nachweis bei E. Hirsch in der deutschen Gesamtausgabe).
S. 197 »deren Wurm nicht stirbt«: Anspielung auf Mark. 9, 48.
S. 198 »entweder Caesar oder gar nichts«: »aut Caesar, aut nihil« war der Wahlspruch Cesare Borgias.
S. 200 »Sokrates bewies«: vgl. Platon, *Staat,* X, 608 d–611 a.
S. 210 κατὰ δύναμιν: »der Möglichkeit nach«.
S. 210 *instar omnium:* »statt aller«, »von gleichem Wert wie alle«.
S. 211 »russische Blechmusik«: gemeint ist ein russisches Hornorchester, bei welchem jeder von 60 Hornisten nur jeweils einen Ton spielt (Hinweis der dänischen Gesamtausgabe, 2. Aufl.).
S. 215 ἄπειρον – πέρας: »Unendliches – Endliches«.
S. 216 »wie die Philosophen erklären«: gemeint ist Hegel; vgl. seine (übrigens sehr komplexe) Darstellung der Modalbegriffe Wirklichkeit, Möglichkeit, Zufälligkeit und Notwendigkeit im letzten Abschnitt des zweiten Teils der *Wissenschaft der Logik.*

S. 218 Richard II: Shakespeares Historiendrama über Richard II. (III. Akt, 2. Szene) wird von Kierkegaard in der Übersetzung von August Wilhelm von Schlegel zitiert.

S. 221 *quantum satis:* »das zureichende Maß«.

S. 223 *veritas est index sui et falsi:* von der »Wahrheit als Norm [*norma* statt *index*] ihrer selbst und des Falschen« spricht Spinoza in seiner *Ethik* II, Prop. 43 Scholium.

S. 225 »wovon die Sage erzählt«: Gottsched verweist mit der dänischen Gesamtausgabe auf Jakob und Wilhelm Grimm, *Irische Elfenmärchen,* Leipzig 1826, S. 246.

S. 231 τὸ ἕτερον: »das Andere« (vgl. auch oben S. 192 Anm. 19).

S. 234 »Man erzählt von einem Bauern«: eine »Molbo-Geschichte«; die Bauern aus der Landschaft Mols sind den deutschen Schildbürgern vergleichbare Figuren.

S. 238 »und rings umher liegt schöne grüne Weide«: deutschsprachiges Zitat aus Goethes *Faust,* Erster Teil, Studierzimmer, V. 1833.

S. 240 *fuimus:* »wir sind gewesen«.

S. 241 *in futuro / in praeterito:* »in der Zukunft / der Vergangenheit«.

S. 246 *horis succesivis:* »in den darauf folgenden Stunden«.

S. 247 Richard III.: in Shakespeares Drama lässt Richard III. die Trommeln schlagen (IV. Akt, 4. Szene).

S. 248 *omnibus numeris absoluta:* hier in dem Sinne »vollendet nach allen Regeln« (Gottsched vermutet wohl unbegründet eine Anspielung auf Horaz, *Oden* IV, 2, 11 f.).

S. 255 »Wie der Kobold im Märchen«: die dänische Ausgabe verweist auf die dritte Legende in J. K. A. Musäus' *Rübezahl,* in der der Bauer Veit den Eingang zu Rübezahls Wohnung nicht mehr finden kann; der Bezug kann jedoch auch unbestimmter sein.

S. 259 »Nürnberger Bilderbogen«: Bilderbögen waren seit dem 15. Jahrhundert als (auch farbig) illustrierte Unterhaltungs- und Nachrichtendrucke beliebt und verbreitet; in Nürnberg wurden sie auch zu Kierkegaards Lebzeiten noch produziert.

S. 261 »sie waren in der Welt ohne Gott«: Eph. 2, 12.

S. 266 *quid nimis:* »allzuviel«.

S. 266 »goldene«: vgl. Horaz, *Oden* II, 10, 5, wo von einer »goldenen Mitte« bzw. »Mittelmäßigkeit« die Rede ist.

S. 269 *ne quid nimis:* »nur nicht zuviel!«

S. 271 *quod erat demonstrandum:* »was zu beweisen war«.

S. 273 »Adrienne«: ein »vorn offenes Schleppkleid«, vgl. Holberg, *Der politische Kannegießer,* z. B. Akt IV, Szene 2 (nach der dänischen Ausgabe).

S. 276 *cito citissime:* »schnell, am schnellsten«.

S. 280 *sub specie aeterni, aeterno modo:* »im Aspekt der Ewigkeit, auf ewige Weise« (vgl. Spinoza, Ethik V, Prop. 36).

S. 284 »ausgespien zu werden«: Off. 3, 16.

S. 285 *in puris naturalibus:* »im rein Natürlichen«.

S. 290 Macbeth: Shakespeare, *Macbeth,* III. Akt, 2. Szene (Kierkegaard zitiert die Übersetzung von Dorothea Tieck).

S. 293 Mephistopheles (im Faust): vgl. Goethe, *Faust,* Erster Teil, Wald und Höhle, V. 3372 f.

S. 294 Macbeth: dort II. Akt, 2. Szene (wiederum in der Tieckschen Übersetzung).

S. 298 *comminus / eminus:* »von nah / von ferne (kämpfen)«.

S. 300 »weil er Sünden vergeben wollte«: vgl. Matth. 9, 2 f.

S. 300 »kein Gott der Verwirrung«: vgl. 1. Kor. 14, 33.

S. 302 *idem per idem:* »eines so gut wie das andere«, »zweimal das Gleiche«.

S. 304 *e concessis:* »aus dem Zugestandenen«.

S. 305 *opposita juxta se posita magis illucescunt:* »nebeneinander gestellte Gegensätze scheinen um so mehr auf«.

S. 305 *via negationis / via eminentiae:* »auf dem Wege der Verneinung« (d. h. durch Absprechen von Prädikaten, wie vor allem in der »negativen Theologie« in Beziehung auf Gott der Fall) / »auf dem Wege der Steigerung« (wie z. B. bei der Prädikation von Allmacht in Beziehung auf Gott der Fall)

S. 306 »ein Flötenspiel ohne einen Flötenspieler«: vgl. Platon, *Apologie*, 27 b.

S. 309 *modo ponendo:* »auf die Weise der Setzung«, »positiv behauptend«.

S. 309 *pedem referens:* »sich zurückziehend«.

S. 310 »Prinz Heinrich bei Shakespeare«: in Shakespeares *Heinrich IV.* tritt Prinz Heinrich von Wales, der spätere Heinrich V., bekanntlich als Zechbruder Falstaffs auf.

S. 311 *viscera:* »Eingeweide«.

S. 312 »von Menschen lernt der Mensch reden ...«: Zitat aus Plutarch, *De garrulitate* (Von der Geschwätzigkeit), 8.

S. 312 »selig, wer sich nicht an mir ärgert«: vgl. Matth. 11,6.

S. 314 »wie man frech gesagt hat«: Anspielung auf Heinrich Heine, *Buch der Lieder*, »Die Heimkehr«.

S. 315 »was dünkt dich um Christus«: vgl. Matth. 22,42.

S. 315 »doketisch«: der Doketismus leugnet die wahre Menschheit Christi und gesteht ihm nur einen Scheinleib zu.

S. 317 (Anm. 6) »so wenig wie draußen ...«: ein Selbstzitat aus der Gelegenheitsrede »An einem Grabe« (nach E. Hirsch).

S. 318 (Anm. 9) »Ob sich aber Glauben auf Erden findet!«: vgl. Luk. 18, 8.